四川大学考古文博丛书

盐业考古纵横

李水城 著 ◆

科学出版社

北 京

内 容 简 介

本书全面介绍盐业考古及世界各地古代盐业和民族志，包括近 20 年来中国盐业考古的飞速发展及现状，对于中国盐业考古的进一步研究与发展，具有重要的参考价值。

本书可供考古学、历史学、人类学、经济学、地理学、地质学、海洋学、科技史及其他相关学科的学者和高等院校的师生参考、阅读。

审图号：GS 京（2024）1838 号

图书在版编目（CIP）数据

国之大宝：盐业考古纵横 / 李水城著 . -- 北京：科学出版社，2024. 11. -- （四川大学考古文博丛书）.

ISBN 978-7-03-080041-1

Ⅰ . F416.82

中国国家版本馆 CIP 数据核字第 2024VF9559 号

责任编辑：雷　英 / 责任校对：邹慧卿
责任印制：肖　兴 / 书籍设计：金舵手世纪

科学出版社 出版
北京东黄城根北街16号
邮政编码：100717
http://www.sciencep.com

北京汇瑞嘉合文化发展有限公司印刷
科学出版社发行　各地新华书店经销

*

2024 年 11 月第 一 版　开本：720×1000　1/16
2024 年 11 月第一次印刷　印张：20 3/4
字数：340 000

定价：228.00 元
（如有印装质量问题，我社负责调换）

自 序

　　20世纪90年代中期，有一天我在北京大学赛克勒考古与艺术博物馆二楼会议室主持学术讲座。会议休息时，一位长者走过来自我介绍说，他是中国社会科学院历史研究所的郭正忠。我问先生有什么事，他说得知我曾带北京大学考古队去三峡发掘，想了解四川忠县（今属重庆）发现的制盐遗址情况。郭先生是著名的盐业史专家，我们未曾谋面，但通过电话。我告诉他，我们在忠县㽏井河口沿线发现一批文化堆积深厚、包含物单一（大量为造型特殊的尖底杯和圜底罐）的遗址，考虑到忠县历史上以产盐著称，当地至今还保存有不少古盐井，推测这类遗址及陶器应与古代的盐业生产有关。但如何用陶器制盐？尚未发现相关的遗迹，具体要等到将来发掘才有可能解开这个谜团。郭先生说他很想去忠县看看，我便给忠县文管所的曾先龙先生写了封信。又过了一段时间，郭先生来电说，他主编的《中国盐业史（古代编）》①已出版，在书的前面他增加了一幅忠县中坝遗址及出土的圜底罐和尖底杯照片，并特意向我和曾先龙表示感谢！

　　后来我买了一套《中国盐业史》，这部巨著煌煌63万字。遗憾的是，书中除了那幅中坝遗址和陶器的照片外，并无片言只语提到盐业考古。也难怪，当时盐业考古在我国还鲜为人知，看来，填补这个学科空白只能由我们这一代学者来完成了。

　　1997年，三峡水库淹没区的考古发掘正式启动。我代表北京大学考古学系去重庆参加三方签字仪式。其间，四川省文化厅找我协商，希望北京大学能将忠

---

① 郭正忠等：《中国盐业史》，人民出版社，1997年。该书分为"古代编""地方编"和"近代、当代编"三卷。郭正忠先生任"古代编"主编。

县中坝遗址的发掘交由四川省文物考古研究所主持，考虑到这座遗址堆积特殊，非常不适合学生开展田野实习，我便同意了四川方面的要求。北京大学在忠县的工作主要集中在䀇井河口及沿江一线古遗址的发掘。

巧合的是，当年我在北京大学的同学、美国加州大学洛杉矶分校的罗泰教授（Lothar von Falkenhausen）希望能与北京大学在三峡地区开展合作考古发掘研究，我拟了三个题目给他，罗泰慧眼识珠，毫不犹豫地选择了三峡地区的盐业考古，这恰恰也是我所期待的。

1999年初，北京大学考古学系与美国加州大学洛杉矶分校开展"成都平原及周边地区古代盐业的景观考古学研究"这一合作项目得到国务院批准。组建的中美盐业考古队的15名成员分别来自4个国家8家单位，涉及学科包括考古学、文化人类学、盐业考古、盐业史、历史地理、地质考古、古动物学、古植物学等。同年3月，项目组成员前往四川邛崃、蒲江、自贡以及重庆以东的三峡全境开展考古学与人类学调查，目的是了解这一区域与古代制盐有关的遗址、遗迹、近现代制盐产业的布局及现状等，中国盐业考古的大幕就此徐徐拉开。

从1999年开始，项目组派员参与四川省文物考古研究所在忠县中坝遗址的发掘。其间，罗泰先后邀请一批国际知名的盐业考古专家前往中坝遗址考察、交流、指导，确认这是三峡境内一处最重要的制盐遗址，其深厚的文化堆积、各类遗迹及巨量的陶器遗存与世界其他地区的制盐遗址和制盐陶器有诸多的共同特征。中坝遗址也因此成为中国盐业考古的滥觞之地。

2001年，三峡水库落成，中坝遗址的考古发掘结束，并很快被淹没。围绕中坝遗址及三峡境内的考古发现，我们在英国杜伦大学（2000）、美国加州大学（2003）和德国图宾根大学（2006）举办了三次国际学术研讨会，还产生了三篇博士学位论文（加州大学洛杉矶分校、四川大学）、两篇硕士学位论文（北京大学考古学系、北京大学城市与环境科学系）以及三部学术著作[1]。上述会议和研

---

[1] Flad Rowan K. Salt Production and Social Hierarchy in Ancient China: An Archaeological Investigation of Specialization in China's Three Gorges. Cambridge University Press, 2011；Flad Rowan K, Pochan Chen. Ancient Central China: Centers and Peripheries along the Yangzi River. Cambridge University Press, 2013；李水城：《中国盐业考古》，西南交通大学出版社，2019年。

究成果有力地推动了中国的盐业考古，在国际学术界也产生了积极影响。

　　中坝遗址的发掘结束后，我们将目光转向沿海地区。2002 年，在日本住友财团（The Sumitomo Foundation）的资助下，北京大学考古学系与山东省文物考古研究所合作，在鲁北莱州湾-山东半岛沿海展开大范围的考古调查，确认鲁北沿海一带发现的盔形器（将军盔）是煮盐的专用器具，而大量埋藏此类遗存的遗址则是商周时期的制盐作坊。这项工作将中国盐业考古从内陆转向沿海，也为下一步在莱州湾沿海开展考古发掘和研究奠定了坚实的基础，日后的一系列考古发现证实这一区域是中国历史上重要的盐产区，时代从先秦一直延续至今。

　　随着盐业考古的影响不断加强，2008 年，国家文物局在"指南针计划"专项研究中设立了"中国早期盐业文明与展示试点研究"，参与单位涉及国内十余家科研单位，项目组成员在鲁北沿海、甘肃礼县、四川盐源及自贡、云南云龙、西藏芒康、山西芮城、江西樟树等地展开调查，目的是以中国早期盐业资源的价值发掘为主线，通过考古和民族志调查，搜寻国内早期制盐遗址和现存民族传统制盐工艺的资料，利用考古学、历史文献、人类学、民俗学以及现代科技检测手段，对各地的制盐工艺及相关科技发明展开专项研究，深入探讨盐业资源的开发与财富的积累对社会复杂化、文明化及城市化进程的推动作用，盐业及相关贸易活动对社会、经济、文化、政治、军事等产生的积极影响。

　　短短 20 余年，中国盐业考古的一系列重要发现和研究成果不仅迅速填补了我国在这一研究领域的长期空白，创建了新的考古分支学科，也迅速缩短了与国外在这一研究领域的巨大差距。特别是中坝遗址的考古发掘与研究产生的示范效应引发了学界对盐业考古的关注和重视，意识到人类学会制盐是与动植物驯化具有"同等意义"的一场深刻革命。截至目前，涉及盐业考古的新发现和研究已遍及我国大江南北、长城内外和青藏高原，呈现出方兴未艾的好势头。

　　上述成就的取得一方面是中国考古学家不懈努力的结果，另一方面也与国家文物局的支持、广泛的国际合作交流背景密不可分。随着中国盐业考古的影响日益增强，法国国家博物馆邀请北京大学考古文博学院师生前往法国参加塞耶（Selle）河谷制盐遗址的发掘（2007—2010 年）。这项合作拓展了我们的学术视野，深化了我们对欧洲及世界其他地区盐业考古的了解，积累了宝贵的经验。

　　本书可谓中国盐业考古走过 20 余年历史的折射。其中上编主要涉及国外，内容包括欧美、日本、越南等地的盐业考古发现与研究，时代上迄史前、下至铁器时代。非洲、南太平洋地区则集中于当代人类学调查和民族志资料。下编为国内部分，内容包括20余年来我参与的盐业考古工作及相关研究，东南沿海和华南地区的盐业考古发现，以及青藏高原、海南岛现存民族制盐产业的现状及工艺特征等。

愿借此机会感谢美国Henry Luce基金、纽约Wenner-Gren基金、日本住友财团和法国国家博物馆对中国盐业考古给予的财政支持！感谢国家文物局、四川大学资助本书出版！感谢中美盐业考古团队的全体成员，特别感谢罗泰（Lothar von Falkenhausen，加州大学洛杉矶分校）、奥利维（Laurent Olivier，法国国家博物馆）、傅罗文（Rowan Flad，哈佛大学）、陈伯桢（台湾大学）与我多年的合作！感谢宋蓉（上海大学）、黄磊（四川大学）协助本书的编辑。邱添（四川大学）对本书的编辑亦有贡献。感谢雷英为编辑本书付出的努力！

李水城

2023年岁末于加拿大Kelowna

目 录
CONTENTS

下编 本土践行

上编 他山之石

盐业考古的诞生地：法国洛林塞耶河谷

　　塞耶河（R. Seille）位于法国的阿尔萨斯－香槟－阿登－洛林大区，横跨默尔特－摩泽尔省和摩泽尔省，全长138千米，流域面积1348平方千米，大部分水域都在摩泽尔省境内。塞耶河源于林德雷湿地，在梅斯经"德意志门"汇入摩泽尔河。有时人们也会称这条莱茵河的次级支流为"洛林的塞耶河"或"大塞耶河"，以区分法国的另一条塞耶河（索恩河的重要支流）。历史上这条河有几次改名，在5世纪时叫萨利亚河（R. Salia），893年以后叫塞赫河（R. Seylhe），1323年后改称萨耶河（R. Saille），1552年后改为塞耶赫河（R. Sailhe）。1871—1914年，塞耶河是法德两国的边界。如今，法国的摩泽尔省和默尔特－摩泽尔省的边界就是根据1871年《法兰克福条约》划定的。

　　塞耶河谷上游分布有盐泉和盐沼。据研究，至少在公元前13世纪这里就开始制盐。由于地处欧洲内陆，所产之盐在欧洲内地广泛销售，产量也随之不断增加，极大地促进了当地的经济繁荣。17世纪末，法兰西王国意识到，需要不断强化对法国东部与德国接壤的阿尔萨斯－洛林（Alsace-Lorraine）[①]地区的控制，特别需要加强对塞耶河谷马萨尔（Marsal）和莫耶维克（Moyenvic）一带盐业资源的保护，这对法国将有利可图。不知是否是为了落实法国王室的这个旨意，很快，法兰西皇家工程师卢瓦耶·阿特齐·德拉索瓦热（Royer d'Artezé de

---

[①]　阿尔萨斯－洛林位于今天法国的上莱茵、下莱茵和摩泽尔（Moselle）省。普法战争后，法国于1871年将其割让给德国。1919年第一次世界大战后，德国归还给法国。第二次世界大战期间，其再次被德国占领，战后再次归还法国。称作阿尔萨斯语的日耳曼方言为当地的通用语，当地学校同时教法语也教德语。

la Sauvagère）①就前往法国东部摩泽尔河（R. Moselle）的支流塞耶河谷上游一带考察，那里恰好地处洛林地区，历史上素以盐泉众多而闻名。特别是在塞耶河谷两岸阶地上有一片片大型土堆形成的高地，高地的下面堆积有大量烧土和奇形怪状的陶器，附近往往分布有盐沼或盐泉。通过这次调查，德拉索瓦热推测，塞耶河两岸高地下面埋藏的烧土和陶器很有可能是古代制盐留下的遗存②。后来他将那些像"砖"和"砖块"一类形状各异的陶器命名为"Briquetage"③（图一）。

图一　塞耶河谷早期发现的制盐陶器（Briquetage）

（引自 de la Sauvagère R，1740）

到了18世纪初，有关塞耶河谷制盐遗物的发现已广为学界所知。但对于塞耶河两岸那些大型土堆的成因和性质，仍有很多不同的解释。有人猜测是法兰

---

① 卢瓦耶·阿特齐·德拉索瓦热（Royer d'Artezé de la Sauvagère, 1707—1782）是一位法国军事工程师和古董商，也是法国最早向地方政府和官员游说保护历史古迹的人。

② de la Sauvagère R. Recherches sur la nature et l'étendue du briquetage de Marsal, avec un abrégé de l'histoire de cette ville. Et une Description de quelques Antiquités qui se trouvent à Tarquimpole. Paris, 1740.

③ Briquetage这个法文单词的前半部分Brique即英文Brick的词源，字面意思为"砖、砖头或砖块"，加上后缀便成了法文中一个有特殊含义的专业词汇，特指"专业制盐器具"。包括各种形状的"陶棍""陶连接纽"和"煮盐陶容器"等。

克人（Franks）①在历史上某个时期堆筑起来的遗迹②；有人认为是罗马帝国征服时期凯尔特人（Celt）③留下的遗迹④；甚至还有人主张是旧石器时代杜-瑞尼（du Renne）时期⑤留下的古迹⑥。

19世纪后半叶，法国人不得已将阿尔萨斯—洛林地区割让给德国。1901年，时任梅斯（Metz）博物馆的馆长（德国人）主持了首次对马萨尔（Marsal）遗址的考古发掘。这座遗址位于塞耶河畔一座路易十四⑦时期（17世纪）建造的古城堡外，城堡的平面形似乌龟。如今，这座城堡的格局、古建筑保存得十分完好，著名的马萨尔盐业博物馆就在城堡东门的城楼上（图二）。

这次发掘大致明确了塞耶河两岸那些高大的土堆是古代制盐产业的遗留。发掘者用挖掘出的一批"陶棍"，横竖交错搭建了一个方柱状的栅格架子，在架子顶端放置注入卤水的陶盆，架子下面放置柴草燃料，推测复原了古代煮盐的场景（图三）⑧。进而证实，土丘堆积内大量形态各异的陶器是用来制盐的器具，首

---

① 法兰克帝国（L'empire carolingien），5—9世纪分布在西欧和中欧的王国，疆域与罗马帝国在西欧的疆域基本相同。法兰克是个多民族国家，国民主要是从日耳曼尼亚迁入的民族。罗马帝国灭亡后，法兰克成为中欧最重要的国家。

② Dupre M, Sébastien Bottin. M'emoire sur les antiquit'es de Marsal et de Moyenvic. Paris: Gaultier-Laguyonie, 1829.

③ 凯尔特人（Celt）为公元前2000年活动在中欧、有共同文化和语言的民族，主要分布在高卢、北意大利、西班牙、不列颠与爱尔兰，与日耳曼人并称为蛮族。

④ de Beaulieu, Jean Louis Dugas. Archéologie de la Lorraine ou recueil de notes et documents pour servir à l'histoire des antiquités ce cette province. 2 vols. Paris: Le Normant, 1840-1843.

⑤ Age du Renne，杜-瑞尼时期，得名于法国勃艮地Arcy-sur-Cure的Grotte du Renne遗址，时代相当于旧石器时代晚期。

⑥ Ancelon, E A. Note sur le briquetage des marais de la Seille. Mémoires de la Société d'Archéologie Lorraine, 1870, XII: 277-289.

⑦ 路易十四［1643（38）—1715年，1661—1715年在位］，自号"太阳王"，1680年接受巴黎市政会献上的"大帝"尊号，为波旁王朝的法国国王和纳瓦拉国王，系在位时间最长的法国君主。他在位期间建造了马萨尔城堡，并下令设防。

⑧ Keune, Johann Baptist. Das briquetage im oberen Seillethal. Jahrbuch der Gesellschaft für Lothringische Geschichte und Altertumskunde, 1901, 13: 366-394.

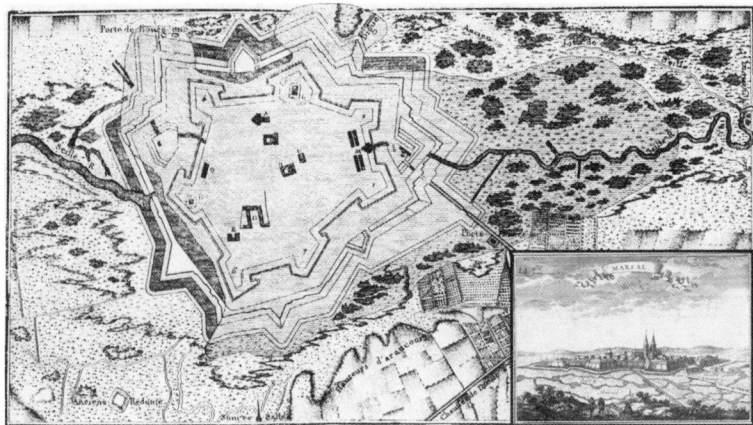

图二　路易十四时期建造的马萨尔城堡

（引自Marie-Yvane Daire，2003）

图三　1901年马萨尔遗址发掘现场模拟的煮盐场景

次将这些遗物与制盐联系起来。此次发掘也标志着盐业考古的诞生[①]。

　　直到20世纪70年代，马萨尔遗址才在首次发掘中断60余年之后重新开始考

---

① Olivier Laurent, Kovacik J. The "briquetage de la Seille" (Lorraine, France): proto-industrial salt production in the European Iron Age. Antiquity, 2006, 80(109): 558-566.

古工作。洛林考古部的考古学家让-保罗-贝尔托（Jean-Paul Bertaux）主持了这项新的研究计划，目的是蠡清并记录塞耶河谷制盐陶器的堆积范围，特别是那些与制盐有关的陶器特征及形态的演变[①]。

历经十余年的调查和发掘证实，这里的遗址往往分布在盐泉或盐沼附近。绝大部分遗物都是煮盐，或与煮盐有关的器具，时间为铁器时代晚期（公元前500—前50年）[②]。正是通过此次调查发掘，法国考古学家开始以"陶器碎片密集堆积"作为衡量金属器具产生前陶器制盐的重要标志。Briquetage这个名词也逐渐被欧美考古学界接受，并作为"专业制盐器具"这一特定含义被纳入考古学词典。

进入新世纪以来，一项围绕"塞耶河谷制盐遗址"新的国际研究计划开始实施（2001—2005年），主持人为法国圣日尔曼-昂莱（Saint- Germain-en-Laye）国立考古博物馆铁器部主任奥利维尔（Laurent Olivier）教授。该项目的主要目标是确定塞耶河谷铁器时代制盐作坊的时空架构，次级目标是了解开发稀缺资源的原始制盐业对塞耶河谷及周边环境和社会造成的影响[③]。

---

① Bertaux, J-P. Le Briquetage de la Seille. Sondages à Burthecourt, commune de Salonnes (Moselle). Etude du mat'eriel technique (Hallstatt moyen). Bulletin de l'Académie et Société Lorraines des Sciences, 1972a, 11 (3): 178-200; —Le briquetage de la Seille-sondages à Marsal (Moselle): quelques observations archéologiques et géologiques. Bulletin de l'Académie et Société Lorraines des Sciences, 1972b, 11 (3): 219-228; —L'archéologie du sel en Lorraine: "Le Briquetage de la Seille" (état actuel des recherches). In Jacques-Pierre Millotte, André Thévenin, Bernard Chertier (eds.). Livret guide de l'excursion A7 Champagne, Lorraine, Alsace, Franche-Comté. 9ème Congrès de l'Union Internationale des Sciences Préhistoriques et Protohistoriques. Nice: éditions du CNRS, 1976: 67-70.

② Nenquin Jacques. Salt, a study in economic prehistory. Dissertationes archaeologicae Gandenses, Ⅵ 6. Brugge: De Tempel, 1961; Emons, Hans-Heinz, Hans-Henning Walter. Mit dem Salz durch die Jahrtausende: Geschichte des weißen Goldes von der Urzeit bis zur Gegenwart. Leipzig: VEB Deutscher Verlag für Grundstoffindustrie, 1984; Brown, Ian W. Briquetage: byproducts of salt production in the Old and New Worlds. Paper presented in the symposium, "Salt of the Earth" 61st Annual Meeting of the Society for American Archaeology, New Orleans, Louisiana, 1996.

③ Olivier Laurent. Le "Briquetage de la Seille" (Moselle): Prospection thématique et sondages de vérification des anomalies géomagnétiques. Campagne, 2004. Saint-Germain-en-Laye, Musée des Antiquités nationales, 2004.

曾有学者推测，在被罗马帝国征服前的5个多世纪里，塞耶河谷上游的制盐产业几乎已经达到了工业化程度，并在两方面造成了巨大影响：①为盐场提供大量燃料和集约式的土地开发严重损害了当地原有的农业基础；②以农业经济为基础的传统社会形态解体，根源是当地的经济发展转向了生产高额利润的商品——食盐①。

该项目实施的田野考古工作包括：对占地达80公顷的区域展开大面积的地球物理勘探；开挖考古探沟以验证勘探异常区域的地下堆积情况；接下来是一系列的后续实验分析，包括古地磁、热释光测年及古环境领域的多项研究（泥炭学、古植物学、贝类学、孢子花粉学等）。特别是对维克-舒-塞耶（Vic-sur-Seille）②的夏特里（Châtry）和马萨尔的奥尔良堡（Fort d'Orléans）两处遗址群进行地球物理（地磁学）勘探研究③。

从地质学的角度，使用地球物理勘探技术。包括使用直升机利用不同磁频和电磁频搜集数据，对塞耶河谷上游及纳尔（Nard）河谷（塞耶河支流）近70平方千米范围进行飞行勘探。探明地下随盐卤上升导致的沉积物饱和区，并依此建构地质堆积三维模型（图四）。从考古学角度看，勘探结果清晰地显示出制盐废弃物堆积的区域，以及规模较小的一些制盐遗迹堆积状况。2002年初，又在空中勘探的基础上进行地表地磁勘察，揭示出数以百计的烧结物集合体，有的堆积竟长逾百米。

2003年对奥尔良堡与帕朗修（Pransieu）两处制盐场所进行物理勘探，并在探测异常地点进行发掘，证实勘探调查发现的磁异常确实代表了地下制盐炉灶遗迹的存在。大多数炉灶长6—8米，集聚成群。试掘挖出的烧结物年代为铁器时代早期（公元前7—前6世纪）。在马萨尔村南和村西勘测出了一系列的盐场，总长度达1.5千米，可分为4个区域，占地面积5—8公顷。

———————————

① Tainter Joseph A. Problem solving: complexity, history, sustainability. Population and Environment: A Journal of Interdisciplinary Studies, 2000, 22 (1): 3-41.

② Vic-sur-Seille，意为"塞耶河畔之城"。

③ Bourgeois, Brigitte, José Perrin, Bernard Feuga. Cartographie 3D de l'interface eau douce/eau salée par méthode électromagnétique héliportée sur le bassin salifère de Lorraine. Revue française de géotechnique, 2004: 106-107, 145-156.

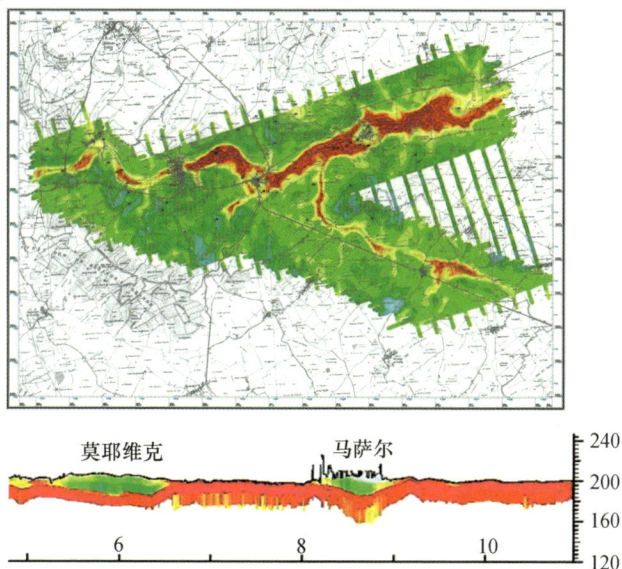

图四　塞耶河谷地球物理勘探的地质堆积三维模型

（红色部分为制盐遗址的堆积，引自《中国盐业考古》2，2010）

在莫耶维克的圣-皮昂（Saint Pient）地点勘测出一座巨大的盐场，占地面积约25公顷。通过对19世纪40年代考古文献记载[1]的维克-舒-塞耶的夏特里遗址进行物理勘探，不仅了解到该遗址的占地面积，并在遗址以西新发现一处占地面积超过7.5公顷的大型制盐遗址。

以上的系统地磁勘察确定了萨隆（Salonnes）的布尔特库尔（Borthécourt）与莫耶维克圣-皮昂两处遗址的分布范围，揭示出此前不为人知的一处巨型盐场。结果显示，这个20世纪初由科依内（Keune）勘探过的盐场占地面积超过5公顷[2]。在布尔特库尔盐场区还发掘出了一些新型盐灶。遗址的年代为铁器时代早期晚段（公元前6世纪）。在新发现的一些居址出土了很多人工制品，年代为公元前7—前6世纪。

---

[1] de Beaulieu, Jean Louis Dugas. Archéologie de la Lorraine ou recueil de notes et documents pour servir à l'histoire des antiquités ce cette province. 2 vols. Paris: Le Normant, 1840-1843.

[2] Keune, Johann Baptist. Das briquetage im oberen Seillethal. Jahrbuch der Gesellschaft für Lothringische Geschichte und Altertumskunde, 1901, 13: 366-394.

上述工作取得的成果可归纳如下：

"塞耶河谷制盐遗址"项目的主旨是确定制盐遗址堆积的分布范围。这个东西绵延达十余千米的遗址群不仅展示出塞耶河谷制盐业的早期发展和原始工业特征，而且通过地球物理勘探、地磁勘探及对异常区域的发掘证实，遗址区分布有大片的煮盐炉灶集聚区，一座巨大的盐场由成百上千座炉灶组成，面积超过几十公顷。有些地方废弃遗迹和遗物的堆积非常深厚，考古学家保守地估计，塞耶河谷制盐遗物的堆积体积达300万立方米①。在布尔特库尔遗址，堆积厚度最深达17米，推测这个区域的遗物堆积总体积可达400万立方米。那些由废弃炉灶和制盐器具形成的巨大土堆最高达12米，直径50—500米②。这一系列数字表明，在公元前1千纪前后，塞耶河谷的制盐产业已形成相当大的规模。

20世纪70年代，让-保罗·贝尔托认为，塞耶河谷的制盐工场像是盐沼中一个个的人工岛，并据此提出"孤岛"模型理论③。新的研究项目采用地磁勘探技术了解的地下烧结物结构显示，当时盐场的整体结构并非呈"孤岛"状，而是将大批炉灶成群地集结在一起，环状排列或平行排列成行，总长度竟达百米之遥。

---

① Nenquin Jacques. Salt, a study in economic prehistory. Dissertationes archaeologicae Gandenses, VI (6). Brugge: De Tempel, 1961.

② Olivier Laurent. Le "Briquetage de la Seille" (Moselle): Nouvelles recherches sur une exploitation proto-industrielle du sel à l'âge du Fer. Antiquités nationales, 2000, 32: 143-171; —Le Briquetage de la Seille (Moselle): Premiers résultats d'un programme de reconnaissance archéologique d'un complexe d'ateliers du sel de l'âge du Fer en Lorraine. Antiquités nationales, 2003, 35: 236-247; —Le "Briquetage de la Seille" (Moselle): Prospection thématique et sondages de vérification des anomalies géomagnétiques. Campagne 2004. Saint-Germain-en-Laye, Musée des Antiquités nationales, 2004; —and Kovacik J. The "briquetage de la Seille" (Lorraine, France): proto-industrial salt production in the European Iron Age. Antiquity, 2006, 80(109): 558-566.

③ Bertaux, J-P. L'archéologie du sel en Lorraine: "Le Briquetage de la Seille" (état actuel des recherches). In Jacques-Pierre Millotte, André Thévenin, Bernard Chertier (eds.). Livret guide de l'excursion A7 Champagne, Lorraine, Alsace, Franche-Comté: 67-70. 9ᵉᵐᵉ Congrès de l'Union Internationale des Sciences Préhistoriques et Protohistoriques. Nice: éditions du CNRS, 1976; —Das Briquetage an der Seille in Lothringen: Die jüngsten Sondierungen in Burthécourt, Dép. Moselle. Archäologisches Korrespondanzblatt Mainz, 1977, 7(4): 261-272.

新的项目研究还显示，塞耶河谷的制盐遗址总体上属于铁器时代，年代上限不早于铁器时代早期的早段，即哈尔斯塔特（Hallstatt）C1—C2阶段，下限不迟于铁器时代晚期，即拉腾（La Tène）时代C2—D1阶段。第一阶段属于铁器时代早期（Hallstatt C-D1），即公元前8—前6世纪，以马萨尔奥尔良堡和普朗修·洛库斯B区、C区（Pransieu Lous B、C），莫耶维克的圣-皮昂及维克-舒-塞耶的夏特里遗址为代表，有的遗址一直延续到铁器时代早期之末（Hallstatt D2—D3）。这个阶段的制盐作坊主要分布在约10个地点，这些地点均位于河谷内的盐泉旁，占地面积1—4公顷。作坊遗址中的盐灶、废弃堆积和卤水资源分布密集。出土物还包括日用陶器和动物骨骼，很多动物骨骼还残留有屠宰痕迹，表明作坊内日常生活的频繁，这个阶段的制盐作坊在塞耶河谷上游都有分布（图五，上）。

第二阶段的年代为铁器时代晚期（La Tène C2-D1），即公元前2—前1世纪。以马萨尔村的马拉基（Malacquits）遗址为代表。这个阶段的遗址数量有所减少，盐业生产主要集中围绕三个核心区域展开，即莫耶维克、马萨尔和维克-舒-塞耶。大批与盐业产业相关的废弃堆积显示这一时期产业规模扩大，遗址面积从铁器时代早期的几公顷发展到此时的10余公顷。正是在这些被称作“工业废弃堆积”的所谓孤岛上，罗马人后来发展出了三座城镇：即马拉萨卢姆（Marosallum）（Marsal 马萨尔）、维库·博达提乌斯（Vicus Bodatius）（Vic-sur-Seille 维克-舒-塞耶）和维迪亚努斯·维库（Medianus Vicus）（Moyenvic 莫耶维克）。这三个古老的城镇一直延续到今天（图五，下）。

塞耶河谷考古发掘的制盐器具主要有以下三类：

第一类是作为炉灶上支架主体的“陶棍棒”。此类器具均呈长条状，大小、长短、粗细不一，横切面有方形、长方形、圆形、椭圆形、扁圆形多种。大部分形状顺直，粗细较一致，或两端稍细。也有一些呈微弧状弯曲。所见完整器最长达60厘米，短小者仅10余厘米（图六）。

第二类为“连接纽”①。此类器物个体普遍短小，长1、2厘米到10厘米之间，

---

① 盐业考古的术语称之为“éléments de liaison”，法语意为“连接成分”，可理解为“连接纽”，这是一些形状呈亚腰状的短泥柱，可将“陶棍棒”相互黏结加固成一种“栅格”状的框架。“连接扣”的大小则与连接“陶棍棒”的尺寸有关。

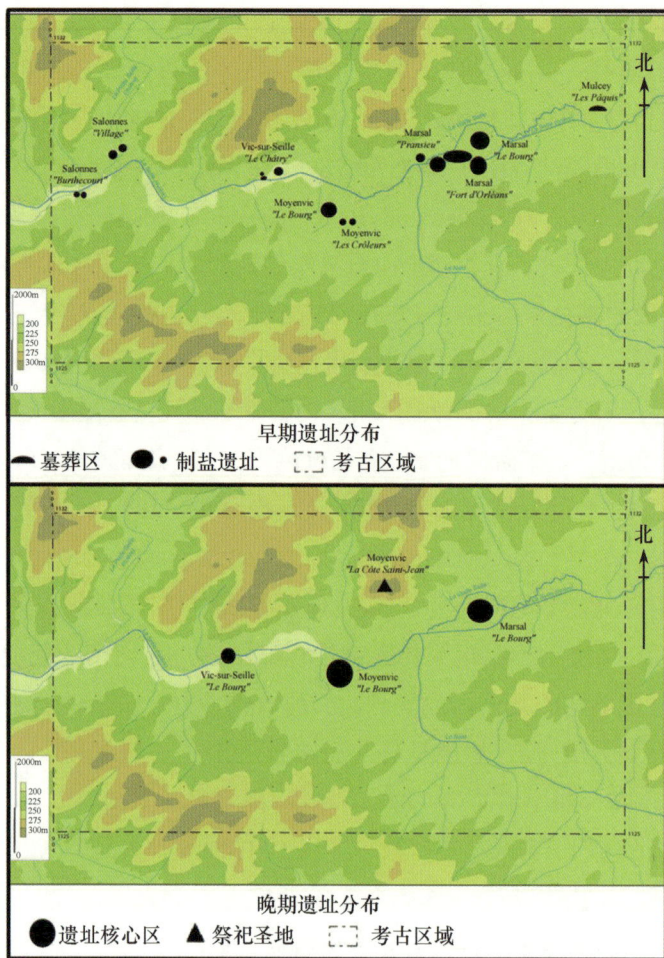

图五　塞耶河谷制盐遗址分布及考古区域
上：早期（公元前8—前6世纪），下：晚期（公元前2—前1世纪）
（引自《中国盐业考古》2，2010）

直径2—5厘米。器形多呈亚腰状，两端稍粗，端面呈马鞍状弧形内凹。此类器应是在未干的泥坯状态下用来连接"陶棍棒"的。还发现有个别连接纽呈"三通"结构，即可同时连接三个方向的"陶棍棒"。也有很多形状不固定，个体较小，有的器表还保留有指纹印痕，可知大多是在制盐现场根据需要随手用泥坨捏成的，形状大小有很大的随意性（图六）。

　　第三类为制盐陶容器。器型有早晚变化。早期制盐陶器个体很大，均为大

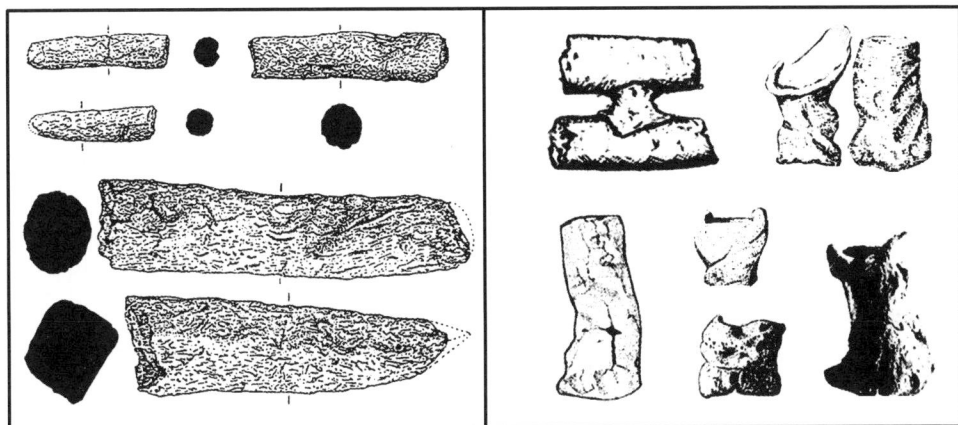

图六　塞耶河谷制盐"陶棍棒""连接纽"

口浅腹盆造型，胎体较厚，口径35—50厘米。晚期制盐陶器变为个体较小的大口深腹杯，胎体变薄，高12—20厘米（图六）。

以上三类制盐器具全都属于制盐陶器的范畴。特点是质地粗糙，加工随意。由于种类非常单一，破碎器件很难复原，极少发现完整器。由于这些器物都是一次性使用，损耗量巨大，这也是造成塞耶河谷制盐遗址堆积深厚、埋藏量巨大的缘由。

通过对煮盐炉灶及制盐陶容器的"形态-年代学"研究，法国学者将塞耶河谷的制盐工艺分为四个发展阶段。

第1阶段，铁器时代早期早段（Hallstatt C1—C2）。制盐陶器主要采用大型敞口平底盆。器口外侈，口缘捏出波浪花边状，器腹呈亚腰状，大平底，器表素面无纹。口径约50、高约14厘米，容积约30升。此类陶器与一种带低矮内墙的加热炉灶构成组合。属于不可移动的大型煮盐器具（图七，上左）。

第2阶段，铁器时代早期晚段（Hallstatt D1）。代表性的制盐陶器改为较浅的敞口平底盆，体型变小，数量增多。有两种形态：第一种为大敞口、斜直腹，大平底。器高约8、口径约40厘米。第二种为内敛口、弧腹，大平底。器高约7、口径约35厘米。系选用富含植物类麋和料的黏土烧制而成的夹炭陶，陶胎疏松多孔，器表素面无纹。与其配套的炉灶形态不详。此类应为熬煮制盐的器具（图七，上右）。

第3阶段，铁器时代早期末段（Hallstatt D2—D3）。平底盘消失，新出现的制盐陶器为陶杯，特征是大口，斜直腹壁，小平底。同样是用富含植物类糜和料的黏土烧制，陶胎疏松多孔。器高约15、口径约8厘米。与其相关的炉灶类型至今未知。此类容器可以移动，适用于将湿盐烘干或塑形成锭。此类制盐容器一直延续到拉腾文化A—B期（图七，下左）。

第4阶段，铁器时代晚期（La Tène C2—D1）。制盐容器仍为陶杯（flûtes），但器形瘦高，呈细长的筒状，口部稍大于器底。高约20、底径仅3.5厘米。此类器是从前一阶段的陶杯演变而来，也是用富含植物糜和料的黏土制作，质地疏松多孔。与此类容器配套的炉灶类型不明。其用途与前一类陶杯相同（图七，下右）。

塞耶河谷制盐陶器胎内糜有大量植物茎秆或谷壳，颜色灰白，质地较轻，

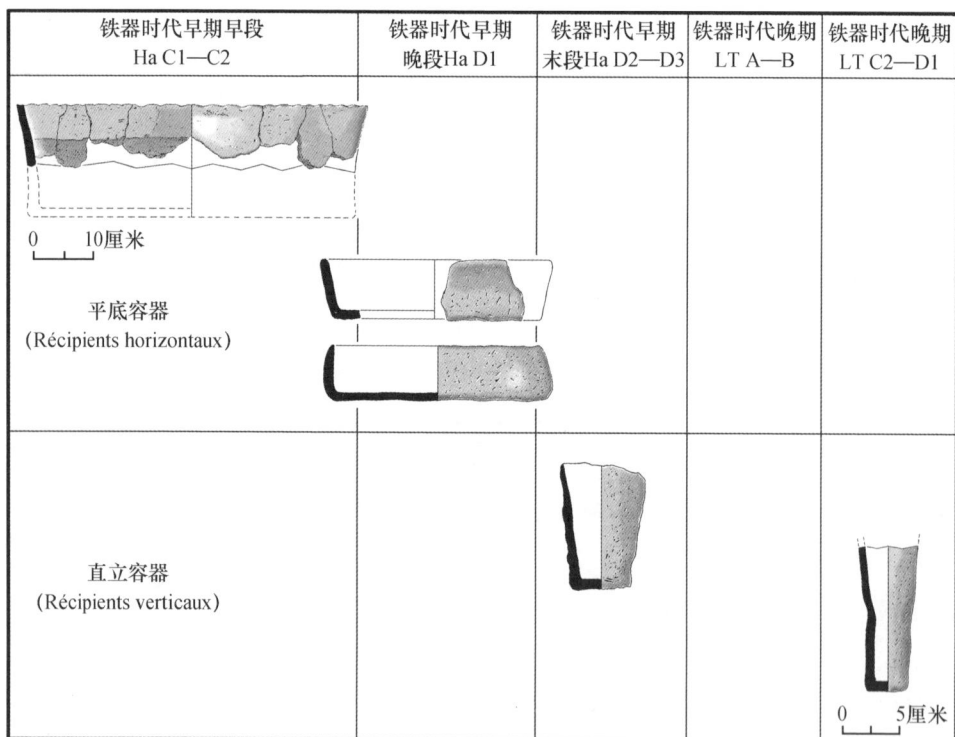

图七　塞耶河谷制盐陶器形态演变

（引自《中国盐业考古》2，2010）

胎体有大量气孔，明显属于夹炭陶的性质。器表可见大量谷物（小麦）外壳的印痕，显得非常粗糙。表明陶器在制作成型后，陶坯曾放在铺有谷物茎秆或外壳的地面晾晒阴干，再进行低温烧制。还有一点就是，同时期的制盐陶器造型一致，容积也基本接近。

通过多年的考古发掘和研究，法国考古学家认为，塞耶河谷的制盐工艺可分两个步骤：首先是从盐泉或盐井（两者均有可能属于被管制资源）汲取卤水，经过提浓后，转入大型陶盆放置到炉灶上加热熬煮，产出盐膏[①]。第二步是将这些盐膏（湿盐）转入另一种类型的炉灶上烘烤制成盐锭。

在马萨尔遗址曾发现连在一起的圆形炉灶，规模较小，可明显看出有多次修补的迹象。由于长期使用，炉灶及周边地面已烧成橘红色（图八，左）。此外，还发现一批烧结不是很明显的圆角长方形炉灶，灶坑下挖不深，灶内堆满密密麻麻形态各异的陶棍棒、连接纽和少量小型制盐陶器残片（图八，右）。这些"陶棍棒"和"连接纽"是如何在炉灶上结构组合的？法国盐业考古学家的意见也不一致。在马萨尔盐业博物馆的展览和一些出版的盐业考古书籍中，有些想象出来的推测复原：即在炉灶上将"陶棍棒"横竖交错搭建数层，构成一种叠置的网状

图八　马萨尔遗址发掘出土的盐灶和灶内堆积物

----

① "盐膏"是指结晶后含较高水分的结晶湿盐。

"栅格"支架。"陶棍棒"联结处用"连接纽"黏结，使"栅格"支架更加稳固结实。在"栅格"支架上部放置大型陶盆熬煮制盐，在大型容器的周围、"栅格"之间的空隙处插入小型筒状杯，可将陶盆内结晶的湿盐随时转入陶杯内烘干，制成盐锭（图九，左）。还有一种推测：即这种"栅格"支架是专门用来制作盐锭的设施（图九，右）。之所以构建这种"栅格"支架，是为了调整和控制炉灶内的火力，使炉温更加均衡。

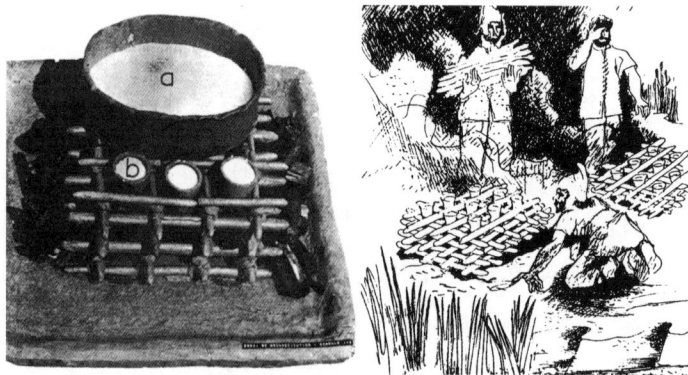

图九　塞耶河谷煮盐或烘烤盐锭的"栅格"支架结构推测
（引自 Marie-Yvane Daire，2003）

　　值得注意的是，塞耶河谷第二阶段制盐产业出现的变化。铁器时代晚期，为了提高工效，开始改革旧的制盐工艺。这主要表现在制盐模具的大小和容积高度统一，暗示它们可能是用木模具模制成型的，模具的尺寸取决于所需盐锭的大小。假如真是这样，大量制盐模具可产生流水作业般的效能，大大提高盐产量，使产品规格化，生产规模大幅度提高，也更加便于贸易流通。考古学家推测，在铁器时代早期，每年的盐产量估计在数百到数千吨之间。到了铁器时代晚期，年产量已达到数千至数万吨。只有到了这个时期，塞耶河谷的盐业生产才有可能达到原始工业化的程度。其生产水平不仅超出本地所需，生产工艺也呈现出清晰的专业化趋势。随着罗马帝国时代的到来，塞耶河谷与陶器制盐技术密切相关的生产方式最终被放弃，这大约出现在1世纪前后。

　　塞耶河谷铁器时代晚期的密集型产业格局与后来的工业化社会生产非常相似，而非一般的原始手工业生产。其特征是，生产方式相当专业化，作坊内区块分明，有专门的煮盐炉灶区，烘烤盐锭区以及废物垃圾的丢弃区。如此的规模和布局意味着此时的生产组织已有明确分工，一部分人负责制作煮盐陶器，一部分人负责煮盐，还有一部分人负责将湿盐烘干制成盐锭。余下的人有的负责组织产品运输，有的负责对外输出贸易，将食盐交易到欧洲各地。

依照上述产业结构和规模，塞耶河谷铁器时代晚期的制盐业非常符合"工业化"标准，或者说至少在马萨尔、莫耶维克和塞耶-舒-维克三个生产中心的较晚阶段，已经采用了更有利于发挥生产效能的劳动分工。在不同的生产阶段，与财富相关的指标也有所不同。铁器时代早期（哈尔施塔特晚期），制盐工匠还比较富裕。到了铁器时代晚期，产业活动更加集中，但在聚落中反倒很少看到与财富有关的遗物。似乎到了专业化生产程度较高的晚期，依靠盐业生产累积的财富极有可能转向了控制产品再分配的个人手中。也就是说，盐业创造出来的财富转向了盐的所有者而非生产者。

法国学者认为，通过对一系列重要考古发现进行研究，可能更易于理解由于盐的商品化，进而导致贸易交换的出现，以及塞耶河谷上游建立的凯尔特制盐群体的社会结构信息，对这些重要内容的澄清和阐释，将是他们下一步的研究目标[1]。

在萨隆的布尔特库尔发现一处毗邻盐场的聚落遗址。该址出土的植物遗存显示，制盐工人也从事部分农业生产，包括种植小麦、大麦、豆类和其他的草本植物[2]。动物骨骼的发现证实了畜养业的存在，家畜主要有牛、猪、绵羊和山羊[3]。家庭手工业包括农产品加工和纺织活动，在制盐废弃物堆积中曾发现纺轮和纺锤等遗物。

---

[1]　Laurent Olivier, Joseph Kovacik：《法国洛林 de la Seille 的制盐陶器 Briquetage：欧洲铁器时代盐的原始工业生产》，《南方文物》2008 年 1 期。

[2]　Vaughan-Williams, Alys. The plant macrofossils excavated at Salonnes "Burthecourt" and Marsal "Bensale": A preliminary report//Olivier Laurent. Le Briquetage de la Seille (Moselle) - Prospection thématique et sondages de vérification des anomalies géomagnétiques, Campagne. Saint-Germain-en-Laye, Musée d'Archéologie nationale, 2005.

[3]　Léna Alex. Etude archéozoologique des gisements de l'âge du Fer du Briquetage de la Seille// Olivier Laurent. Le Briquetage de la Seille (Moselle) - Prospection thématique et sondages de vérification des anomalies géomagnétiques, Campagne. Saint-Germain-en-Laye, Musée d'Archéologie nationale, 2005.

在马萨尔的奥尔良堡遗址的废弃堆积中也发现有人工栽培的大麦、小麦和野生果类，如榛子、黑刺李、草莓、栽培的小米和两粒小麦①。通过分析证实，在制盐陶器中羼入的羼和料主要为大麦、小麦和斯佩耳特小麦的谷壳或茎秆②。经对马萨尔（Fort d'Orléans 和 Pransieu）和维克-舒-塞耶（Châtry）遗址灰坑和炉灶内出土兽骨的研究，证实家畜中的牛、猪和绵羊主要供肉用③。在所有制盐场所都发现有日用陶器的残片和兽骨，显示当时的居址与盐场距离很近。

在 Burthecourt 居址窖藏中曾发现铸造小件铜器的坩埚，以及铸造遗留的炉渣和金属矿渣，显示盐工还从事冶炼金属的活动。1982年在马萨尔遗址发现两个埋藏双棱形铁锭的窖藏坑，1号窖藏坑打破了制盐堆积，出土8件并排放着的铁锭。2号窖藏坑出土19件铁锭④。发现证实，这些铁锭或许是用食盐交换来的。

远程贸易也出现了。在布尔特库尔遗址和居址堆积中均出土有公元前6世纪末带凹槽的轮制陶器残片，类似遗物也见于马萨尔遗址。在普朗修·洛库斯A区（Pransieu Locus A）盐场的废弃堆积中发现有经过加工的珊瑚枝碎片，时代为哈尔施塔特晚期末段（Hallstatt D2—D3）。1976年，让-保罗·贝尔托还发现有陶制双锥形器。此类遗物仅见于极少数有特权身份的聚落遗址，而且一直被认为是

① Kreuz Angela. Note sur les premiers résultats des déterminations archéobotaniques des échantillons prélevés en 2002 dans le Briquetage de la Seille//Olivier, L.(dir.) Le Briquetage de la Seille. Prospection thématique et sondages de vérification des anomalies géomagnétiques. Campagne. Saint-Germain-en-Laye, Musée des antiquités nationales, 2002b: 70-71.

② Murphy Peter. Note sur la détermination des empreintes végétales conservées sur les éléments techniques du Briquetage de la Seille//Olivier, L (dir.). Le Briquetage de la Seille (Moselle). Prospection thématique et sondages de vérification des anomalies géomagnétiques. Campagne. Saint-Germain-en-Laye, Musée des antiquités nationales, 2002: 72.

③ Léna Alex. Etude archéozoologique des gisements de l'âge du Fer du Briquetage de la Seille//Olivier, L (ed.). Le Briquetage de la Seille (Moselle) - Prospection thématique et sondages de vérification des anomalies géomagnétiques, Campagne. Saint-Germain-en-Laye, Musée d'Archéologie nationale, 2005.

④ Bertaux J-P. Deux dépôts de lingots bipyramidaux découverts à Marsal (Moselle)//La Lorraine antique. Villes et villages 30 ans d'archéologie (Exhibition catalogue). Metz: Musées de Metz, 1990: 123.

受到意大利北部文化影响的产物①。

　　2005年在马萨尔发现一个800米长的墓地，分布在塞耶河左岸的坡地上，紧邻普朗修铁器时代早期的盐场。在一个名叫"大草地"（Grands Prés）的区域也发现有铁器时代的墓葬。随葬品显示，墓地从哈尔施塔特早期（Hallstatt C—D1）开始使用，延续到拉腾时代晚期之末（La Tène D1），即从公元前7世纪末至公元前1世纪。2006年发掘了一组5座墓葬。在一座女子墓内出土一对金耳环，此类物通常仅见于"凯尔特王侯时期"（公元前6世纪末）的特权阶层墓内，显然这是一处贵族墓地。在"大草地"墓地以东约200米处发现的第二组墓地为正方形（边长约10米），经对7号墓出土的人骨研究，显示对死者曾做过一系列处理，这与最近在巴黎盆地发现的同一时期的特权阶层墓葬相似②。

　　早在1838年，在马萨尔曾发现一批公元前4世纪的随葬品，包括一条镶嵌珊瑚和金叶的项链③。此类物在该地区屡有发现，特别是在莱茵河中游沿岸和法国东部地区。在马萨尔附近的莫耶维克，19世纪也出土过青铜首饰残片④。它们原本都是随葬品，这表明铁器时代的墓葬很可能就分布在离盐场不远的地方。

① Adam Anne-Marie, Claude Rolley, Jean-François Piningre, Suzanne Plouin, Pierre-Yves Milcent. Résultats, problèmes, perspectives//Claude Rolley (ed.). La tombe princière de Vix. Paris: éditions Picard, 2003: 302-366.

② Charlier Philippe. Le groupe funéraire de Marsal 'Bensale' (Moselle): Étude anthropologique et paléopathologique//Olivier, Laurent (ed.) Le Briquetage de la Seille (Moselle) - Prospection thématique et sondages de vérification des anomalies géomagnétiques, Campagne. SaintGermain-en-Laye: Musée d'Archéologie nationale, 2005: 107-123; Séguier, Jean-Marie, Valérie Delattre. Espaces funéraires et cultuels au confluent Seine-Yonne (Seine-et-Marne) de la fin du Vème au IIIème s. av. J.-C. In L'âge du Fer. In Olivier Buchsenschutz, A Bulard, T Lejars (eds.). Ile-de-France: Actes du XXVIe colloque de l'Association française pour l'étude de l'âge du Fer. 26ème supplément à la Revue archéologique du Centre de la France. Paris et Saint-Denis, 2005: 241-260.

③ de Beaulieu, Jean Louis Dugas. Archéologie de la Lorraine ou recueil de notes et documents pour servir à l'histoire des antiquités ce cette province. 2 vols.Paris: Le Normant, 1840-1843; Millotte, Jacques-Pierre. Carte archéologique de la lorraine. Les âges du Bronze et du Fer. Paris: éditions des Belles Lettres, 1965.

④ Millotte Jacques-Pierre. Carte archéologique de la lorraine. Les âges du Bronze et du Fer. Paris: éditions des Belles Lettres, 1965.

古环境方面的研究也获取了一批新数据。结果显示，早期铁器时代的盐场建在河谷一级台地上，所处位置应在今天地表以下2.5米处[①]。研究获取的模型显示，密集的制盐产业对当时的环境造成强烈影响。为了给盐场提供燃料，河流两岸的大量森林被砍伐，导致土壤侵蚀，水土流失，生态恶化。更为严重的是，制盐业产生了大量废弃物，数百万立方米的工业垃圾堆积到30千米的河谷及两岸冲积平原，最厚达12米，河床不断淤积抬升，河流流速越来越慢，水患频仍。

"塞耶河谷制盐遗址"的考古发现和发掘揭示出绵延达数百米的制盐炉灶集合体和大规模制盐作坊的布局。可以毫不夸张地说，塞耶河谷是欧洲目前所知规模最大的盐场。它比德国萨克森-安哈尔特（Saxony-Anhalt）萨勒（Saale）河谷的哈雷（Halle）遗址[②]和黑森州（Hesse）的巴特瑙黑姆（Bad Nauheim）遗址[③]的规模都要大。由于该项目采用非破坏性勘测的方法，使得重建塞耶河谷盐场的清晰影像成为可能，也使该项研究在欧洲获得了很大的知名度，这在欧洲大陆其他大型陶器制盐遗址是很难做到的，因为那些地区已经或正在变成城市。同样，在欧洲，该项目取得的大量数据以及资料的丰富重要程度，只有为数很少的遗址可与之媲美，如瑞士和德国西南部的史前湖居遗址。

在马萨尔城堡的盐业历史博物馆，塞耶河谷上游铁器时代的制盐场景以艺术画面的形式展现出来。距河岸稍远处为盐工们的日常生活村落，包括大片的草场和农田。塞耶河谷两岸的阶地密集分布着大批煮盐炉灶。炉灶形态为圆角长方

① Green Christopher P, G E Swindle, Branch N P. Geoarchaeological investigation of the briquetage de la Seille: the field season 2005. In Olivier (ed.) Le «Briquetage de la Seille» (Moselle) - Prospection thématique et sondages de vérification des anomalies géomagnétiques, Campagne. SaintGermain-en-Laye, Musée d'Archéologie nationale, 2005: 199-226.

② Riehm Karl. Solbrunnen und Salzwirkersiedlungen im ur- und frühgeschichtlichen Halle. Wissenschaftliche Zeitschrift der Martin-Luther-Universität Halle-Wittenberg: Gesellschafts- und Sprachwissenschaftliche Reihe, 1961b, 10: 849-858.

③ Kull Brigitte. Sole und Salz schreiben Geschichte: 50 Jahre Landesarchäologie, 150 Jahre archäologische Forschung in Bad Nauheim. Archäologische und Paläontologische Denkmalpflege Landesamt für Denkmalpflege Hessen. Mainz: Philipp von Zabern, 2003.

形，在地面构建，高1米左右，一端有1—2个火口，相对一端为高起的烟囱，灶面上分列两排12个灶眼，分别放置煮盐陶器。工人们有序地劳作，有的将结晶的湿盐捞出来放入大筐，有的往炉灶内投放柴草，还有的在搬运产品。盐场内密集分布着大量的卤水池，还有输送卤水的笕槽、成堆的柴草、集中的盐袋、起吊重物的桔槔和运盐的四轮马车。河畔建有用木材搭建的简易码头，河中行驶着木船，以及正在往船上装货的工人。整幅画面表现出马萨尔盐场规模庞大，组织严密，分工明确，一派热火朝天的盐业生产场景（图一〇）。

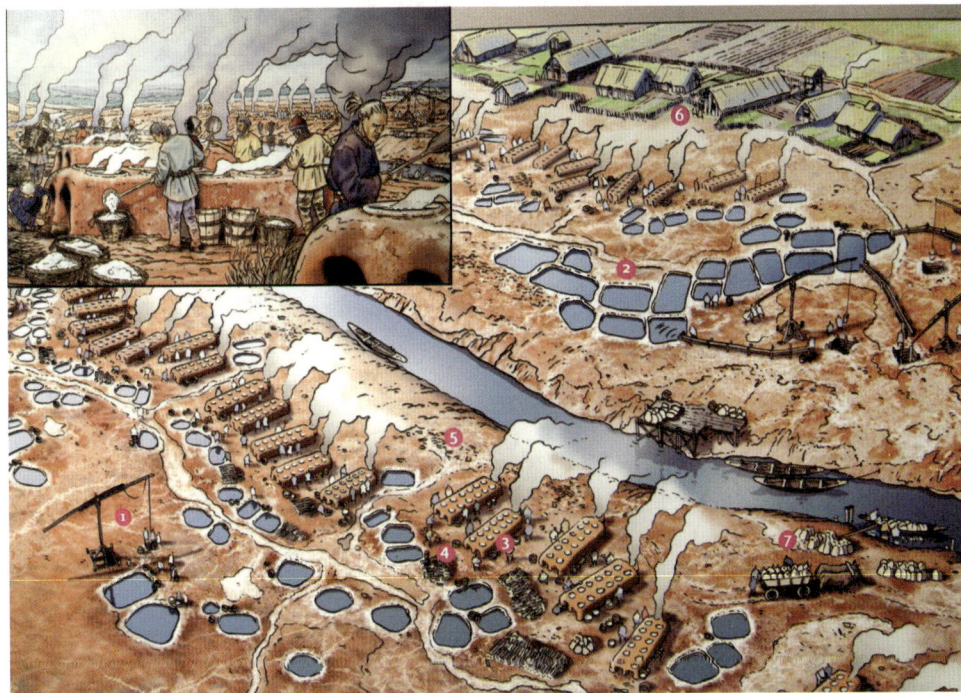

图一〇　塞耶河谷铁器时代制盐作坊复原场景

1. 桔槔　2. 卤水池　3. 盐灶　4. 柴草燃料　5. 废弃垃圾　6. 聚落村庄　7. 河边码头待运的盐包和运货的四轮马车

（资料来自法国马萨尔盐业博物馆）

上述画面中的炉灶复原了考古发掘中清理的"U"形煮盐炉灶，此类遗存结构比较复杂，考古发掘仅清理出保留在地面以下的炉灶部分，地面以上部分的结构如何，暂时还难以想象（图一一）。

图一一   马萨尔遗址发现的制盐炉灶
（引自《中国盐业考古》2，2010改制）

马萨尔遗址的考古发掘和研究表明，塞耶河谷的制盐业出现在铁器时代早期（公元前800年），延续至铁器时代晚期（公元前200—前100年）。在长达数百年的时间里，塞耶河谷的制盐业发展迅猛，并最终发展为欧洲铁器时代规模最大的制盐场所。马萨尔遗址的发掘使其成为盐业考古的滥觞之地，同时也开启了欧洲史前考古的序幕。接下来的考古发现表明，类似的制盐遗址并不限于法国，也广泛存在于世界其他地区[①]，包括欧洲、

①　Nenquin Jacques. Salt, a study in economic prehistory. Dissertationes archaeologicae Gandenses. Brugge: De Tempel, 1961, VI (6); Multhauf, Robert P. Neptune's Gift. A History of Common Salt. John Hopkins Studies in the History of Technology, Baltimore and London: Johns Hopkins University Press, 1978: 58; Bergier, Jean-François, Albert Hahling. Une histoire du sel. Fribourg: Office du livre, 1982; Emons, Hans-Heinz, Hans-Henning Walter. Mit dem Salz durch die Jahrtausende: Geschichte des weißen Goldes von der Urzeit bis zur Gegenwart. Leipzig: VEB Deutscher Verlag für Grundstoffindustrie, 1984; Kleinmann, Dorothée. The salt springs of the Saale Valley. In de Brisay K W, K A Evans (eds.). Salt: the study of an ancient industry (report on the salt weekend held at the University of Essex, 20, 21, 22 September 1974). Colchester: Colchester Archaeological Group, 1975: 45-46.

北美^①和中美^②、亚洲^③。除了内陆地区之外，在沿海及岛屿上也发现有类似遗址。

---

① Brown Ian W. Salt and the eastern North American Indian: an archaeological study (lower Mississippi survey). Bulletin No. 6, Peabody Museum of Archaeology and Ethnology, Cambridge: Harvard University Press, 1980; —The role of salt in eastern North American prehistory. Department of Culture, Recreation and Tourism, Louisiana Archaeological Survey and Antiquities Commission, Anthropological Study No. 3. Baton Rouge, 1981; —Salt manufacture and trade from the perspective of Avery Island, Louisiana. Midcontinental Journal of Archaeology, 1999, 24(2): 113-151.

② Andrews Anthony P. Maya salt production and trade. Tucson, Arizona: University of Arizona Press, 1983; McKillop Heather. Salt: White Gold of the Ancient Maya. Gainsville, FL: University Press of Florida, 2002a.

③ 近藤義郎:《土器制塩の研究》, 青木书店, 1984年; —(ed.) Nihon doki seien kenkyū (Studies on briquetage-based salt production in Japan). Tōkyō: Aoki Shoten, 1994.

北海及大西洋沿岸铁器时代晚期的制盐工艺

　　北海（North Sea）是指大西洋东北部边缘的海，地点位于欧洲大陆西北部的大不列颠岛、斯堪的纳维亚半岛、日德兰半岛和荷兰比利时低地之间。西以大不列颠岛和奥克尼群岛为界，北为设得兰群岛，东邻挪威和丹麦，南接德国、荷兰、比利时、法国，西南经加来海峡和英吉利海峡通大西洋。北部与大西洋连成一片，东经斯卡格拉克海峡、卡特加特厄勒海峡与波罗的海相通。海区南北长965.4千米，东西宽643.6千米，面积57.5万平方千米。北海沿岸有挪威、英国、丹麦、德国、比利时、荷兰、法国七个国家，人口最多的是德国，次为英国和法国。本文所指的北海专指法国西北部的北海（Manche）沿岸和西部的大西洋沿岸一带。

　　法国西北部和西部沿海一带是欧洲早期的海盐生产中心。这个地区的制盐遗址主要分布在莱茵河（Rhine）、马恩河（Marne）、奥恩河（Orne）、朗塞河（Rance）、维莱讷河（Vilaine）、卢瓦尔河（Loire）、夏朗德河（Charente）、多尔多涅河（Dordogne）、阿杜尔河（Adour）、加龙河（Garonne）等河流的下游河口地带及两侧延伸出去的海岸，年代大致从铁器时代晚期延续到罗马时代，相对年代要晚于法国东部塞耶（la Seille）河谷的制盐遗址。

　　根据法国考古学家的发现和研究，在北海西部的朗塞河、奥恩河到马恩河与莱茵河之间的河口及周边海岸地带有三个早期盐业生产中心，制盐器具主要使用筒状平底陶杯。在大西洋北部的维莱讷河、卢瓦尔河到南部的夏朗德河之间，有两个早期盐业生产中心，制盐器具主要使用一种斗形长方平底陶盒。其中，北部维莱讷河、卢瓦尔河盐业生产中心使用的陶盒近方形，腹部较深。夏朗德河口盐业生产中心使用的陶盒为扁长方形，腹部较浅，个头较大。在夏朗德河口与多尔多涅河之间还有另一个盐业生产中心。在这个中心的南部，即多尔多涅河口周边一带，使用的制盐器具与北海地区的筒状平底陶杯一致。在这个中心北部与夏朗德河交错地带，制盐器具兼有北面的筒状平底陶杯和南面的斗状浅腹长方陶盒的双重特征（图一）。

筒状陶杯是北海和大西洋沿岸主要的制盐用具，其特点是个体较小，直筒状，绝大多数为平底，也有少量底部加有圈足。器高10—15、口径10厘米左右。不同区域的筒形陶杯造型有一些细微差别，可分为上下等粗型、侈口粗胖型、口小底大型、亚腰型、口大底小型、直筒矮圈足型等不同的样式（图二，1—7）。此外，这个地区还发现一种造型奇特的角状杯，个体不大，口径7—8、器高12厘米左右。特点是大口，器口稍内敛，腹壁斜直，深腹，尖底，形状很像短而直的羊角，与中国长江三峡地区制盐用的尖底陶杯非常相似，应是制作盐锭的模具（图二，8）。

这个地区的另一种制盐器具是斗形

图一   法国北海及大西洋沿岸不同区域的
制盐陶器

（据 Marie-Yvane Daire，2003）

平底方形陶盒。其外形呈斗状，口大底小，腹壁斜直，腹部深浅不一，造型略有差异，大致分为两类：一类器口为长方形，根据腹部的深浅差异，可细分为浅腹、大底型（图二，9），深腹、大底型（图二，10）和大口浅腹、小底型（图二，13）三种。另一类器口窄长，可细分为两类：一类器口窄长方形，口大底小，深腹，平底（图二，11）。另一类器口为圆角窄长条形，口沿微内敛，腹部微弧、较浅，平底，状若小船（图二，15）。这些陶盒有的个体较小，应是制作盐锭的模具。

北海和大西洋地区的制盐陶器还有一种器形较大的陶盆。特点是大口，口缘捏成波浪状花边，器口内侧呈弯钩状内折，这种刻意的设计目的是，可抑制和

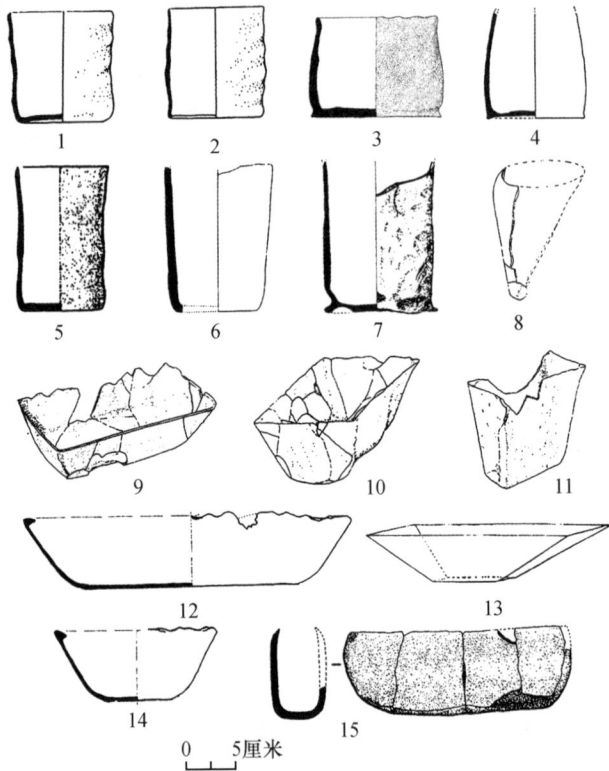

图二　北海和大西洋地区的制盐陶容器

（据Marie-Yvane Daire，2003改制）

减少熬煮制盐时卤水的外溢。陶盆的形状分为大小两种：大陶盆腹部较浅，平底，口径30厘米上下，器高7—8厘米。小陶盆腹部较深、平底，口径15厘米左右，器高7—8厘米（图二，12、14）。

在法国大西洋沿岸卢瓦省（Loire-Atlantic）的Pays de Retz遗址出土一种小型斗状陶方盒，制作方法很独特，第一步是用黏土制出薄饼状的泥片，平整摊开，根据陶盒的形状分割切开各个部位；再将泥片像折纸般折出方盒的形状，最后将联结的缝隙黏接起来。这种方盒个体很小，长、宽、高都在5厘米上下[1]，其

① Tessier Michael. The protohistoric salt making sites of the Pays de Retz. In de Brisay K W, K A Evans (eds.). Salt: the Study of an Ancient Industry (Report on the Salt Weekend Held at the University of Essex, 20, 21, 22 September 1974). Colchester: Colchester Archaeological Group, 1975: 54-56.

用途应为制作盐锭的模具（图三，1—
7）。估计前面几种较大的斗状陶方盒也
是用这种方法制作的。

　　除去上述用于熬煮制盐或烘烤制作
盐锭的器具外，北海和大西洋地区还发
现有形式多样的陶支脚。完整的支脚高
度一般在20厘米上下，外形有方有圆。
有些支脚为圆柱状，上下等粗，顶端捏
塑3—4枚向外伸出的分叉，底部为喇叭
口圈足（图四，1）。有些支脚为上端细、
下端粗的方柱或圆柱状，顶面为平整的
喇叭口状，底部为略微展宽的内凹圈足
（图四，2）或在底部捏制三个爪状矮柱
足（图四，3左）。有些支脚顶部略粗，
顶面有凹窝，底部捏制3枚分叉的爪状
器足（图四，3右）。此外，还发现有一
些个体较小的"连接纽"，形状不固定，
大多是根据需要随手用泥坨捏制而成。

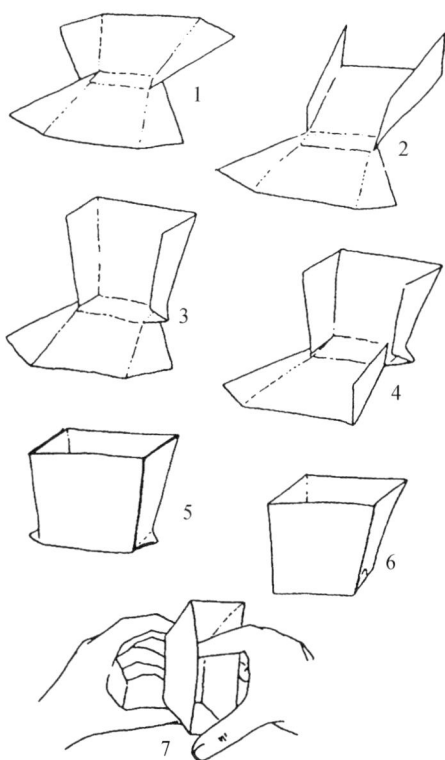

图三　斗状小方盒的制作流程分解
（据Marie-Yvane Daire，2003）

这些"连接纽"的形状和功能应与法国东部塞耶河谷的同类器相同，主要用于黏
结各类制盐器具，可起到稳定结构的作用（图四，4）。

　　在法国北海和大西洋沿岸还发掘出一批制盐炉灶。炉灶平面均为圆角长方
形或窄长条状，可分为半地起建和下挖半地穴式两种。半地穴式炉灶的灶膛在地
面以下，灶面建在地面上，高度以制盐工匠方便操作为宜。炉灶大小有别，小的
炉灶长3米左右，宽1.5—2米；中等炉灶长5、宽2米左右；大型炉灶长7、宽2.5
米左右。有些炉灶在长边一侧的中部开有火口，在此投放燃料（图五，1、3、4）。
有些围绕炉灶周边用石块垒砌加固，投放燃料的火口设在炉灶的短边一侧（图五，
2）。还有部分炉灶遗迹看不到明显的火口（图五，5），但炉灶的一端明显收窄，
估计窄端一侧有可能是工作间和火口（图五，6、7）。还有的炉灶两端都明显收窄，
推测一边是火口，另一边可能可利用炉灶余温烘烤湿盐或制作盐锭（图五，8）。

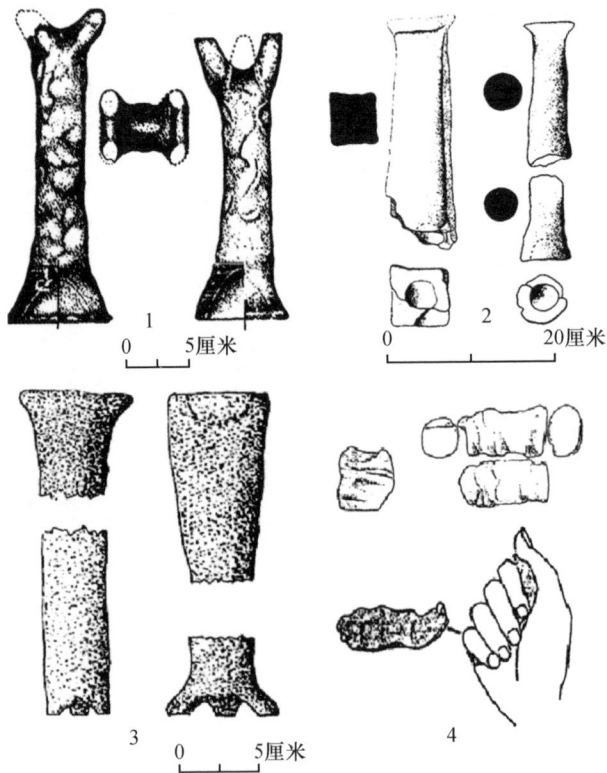

图四　制盐陶器陶支脚和陶"连接纽"

（据 Marie-Yvane Daire，2003 改制）

法国考古学家对阿摩尔滨海省（Côtes-d'Armor）艾比昂斯制盐遗址发掘出的盐灶和制盐陶器进行了深入研究，通过模拟复原，形象地展示了制盐炉灶的结构和制盐工艺[①]。复原的制盐炉灶分为三种类型：第一种用竖立的大型陶砖为支撑，陶砖顶部预制有间隔的凹槽，在两排陶砖之间的凹槽内可插放条砖，再用两侧带凹槽的瓦状陶砖将大型陶砖和条砖固定卡死，组合成一种栅格状的炉灶结构。在大型陶砖的下部空隙放置燃料，顶部插放条砖的空隙正好可放置斗状陶方

① H. Paitier 根据"心灵的回忆：阿摩尔滨海省考古研究20年展"展会目录制版，1999，阿摩尔滨海省议会出版（Cliché H Paitier, INRAP, d'après. mémoire d'âmes. 20 ans de recherches archéologiques en Côtes-d'Armor, catalogue d'expostion, 1999. Conseil Général de Côtes-d'Armor, éd.）

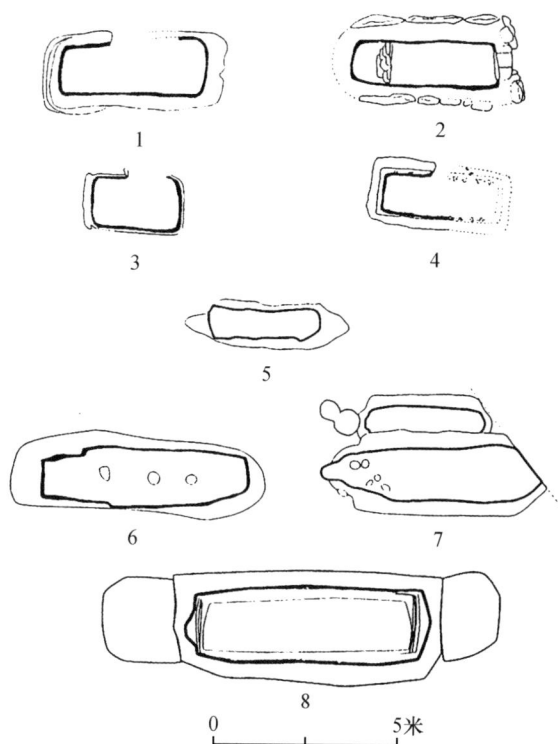

图五　制盐炉灶遗迹平面图

（据Marie-Yvane Daire，2003）

盒，熬煮制盐（图六，上）。第二种是在地面以下挖出长条状灶坑，坑底面圆弧，在接近坑口两侧置有安置条砖的凸起物，坑口间隔安置条砖，呈桥状，在条砖之间的空隙处可放置斗状陶方盒，在地穴灶坑内放置燃料熬煮制盐（图六，中）。第三种是在地面修建或下挖长条状灶坑，在坑口上间隔架设微呈拱形的长三角形条砖，在两个条砖之间的空隙位置摆放平底筒形杯，灶坑内放置燃料，熬煮制盐或烘烤盐锭（图六，下）。

除去上面介绍的三种盐灶外，法国考古学家还复原了一批结构别致的盐灶，有些可用来熬卤制盐，有些用于烘烤制作盐锭。其中，第一种是利用顶部带有分叉的支脚，两个一组，在支脚顶部的分叉之间搭放木棍，组成简易支架。在两组支架间的木棍上放置斗状陶方盒，支架下部的地面放置燃料，熬煮制盐（图

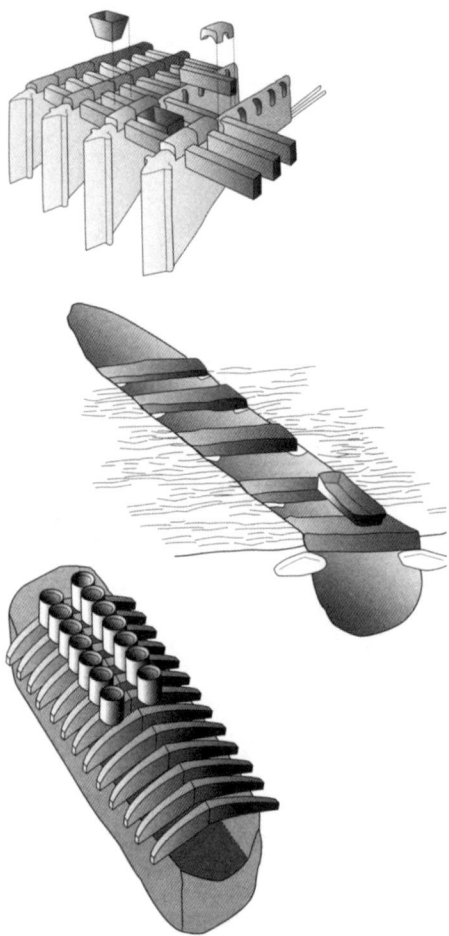

七，1）。第二种是在长方形的灶坑内放置多个平顶支脚，三个一列，多排，在支脚的顶部搭建出一个平整的台面，下部的空间放置燃料，台面上放置一排排的斗状陶方盒，烘烤制作盐锭（图七，2）。第三种是在炉灶内成排地放置顶部带分叉的支脚，相互有一定间隔，最靠外面的两侧用"T"字形陶砖搭建，在支脚顶部的分叉上摆放斗状陶方盒。在下部空间放置燃料，熬煮制盐（图七，3）。第四种是在灶坑内用高低两种陶支脚，顶部支撑石板，搭建成阶梯状的台面，下部空间放置燃料，台面上可烘烤制作盐锭，或将结晶的湿盐烘干（图七，4）。第五种炉灶的外形呈金字塔状，底大顶小。在中部的炉灶空间内用柱状支脚支撑一个平台，台面上放置筒状陶杯，烘烤制作盐锭（图七，5）。

在北海和大西洋地区还发现一种造型较特殊的制盐器具。其造型宛若建筑用的筒瓦，长条形，断面呈半圆形，两端没有任何的封堵（图八）。

图六　考古学家复原的盐灶形态结构（一）
（据Marie-Yvane Daire，2003）

这种筒瓦状的器具两端开放，无法盛装液体卤水，如何用来制盐？法国考古学家通过研究认为，这是一种用来烘烤湿盐、制作盐锭的专用器具。可将已经结晶的湿盐放到瓦状器内，用炉火将其烘干，此类大敞口的器具烘干湿盐的效率会更高（图九）。

在法国阿摩尔滨海省的普勒默-博杜（Pleumeur-Bodou），考古学家在朗德勒莱克（L'atelier de Landrellec）遗址发掘出一座完整的制盐作坊遗存。作坊的

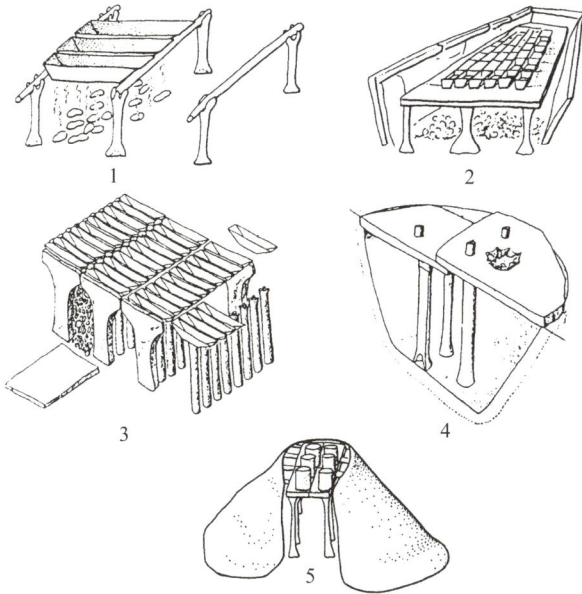

图七　考古学家复原的盐灶形态结构（二）

（据 Marie-Yvane Daire，2003）

图八　瓦状制盐陶器（上）及支脚残件（下）

（据 Marie-Yvane Daire，2003）

平面为长方形，房屋基址中间有一座下挖的长方形盐灶，周边用石块砌筑，再用黏土包裹。盐灶前端约 1/4 部位是操作间和火口位置，后部 3/4 位置为灶膛，地面部分已损毁不存。盐灶东面是一片空场，北侧有一处圆形烧土区，可能这里原来

图九 瓦状制盐陶器烘烤湿盐推测图
（据Marie-Yvane Daire，2003）

是一处火塘。盐灶南侧后部边缘有个圆形柱洞，用途不明。灶西侧墙基位置用石块和石板搭建了一排三个相连的近方形坑池；南侧靠墙基处也建有一个长方形坑池，用石板分隔出五个连成一排的方形坑池，坑池内壁和底部涂有防渗漏的黏土，这些应为储存卤水的设施（图一〇，上）。

考古学家在阿摩尔滨海省普勒默博杜的艾奈兹·维昂（L'atelier d'Enez Vihan）遗址也发掘出一座完整的制盐作坊，其整体结构与朗德勒莱克的制盐作

图一〇 考古发掘的制盐作坊遗迹
（据Marie-Yvane Daire，2003改制）

坊接近，作坊基址中部有一座用石块垒砌的圆角长方形制盐炉灶。火口设在靠作坊门口一侧，东西两侧靠墙基处各建有一排储存卤水的池子。在炉灶西侧有一组三个相连的卤水池，用石板隔开，近方形。在这三个池子前面还有一个长方形坑池遗迹，可能是个被破坏的卤水池。炉灶东侧有三个分开的圆形卤水池，在东南侧靠墙基位置也有个近方形的卤水池（图一〇，下）。

　　法国考古学家对这座制盐作坊进行了模拟复原。场景中有两位古代的凯尔特盐工，一位正在把挑来的两桶卤水注入蓄卤池，另一位用长柄大木勺将浓卤水注入炉灶上的筒形陶杯内。灶面上搭建长方形陶砖，相互间留有间隙，以便将筒形陶杯放置在两砖之间的缝隙处熬煮卤水制盐。炉灶后面的烟道上用厚重的石块搭建出台面，在台面上也放置有筒形陶杯，灶内通向烟道的高温可将石台烧热，利用石台的温度可将结晶的湿盐烘干，制成盐锭（图一一）。

图一一　复原的制盐作坊场景（一）

（据 Marie-Yvane Daire，2003）

　　法国考古学家还对这个时期发现的另一种制盐作坊和炉灶结构进行了模拟复原。在这个作坊内建有一座圆角窄长条状半地穴炉灶，灶的两端为圆形，这部分似乎相当于烟道。灶的长边一侧中部设火口和掏取灶灰的圆坑。一位凯尔特盐工正在弯腰低头往灶内填放燃料。对面另一位盐工正在往灶上的制盐陶器内注入浓卤水。长条炉灶内侧上部建有一排乳突状设施，可将长方形陶砖搭在其上，形成一个平整的灶面，再将长方形陶盒放置在灶面上熬煮制盐，或烘烤盐锭。炉灶的右侧和左后部各有一个圆坑，系存储卤水的设施（图一二）。

图一二　复原的制盐作坊场景（二）

（据 Marie-Yvane Daire，2003）

英国埃塞克斯前罗马时期的制盐遗址

　　埃塞克斯（Essex）是东部英格兰大区的一个郡，地处泰晤士（Thames）河与斯陶尔（Stour）河这两条河的河口处，郡治为切尔姆斯福德（Chelmsford）镇。这里西靠伦敦，东临北海，与北欧及斯堪的纳维亚隔海相望，面积3673平方千米。

　　早在19世纪70年代，有些学者注意到，在英格兰东南的埃塞克斯海岸潮间带的湿地上分布有大片隆起的红色土丘，尽管几个世纪以来一直有人关注这些特殊的堆积现象，但并不清楚这些红色土丘是怎么形成的[①]。

　　1906年，英国政府专门成立了"红丘（Red Hill）研究委员会"，其成员包括诸多资深科学家。组建这个学术团队的目的是，通过考古调查发掘，对当地的环境背景和地下出土遗物展开研究，了解红丘形成的原因及性质[②]。经过十年的调查研究，特别是对海岸潮水涨落区的红丘进行大量分析，证实红丘的形成很可能与古代的制盐产业密切相关[③]。后来，尽管陆续有一系列颇有学术价值

---

① Atkinson J C. Some further notes on the salting mounds of Essex. Archaeological Journal, 1880, 37(1): 196-199; Stopes H. The salting mounds of Essex. Archaeological Journal, 1879, 36: 369-372.

② Reader, Francis W. Additional Remarks on the Pottery and Briquetage Found in the Red Hills of Essex, and Similar Objects from Other Localities. Proceedings of the Society of Antiquaries of London, 1908a, 2nd Series 22: 190-207; —Report of the Red Hills Exploration Committee, 1906,7. In Reader (ed.), 1908: Proceedings of the Society of Antiquaries of London? 1908b: 165-181; —Report of the Red Hills Exploration Committee 1908, 9. In Reader (ed.), 1910: 69-83.

③ 〔美〕巴盐（Ian W Brown）：《中坝遗址与南英格兰埃塞克斯红丘遗址出土制盐陶器的比较》，《中国盐业考古：国际视野下的比较观察》（第二集），科学出版社，2010年，320—345页。

的研究成果发表，但对红丘与制盐的关系等问题依然没有给出富有说服力的解释①。

　　调查结果表明，所有红丘都坐落在海岸潮间带上，所在位置曾直接临近高潮水位。这类遗迹的年代可追溯到前罗马时期（铁器时代晚期）或罗马时代早期（公元前100—公元100年）②。在这片潮间带，适宜"产盐"的区域主要在莫尔顿（Moldon）和莫西（Morsea）岛之间的黑水河北岸。在海堤的近海一侧，发现有像托勒斯亨特达西（Tolleshunt d'Arcy）③遗址一样的红丘，分散在海藻

① Christy Miller. A history of salt-making in Essex. Essex Naturalist, 1906, 14: 193-204; Cole William. Exploration of some "Red-Hills" in Essex (with remarks upon the objects found). Essex Naturalist, 1906, 14: 170-183; Jenkins J H B. The chemical examination of some substances from the Red Hills of Essex. Proceedings of the Society of Antiquaries of London, new series, 1908, 22, 182-186; —Remarks on Dr. Flinders Petrie's Theory. In Reader (ed.), 1910: 90-96; Lyell, Arthur H. Notes on Charcoal from the Excavations of the Red Hills. In Reader (ed.), 1908: 187-188; Newton E T. Remarks on the Osteological Specimens Found in Red Hills. In Reader (ed.), 1908: 186-187; Petrie William Flinders. Suggested Origin of the Red Hills." In Reader (ed.), 1910: 88-90; Reader Francis W. Additional Remarks on the Pottery and Briquetage Found in the Red Hills of Essex, and Similar Objects from Other Localities. Proceedings of the Society of Antiquaries of London, 2nd Series 22, 1908a: 190-207; —Report of the Red Hills Exploration Committee, 1906, 7. In: Reader (ed.), 1908: Proceedings of the Society of Antiquaries of London? 1908b: 165-181; —Notes on the Briquetage Found in 1908, 9. In Reader (ed.), 1910a: 86-88; —Report of the Red Hills Exploration Committee 1908, 9. In Reader (ed.), 1910b: 69-83; —The Red Hills or Salting Mounds of Essex. Woolwich Antiquarian Society's Proceedings, 1911: 16, 29-39; Shenstone J C. The woodlands of Essex. The Essex Naturalist, 1908: 15, 105-115; Smith, Reginald A. The Essex Red Hills as salt-works. Proceedings of the Society of Antiquaries of London, 2nd Series, 1918: 30, 36-53; Wilmer H. Late-Celtic remains on the coast of Brittany comparable with the Red Hills. In Reader (ed.), 1908: 207-214; —Comments on "The Essex Red Hills as Salt-Works" by Reginald A. Smith. Proceedings of the Society of Antiquaries of London, 2nd Series, 1968: 30, 53-54.
② Fawn, A J, K A Evans, I. McMaster, G M R Davies. The Red Hills of Essex: salt-making in antiquity. Colchester: Colchester Archaeological Group, 1990.
③ 托勒斯亨特达西是英格兰东部埃塞克斯郡的一个乡村和民间教区。

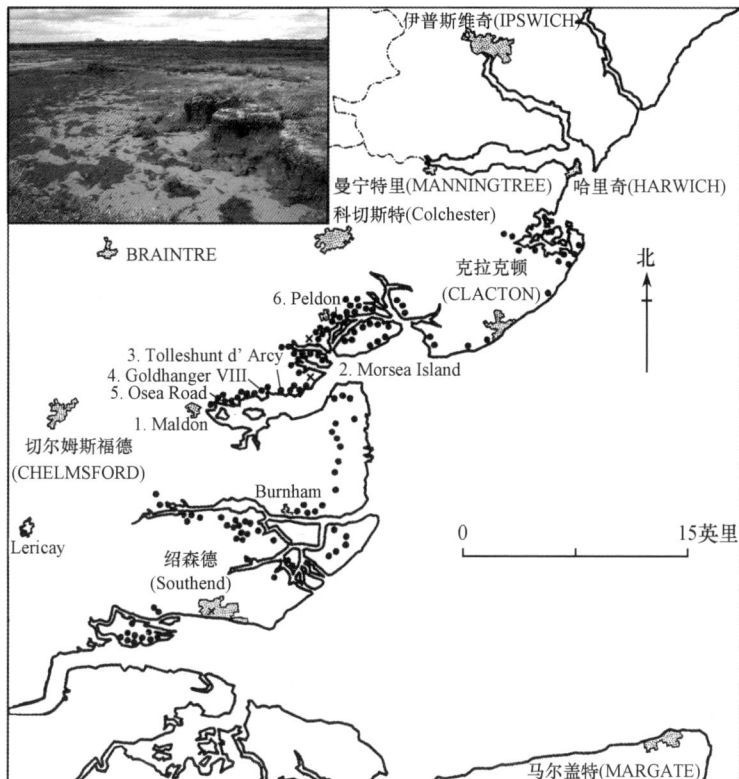

图一　埃塞克斯郡的位置、景观及红丘的分布区域

1.莫尔顿岛　2.莫西岛　3.托勒斯亨特达西遗址

4.戈德汉格遗址　5.Osea Road遗址　6.Peldon遗址

（据《中国盐业考古》2，2010改制）

和结块的土壤之间（图一）①。

　　在海堤的内侧，分布着一些比较"干燥"的遗址，也较容易靠近，但今天这个区域的大多数遗址已被现代牧场或农作物覆盖，即便有遗迹现象也难觅踪迹。在潮间带一些地势较高处，随着时间的推移和建设的需要，很多遗址也被破

---

① RH168遗址见Fawn等，1990:60；RH11遗址见Wilkinson T J, P Murphy. The Hullbridge Basin Survey, 1985. Interim Report No. 6. Archaeology Section. Planning Department. Essex County Council, 1986: 4-6, Fig.3, 4,7.

坏了。如戈德汉格（Goldhanger）①Ⅷ早在第二次世界大战期间就被建成了高射炮阵地。如今，那里成了一座现代帆船运动俱乐部的所在地。在这处遗址曾发现很多遗迹迹象，包括两两并列的多组深沟（有人称之为"烟道"），每组深沟都被烧土堆积环绕或叠压，这些遗迹显然与制盐有关。但考古学家一直不能确认的是，这些发红的土壤是什么原因造成的②。

在红丘上的遗址发掘出土的陶器主要有三种，第一种是陶支脚。多呈圆柱状，有些为方柱形，支脚的底部像是打开的伞状蘑菇（喇叭口）。其质地为胎内羼有大量砂粒羼和料的粗陶，颜色发灰，应是在还原焰状态下烧成的，这是一种专门用于支撑制盐陶器的用具。不知出于何种原因，考古挖掘出的支脚绝大部分仅保留有底部和躯干部分，顶部缺失，对其原有的尺寸一直不清楚（图二，左）。后来在奥西路（Osea Road）遗址发现一件完整的陶支脚，证实以往那些被称作"T形陶器"的遗物就是支脚顶部的缺失部分③。

第二种是"长三角形支架"。其质地为不加任何羼和料的泥质陶，平面呈长三角形，下部平整，上部两侧为坡状梯形，截面为长方形，或两侧略有内凹。颜色主要为淡橙色或红色，应是在氧化焰氛围下烧成的。这类"长三角形支架"出土时都是残件，或残存一端，或两端都残缺，仅保留中间一部分。与支脚的情况相同，至今尚未在任何一处遗址发现完整的"长三角形陶支架"。根据残片推测，其完整的长度可能为22—23厘米（图二，中）。考古学家布瑞赛（de Brisay K W）曾表示，他通过研究发现了"长三角形支架"的演化形态。随着研究的深入，作

---

① 戈德汉格是英国埃塞克斯郡马尔东区的一个村庄和民间教区。

② Reader Francis W. Report of the Red Hills Exploration Committee, 1906, 7. In Reader (ed.), 1908: Proceedings of the Society of Antiquaries of London? 1908b: 165-181; —Report of the Red Hills Exploration Committee 1908, 9. In Reader (ed.), 1910b: 69-83; RH176遗址见Fawn等, 1990:60.

③ de Brisay K W. The Red Hills of Essex. In de Brisay K W, K A Evans (eds.). Salt: the study of an ancient industry (report on the salt weekend held at the University of Essex, 20, 21, 22 September 1974. Colchester: Colchester Archaeological Group, 1975: 5-11.

者最终否定了这个结论①。实际上，这类器物并不存在所谓的演化②。

第三种为陶容器。出土物也全都是大块残片，无完整器。据残片可知，这类陶容器体形很大，以往在考古文献中常被记录为"水槽"或"水缸"，使人产生容积巨大的印象。进一步研究表明，这类陶器的共同点是器物口缘均捏塑有形似扇贝边缘的波浪花边，残存的器底显示均为平底，但有些器物的下部有一定弧度，以往有学者俗称此类陶器为"猪食槽"，也有一些器口残片呈向外延展的形态，被俗称为"奶油盘"。根据其形态原为长方形或近长方形的容器这点看，还是称其为"长方形陶缸"为好（图二，右）。此外还出土有少量圆形容器的残片，推测应是蒸发卤水用的陶罐（杯），特点是陶胎内羼加谷壳类有机物羼和料，器表还有谷粒印痕，器底有凹槽，这些印记应是将阴干阶段的陶坯放在撒满谷壳的枝条编织物上造成的。

图二　红丘遗址挖掘出土的三种制盐陶器残件

（据《中国盐业考古》2，2010改制）

在红丘遗址还出土了其他一些辅助性的小型陶器，其原料为取自海边滩涂的泥土。第一类为楔形器，三角形或弓形，可用来填充陶容器与支脚之间的缝隙，起支撑和平稳的作用。第二类为捏制的陶钉，一端较平，另一端较尖锐，形态不是很固定，功能与楔形器类似，用于平衡和固定陶器和辅助器具的作用。第

---

① de Brisay K W. A further report on the excavation of the Red Hill at Osea Road, Maldon, Essex, 1972. Colchester Archaeological Group Bulletin, 1973: 16, 19-38. —The Excavation of a Red Hill at Peldon, Essex: Report on the First Year. Colchester Archaeological Group Bulletin, 1974: 17, 25-42.

② 〔美〕巴盐（Ian W Brown）：《中坝遗址与南英格兰埃塞克斯红丘出土制盐陶器的比较》，《中国盐业考古：国际视野下的比较观察》（第二集），科学出版社，2010年，320—345页。

三类是手制粗泥质的短棍状器，经火烧结，最长达18、直径3厘米。数量不多，根据其一端带有圆形物体的印痕看，有可能是按压在某种器物上的部件[①]。

20世纪70年代的早期，考古学家布瑞赛在红丘的奥西路遗址[②]发掘出5条放射状的长沟。其中，"南面一组"遗迹包括由一系列敷设黏土的坑构成。1974年，布瑞赛在佩尔顿（Peldon）遗址[③]发现两座敷设黏土的坑，坑的西侧还有一座炉灶遗迹[④]。根据这些考古发现，初步了解到当时的煮盐炉灶结构。即先在地面挖窄长条形地沟式炉灶，在地沟的底部等距离安放棍状陶支脚，在支脚的顶部放一坨湿泥，然后再将长方形陶缸一个挨一个安放在支脚上。支脚顶部的湿泥坨可起到将制盐陶器与支脚粘连，起到加固和稳定的作用。制盐陶器与地沟之间的缝隙要用泥片加以封堵，目的是避免和减少灶内燃料产生的热力散失。若支脚和陶缸连接不稳，或陶器与地沟之间露出缝隙，或煮盐过程中局部遭到损坏，可随时用小型陶棒、陶楔形器或陶钉进行修补、加固（图三）。

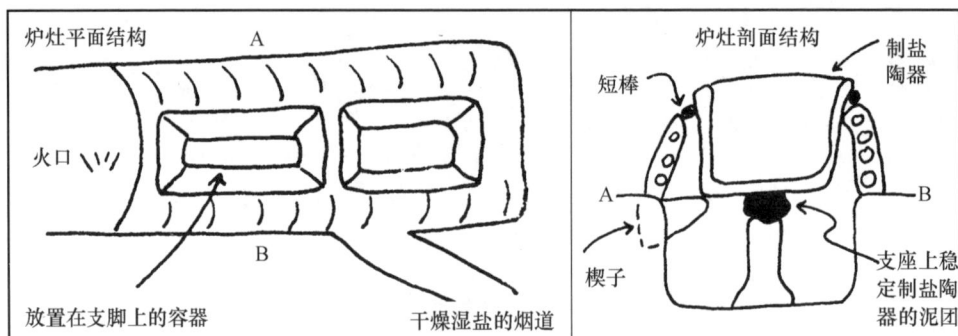

图三　红丘遗址地沟式制盐炉灶的平剖面结构示意

（据《中国盐业考古》2，2010改制）

① Fawn A J, K A Evans, I McMaster, G M R Davies. The Red Hills of Essex: salt-making in antiquity. Colchester: Colchester Archaeological Group, 1990.

② RH184遗址见Fawn等，1990:61；Goldhanger I遗址见Reader（1910b: 图 2）。

③ RH117遗址见Fawn等，1990:58。

④ de Brisay K W. The Excavation of a Red Hill at Peldon, Essex (with notes on some other sites). Antiquaries Journal, 1978, 58(1): 31-60.

考古学家对红丘遗址的地沟式盐灶和工艺流程做了复原。其建造程序为：在地面挖一条"Y"字形窄长地沟，作为主火道的地沟尺寸略宽，沟内放置支脚，支撑熬煮卤水的制盐陶缸，再将剩余部分的缝隙全面加以封堵，点燃炉灶内的燃料熬煮制盐（图四）。在主火道的前端斜向挖一条地沟作为副火道，尺寸较主火道要窄，在副火道上等距离安放"长三角形陶支架"，支架与支架之间出露的部分不需要封堵。待灶内燃料点燃，火焰会顺着主火道向前蔓延，副火道起烟道的作用，并获取和利用部分来自主火道的热力。待制盐陶器内的卤水熬煮到开始结晶时，将结晶的湿盐捞入筒形陶杯，转到副火道上的"长三角形支架"上，利用余温将湿盐烘干，制成盐锭（图四）。这种地沟式制盐炉灶的设计和结构非常科学实用。

图四　红丘遗址地沟式制盐炉灶结构及制作程序复原
（据《中国盐业考古》2，2010改制）

经多年的考古研究，对这些制盐遗址的性质和工艺流程有了更加深入的了解。专家们推测：在红丘所在的这片海岸滩涂地带，每当涨潮，上涨的海水会沿着海岸的溪沟注入人们事先修建的敷泥坑池内，待潮水回落，人们再将坑池内的海水转入大型蒸发槽池，经日晒蒸发，卤水浓度不断增高，当浓度达到饱和程度，在转入制盐容器内，放到炉灶上熬煮制盐。通过对奥西路和佩尔顿两处遗址的发掘，以及对红丘其他遗址点发现的遗迹和出土遗物样本进行检测分析，考古学家认为，埃塞克斯沿海的盐场可能采用了两种不同的工艺技术。其证据是，已发现的盐灶分为封闭式和开放式两种结构，分别代表两种不同的制盐技术。封闭式即前面介绍的地沟式炉灶，开放式炉灶不需要挖掘地沟，就在地面摆放陶支脚，再在支脚上放置制盐陶器熬煮制盐。在这些考古发现和研究的基础上，考古学家对前罗马时期的制盐场景和自然景观进行了复原（图五）[①]。

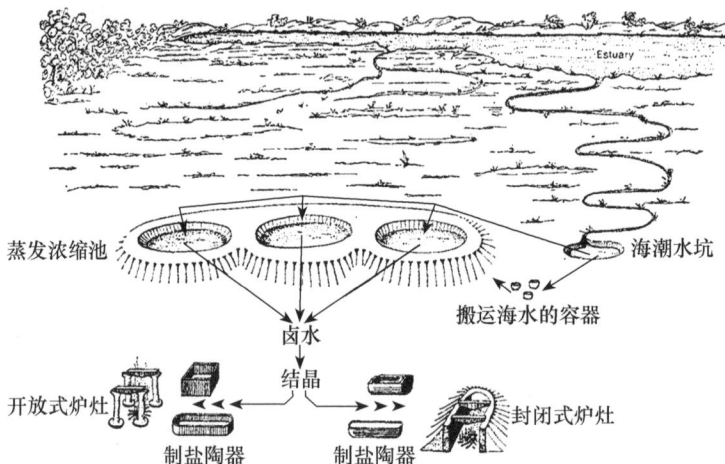

图五　红丘区域内制盐遗址布局及盐灶结构复原

（据《中国盐业考古》2，2010改制）

考古调查发现表明，在蒸发卤水的槽池和炉灶等遗迹附近，往往堆积有大片烧土和陶器残件。根据在佩尔顿遗址发掘出的炉灶平剖面图可知，制盐炉灶在每一次煮盐后都要对炉灶进行清理，修整，这个清理过程往往会造成大量制盐废弃物的堆积。

---

① de Brisay K W. The Excavation of a Red Hill at Peldon, Essex (with notes on some other sites). Antiquaries Journal, 1978, 58(1): 31-60.

德国盐业考古综述

　　德国是欧洲最早开展盐业考古的国家之一。1901年，法国东部阿尔萨斯－洛林（Alsace-Lorraine）地区①塞耶（Seille）河谷马萨尔城堡外的制盐遗址就是在德国人领导下发掘的。1903年，德国巴登－符腾堡（Baden Württemberg）②州海尔布隆（Heilbronn）市的博物馆馆长施立兹（Alfred Schliz）为了解当地史前时期的盐井开凿和制盐工艺，曾以塞耶河谷的考古发现为蓝本，复原了一座史前时期的制盐炉灶模型③。其实，当时在该博物馆就收藏有真正的制盐陶器，但没有人辨识，并一直误以为这些残破的陶器是冶炼金属使用的坩埚残件。

　　德国境内蕴藏了丰富的盐卤资源。其中，在西南部的巴登－符腾堡州地下就蕴藏了一条从东北向西南延伸至瑞士境内的大型盐矿带。在这条盐矿带的西面和北面蕴藏有丰富的地下卤水，有些浅层卤水出露于地表，形成盐泉，特别是在这条盐矿带的北部，盐泉分布非常密集。目前尚无证据表明，史前时期人们对这座地下盐矿有过开采活动。海尔布隆、施瓦比什哈尔（Schwäbisch Hall）这两座因盐而兴的城市就坐落在这条盐矿带上（图一）。

---

① 阿尔萨斯－洛林是法国东部大区，包括上莱茵、下莱茵和孚日、摩泽尔省等。17世纪前这里属于神圣罗马帝国，居民为德语民族，后成为哈布斯堡家族领地。欧洲三十年战争后，根据维斯特伐利亚和约被割让给法国。普法战争后归属德国（1871年）。1919年第一次世界大战德国战败，再次割让法国。第二次世界大战中被德国夺回，战后归还法国。

② 又译作"巴腾符腾堡"。

③ Schliz Alfred. Salzgewinnung in der Hallstattzeit mit Bezugnahme auf die mutmasslichen Verhältnisse in Württembergisch-Franken. Zeitschrift für Ethnologie, 1903, 35: 642-650; Hees Martin. Vorgeschichtliche Salzgewinnung: Auf den Spuren keltischer Salzsieder. In Jacob, Christina, Helmut Spatz (eds.). Schliz-ein Schliemann im Unterland? 100 Jahre Arehäologie im Heilbronner Raum, Anläßlich der gleichnamigen Ausstellung der Städtischen Museen Heilbronn, 17, September 1999 bis 9. Januar 2000. Verlag: Heilbronn, 1999: 154-173.

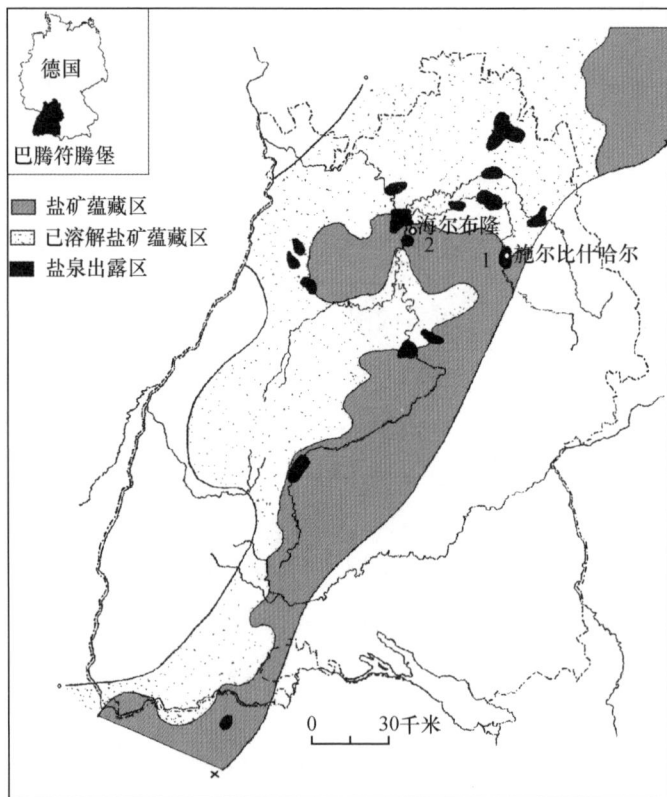

图一　德国西南部地下蕴藏的盐矿和卤水资源

（据《中国盐业考古》2，2010）

德国史前时期的盐产区非常丰富，根据现有的考古发现，德国已知的盐产区有如下一批（图一）：

1号盐产区。位于德国北部平原的下萨克森（Niedersachsen）州境内。在威悉（Weser）河谷[①]下游的黑尔戈兰湾周边曾发现制盐陶器，器类主要为喇叭口圈足杯。这座遗址位于滨海地区，估计这里很可能是用海水制盐，属于大西洋-北

————————

① 威悉（Weser）河由威拉（Werra）河与富尔达（Fulda）河汇流而成。威拉河源于德国西部的中德山区，西北流，在汉明登（Hann.Münden）附近与富尔达河汇合，流入北德平原，经北莱茵—威斯特法伦州、下萨克森州，最后在不来梅州的哈芬注入北海黑尔戈兰湾，全长733千米。

海沿岸的海盐产区。在威悉河谷下游发现的制盐器具还有圜底小罐（杯）和圆柱
状陶支脚。其中，较长的支脚上下均为平齐的喇叭口状，较短的支脚底部为外撇
的喇叭口圈足，顶部中间部位下凹，可用来支撑圜底小罐熬煮制盐（图二，1）[①]。

2号盐产区。位于德国西部的莱茵（Rhine）河下游。这里与荷兰交界，当
地发现有形似板瓦状的制盐器具（图二，2）[②]。

3号盐产区。位于德国西部北莱茵-威斯特法伦（Nordrhein-Westfalen）州的

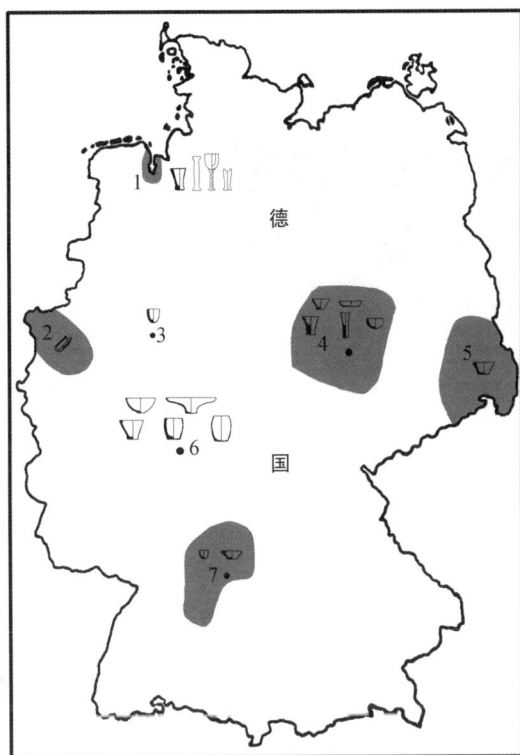

图二　德国史前时期重要的盐产区及制盐容器形态
（据《中国盐业考古》2，2010）

① Först Elke. Briquetage-Funde im Weser-Ems-Gebiet. Archäologisches Korrespondenzblatt, 1988, 18: 357-364.

② Simons Angela. Archäologischer Nachweis eisenzeitlichen Salzhandels von der Nordseeküste ins Rheinland. Archäologische Informationen, 1987, 10(1): 8-14.

小城韦尔（werl）。1963年，当地一位名叫莱丁格尔（W. Leidinger）的药剂师和他的妻子卡尔维克（K. Karwick）注意到，在老盐池旁一座疗养院的工地内挖出了大批古代的碎陶片。莱丁格尔是一位业余考古爱好者，他和妻子自费对这处遗址进行了发掘，挖出了大量的碎陶片，其中很多是棍棒状的陶支脚和直口厚胎圜底小陶罐。经进一步的研究证实，这是一处史前时期的重要制盐遗址，那些碎陶片是古代的制盐器具。莱丁格尔通过对这些陶器的研究，复原了古代的制盐炉灶，并推测了当时的制盐工艺。他们还利用这些出土遗物在这座小镇上建起了一座盐业历史博物馆（图二，3）①。

4号盐产区。位于德国中部萨克森-安哈尔特（Saxony-Anhalt）州萨勒（Saale）河谷附近的哈雷（Halle）市②。这里出土的制盐器具形态较多，也比较复杂，器类有假圈足碗、平底浅腹盘、圜底钵形器、高圈足碗、细高柄杯等（图二，4）③。此外，还发现有一批厚胎尖底罐、方柱形支脚、圆柱状分叉支脚和中空的锥柱状支脚等（图三）。

图三 哈雷市制盐遗址出土的部分制盐陶器形态

5号盐产区。位于德国萨克森（Sachsen）州东部边界一个形似鹰嘴的区域，这个盐产区的范围已超出德国的范围，向东延伸到了波兰和捷克境内。当地出土的制盐陶器形态较为单一，主要为一种敞口厚胎的平底碗（图二，5）④。

---

① Mesch Herrmann. Das Briquetage Europas mit besonderer Berücksichtigung des westfälischen Briquetage. Münster: Lit, 2001.

② 哈雷是萨克森-安哈尔特州萨勒河畔的大城市。Halle的地名意味着盛产食盐，这个城市也因盐而兴。

③ Matthias Waldemar. Das mitteldeutsche briquetage: formen, verbreitung und verwendung. Jahresschrift für mitteldeutsche Vorgeschichte, 1961, 45: 119-225; Riehm Karl. Prehistoric salt-boiling. Antiquity, 1961a, 35: 181-191.

④ Šaldová Vera. Westböhmen in der späten Bronzezeit: Befestigte Höhensiedlungen, Okrouhlé Hradiště. Praha: Archeologický ústav, 1981; Bönisch Eberhard. Briquetage aus bronzezeitlichen Gräbern der Niederlausitz. Arbeits- und Forschungsberichte zur sächsischen Bodendenkmalpflege, 1993, 36: 67-84.

6号盐产区。位于德国中西部黑森（Hessen）州的巴特瑙海姆（Bad Nauheim）。这里出土的制盐陶容器有碗、钵和杯三大类（图二，6）[1]。其中，碗的形态可分为弧腹小底、敛腹平底、大喇叭口敛腹小平底几种；杯的形态分为敞口斜腹、直口弧腹、敛口弧腹几种。钵的形态以铁器时代中期的钵个体较小，多为平底，且大小有别；铁器时代晚期的钵个体增大，多为圜底形态（图四，1—10）。此外，还发现有大量作为辅助制盐用具的陶支脚，特点是较粗大，方柱状，形似砖块。

7号盐产区。位于德国西南部巴登-符腾堡州的施瓦比什哈尔附近。这里出土的制盐陶器多为圜底小罐和内敛口的陶碗（图二，7）[2]。这座制盐遗址很重要，本文后面将详细介绍。

需要说明的是，上述盐产区除了2号地点可能属于消费性质以外，其他盐产区均为生产性质。这其中，德国学者对巴特瑙海姆和哈雷这两处盐产区的研究工作比较深入，对韦尔和施瓦比什哈尔这两处地点也有一些研究，对威悉河谷下游和东部横跨捷克北部盐产区的工作较少，对与荷兰交界的莱茵河谷下游盐产区了解不多。不过也有一些新的线索被发现，如在德国西部巴拉丁（Palatinate）地区的巴特迪尔海姆（Bad Dürkheim）就发现有铁器时代的制盐遗物[3]。从目前的考古发现和研究看，德国东部地区的制盐遗址均属于青铜时代，其他地区大部分已晚到铁器时代。威悉河谷的情况比较特殊，那里的制盐产业一直延续到罗马期。进入中世纪早期以后，德国所有的盐场开始使用金属容器制盐。

① Süß Lothar. Zur latènezeitlichen Salzgewinnung in Bad Nauheim: Versuch einer Deutung einiger wichtiger Briquetage-Typen. Fundberichte aus Hessen, 1973, 13: 167-180; Kull Brigitte. Die Erforschung des Salinenareals seit 1837. In Kull B (ed.). Sole und Salz schreiben Geschichte: 50 Jahre Landesarchäologie, 150 Jahre archäologische Forschung in Bad Nauheim. Archäologische und Paläontologische Denkmalpflege Landesamt für Denkmalpflege Hessen. Mainz: Philipp von Zabern, 2003: 156.

② Hees Martin. Vorgeschichtliche Salzgewinnung: Auf den Spuren keltischer Salzsieder. In Jacob, Christina and Helmut Spatz (eds.). Schliz-ein Schliemann im Unterland? 100 Jahre Arehäologie im Heilbronner Raum, Anläßlich der gleichnamigen Ausstellung der Städtischen Museen Heilbronn, 17, September 1999 bis 9. Januar 2000. Verlag: Heilbronn, 1999: 154-173.

③ Bernhard Helmut, Gertrud Lenz-Bernhard. Die Eisenzeit im Raum Bad Dürkheim. Archäologie in der Pfalz, 2001, 2: 297-321.

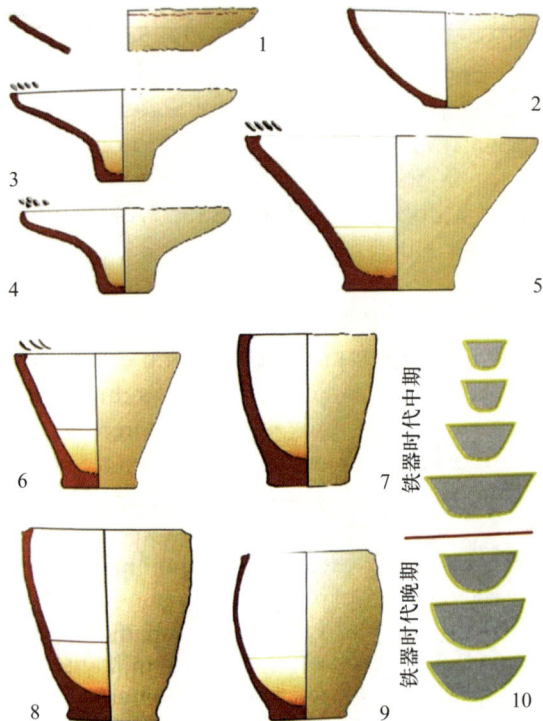

图四　巴特瑙海姆遗址出土的制盐陶器

1.敞口斜腹钵（残）　2.圆腹碗　3、4.大敞口敛腹杯　5.敛腹碗　6.斜腹杯　7、8.圆腹
杯　9.敛口鼓腹杯　10.（上）铁器时代中期平底钵（下）铁器时代晚期圈底钵

　　目前，在德国已知最早的制盐遗存是在哈雷发现的贝恩堡文化，年代为公元前3100年，属于新石器时代晚期。这个阶段出土的制盐陶器非常破碎，仅残存口沿和器底部分，器形多为敞口敛腹的平底碗，特点是在有些陶碗的口沿外侧用手指捺压出花边，有些器底周边也有捺印纹（图五）[①]。

　　盐是一种易溶解的物质，在地下遗址中不会留下任何痕迹。如果用陶器制盐，在从盐产地向消费区域转运时，常常会在贸易通道沿线发现制盐陶器，多出现在消费区域的生活垃圾中。进入铁器时代（La Tène）晚期（公元前5—前1世

①　Müller Detlef W. Neolithisches Briquetage von der mittleren Saale. Jahresschrift für Mitteldeutsche Vorgeschichte, 1987: 70.

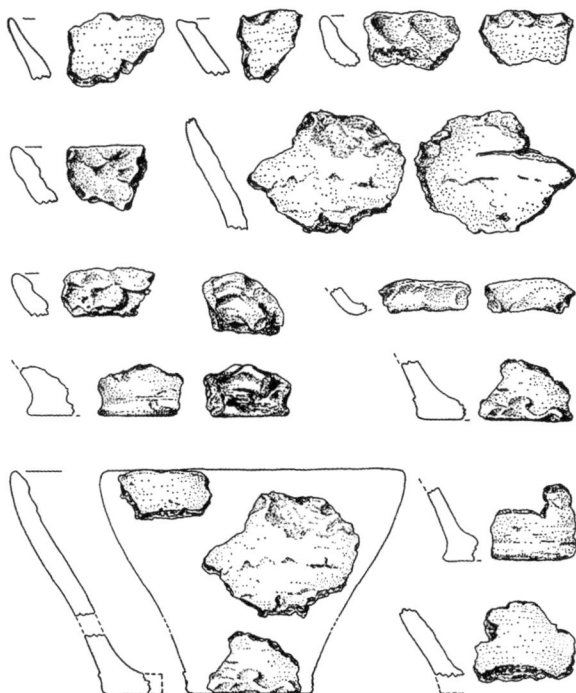

图五　新石器时代贝恩堡文化的制盐陶器

纪）以后，德国的一些大型盐场已形成规模化产业，生产、销售及燃料供应等需要有一整套的复杂管理系统并营建基础设施，在生产过程中会留下巨量的废弃物堆积。现有考古发现和研究表明，在德国上述的各个盐产区之间已存在某种形式的贸易销售网络。

　　考古发现还表明，德国的制盐遗址均分布在盐泉附近和沿海区域。公元1—3世纪（罗马时代）以来的文字资料能够为了解上述两类盐产区的生产和贸易活动提供一些帮助，但目前对前罗马时期制盐业的了解主要还是依赖考古。目前所知，巴特瑙海姆和哈雷是德国早期最重要的盐产区，但这两个地点的产业规模还远远逊色于法国东部塞耶（Seille）河谷的制盐业[1]。

---

[1]　Laurent Olivier，Joseph Kovacik：《法国洛林de la Seille河谷的制盐陶器Briquetage：欧洲铁器时代盐的原始工业生产》，《南方文物》2008年1期。

这里以施瓦比什哈尔这座遗址为代表，对德国铁器时代的盐业考古做一简要介绍。施瓦比什哈尔位于科奇（kocher）河谷以东的一座中世纪城镇，1939—1940年，在一次施工过程中发现了制盐遗址，随即以维克（Veeck）制订的计划为蓝本进行了抢救发掘。通过发掘了解到，这座遗址的文化堆积主要集中在距地表5—6米以下的深处，其上叠压有中世纪的地层和近现代地层[①]。

此次发掘清理出一处重要的制盐遗迹和遗物堆积。包括在河流相砾石层上出土的2件线纹陶盆、3件长方形橡木水槽、方形木井框、插立在地下的圆圈状枝编、木板、石块、杉木棍、木管等遗物。在6号橡木水槽上部还叠压有一组结构状的木板。上述遗物分属不同层位，并非同一时期的遗留（图六）。其中，线纹陶盆为生活用具，其他遗物为制盐场设备和用具残余。如橡木水槽可用于卤水蒸发、提浓。类似遗物在巴特瑙海姆制盐遗址也有发现，但在那里被认为是用于清除卤水杂质的容器。

上面这组制盐遗迹和遗物被包含灰烬、制盐陶器残片、陶支脚部件、炉壁残块及不定型黏土烧结物的堆积所覆盖。这一次在50平方米的发掘范围内共清理出3万余件制盐陶器残片，大部分为素面夹砂红陶或红褐陶，质地和器表粗糙，胎体厚重，底部尤为厚重。器类非常单一，均为直口、腹壁斜直的圜底小罐（图七）。

此次发掘被限制在施工现场一个不大的区域内，很难对这座遗址有全面的了解。发掘中并未找到制盐炉灶的遗迹，仅在废弃堆积中夹杂有一些制盐炉壁的碎块。根据当年的发掘记录推测，铁器时代的制盐炉灶有可能埋在更深的地层内。总之，围绕这座遗址的细节研究至今仍在继续[②]。

考古学家注意到，德国南部铁器时代一些制盐遗址出土的制盐陶器内壁表面均残留有灰白色物质。此前曾做过一些化学分析，表明这类残留物的主要成分

① Veeck Walter. Eine keltische solesiederei in Schwäbisch Hall. Württembergisch Franken, 1939/1940, n.s. 20/21: 112-128.

② Hommel Wilhelm. Keltische und mittelalterliche Salzgewinnung in Schwäbisch Hall. Württembergisch Franken, 1939/1940, 20/21: 129-144; Kost Emil. Die Keltensiedlung über dem Haalquell im Kochertal in Schwäbisch Hall. Württembergisch Franken, n.s., 1939/1940, 20/21: 39-111; Veeck Walter. Eine keltische solesiederei in Schwäbisch Hall. Württembergisch Franken, 1939/1940, n.s. 20/21: 112-128.

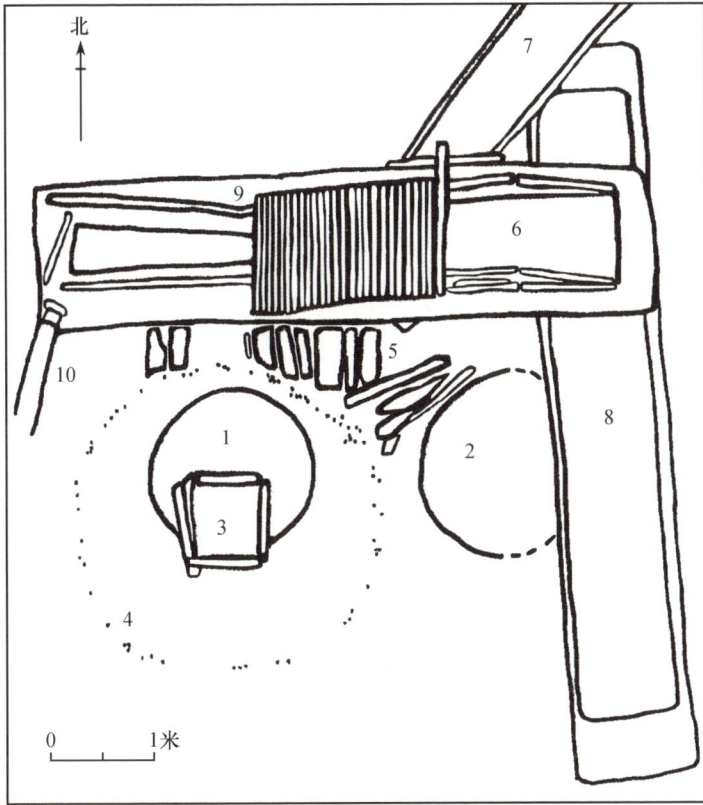

图六　1939—1940年发掘出土的一组制盐遗迹和遗物

1、2. 线纹陶盆　3.方形井口木框　4.木棍枝编　5.木板和石块工作面　6—8.橡木槽　9.木板　10.木管

（据《中国盐业考古》2，2010）

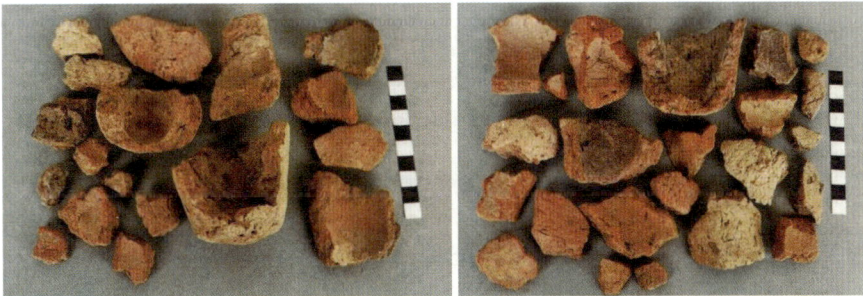

图七　施瓦比什哈尔发掘出的制盐陶器残件

（据Christina Jecob und Helmut Spatz，2000）

是钙碳酸盐和某种硅酸盐。

2004—2005年，通过电子显微镜对出自不同地点的出土制盐陶器再次进行了分析。其中，巴登-符腾堡的Neckarsulm-Obereisesheim遗址的制盐陶器证明，这些残留物是在熬煮卤水过程中形成的，其结构为石灰石、黏土和沙，经超细碳酸钙烧结，将这三种物质结合。说明当时的制盐卤水出自石灰岩地层，而内卡河谷与科奇河谷的下面恰好是石灰岩。可见，当时的制盐卤水在熬煮之前未做任何净化处理。进而证明施瓦比什哈尔遗址发现的橡木水槽是浓缩卤水的设施，即用它来淋滤含盐的泥土和沙子，以提高地下卤水的浓度。

德国的考古学家很早就尝试对施瓦比什哈尔遗址的古代制盐炉灶进行复原，最初他们是想帮助海尔布隆市巴特-弗里德里希斯哈尔（Bad Friedrichshall）镇①的现代制盐工场陈列室提供展品。复原设计按照参加过1940年考古发掘的霍麦尔（Hommel）的构思进行②。但此公的思路深受中世纪和近现代制盐工场的制盐炉灶形态的影响，试图将不同时期的制盐炉灶元素都包容进来，最后的复原作品成了一个大杂烩，完全混淆了铁器时代和中世纪不同时期的制盐炉灶结构。

1999年，在组织海尔布隆市博物馆的展陈设计过程中，赫斯（Hees）博士等人尝试重新对施瓦比什哈尔铁器时代的制盐炉灶进行复原。鉴于1939—1940年的发掘记录不够详细，考古过程中仅发现了部分残迹和遗物残块。他们加入了一些新的考古资料，结合本地出土的制盐陶器特征，通过与民族志资料的对比和模拟实验，找到一些重要元素，使新的复原模型更加符合施瓦比什哈尔青铜时代晚期（Späthallstatt）到铁器时代早期（Frühlatènezeit）的盐灶结构。最终复原出的制盐炉灶平面为正方形，用黏土堆筑炉壁，一侧留有火口。在灶内等距离摆放铁器时代早期的夹砂圜底筒形小罐熬煮卤水，与之相配套的器具是陶支脚，将小罐放在支脚的顶部，高度与炉灶的四壁相等（图八）。

---

① 这是德国西南部巴登-符腾堡州海尔布隆市的一个小镇，位于海尔布隆市以北10千米处的亚格斯特（Jagst）河和科奇河交汇处。
② Hommel Wilhelm. Keltische und mittelalterliche Salzgewinnung in Schwäbisch Hall. Württembergisch Franken, 1939/1940, 20/21: 129-144.

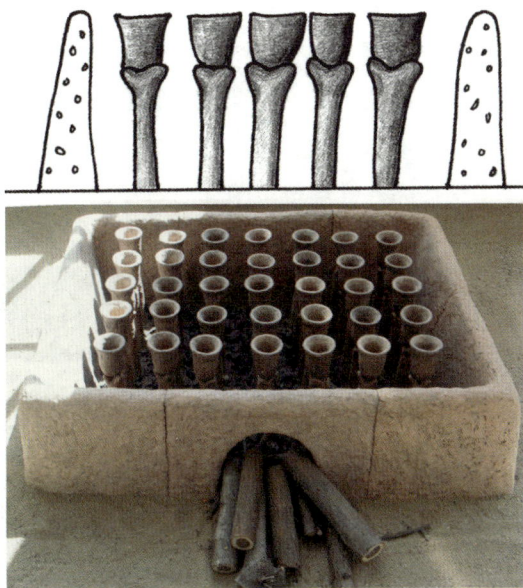

图八　早期制盐陶器及在炉灶内的结构复原

　　考古学家用这座复原的炉灶进行了模拟实验。初次实验没有经验，对炉温掌控不当，由于火力过猛，卤水熬煮过于沸腾，导致部分制盐陶器破裂，但结晶盐最后还是部分填满了陶器，可以说取得了部分成功[①]。考古学家通过这次模拟实验，发现制盐陶器表面留下的痕迹与铁器时代陶器上的磨损痕迹一致[②]。目前，这座复原的炉灶模型还在海尔布隆博物馆展出，但某些细节可能还需要进一步完善。

　　2000—2001年，考古学家将施瓦比什哈尔晚期的制盐陶器和支座与巴德-瑙海姆遗址的出土遗物进行了比对。施瓦比什哈尔博物馆的专家根据陶器和支座的形态对制盐炉灶再次进行复原，模拟对象严格按照巴特-瑙黑姆遗址出土的炉灶

---

① Hees Martin. Prähistorische Salzgewinnung: Der Beitrag der Ethnographie zu ihrer Erforschung. Ethnographisch-Archäologische Zeitschrift, 2002b, 43(2): 227-244.

② Neue Experimente zur latènezeitlichen Salzgewinnung: Das Briquetage von Schwäbisch Hall. Experimentelle Archäologie, Bilanz 2001. Archäologische Mitteilungen aus Nordwestdeutschland, 2002a, supplement 38: 27-32.

遗迹进行。这座炉灶为圆角长条状，个体不大，包括灶底和部分灶壁都保留很完整。考虑到铁器时代中晚期（Mittle-/Spätlatènezeit）的制盐陶器形式较多，考古学家选用了施瓦比什哈尔晚期的一种夹砂陶碗，其形态扁矮，口沿内卷。与之配套的器具为粗矮的圆柱状支座，平顶平底。在炉灶中陶支座等距离排成一列，陶碗放在支座上，高度与炉灶的外壁一致（图九）。

图九　晚期制盐陶器、制盐炉灶遗迹及在炉灶内的结构复原

　　此次复原后也进行了煮盐模拟实验，结果还比较理想。尽管对炉温的掌控依旧是个难题，熬煮过程中也有部分陶器出现破裂，但由于制盐容器口部较大，特别是内卷的器口造型有助于减少和防止卤水沸腾时的外溢。最后，结晶的盐一直填满到陶器口部，中心有轻微的凹陷[1]。专家们感到困惑的是对复原炉灶的高度一直拿不准。但有民族志资料显示，在中美洲的危地马拉也发现有同样高矮的制盐炉灶。

　　不难看出，上述几种复原炉灶模型的灶面均采用了开放式结构，熬煮卤水的制盐陶器之间也没有任何封堵措施，这种敞开的盐灶在煮盐时会有大量热力流失，浪费燃料，也不利于炉温的掌控。至于德国铁器时代的盐灶到底是开放的还是封

①　Süß Lothar. Zur latènezeitlichen Salzgewinnung in Bad Nauheim: Versuch einer Deutung einiger wichtiger Briquetage-Typen. Fundberichte aus Hessen, 1973, 13: 167-180; Kull Brigitte. Die Erforschung des Salinenareals seit 1837. In Kull B (ed.). Sole und Salz schreiben Geschichte: 50 Jahre Landesarchäologie, 150 Jahre archäologische Forschung in Bad Nauheim. Archäologische und Paläontologische Denkmalpflege Landesamt für Denkmalpflege Hessen. Mainz: Philipp von Zabern, 2003: 156.

闭的，德国考古学家并未给出一个合理的解释，这个问题还需要深入探讨。实际上，也有德国考古学家复原出另一种结构的盐灶，如韦尔城的药剂师莱丁格尔复原的盐灶就将陶器之间的空隙全面封堵起来，仅露出熬盐的陶器。从热力学和掌控炉温的角度看，这种封闭式的盐灶结构可能更为合理（图一〇）。

图一〇　德国学者复原的封闭式盐灶及制盐陶器的结构

迄今为止，一系列的模拟复原和实验使德国考古学家意识到，不同类型的炉灶在煮盐过程中各有千秋，尽管采用陶器煮盐始终遵循了同一原理，但在细节上还是有相当大的差异[1]。

科赤（Robert Koch）先生通过研究认为，施瓦比什哈尔遗址至少存在两种形态的制盐业炉灶，并在不同时代或不同阶段使用了不同的制盐陶器。青铜时代晚期至铁器时代早期使用个头不大的夹砂圜底筒形小罐，陶胎内羼有细砂和谷壳，外表非常粗糙，内壁较光滑。器高18、口径15、壁厚2.5厘米。经模拟实验，这类小罐应该是模制的，有些器表还留有指纹印痕。与之配套的制盐器具是顶部带分叉的陶支脚，高20—25、直径4—8厘米（图一一，左）。

铁器时代中晚期的制盐陶器细节形式较多样，其中有一种特点突出的夹砂陶碗，质地粗糙，以橙红色为主，部分灰褐色，器形肥矮，方唇，口沿内敛，并向内翻卷，腹部内敛，平底。器口下部外表有指印痕，内壁较光滑。器高5—7、直径15—25、壁厚1.5厘米。与之配套的器具为形态粗矮的圆柱平顶支座，高度与直径均在6—8厘米之间（图一一，右）。[2]

德国西南部的制盐陶器形态与德国中部哈雷及周边地区、威斯特伐利亚

---

[1]　Reina Ruben E, John Monaghan. The way of the Maya: salt production in Sacapulas, Guatemala. Expedition, 1981, 23(3): 13-33.

[2]　Koch Robert. Siedlungsfunde der Latène- und Kaiserzeit aus Ingelfingen (Kr. Künzelsau). Fundberichte aus Schwaben, 1971, n.s., 19: 124-174.

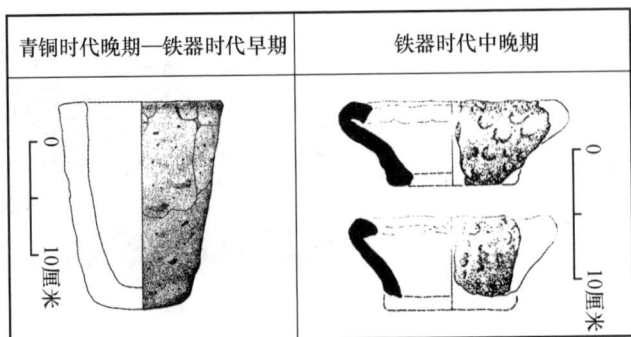

图一一　德国西南部青铜时代晚期至铁器时代
晚期的两种制盐陶器

的韦尔、比利时及法国西部的比较接近，普遍采用圜底小罐和陶支脚组合的形
式①。以德国中部萨勒河谷为例，当地制盐历史悠久。从青铜时代晚期（公元前
1000年）开始后600余年间，大量使用小型制盐容器和支脚制盐，这些陶器的质
地均为孔隙较多的夹砂陶，按时间先后，考古学家将这些陶器排比出一个清晰的
演化谱系。最早阶段是加带矮圈足的豆形小杯，后来圈足部分演变为较高的支
脚，形似今天的细高脚杯。此类器具在煮盐时，器底经常与盐灶地表烧结粘连，盐工们不得不将支脚折断才能取出容器和盐。再后来，人们开始分别制作煮盐的容器和下部的支脚。如此一来，既便于制盐器具和盐的收取，下部的活动支脚也能反复使用，大大节省了资源和人力（图一二）。

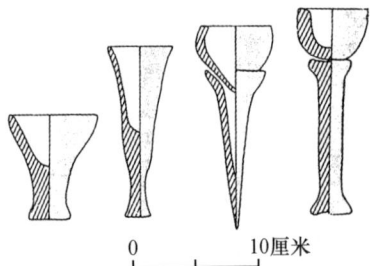

图一二　德国萨勒河谷制盐器具形态
及结构演变

（据de Brisay K W and K A Evans，1975）

萨勒河谷制盐陶器的演化可谓最佳化选择的极好例证。随着长期制盐实践的经验积

---

① Fries-Knoblach Janine. Gerätschaften, Verfahren und Bedeutung der eisenzeitlichen Salzsiederei in Mittel- und Nordwesteuropa. Leipziger Forschungen zur Ur- und Frühgeschichtlichen Archäologie, v. 2. Leipzig: Repromedia, 2001.

累，制盐器具从原来的容器和支脚连为一体改为将两者分离开来，这一改革大大节省了资源和人力。接下来，支撑制盐器具的支脚高度也不断改进，逐渐加高，因为工匠们察觉到，最佳的熬盐温度为60—70℃[①]。而支脚的加高过程很可能是在探索一个与最佳熬盐温度相匹配的最佳选择[②]。

有趣的是，1973年，法国盐业考古学家顾垒（Gouletquer, Pierre Louis）在西非尼日尔的曼嘎地区进行民族志调查时，发现当地现代制盐工匠采用细长的支脚和顶部的泥碗熬煮制盐，其结构与组合方式竟然与德国史前时期的制盐器具非常相似[③]。在越南南部的丘于厨遗址，也发现了与萨勒河谷类似的支脚，而且数量巨大。可见这种特殊造型的制盐器具、组合方式存在了很长的时间，这充分显示出类似的陶器制盐工艺有着多么顽强的生命力。

---

① Riehm Karl. Prehistoric salt-boiling. Antiquity, 1961a, 35: 181-191.

② Dorothée Kleinmann. The salt springs of the Saale Valley In de Brisay K W, K A. Evans (eds.). Salt: the study of an ancient industry (report on the salt weekend held at the University of Essex, 20, 21, 22 September 1974. Colchester: Colchester Archaeological Group, 1975: 45-46.

③ Gouletquer, Pierre Louis, Dorothea Kleinmann. Die Salinen des Mangalandes und ihre Bedeutung für die Erforschung der prähistorischen Briquetagestätten Europas. Mitteilungen der Anthropologischen Gesellschaft in Wien, 1978, 108: 41-49.

日本列岛的盐业考古及藻盐制作工艺

　　日本列岛四周环海，岛上没有岩盐蕴藏，也没有天然盐泉。自古以来，海水是日本人获取食盐的唯一途径[①]。据日本著名盐业考古学家近藤义郎研究，日本的盐业考古始于1954年对濑户内海喜兵卫岛制盐遗址的发掘[②]。自那以后，日本的盐业考古逐渐扩展到了整个沿海地区，陆续发掘了数十处早期制盐遗址。

　　盐业考古在日本出现之前，日本的考古学家并未重视沿海地区的制盐遗址，甚至往往忽略这些遗址，制盐陶器也往往被看作一般的生活用具。经过长期的考古发掘和研究，如今日本学者已基本摸清了各地的盐业遗址分布，大致明晰了各地制盐陶器的特征和阶段变化，各区域的编年体系业已建立，对日本的制盐工艺和产业结构等问题也有深入的思考（图一）[③]。

　　下面按时间顺序，对日本各地的盐业考古做一简要归纳。

1. 绳纹时代

　　日本的绳文时代始于公元前12000年，这是日本列岛历史发展的一个重要时期，其标志是普遍出现陶器[④]和磨制石器，狩猎—采集经济发展，定居社会形成。由于地域间的文化差异较大，有关绳文时代结束的时间学术界一直有不同意见，一般是以弥生文化（公元前300年）的出现为标志。绳纹时代居民的经济活

---

①　近藤義郎著，陈伯桢译：《土器制盐の研究–摘要》，《盐业史研究》2003年1期，92—94页。
②　喜兵卫岛调查团：《謎の師楽式》，《歴史評論》1956年1月号。
③　近藤義郎：《土器制盐の研究》，青木书店，1984年；李水城：《中日古代盐产业的比较观察：以莱州湾为例》，《考古学研究》(6)，科学出版社，2006年，99—113页。
④　日本最早的陶器出现在距今15000—14000年的先土器时代。

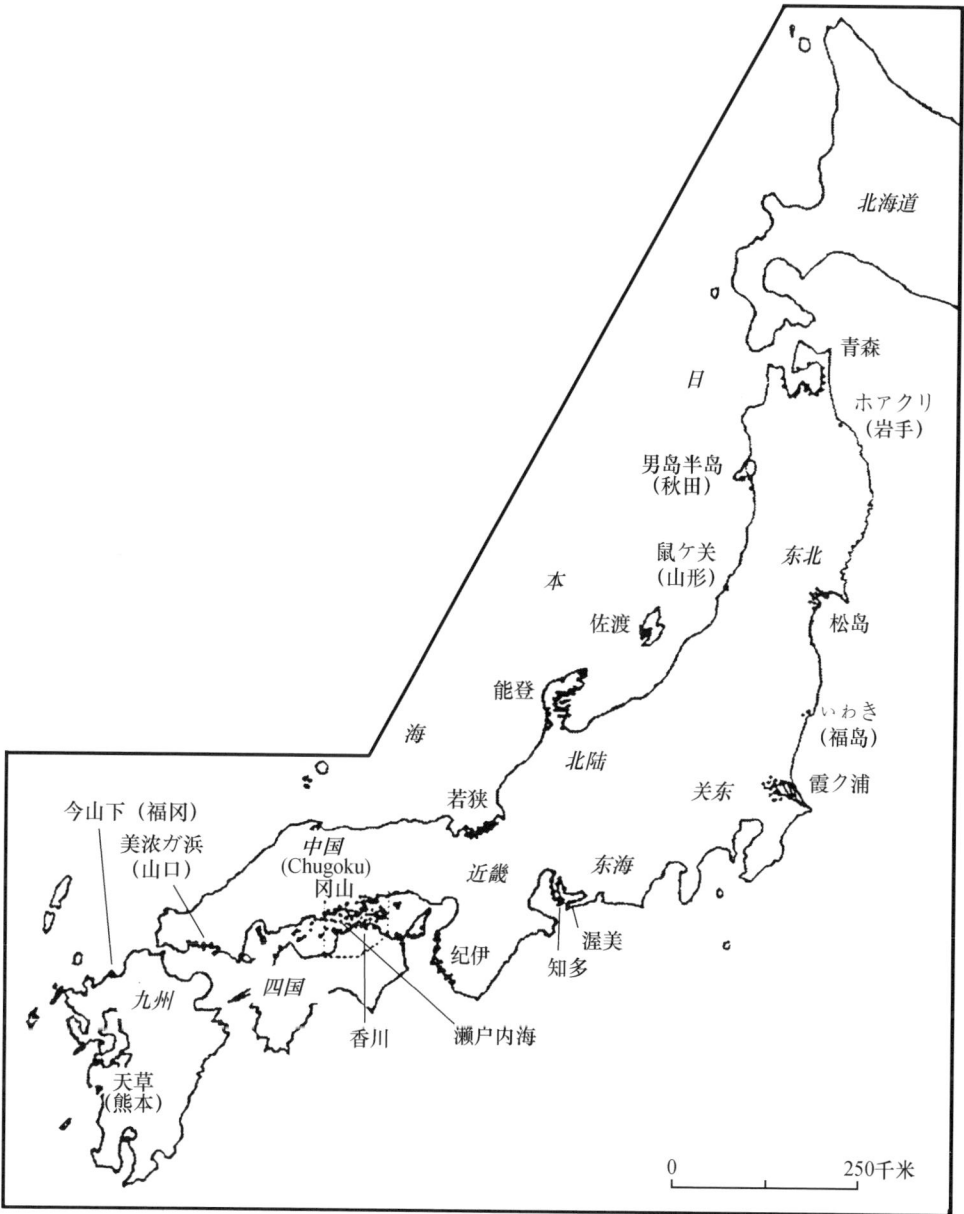

图一　日本列岛盐业遗址分布示意
（据近藤義郎，1984）

动仍停留在狩猎—采集阶段，并辅之以海产品的捕捞[1]。近藤义郎认为，制盐是
当时日本沿海一带居民从事的副业活动，他们利用产出的食盐、或许也包括各类
海产品与远离海岸的居民进行交易[2]。

　　目前所知日本最早的制盐遗址出现在关东地区和东北地区。在关东的旧霞
ケ浦沿岸分布有一些绳文时代晚期的制盐遗址。到了绳纹时代的最后阶段，制盐
产业的中心转移到了东北地区松岛湾的小岛沿岸。初步统计，绳文时代的制盐遗
址在关东地区发现了60处，主要分布在茨城、千叶、埼玉、东京都、神奈川和
群马等地。

　　根据关东地区茨城县广畑贝塚和法堂遗址所在的地理位置，可知日本这个
阶段的制盐遗址大多分布在地势较低的海岸阶地上，类似情况在前浦、后九郎
边、尾岛等地也有所见。以茨城县樱川村的广畑贝塚为例，这是一处绳文时代晚
期的制盐遗址，从遗址暴露的剖面可见含灰烬、炭渣以及大量制盐陶器残片的文
化堆积层。这个时期的制盐陶器主要为夹细砂褐色陶，其次为淡褐色、灰褐色或
灰黑色陶，也有个别灰白陶。器形普遍为大口、尖底或尖圆底陀螺状深腹器，也
有部分小平底陶杯。器口直径17—25、器高20—28厘米。特点是陶胎内的掺合
料为细砂，外观粗糙，内壁加工较细[3]。类似的遗物也见于茨城县美浦村的法堂
遗址、樱川村的前浦等遗址。其中，通过对法堂遗址试掘的遗物统计数据表明，
该址出土的制盐陶器（残片）比例为日用陶器的2—5倍[4]。

　　与此相对照的是，关东地区凡是出土制盐陶器较少的遗址大多位于洪积台
地上，海拔20—30米。如土浦市的上高津贝塚所在台地海拔18米，在已发掘的

---

①　寺門義範、芝崎のぶ子：《縄文後·晩期にみられる所謂 "製塩土器" について》,《常総
　　台地》四，1969年；鈴木正博、渡辺裕水：《関東地方における所謂縄文式 "土器製塩"
　　に関する小論》,《常総台地》七，1976年。

②　近藤義郎著、陈伯桢译：《土器制盐の研究－摘要》,《盐业史研究》2003年1期，92—94页。

③　近藤義郎：《師楽式遺跡における古代塩生産の立証》,《歴史学研究》223号，1958年。

④　戸沢充則、半田純子：《茨城県法堂遺跡の調査—"製塩址" をもつ縄文時代晩期の遺
　　跡—》,《駿台史学》18号，1966年。

16平方米范围内共出土陶器口沿1287片，仅303片为制盐陶器[①]。如果是一般的生活聚落遗址，制盐陶器则很少有发现。

在东北地区的福岛县磐城（或译作岩城、石城）市、宫城县仙台湾、岩手县三陆北部、青森县陆奥湾沿岸都发现有绳文时代晚期的制盐遗址，出土遗物中包含大量制盐陶器。其中，仙台湾、松岛湾沿岸及岛上、高城町西之浜、鸣濑町里、盐釜市盐釜神社内、七个浜町二月田、石卷市沼津等地的遗址分布最为密集。所发现的十余处制盐遗址全都位于旧的海岸线附近，海拔仅1—4米。在七个浜町二月田贝塚和高城町西之浜贝塚，海拔5—10米的台地上也有制盐陶器发现。

相比较而言，日本东北部的制盐陶器与关东地区并无太大区别，两地都以手制厚胎深腹陶器为主。宫城县二月田贝塚出土的制盐陶器口径11—18（以15厘米左右居多）、器高15—18、壁厚2—3厘米。松岛湾地区的制盐陶器以尖底或尖圆底造型居多，器表常遗留泥条连接痕迹。青森县陆奥湾的制盐陶器多为底径7—8厘米的小平底器，口沿除平缘外，也有的带花边，这种造型的陶器在岩手县豪库里（ホッ・クリ）遗址也有发现，不同的是后者为尖底器。松岛湾地区的制盐遗址属于绳文时代晚期后段；陆奥湾大浦遗址为绳文时代晚期前段；今津遗址属绳文时代晚期后段的初期；岩手县豪库里遗址属于绳文时代晚期后段的中期。日本学者的研究结论是：松岛湾地区是在关东地区制盐业衰退之后出现的，并不断发展兴盛[②]。

日本采用陶器制盐的方法始于绳文时代晚期，绝对年代为公元前1千纪中叶或略早[③]。假如农业的出现与人类主动进补食盐的需求具有同步性，日本的稻作农业恰好出现在绳文时代晚期，这大概不是巧合（图二）。

---

① Akazawa Takeru. Report of the investigation of the Kamitakatsu shell-midden site. Bulletin No.4. The University Museum, the University of Tokyo. Tokyo: Saikon Publishing, 1972.

② 後藤勝彦：《東北における古代製塩技術の研究》，《宮城史学》二号，1972年；宫城县盐釜女子高等学校社会部（後藤勝彦指導）：《宮城県七ヶ浜町二月田貝塚》（Ⅱ），1972年。

③ 近年来，有关绳文时代结束的时间和弥生时代开始的时间在日本学术界争论较大。本文在这里取旧说，即公元前5世纪左右。

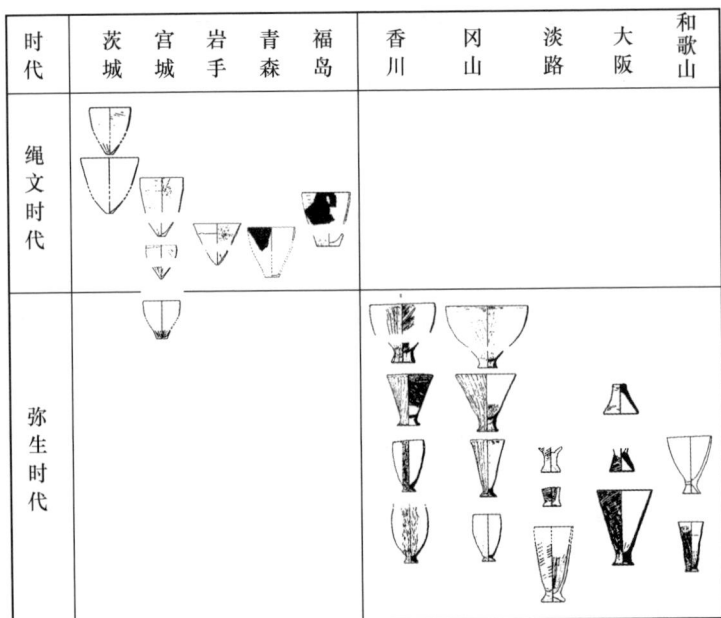

时代	茨城	宫城	岩手	青森	福岛	香川	冈山	淡路	大阪	和歌山
绳文时代										
弥生时代										

图二　日本绳文时代和弥生时代的制盐陶器

(据近藤義郎, 1984改制)

2. 弥生时代

日本的弥生时代始于公元前300年, 结束于公元250年。弥生文化是在绳文文化的基础上受中国和朝鲜半岛文化的影响产生的。最早出现在九州北部, 后来逐渐向东发展, 后期遍及北海道以外的日本全境。弥生时代的标志是出现了稻作农业, 开始使用铜器和铁器。

在日本西部地区, 制盐遗址出现在弥生时代的中期后段, 最早的制盐遗址见于濑户内海的儿岛(今儿岛半岛)。近藤义郎认为, 一方面, 在西日本, 弥生时代(一般认为与东北地区绳文时代的最晚期同时)的居民最初是从日本的东北地区或韩国[①]获取食盐。另一方面, 在弥生时代中期的晚段, 日本的稻作农业有了进一步发展, 大大刺激了西日本地区人口的增长。随着农业经济的繁荣, 剩余产品不断增加, 促使一部分人口开始脱离农业, 转入手工业领域, 加之交换活动

———————————

① 目前还缺乏来自韩国方面的考古证据。

的频繁，使得各地的贸易更加活跃。在这一背景下，西日本地区的本地人开始自己生产食盐，此即近藤义郎提出的所谓"备赞濑户自生说"理论。依照这一理论，日本西部也像关东和东北地区一样，在绳文时代到弥生时代的前半叶，沿海地区居民有可能采用日用陶器进行小规模的制盐活动，同时也加工一些海产品。弥生时代中期，随着各区域和各集团之间交流的增强，濑户内海沿岸族群的陶器制盐技术发展逐渐加快，这也导致具有一定产业规模、专门化的制盐群体出现。弥生时代以后，开始出现远距离的盐业贸易活动[①]。

西日本地区的制盐陶器主要是带有小高圈足的碗、小型深腹圈足杯和大口尖底假圈足杯，与绳文时代的制盐陶器造型迥异。大约在弥生时代的中期中段或后段，备赞濑户首先在冈山县的儿岛地区出现了专门的制盐陶器，其容量与东日本地区绳文时代晚期的深腹罐类似，但大多在器底部附加圈足，器壁内外均作细致加工。陶胎内的掺合料为1—2毫米的细砂，器壁较薄，素面无纹（图二）。这些制盐陶器表面常有细小的剥离，这一现象与绳文时代的制盐陶器相同。这类陶器除了在儿岛地区比较集中以外，在香川县的丰岛、小豆岛等地也有发现。由于儿岛一带的制盐遗址分布非常密集，推测应是当时这个地区的盐产业中心[②]。

据日本学者研究，弥生时代的制盐陶器形态有一个从高圈足碗逐渐向敞口深腹圈足杯演化的趋势。器形从大变小，体形瘦高，容积缩小，圈足不断降低，从较高的空心圈足变成低矮的台座状假圈足（图三）。

弥生时代晚期，西日本地区的制盐业扩展到了和歌山县的纪伊海岸、香川县、德岛县和冈山县沿海一带。但那个地区的盐业生产似乎只是一种副业活动，考古发现的制盐遗址往往隶属于某个农业村落，遗址中堆积的制盐陶器（残片）数量也远远低于后来古坟时期的制盐遗址[③]。

日本早期制盐遗址的特点可归纳如下。

（1）所有的制盐遗址都分布在沿海地区。其中，关东地区绳文时代的制盐

①　近藤義郎：《弥生文化論》，《岩波講座日本歷史》第一卷，1962年。
②　岩本正二：《弥生時代の土器製塩》，《考古学研究》1976年第23卷第1号。
③　森浩一、白石太一郎：《紀淡、鳴門海峽地帶における考古学調查報告》，1968年；近藤義郎：《古目良遺跡—目良式製塩土器の研究—》，《田辺文化財》八号，1964年。

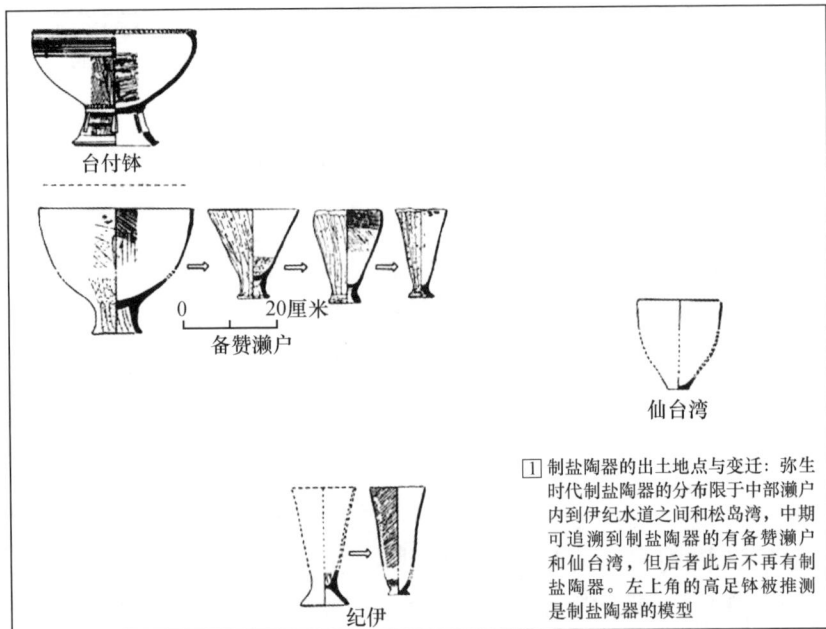

图三　弥生时代制盐陶器的出土地点和制盐陶器的演变

（引自岸本亚敏演讲）

遗址集中分布在距离当时海岸线20—30米的低地。东北地区绳文时代的制盐遗址几乎全都选在与古海岸线交接的低台地上，海拔1—10米。弥生时代的制盐遗址多位于海岸线附近的冲积低台地上，海拔不足2米；但也有个别遗址距离海岸线数百米到1—2千米的地方，海拔20—50米。

（2）已发现的所有制盐遗址堆积厚度都在1米左右。堆积中的遗物为大量的制盐陶器残片，比例高达90%以上，器物种类单一，不见或少见日常生活用具。制盐遗址堆积中除了大量的制盐陶器外，往往还夹杂有大量的灰烬、炭渣等，有些遗址也发现了制盐炉灶或工作面的残迹（图四）。

（3）绳纹时代的制盐陶器多为大口、小平底、尖底或尖圜底造型。弥生时代转以带台座的圈足碗、深腹杯或圈足杯为主流。其共同特点是个体普遍不大，均系手工制作，胎内羼有较多砂粒，外表不做任何处理，较粗糙，素面无纹饰，内壁略有加工，较光洁。

（4）在遗址中制盐陶器基本出自同一层位，如果出自不同地层，也是同类

图四　日本早期制盐遗址的文化堆积

（据《中国盐业考古》2，2010）

器型。除个别未曾使用或随葬陶器保留完整形态外，遗址中的制盐陶器都非常破碎，很难复原。几乎所有制盐陶器都有二次过火现象。

日本学者对濑户内海喜兵卫岛海边一处制盐遗址发现的遗迹进行了分析研究，并以画面形式对早期的陶器制盐工艺流程做了推测复原。这座遗址的遗迹现象比较简单，在海边沙滩的后面分布有煮盐炉灶，再后面的高台上为聚落遗址所在。考古学家推测当时的制盐流程为，首先将海水引入长方形盐卤池，再将浓缩的卤水经沟渠引入制盐作坊，装入煮盐陶器，放到与地面平齐的炉灶上煎煮，待卤水结晶后，盐块会凝结在陶器内。最后，盐工在工作台上将陶罐一个个打破，取出结晶的盐块（图五）[①]。

3. 古坟时代

日本的古坟时代又称大和时代，开始于250年，至593年结束。这个时代因营建大量的"古坟"而得名。

进入古坟时代后，日本列岛制盐产业的分布面扩大，制盐陶器也显露出明

---

① 喜兵卫岛调查团：《謎の師楽式》，《歷史評論》1956年1月号。

图五　喜兵卫岛发掘的制盐遗迹及制盐工艺流程推测复原
（据近藤義郎，1984改制）

显的区域特征。在日本西部，早期阶段仍延续使用大口圈足碗、圈足杯等器类。在福冈县的今山下遗址出有大口碗残件，上半部残损，下半部为短柄喇叭口矮圈足。在熊本县的冲之原遗址出有实心柱柄的圈足杯，也仅存下半部。可证西部地区的制盐陶器基本延续了弥生时代晚期的形态风格。日本中部的制盐陶器普遍为深腹圜底罐（釜）。在冈山县的冲须贺遗址出有花边口圜底罐（釜），腹部深度适中，器壁内外都有拍打印痕。在和歌山县的坂田山遗址出土的圜底罐腹部较深。日本东部的制盐陶器造型特殊。在石川县的森腰遗址和富山县的九店遗址发现有鬲形空袋足状残件，完整器形状为侈口、深腹，器形瘦高，底部有较长的圆锥尖足。日本东北部的制盐陶器仍延续当地传统的大口深腹小平底罐，在宫城县发现有此类陶器（图六）。到了古坟时代晚期，在西日本地区开始出现个体较大的制

西部	中部	东部	东北部
福冈县今山下遗址	冈山县冲须贺遗址	石川县森腰遗址、富山县九殿遗址	宫城县
熊本县冲之原遗址	和歌山县坂田山遗址		

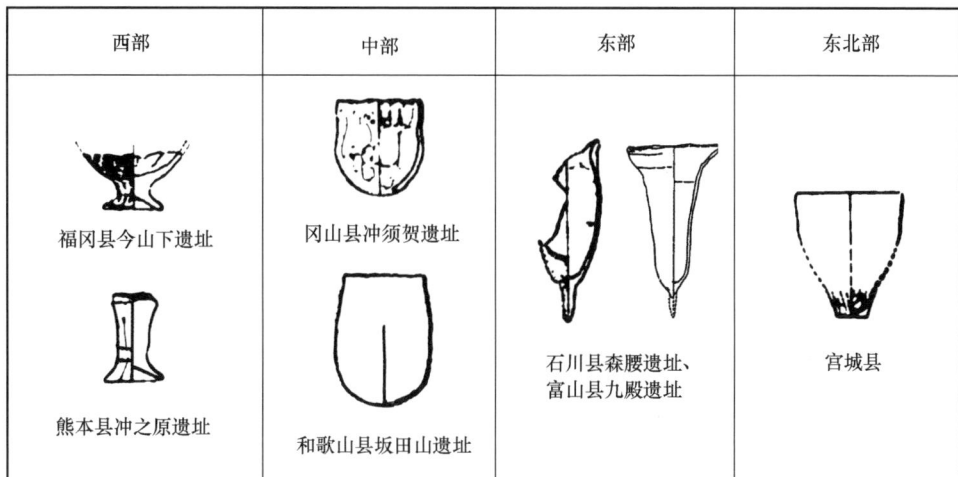

图六　日本古坟时代各地的制盐陶器
（据近藤义郎，1984改制）

盐陶器，器类有圜底罐和陶釜。

这个阶段在九州岛一带新出现一种"天草式土器"。其特点是容器上部呈大口圜底或尖底钵状，下部为细高的实心圆柱状器柄，底部为小喇叭口，有些类似中国古代的器皿——"豆"。此类制盐陶器口径11—12、高16—19厘米（图七，左一）[1]。在知多半岛、渥美半岛一带，出现了在器底附加空心圆柱状器足或实体圆锥状尖足的大口钵形尖底器，口径20—30、高约14厘米，底部延伸的尖足高6厘米（图七，左二）[2]。古坟时代后期，在松琦贝冢也出有类似的大口柱足器，器表素面，底部延伸出一根不规则圆柱状器足（图七，左三）。在石川、能登等地还有一种大喇叭口、深腹、器形瘦高的制盐陶器，器底延伸出圆锥状支足（图七，右）。相比较同时期的日常生活用陶器，这些制盐陶器的质地和制作普遍都比较粗糙。

---

[1]　近藤义郎：《天草式制盐土器》，《土器制盐の研究》，青木书店，1984年，295—319页。

[2]　Kondō Yoshirō, 1975. The salt industry in ancient Japan. In de Brisay K W, K A Evans (eds.). Salt: the study of an ancient industry (report on the salt weekend held at the University of Essex, 20, 21, 22 September 1974. Colchester: Colchester Archaeological Group, 1975: 61-65; 近藤义郎：《知多-渥美地方制盐土器》，《土器制盐の研究》，青木书店，1984年，243—281页。

九州岛 天草式土器	知多半岛、渥美半岛	松琦贝冢	石川县

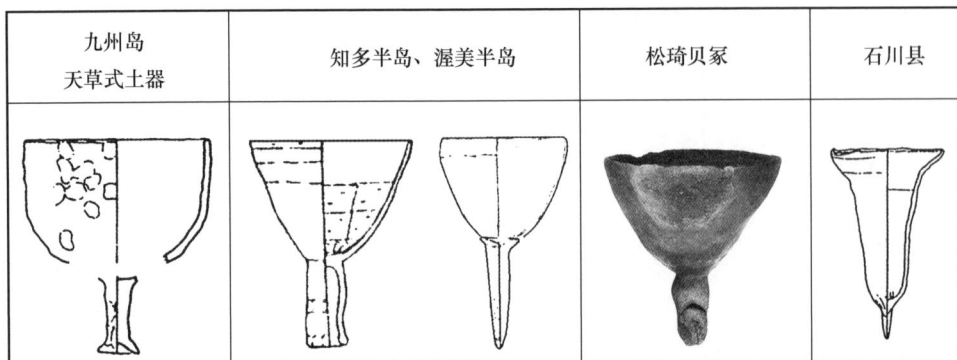

图七　古坟时期的制盐陶器"天草式土器"

（据近藤義郎，1984和岸本雅敏，2010改制）

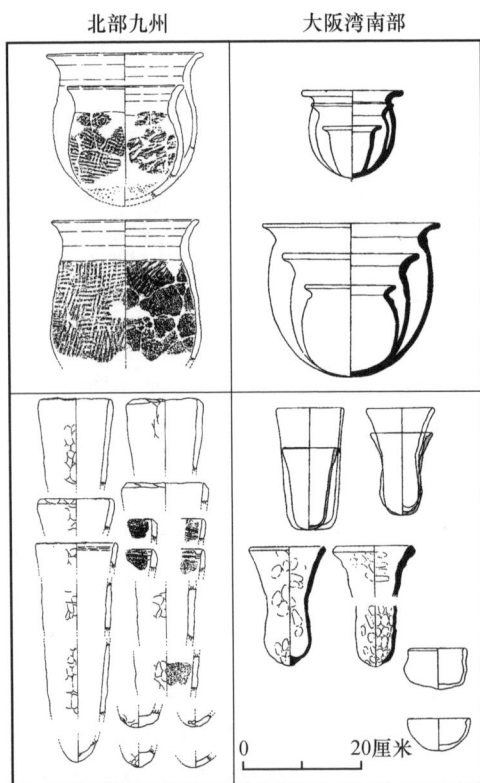

北部九州	大阪湾南部

0　　　　　20厘米

图八　文献时代日本西部九州、大阪一带的
大型制盐陶器

（据《中国盐业考古》2，2010）

4. 文献时代

6世纪末，日本进入到文献记载的飞鸟时代（593—710年）、奈良时代（710—794年）和随后的平安时代（794—1192年）。

7世纪以后，日本制盐遗址的分布面进一步扩大，制盐陶器形态改变也很大。早期阶段仍保留部分古坟时代的遗风，在知多半岛、渥美半岛一带，器底带圆柱足的制盐陶器仍在延续，开始流行器底加细长圆锥足的制盐陶器，上部容器部分大多残失，形状不明，仅存器底以下的圆锥足。其中，变化最大的是制盐陶器个体普遍增大。西日本地区流行圜底釜和器腹很深的瘦腹圜底缸、大喇叭口平底缸等大型制盐容器（图八）。

日本东部和中部地区新出现的

制盐陶器为大口平底盆，器腹深浅不一，由于形状颇似舟船，故名"船冈式土器"（图九，上左）。这个时期的另一大变化是开始大量出现被称作"盐浜式"的单体圆棍状支脚，尺寸或长或短，有些两头粗中间细，有些顶部带有凹槽或分叉（图九，上右）。新出现的制盐陶器还有一种中空的圆柱状或粗扁柱状支座，有些圆柱状支座为亚腰形，腹中部或下部有圆形穿孔（图九，下）。大量支脚和支座的出现一方面与这个时期制盐陶器个体增大有关，另一方面也暗示制盐工艺有所改变。

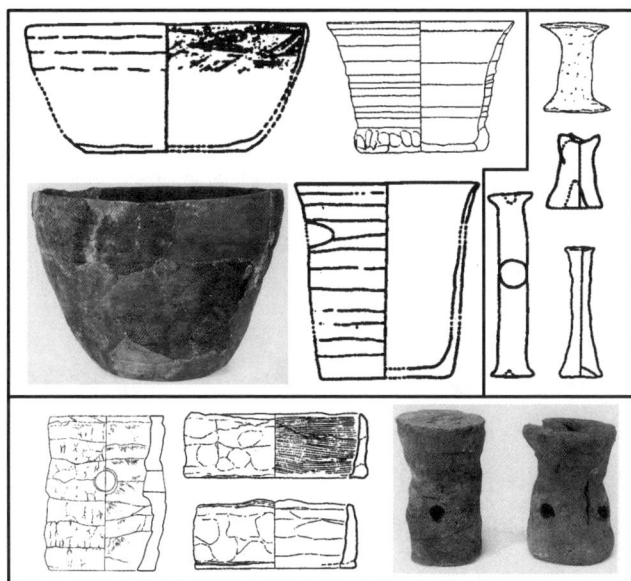

图九　日本文献时代的几种制盐陶器
（据近藤義郎，1994和岸本雅敏，2010改制）

7—8世纪，濑户内海及纪伊地区的制盐陶器普遍改为小型圜底器，遗址数量也逐渐减少，长期以来的传统陶器制盐业萎缩，规模缩小。在九州岛，陶器制盐在7世纪早期便逐渐被淘汰。到了8世纪末，濑户内海沿岸不再使用小型陶器制盐。

据文献记载，日本的原始盐田出现在8世纪，其工艺流程是将海水导入铺有砂粒、地面平坦的长方形封闭区域内，利用自然风力和阳光的作用，蒸发海水的水分，将盐分积聚到砂粒上，再将这些砂粒收集起来，堆在盐田中央用海水淋滤冲洗，获取高浓度卤水，然后转入大型平底锅熬煮制盐。这个时期的平底锅有陶、石、黏土或金属等不同的质地。

11世纪前后，日本各地的传统陶器制盐工艺逐渐被新的盐田制盐技术取代，经不断改良和完善，发展到今天[1]。

5. 日本的藻盐烧制工艺

在日本8世纪的文献中，记载有一种用海草取代砂粒、吸附盐分、提浓卤水的制盐技术，这种传统工艺至今还保留在宫城县伊势神宫的仪式上。实际上这种制盐技艺的出现时间可能比文献记载的要早，但已很难考察其出现的具体时间了。利用海藻制作卤水的海藻烧盐法据称是日本最古老的制盐技艺，甚至被称为日本制盐业的原点。

1982年，日本考古学家松浦宣秀在蒲刈町南端的冲浦海岸做调查。他在海边捡到一片古坟时期前半叶的制盐陶器残片，在周边一带还发现有用石头堆筑边界的田块，底部铺有烧红扁平石块的炉灶遗迹。据此松浦认为这里可能是一处制盐遗址。

1983年，在冲浦海岸施工过程中发现有20—30厘米的黏土块，在排水沟内还出土有破碎的陶片，随即工程被紧急叫停。考古学家通过发掘，发现一处1600年前古坟时代前半叶到镰仓时代的制盐遗址。随后又相继出土了绳文时代、弥生时代和近代的遗物，说明这里长期有人居住生产。在发掘过程中，很多专家亲临现场。但专家们认为，古代的海藻制盐法在文献中没有记录，至今也搞不清楚。

松浦宣秀决心破解这一难题。他注意到，在《万叶集》[2]一书中有"玉藻"的记载，还有歌唱"海藻烧盐法"的和歌，这成为他解决古代海藻制盐法的突破

---

① 近藤義郎著，陈伯桢译：《土器制盐の研究－摘要》，《盐业史研究》2003年1期。

② 《万叶集》是日本最早的诗歌总集，相当于中国的《诗经》。所收诗歌为4—8世纪中叶的长短和歌，成书年代和编者众说纷纭，多数认为是奈良时期（710—794年）的作品，经多年、多人编选传承，约在8世纪后半叶由大伴家持（717—785年）完成。后又经数人校正审定为今传版本。

口。他特别关注到海水中有一种马尾藻，并为此进行了多次实验。1989年，前来帮忙的一位女性爱好者建议他成立一个专门的实验机构研究藻盐。这样的话，可以通过会员们的努力，探索蒲刈的藻盐制作工艺以引起更多人注意。经过数年研究，他们确立了"不断用海水浸泡马尾藻，经干燥、浸泡、再干燥、再浸泡，不断重复，提高海水盐分，制作浓卤水，最后用陶器煮盐"的方法。最终复原了日本的古代海藻陶器制盐法，并得到全国考古学家和制盐专家的认可。

众所周知，一般的海水只含3%的盐，即1千克海水含30克盐。如果用普通海水制盐，制成结晶盐要耗费大量的时间、人工和燃料。古人采用海藻来提浓卤水，可将海水的含盐浓度提高6倍，用来制盐可省去大量时间、人工和燃料。有人做过推算，制作200克藻盐需要15吨海水，现代制盐法可从15吨海水中提取750克盐，为藻盐的4倍。但用海藻制出的盐要比一般的海盐好吃很多。

藻盐的制作工艺流程为：先在海水中捞取马尾藻，将其放到阳光下晒干，将海水泼洒到晒干的马尾藻上，晒干后再继续泼洒海水，如此反复三天，让海藻充分吸附海水中的盐分。通过这一过程，泼洒到海藻上的海水水分被蒸发，盐分得以保留。将这些吸附了大量盐分的海藻晒干，用火点燃，烧成灰（图一〇，左）。再将海藻的焚灰倒进装有海水的容器内，搁置一天（图一〇，中）。待焚灰沉入水底，形成浓茶色的卤水，再将其转入制盐陶器，在炉灶上煎煮，析出结晶的藻盐（图一〇，右）。

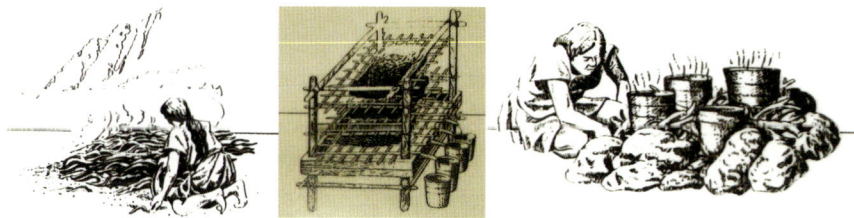

图一〇　日本的藻盐制作工艺流程示意
（据日本九州博物馆展览图片改制）

还有另一种方法，即将马尾藻浸入装有海水的桶中，充分浸泡，再取出来晒干。如此重复作业2—3天，最后将充分吸附了盐分的海藻烧成灰，将融入海藻味的深茶色卤水倒入布袋过滤，再熬煮成盐。

据说，藻盐烧制法在古坟时代就出现在蒲刈岛的西南部。但古代是在被称作"玉藻"的马尾藻中提取盐分，制出的藻盐呈浅米黄色，融合了海水和海藻的独特味道，口感柔和，营养丰富，是天然健康的食品。如今，在蒲刈制作的もしお盐特别有人气，很多餐厅和商店都有出售。这种海藻制盐技术系日本人独创，不见于其他国家。

前面曾提到，文献记载的"海草制盐法"出现在8世纪，实际上可能要更早一些。如今，海藻制盐法在宫城县伊势神宫的仪式上还能看到，但仅保留了简化的形式。日本全国各地都组织有马尾藻协会。冲绳有褐藻类的海蕴，北海道有昆布。总之，可用于制盐的海藻种类很多，此即广泛的"本地藻盐"说之缘由。不过，在日本今天已很少采用这种制盐工艺，原因是可用于制盐的马尾藻越来越少，这种海藻只生长在洁净的海水中，人工培育马尾藻也变得越来越难。

越南南部制盐遗址的发现与研究

2003年，德国考古协会非欧洲文化考古委员会（DAI）开始在越南执行一个新的考古研究计划，即对越南南部胡志明市（原西贡市）西北约100千米与柬埔寨交界处的乌寺丘（Gò Ô Chùa）遗址进行发掘。这座遗址所在的位置距离柬埔寨边境仅有2千米，距今天最近的海岸线至少有80—90千米，地理坐标为北纬11°00′24″，东经105°46′00″（图一）[1]。

乌寺丘在越南语中意为"宝塔山"，因为这座遗址是由三座长450、宽150、高4米的土丘组成，故名。从2003年开始，德国的考古学家开始对这座遗址进行发掘。由于通往遗址区域只有一条崎岖的小路，交通不便，人们只能在每年12月到翌年3月的旱季，才能从地区的首府永兴前往20千米外的这处遗址。

德国考古学家在乌寺丘的三座土丘上开了7条探沟，发掘面积总计为231平方米。通过发掘证实，遗址中心的文化堆积深达2.6米，边缘区域的堆积深度仅有0.6米。尽管在各部分的文化层都发现有制盐陶器（残件），但从文化堆积的范围可看出，与人类居住和制盐相关的遗迹主要集中在遗址中部，制盐用的陶支脚等废弃物被大量倾倒在遗址边缘。放射性碳素检测结果表明，乌寺丘遗址使用的年代为公元前900—公元150年。

在制盐遗址区域发掘出土的遗物主要是陶器。包括数量巨大的陶支脚、少量过滤卤水用的圆形穿孔陶盘，以及零星的枕状小陶器。其中，大量陶支脚的高度在22—30厘米。根据陶支脚的形态、颜色和器表是否有纹饰，可将其分为两类四个类型。

---

[1] 德国考古协会非欧洲文化考古委员会在越南的工作见 http://www.dainst.org/index_657_en.html.

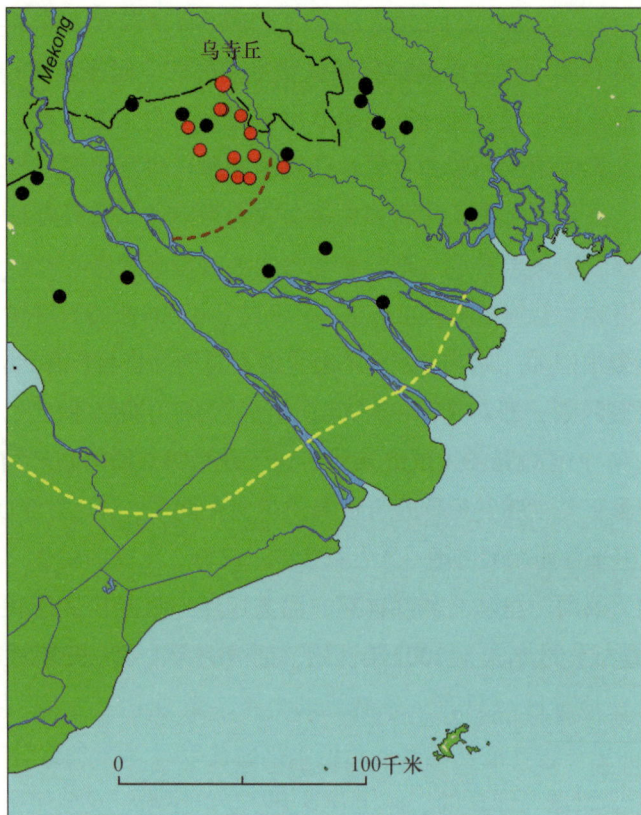

图一　越南乌寺丘遗址的地理位置

（据《中国盐业考古》2，2010）

　　第一类为手制灰褐色、青灰色夹砂陶，主体为圆棍状，器表较粗糙，不做任何修整，也不加装饰。可分为三个类型。

　　类型1　形似瘦长的"工"字，支脚顶部分为圆盘状、平顶和半月形、弧顶两种，中部为较粗的圆棍，显得较厚重。底部为圆盘状器足。此类在遗址中仅出土272件（绝大多数为残块），集中出在遗址北部和中部土丘地层的最下部，可见此类支脚的年代在乌寺丘遗址是最早的（图二，1、2）。同类支脚在乌寺丘以南15千米的炉硕（Lo Gach）和亭丘（Go Dinh）两处遗址也有发现。

　　类型2　支脚顶部有三叉角状锥突，特点是锥突分得较开，也较长，约13厘米。中部圆棍部分较类型1稍细，底部为喇叭口圈足（图二，3）。此类支脚大部分出自遗址北部土丘的6—9层、中部土丘的13—18层。

类型3　支脚顶部也有三叉角状锥突，但长度较类型2要短，仅有2.5—5.5厘米，而且分得也不太开，呈斜直状。中部圆柱部分较纤细，主干部位直径仅2—3厘米，底部形状不明（图二，4、5）。此类支脚绝大多数出自南部土丘中部堆积的下文化层。

图二　乌寺丘遗址出土的陶支脚

1、2. 类型1　3. 类型2　4、5. 类型3　6. 类型4

（据《中国盐业考古》2，2010）

第二类为手制红色或橘红色夹砂陶，主体也为圆棍状，只有一个类型。

类型4　支脚顶部有三叉角状锥突，长约10厘米，分得不太开，呈斜直状。中部圆柱部分直径3.5—5厘米，显得粗壮坚实。部分器表略经修整，造型规整、美观。其中部分支脚在圆柱表面施压印几何纹，具体分五种，有编织席纹、方格纹、类绳纹和简单的刻划几何纹等。此类支脚约5%有纹饰的主干横截面近六边形。另有部分器表为素面，不加修整，略显粗糙。再就是约有半数的支脚在圆锥角状突起下用拇指和食指捺压出鼻孔状的凹窝。另有约2%的支脚表面敷贴一层薄泥，系重新修补加工并二次使用过的（图二，6）。此类支脚主要出自南部土丘的遗址边缘堆积，在该土丘中部的上层堆积中非常少见。

在乌寺丘遗址总计出土了11.2万件陶支脚残块，其中绝大部分属于类型3和类型4。经统计分析，一般6件陶支脚残块可代表一件完整器。如此，在坵于厨遗址65000平方米范围内，包含有陶支脚的区域至少有40000平方米。在遗址的三个土丘内，总计有200万—300万件陶支脚，这些陶支脚破碎后可形成1000万—2000万件残块[①]。由此可进一步推测，在乌寺丘遗址曾先后建有数千座煮盐炉灶，经历了漫长的制盐生产过程。这些数量庞大的陶支脚都是当地陶工利用遗址周边的黏土制作的。

与越南乌寺丘遗址完全相同的、顶部带三叉角状锥突的陶支脚在德国铁器时代的很多制盐遗址都有发现，此即被有些学者称为"角状支柱"（Hornsäulen）的制盐器具[②]。同样或类似的陶支脚在欧洲中部，特别是在英国、法国、比利时等国家青铜时代到铁器时代的制盐遗址也有发现，且造型多种多样（图三）。出有此类遗物的地点往往位于盐泉或盐生植物生长茂盛的区域，并发现有煮盐炉灶遗迹，显然它们是专门用于制盐的器具。

乌寺丘遗址出土的第二种陶器为圆饼状算子，上面有6个穿孔，一面较大，另一面稍小，边缘倾斜，直径10—15厘米（图四）。此器应是安放在某种容器底部、用于过滤和浓缩卤水的器具。在非洲尼日尔的曼嘎（Manga）地区，现代制盐工场仍在使用同样的器具，将其置于漏斗状大型容器的底部，其上铺以大量的茅草，再将含有盐分的泥土放入容器，通过不断用水淋滤，将盐土中的盐分过滤析出，以获取高浓度的卤水制盐。

乌寺丘遗址出土的第三种陶器是枕形器，此器外形奇特，系残缺的部件，从其残存部分可见四边向内弧曲，四角的断茬呈外张的尖突状，纵剖面有一定弧度（图五，1）。经考古学家研究，这是一种用于封堵煮盐容器之间空隙的残缺部件。类似的陶器残件在欧洲（德国）的制盐遗址也有发现（图五，2、3）。经德国的考古学家研究，在青铜时代到铁器时代，人们用陶器熬煮制盐，需要将架在

---

① 这与1999年中国重庆忠县中坝遗址出土制盐陶器的统计方法相似，该址约有10.5亿片陶片，大约代表了700万件煮盐容器。

② Matthias Waldemar. Das mitteldeutsche briquetage: formen, verbreitung und verwendung. Jahresschrift für mitteldeutsche Vorgeschichte, 1961, 45: 119-225.

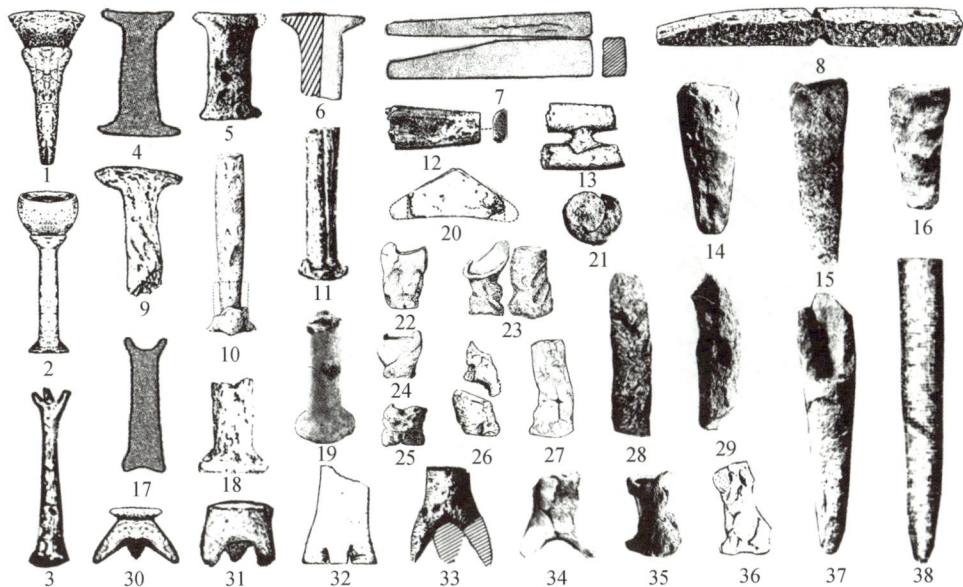

图三　中欧地区制盐遗址出土的各类陶支脚及辅助器具

1、2、5、9、11、16、19、25、33、34.哈雷（德）　3.纳利斯（法）　4、13、15、21、28.布尔特库尔（法塞耶河谷）
6.圣奥古斯丁（法）　7.科尼利奥（法）　8.诺福克（英）　10.马萨尔（法塞耶河谷）　12.朗根霍（英埃塞克斯）
14、26、29、35.林肯郡（英）　17.韦尔，威斯特法伦（德）　18.戈德汉格（英埃塞克斯）　20.埃塞克斯（英）
22、27.特雷戈尔（法）　23、24.沃卢兹堤岸（英）　30、31、38.德帕内（比利时）　32.特普阿巴蒂（法）
36.布尔-雷弗（法）　37.吉比兴斯坦因（德）

图四　过滤卤水的用具——陶圆盘箅子

（据《中国盐业考古》2，2010）

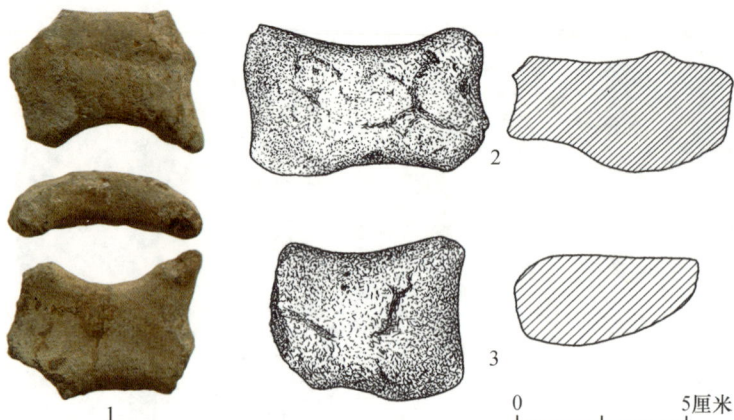

图五　乌寺丘遗址出土的陶枕状器和欧洲同类器比较
1.乌寺丘遗址出土　2、3.欧洲出土
（据《中国盐业考古》2，2010）

支脚上的煮盐陶器之间的缝隙用泥土进行封堵，确保盐灶内的炉温，防止热力散失，这种枕状器即用来封堵煮盐容器之间空隙的泥土残件，四边的内弧部位即为制盐陶器的外缘。

　　考古学家注意到，乌寺丘遗址出土的很多陶支脚底部为喇叭口圈足，若用水清洗这些圈足内部，器表会泥泞不堪，说明这些被放置在盐灶炉膛内的支脚，底部的圈足内表面与灶内炉火隔绝，没有接触火焰，尚未陶化，仍保持了泥坯状态，遇水便会出现泥化（图六）。这个发现也表明，乌寺丘大量的陶支脚在使用之前都是泥坯，只是在后来煮盐过程中，经炉火焚烧而陶化。每经过一次煮盐炉火的焚烧，都会清理盐灶，会有大量支脚破碎，耗损量非常之大。其中有部分支脚仅局部破损，盐工们会将破损部分重新敷泥加以修补，待干燥后再重新使用。在乌寺丘遗址出土的类型4支脚中就有不少是经过二次修补再使用的。据民族志的调查资料，在非洲尼日尔曼嘎地区的现代制盐工场，制盐用的支脚和容器都为日晒的泥坯，不经火烧，这样每煮一灶盐，在清理盐灶和取出盐锭时，所有的支脚和容器都已破碎，这种一次性的使用会产生巨量的废弃垃圾，乌寺丘遗址巨量的陶支脚遗存便是这样形成的。

　　奇怪的是，在乌寺丘遗址未发现任何与制盐有关的陶容器遗物。德国考古学家推测，当时很有可能使用的是某种有机质的煮盐容器，如竹子、棕榈编织的

图六　陶支脚圈足底部的泥化现象
（据《中国盐业考古》2，2010）

容器或椰子壳一类。在这些有机质容器内外表面涂抹一层石灰，即可放在炉灶上熬煮制盐。在东南亚等地的一些民族志资料中就有这方面记录。如菲律宾的米沙鄢人有用木头削制容器制盐的传统①。在中国东南沿海地区，历史上曾广泛使用竹篾编织的大盘，内外表面涂抹蜃灰，作为熬盐的器具。使用时还需要用棍棒状的陶器或其他形状的陶器支撑或稳固架在炉灶上的篾盘。乌寺丘的陶支脚顶部大多带有三叉角状锥突，这种造型显然不适用于支撑大型平底篾盘，但却非常适合支撑椰子壳一类小型有机容器或编织的器具，当然，这一推测还有待更多的考古发现证实。

为进一步了解越南南部的早期盐业生产，德国考古学家在乌寺丘遗址附近一带展开了考古调查，新发现一批包含有陶支脚的遗址，其中一个有趣的现象是，在这些新发现的遗址文化堆积中，所含陶支脚的数量明显要少很多（图七）。

遗憾的是，至今在乌寺丘遗址的发掘中未见煮盐炉灶遗迹。据德国考古学家介绍，在2006年的挖掘中，曾在大量陶支脚碎块堆积的下面发现两处被烧成浅黄色的椭圆形遗迹，每一处长约1.5、宽近1米，厚数厘米，在这两处遗迹还

---

① 〔美〕严科夫斯基（Andrea Yankowski）:《传统技术和古代器物：菲律宾中部保和（Bloho）岛制盐业和陶器生产的民族考古学研究》,《中国盐业考古——国际视野下的比较观察》（第二集），科学出版社，2010年，160—181页；Reinecke, Nguyễn Thị Thanh Luyến. Das alte Vietnam: Auf den Spuren des Abbé Charles-Thomas de Saint-Phalle in Tunkin. Wiesbaden: Reichert, 2007；Evans, Ivor H N. Among Primitive Peoples in Borneo. London: J B Lippincott, 1922: 235.

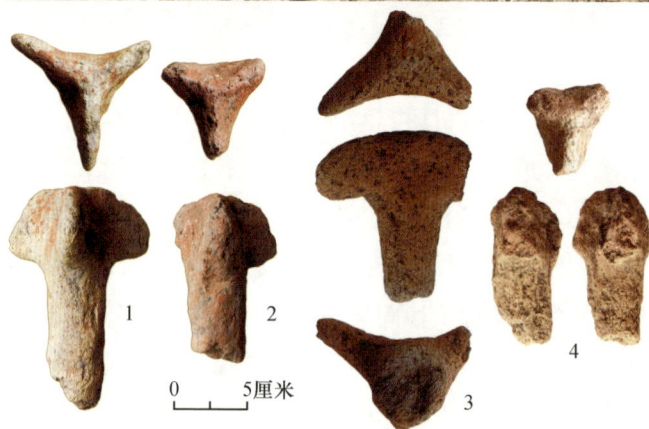

图七　乌寺丘遗址附近考古调查的新发现

1～4.陶支脚

（据《中国盐业考古》2，2010）

发现了残留的木炭和火塘遗迹，其上约30厘米可见一层较薄的烧土，推测这些遗迹有可能就是制盐炉灶坍塌的顶部。

另外，至今尚未在乌寺丘遗址附近发现有盐性植物、含盐土壤、盐泉或其他盐卤资源的迹象。考虑到乌寺丘所在地海拔较低，只能假设当时的制盐者是利用海水提炼、熬煮制盐。但这座遗址目前距离最近的海边就有80—90千米，看来这一推测还需要更多的地质学证据。为了解当时的制盐原料来源，德国考古学家还进行了地质勘探，希望通过多学科合作了解近6000年来古海岸线的变迁。调查结果表明，越南南部海岸是近3000年来地貌演化的结果，考虑到在湄公河三角洲很少发现公元前的遗址和遗物，在三角洲以南甚至不见史前时期的遗物，显示这一广阔区域当时尚处在海面以下，没有人类活动，后来这里才随着湄公河水的冲积逐渐抬升出海面。看来要想解决这个地区高棉人祖先的制盐资源，还需要更多的考古工作，同时也需要深入了解越南历史时期的盐业生产。

至于这座制盐产业中心是如何消亡的？德国考古学家有两个推测，一是因为海退导致遗址与海岸（海水原料来源）之间的距离增加；二是遗址周边的燃料资源逐渐枯竭。

菲律宾的传统制盐业

　　菲律宾是个岛屿国家。该国生产的盐大多数都用海水制作，而非地下的盐泉或岩盐。17世纪时，西班牙有一位名叫阿里西亚（Francisco Ignacio Alcina）的传教士写了一部九卷本的著作：《米沙鄢（Visayas）岛及主人的历史》，书中描绘了菲律宾的米沙鄢人（Visayan或Bisayan）[①]利用海水制盐的三种方法：即 "米沙鄢人制盐法" "中国制盐法" 和 "穆斯林制盐法" [②]。

一、菲律宾米沙鄢人的三种制盐方法

　　米沙鄢人最富特色的制盐方法第一种是 "米沙鄢人制盐法"（sal de Bisayas）。具体流程是，在当地的旱季，利用少雨的天气，将海边被风浪冲刷上岸的圆木、砍伐的红树林木树干、棕榈树叶、椰树的枝条等收集起来，将这些有机材质劈割成小块，放到海水中浸泡，待其充分吸纳海水后，将其晒干。然后将这些有机材质焚烧成灰，将灰烬收集起来，再通过海水不断淋滤，获取高浓度卤水，最后放入陶罐或者用木头削制的简易容器内经慢火煎煮制盐[③]。

[①]　米沙鄢人别名 "比萨杨人"，是菲律宾人口最多的民族，属南岛语系，主要居住在米沙鄢群岛及棉兰老岛的部分地区。米沙鄢人信仰天主教，使用拉丁字母，大多会讲西班牙语和英语。

[②]　Alcina, Ignacio Francisco. History of the Bisayan people in the Philippine Islands: evangelization and culture at the contact period, 1668, 2: 445-457. New edition by Cantius J Kobak, O F M, Lucio Gutierrez, O P (trsl. and ed.). Manila: UST Publishing House, 2002.

[③]　Yankowski Andrea. Earthenware production and trade: using ethnographic data and petrographic analyses to compare prehistoric and contemporary pottery traditions from the Island of Bohol, Philippines. Paper presented at the 18th Congress of the Indo-Pacific Prehistory Association, Manila, March 20-26, 2006.

　　第二种是"中国制盐法"（sal de Sangley）[1]。据阿里西亚的书中介绍，这种方法是从中国人那里学来的。具体流程是，将海岸滩涂地带的泥土犁松，形成一道道的犁沟，利用潮汐，让海水自然流入滩涂上的犁沟内，经日晒蒸发，盐分积聚到泥土和浓缩的海水内，再将浓缩的盐水和含盐的泥土收集起来，利用海水淋滤，获取高浓度的卤水熬煮制盐。

　　第三种是"穆斯林制盐法"（sal de Moros[2]）。这种方法比较简单，具体流程是，在盛午阳光最毒的时候，不断将海水泼洒到海边的沙滩上，通过日晒，泼洒到沙滩上的海水很快蒸发，海水中的盐则富集到沙子表面，再将富含盐分的沙子收集起来，经海水淋滤，获取高浓度的盐水，放入铁锅熬煮制盐。据说使用此法制成的盐吃起来口感很不好[3]。

二、波霍岛（Bohol）的海水制盐

　　在菲律宾的波霍岛（图一）有很多制盐作坊。其制盐方法与阿里西亚记载的米沙鄢人制盐法类似，但波霍岛的制盐工匠不用木头、树枝、棕榈树叶等有机质吸附海水的盐分。在西部的阿尔伯克基（Alburquerque）镇，当地的制盐人会在海边挖一些正方形或长方形的坑池，面积7.2米×6.7米，深0.5—1米。一个家庭制盐作坊可以拥有1—3个这种坑池。所有坑池都位于海边的红树林附近，以便涨潮时海水能够周期性地灌满这些坑池。但这些坑池也要与海岸线保持一定距离，不能靠得太近，以防坑池内浸泡的东西被强潮水卷走。一旦坑池挖好了，只需要每个季度进行维护和少量的清理即可。

　　波霍岛人的制盐流程是，首先将人们食用过的椰子壳收集起来，放入自家制盐作坊的坑池内，经海水浸泡2—6个月，其间经风吹日晒，海水不断被蒸发，又不断会有新的海水涌入，浸泡在坑内的椰子壳也充分吸附了海水中的盐分。

　　在椰子壳被浸泡吸附盐分期间，制盐者开始准备和修理与制盐流程相关的

①　Sangley是古时候菲律宾土著对在菲律宾从事贸易的华商或生意人的一种称谓。
②　Moros即菲律宾的摩洛岛，岛上居民均为穆斯林。
③　这种制盐方法很难将海水中的一些有害物质清除掉，因此吃起来会口感不好。

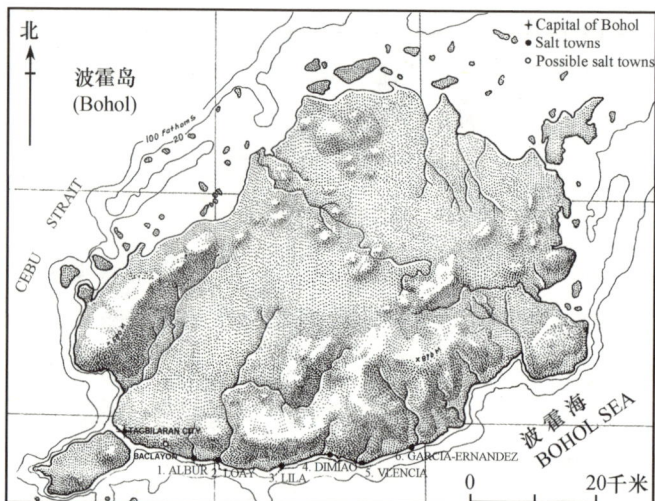

图一 菲律宾波霍岛及南部的制盐和制陶地点

1. 阿尔伯克基镇 2. 洛艾镇 3. 利拉镇 4. 迪米奥镇 5. 巴伦西亚镇 6. 加西亚-埃尔南德斯镇

各种器具和材料，包括要在坑池旁修建一座户外小屋，作为下一步制盐的工作间，以免在煮盐时人和制盐器具遭受雨淋日晒。此外还要制作一些竹编的大漏斗和木质容器，用于过滤和收集盐水。还要用胶泥搭建一座煮盐炉灶，包括购买一口煎煮盐水的大铁锅，以及制作盐锭的陶器，再就是收集或购买用于熬盐的燃料（图二）。

图二 波霍岛的制盐作坊、浸泡椰壳及吸附盐卤的坑池

（据《中国盐业考古》2，2010改制）

待一切准备齐全，制盐者便将充分吸附盐分的椰子壳从坑池内取出，用刀砍成碎块，放到阳光下暴晒。这个过程会视天气的好坏，一般要暴晒1—4天。待椰子壳完全干透后，再在地上点燃一个火堆，将干燥的椰子壳集中起来，焚烧成灰。通常在早上点火，焚烧过程一直要持续到第二天。晚上至少要有两个人看护燃烧椰子壳的火堆。翌日，当所有椰子壳被焚烧成灰后，将这些有机物灰烬收集起来，放入竹子编制的大漏斗内，再用海水不断地冲洗、淋滤。在漏斗下面放置有木质的容器，接收过滤下来的浓卤水（图三）。

图三　淋滤焚灰的竹漏斗和接收浓卤水的木器

（据《中国盐业考古》2，2010改制）

最后一道工序是，将淋滤出的浓卤水注入煮盐炉灶前方的长方形大铁盘内，点燃炉火熬煮。这是一个窄长条的炉灶，在放置大铁盘的炉灶后部，密集地放置了数排圜底陶釜。在煎煮卤水的过程中，待炉灶前方大铁盘内的卤水开始结晶时，盐工要用长柄勺子将浓稠的结晶湿盐转到炉灶后部的一个个陶釜内。这个煎煮和分装的过程至少需要两个盐工同时操作，从早上开始，一直持续到下午（图四）。

图四　熬煮制盐及炉灶结构

（据《中国盐业考古》2，2010改制）

转入陶釜的湿盐很快结晶成盐锭。到第二天待陶釜完全冷却后，人们将这些陶釜4个一组用棕榈树叶捆绑起来。下一步即可拿到市场上买卖交易。通常，每淋滤出一批浓卤水可生产100—124个陶釜的盐锭。这个制盐过程每年要重复三次，时间大致与水稻收获的季节同步（当地每年种植三季水稻）。

在东部的洛艾（Loay）、利拉（Lila）、迪米奥（Dimiao）、巴伦西亚和加西亚－埃尔南德斯（Garcia-ernandez）等城镇，制盐流程略有不同，这种差异可归结为环境和文化的综合因素影响使然，因为东部的城镇大多坐落在开阔的海岸地带，这里没有红树林，制盐者也不需要开挖浸泡椰子壳的坑池。这里的制盐者是将椰子壳直接放到海边天然开阔的浅水区，用大块的珊瑚压实。也有一些城镇会用海藻或尼巴椰子茎取代椰子壳，因为这类物质在当地更为充足，也更廉价。这种方法制成的盐比较经济，但吃起来会有苦涩的味道。此外，在其他制盐细节上也有一些不同。这里在煮盐时，盐工会将陶罐纵向剖成两半，再将近似瓢状的陶器仰放在炉灶上，可使陶器最大限度地导热、蒸发，节省燃料。这些方法都是当地盐工逐步摸索出来的，一方面可提高功效，另一方面或许用半个陶罐制成的盐更方便进行交易。

三、波霍岛传统的制盐陶器生产

波霍岛的制盐陶器为圜底陶釜，采用传统的手工制作，既不用轮盘拉坯，也不使用陶窑。在阿尔伯克基镇，制陶工匠用泥条盘筑法制出陶釜的泥坯，用陶拍子不断击打，最后再经慢轮塑形修整。在洛艾镇，也采用类似方法。不同的是制陶工匠先将陶土塑成一个圆柱体，在圆柱中间戳一个孔，再用陶拍子内外慢慢击打，最后慢轮塑形修整成型，陶坯要经风干，再堆放在露天的火塘烧制。

波霍岛各个制陶作坊的陶釜大小和形态非常统一（图五，左）。如此在陶釜中熬出的盐锭大小和重量才能一致，并直接作为交易的固定单位。在西部城镇，陶釜高13、最大腹径10厘米（图五，右B）。一个装满盐锭的陶釜可交换7.8千克稻谷（即未碾的稻谷）。在东部城镇，罐子做得相对要大一些。高17、最大腹径15.5厘米（图五，右A）。每个装满盐锭的陶釜可交换46.8千克稻谷。若用现金交易的话，前者每个出售50比索，后者每个出售300比索。在波霍岛的南部，

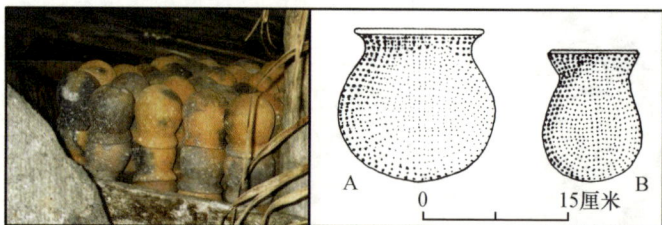

图五　波霍岛的制盐陶釜及大小两种不同规格

（据《中国盐业考古》2，2010改制）

东西海岸间长期存在这种差异，表明制盐业的发展进程与当地环境密切相关，发展出不同的制盐技术传统，也进一步发展出不同的物质文化和技术体系。

需要指出的是，波霍岛所有的制陶工匠都是女性，而且只在母亲和女儿之间传承制陶技术。如今，这个地区仅有少数制陶工匠还在继续制作煎煮和储存食盐的陶釜。在经过调查的群体中，有4位制陶工匠居住在阿尔伯克基镇。目前仅有3位还在制作陶器，而且都已是65岁以上的老人。在巴伦西亚，还有6位制陶工匠，但已有3位在1998年就停止制陶了。1999年又有两位退出，目前仅存1位仍在继续制作陶釜，但年龄已越来越大。制盐陶釜的制作有专门的技艺，每年只生产几次。其余时间，制陶工匠改做其他器物，如花盆、广口瓶子或炉灶等。

福图娜·萨鲁阿格（Fortuna Saluague）是阿尔伯克基镇仅存的几位制陶工匠之一。她说，在她小的时候，每个季度每个制盐家庭作坊会买600个左右的陶釜，如今他们只是象征性地买100—200个陶釜。与此类似，洛艾镇的制盐工匠乌琳·拉格拉达（Uring Lagrada）抱怨，她的上一笔交易仅卖出20个陶釜。波霍岛的制陶业现状折射出当地的传统制盐业正在走向衰落①。

① Yankowski Andrea. Earthenware production and trade: using ethnographic data and petrographic analyses to compare prehistoric and contemporary pottery traditions from the Island of Bohol, Philippines. Paper presented at the 18th Congress of the Indo-Pacific Prehistory Association, Manila, March 20-26, 2006.

巴鲁亚人的植物制盐技术和交换体系

20世纪60年代，法国社会人类学家顾垒（P. L. Gouletquer）等学者前往巴布亚－新几内亚的巴鲁亚部落进行了为期两年的实地考察，获取到巴鲁亚人盐业生产和贸易活动的第一手资料[①]。

巴布亚新几内亚独立国（The Independent State of Papua New Guinea）简称巴布亚新几内亚、巴新。这个岛国位于赤道南侧、太平洋西南部的新几内亚（New Guinea）岛，南部隔托雷斯海峡与澳大利亚相望。这座岛屿分属两个国家。以东经141°为界，以西地区及沿海岛屿属于印度尼西亚的伊里安－扎亚省和巴布亚省，以东地区沿海岛屿属于独立的巴布亚新几内亚。

巴布亚新几内亚全境共有600多个岛屿，属于美拉尼西亚群岛，主要岛屿有新不列颠、新爱尔兰、马努斯、布干维尔和布卡等，全国被划分20个省，另设布干维尔自治区及首都行政区（莫尔斯比港市）。国土面积491746平方千米。整个国家都被热带雨林覆盖，地貌陡峭，海拔最高达4800米。

巴布亚－新几内亚的居民主要居住在海拔1300—2500米的河谷地带，中央高地是人口分布稠密地区，当地居民分为诸多小的族群，讲不同的语言。其中，巴鲁亚部族居住在海拔2000米左右的高地东缘，属于当地最大的恩嘎（Enga）语群，这是一个有着松散从夫居的部落，拥有约1500名成员，与邻近的桑比亚（Sambia）部落是当地武力最强的两个部族。

巴鲁亚部落居民的主要经济活动是经营园圃农业，辅以养猪及利用植物制盐。由于巴鲁亚人的主食全部为薯蓣一类块茎作物，这种单一的饮食结构极易让他们罹患一种钠缺乏症。为此，巴鲁亚人专门种植一种薏苡（*Coix lacryma-jobi L.*）

---

① Godelier Maurice. La "monnaie de sel" des Baruya de Nouvelle-Guinée. l'Homme, 1969: 5-37.

属植物①。这种植物的体内含有钾盐②，因此被当地人称为"盐草"。巴鲁亚人在田里种植这种植物，其茎秆可长到数米高。

　　巴鲁亚人部落的任何成员都可以从事种植、砍伐、焚烧、晾干薏苡属植物的整个过程，但能够担任熬煮制盐的只有制盐师傅和他的徒弟，维系这个制度靠的是制作盐灶和对制盐魔法知识的掌控。一个巴鲁亚部落拥有2—5位制盐者，均为男性。像其他人一样，这些人平时也靠农耕、狩猎为生。

　　每年旱季，巴鲁亚人都会去田里砍伐和采收薏苡属植物③。然后将它们转运到茅草棚内放置1—2个星期，有时甚至长达数月，待其完全干透，再把它们堆到一个特制的木台上，放火焚烧这类含盐植物的茎秆和枝叶1—2天，留下大堆的灰烬（图一）。

　　巴鲁亚人将焚烧后的"盐草"灰烬收入一种用葫芦制作的过滤器皿内（600—800克），在过滤器底部放有一层刺蒴麻属（*Triumfetta nigricans*）植物，可起到吸附杂质的作用。然后将水慢慢地灌入过滤器，充分溶解焚烧灰烬中所含的盐分，过滤出的水中含钾盐。最后将这些盐水倒入一个用树叶制成的水槽，再通过竹管输往制盐地点。

图一　焚烧"盐草"的巴鲁亚原住民
（据《中国盐业考古》2，2010）

---

① 薏苡属为禾本科一年生草本植物，叶片宽大开展；总状花序腋生，雌小穗位于花序下部；总苞椭圆形；颖果大，长圆形，腹面具宽沟，质地粉性坚实，白色或黄白色；花期为7—9月；果期为9—10月。主要分布在印度、中国和东南亚等热带、亚热带地区。巴鲁亚人种植的薏苡属植物是否属于此类，不详。

② 氯化钾（Potassium chloride），化学分子式ClK（KCl），无色立方晶体，长柱状、细长菱形或立方晶体，白色结晶小颗粒粉末，外观如同食盐，味咸。

③ 这种植物会在翌年春季再度萌发生长。

接下来的工作是熬煮制盐。这项工作只能由通晓"制盐魔法"的人担任。待炉火升至一定温度，将盐水倒入，慢火炖煮。炉火需保持恒温5天5夜，直至最后盐水结晶成盐。在盐灶上方放置一排12—15个模子，长80、宽12厘米，每个模子底部铺有香蕉叶，模子上面有竹编架子，可将结晶的湿盐压紧实。最后将制好的灰盐捆扎包裹成一束束的盐棒。

据顾垒观察，制作15个盐棒需要21个劳动力耗费一整天时间。也就是说，制作一个盐棒需要1—2个劳动力工作一天。巴鲁亚人用盐棒与周围的其他部落交易。用2—3个盐棒可换取1头公猪；用3—6个盐棒换可取1头母猪；用1根盐棒可换取1件羽毛饰物。在这里，只有盐可作为通用的等价物进行交换。对巴鲁亚人而言，盐实际上扮演了货币的角色，表现出货币的初级形态。

由于盐在当地属于紧俏物资，以付出的标准社会劳动力衡量，这里的交换体系并不对等。比如说，巴鲁亚人用1个盐棒可换取永栋耶部落的6件树皮布斗篷，这等于从交易对象的手中赚取到三倍于自身价值的货物，凸显出盐棒的增值和储值功能。为何巴鲁亚人用盐能进行不平等交换？顾垒将这种垄断行为归结为"知识缺乏"与"产品稀缺"。在其他部落的人看，巴鲁亚人能从"盐草"中提取出盐，显示出他们独占了一种令人羡慕的"特殊技法和神奇知识"。"产品稀缺"指的是这种神秘力量制作的盐只有巴鲁亚人能够垄断。这种"双重垄断"使巴鲁亚人能够以完全有利于自己的不公平价格进行交换[1]。

巴鲁亚人的盐交易有两种形式：一种是通过再分配制度，另一种是商业贸易。在部落内部，由"盐草"种植主人掌控盐的再分配。通常制盐者可得到2块盐，"盐草"种植的主人拥有3—4块，其他剩余的盐可以作为妻子、兄弟、表兄弟、亲家及朋友的礼物。"盐草"主人保留的盐块可在仪式中使用，也可拿来交易。在巴鲁亚，盐也能交换劳务，盐的主人可以用盐作为巫医治病的开销，或作为支付给贸易伙伴的薪水。盐在群体内部可交换自己无法生产的必需品。在与其他群体的交易中，盐是巴鲁亚人交换的重要媒介。在当地，无论远近的群体都是因为盐才知晓了巴鲁亚部落，了解到他们必须要以石斧、石器原料、武器及羽毛、贝壳、魔法坚果、猪或树皮布等贵重物资来交换巴鲁亚人的盐。

---

① 　Godelier Maurice. La "monnaie de sel" des Baruya de Nouvelle-Guinée. l'Homme, 1969: 5-37.

从世界范围看，巴鲁亚人的"盐货币"可以看作是民族学的一个特例。其本身的重要性在于，它反映出基于自身的使用和交换价值，盐扮演了等价物的货币作用。有日本学者认为，在史前时代末期和原史时代，日本也存在与之相似的情况[①]。

盐在巴鲁亚部落还被赋予了意识形态的意义。这主要体现在巴鲁亚人的仪式活动中，包括成年礼、入会餐及婴儿出生等人生重大转折点的仪式。实际上，当地人直接消费的盐并不多，只有少量的盐会用在食品加工上。关于不同味道可区分不同盐的例子来自一段有趣的记录。一位澳洲政府的警察来到巴鲁亚人居住的河谷，当地人问他是否代表政府来索取盐。警察说，政府自己有盐，并拿出一些白色的盐给巴鲁亚人看。这时一个有趣的景象出现了："一位首领用槟榔刮刀蘸了一点点警察的盐，很小心地放入口中，立刻厌恶地将盐吐了出来。其他狂笑的围观者也都尝试了一下，也都显示出厌恶的表情。"可见，警察带来的纯净钠盐与巴鲁亚人自己产的钾盐被认为是完全不同的两种东西。

巴鲁亚人的制盐方法有几个特点：首先，盐的生产是非连续性的、也不定期，而是间歇性的。其次，制盐生产涉及两个阶段，即"盐草"的采收及转换制作成盐。前一个步骤主要由"盐草"所属家庭成员进行，后一过程则由男性专业人员和他的助手执行。这些专业人员除了制盐，也有其他工作。制盐场所就在他们的居所附近，没有固定作坊。产品主要由"盐草"拥有者控制，部分产品作为酬礼留给生产者，并由此确立"盐草"拥有者与生产者之间的关系。剩余产品首先作为礼物流通，其次是作为仪式用品，再下来才被用作增强食物口味的调味品，或与内部群体成员或其他地区的贸易伙伴开展交易[②]。

这个民族志调查表明，人类学和民族学对世界各地制盐产业的观察也为理解盐业考古提供了重要参考，特别是对理解盐的经济地位和象征意义有非常大的

① 〔日〕岸本雅敏：《古代日本盐的流通》，《中国盐业考古——国际视野下的比较观察》（第二集），科学出版社，2010年，66—135页。

② 〔美〕傅罗文（Rowan K. Flad）：《新几内亚、乌干达及西罗马帝国的盐业生产、交换与消费》，《盐业史研究》（巴渝盐业专辑）2003年1期。

启示[①]。正如法国盐业考古学家魏井仁（Olivier Weller）1996年在新几内亚调查后所指出的，盐的制造本来可以不用陶器，也不会留下任何考古证据。民族学调查的发现让法国学者意识到，法国东部有众多的新石器时代遗址与盐泉毗邻，这些遗址有可能与制盐有关，但却并未发现相关证据，此一推测有可能揭示欧洲在陶器制盐之前更早阶段的制盐谜团[②]。但要注意的是，类似巴鲁亚人这种小规模的、个人的、仪式性的盐业生产在一个聚落区域非常零散，地点的选择也很随机，很难在生产地点留下制盐遗物和遗迹。总之，人类早期制盐活动给考古学家留下的证据非常稀少。

① Godelier Maurice. La "monnaie de sel" des Baruya de Nouvelle-Guinée. l'Homme, 1969: 5-37; Lovejoy, Paul E. Salt of the Desert Sun: A History of Salt Production and Trade in the Central Sudan. Cambridge: Cambridge University Press, 1986.

② Weller O. Produire du sel par le feu: techniques et enjeux socio-économiques dans le Néolithique européen. In Pierre Pétrequin et al (eds.). Arts du feu et productions artisanales. Antibes: Éditions APDCA, 2000: 565-584.

印尼伊里安-扎亚高地的传统制盐业

新几内亚（New Guinea）是马来群岛的东部岛屿，位于澳大利亚以北、太平洋西部、赤道南侧。该岛西与东南亚的马来群岛毗邻，南部隔阿拉弗拉海、珊瑚海与澳大利亚大陆东北部相望。该岛又称伊里安（Irian）岛，是太平洋的第一大岛屿和世界第二大岛，全岛面积约78.6万平方千米，仅次于格陵兰岛。该岛以东经141°为界，以东地区及沿海岛屿属于独立国家巴布亚新几内亚，以西地区及沿海岛屿属于印度尼西亚。

新几内亚岛的地势略呈西北—东南走向。西北部即为伊里安-扎亚（Irian Jaya Barat）①省，这一区域地貌特征鲜明，南部和北部为覆盖着大片森林的低地，中部是一道东西走向的高大山脉，海拔最高达5000米（图一）。

法国学者皮埃尔·佩特雷金（Pierre Petrequin）和安娜-玛丽·佩特雷金（Anne-Marie Petrequin）等为了更好地理解新石器时代的欧洲社会如何获取和利用盐业资源，加强社会调控能力，以及产品如何流通等，相约一起前往印度尼西亚的伊里安-扎亚地区，考察那里的景观环境、磨制石器和制盐工艺，这项工作为建立民族考古学的模式奠定了基础。

在伊里安-扎亚中部高地上居住着许多操不同语言的土著族群，此区域内还分布有一些盐泉，相距最远的有300千米。目前还有6眼盐泉仍在使用，它们分别位于华达（Wahda）、霍姆沟（Homego）、黑塔迪帕（Hitadipa）、杰维卡（Jiwika）、黑特吉玛（Hitegima）、帕西尼（Pasikni）。但仅有两眼盐泉发展出了贸易活动。当地生产的盐产品通过高地上一条长约100千米的商道东西向流通交

---

① 伊里安-扎亚省位于新几内亚岛的西北部，包括卫吉岛、米苏尔岛和拉贾安帕特群岛，东接巴布亚，面积115364平方千米。首府马诺夸里（Manokwari）。

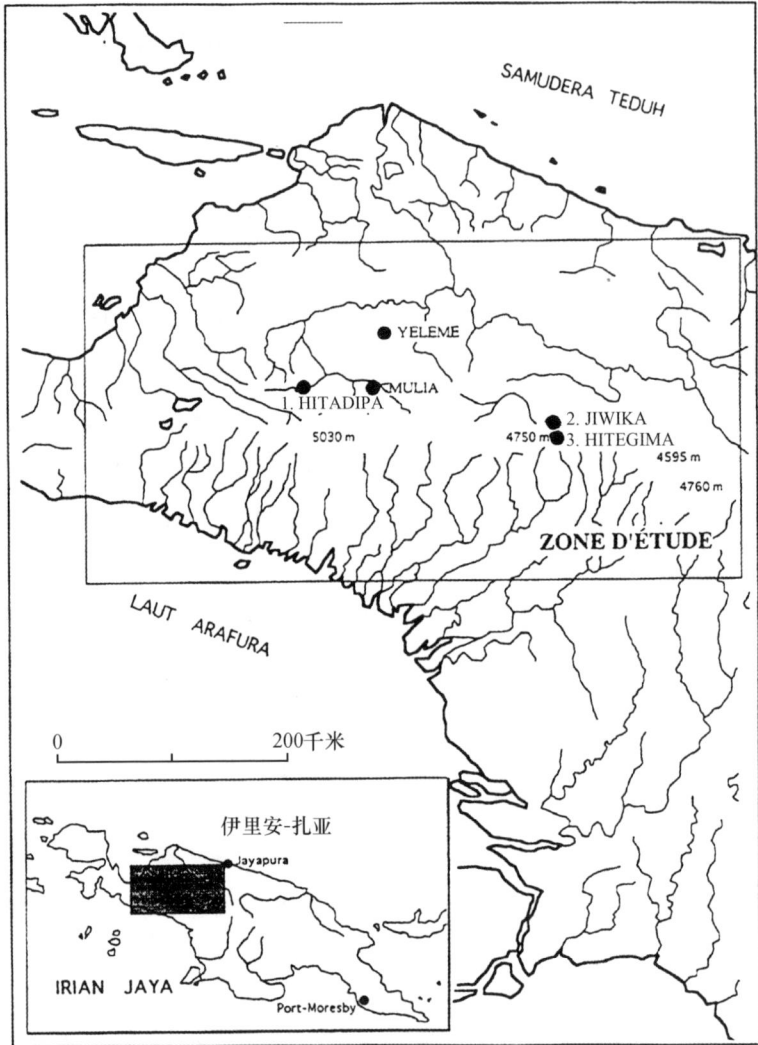

图一   伊里安-扎亚省及盐泉所在位置

1. 黑塔迪帕盐泉   2. 杰维卡盐泉   3. 黑特吉玛盐泉

（据 Gouletquer P, Kleinmann D and Weller O, 1994[①] 改制）

① Gouletquer P, Kleinmann D, Weller O. Sels et techniques In Daire, M.-Y. · Le sel gaulois. Bouilleurs de sel et ateliers de briquetages armoricains a l'Age du Fer. Dossiers de Centre de Recherche Archéologique d'Alet, Suppl. Q, Saint-Malo, 1994.

易，那里居住的是达尼族（Dani）和操其他一些相近语言的民族。伊里安－扎亚的天然盐泉有很大差异性，包括所含氯化钠的浓度、自然环境、海拔及人口密度等。

　　法国学者此次考察的目的是了解当地制盐业从开始到完成交易的整套技术流程。以往他们的研究主要关注新几内亚、特别是新几内亚岛西部巴布亚省（Papouasie）的制盐植物利用情况，却忽视了对盐泉及相关问题的调查。尽管新几内亚岛存在不同的制盐方式，但所利用的自然原料基本都是植物[①]。在热带雨林地区，长期流行一种在盐泉中浸泡某种野生植物、再加以焚烧获取食盐的传统制盐技术。

　　在巴布亚省，西达尼人（Western Dani）每次前往盐泉制盐，都要在盐泉附近搭建一座临时性住宅，这是一种带有当地土著莫尼（Moni）建筑风格的木制长方形棚屋，其功能是保证在热带多雨地区为制盐人、制盐燃料和晾晒烘烤制成的盐块遮风避雨，也能为下一步的制盐生产打好基础[②]。在这个制盐过程中，西达尼人要与莫尼人达成协议，莫尼人为西达尼人提供所需食物，西达尼人则还以蚌壳、装饰品、猪和石斧等物质作为回报。

　　在黑塔迪帕有4眼盐泉，法国学者在调查时有2眼还在使用。盐泉位于扎南巴（Zanamba）河东岸，二者相距约600米，盐泉的含盐浓度很高（约120克/升）、饱和度也很高（约320克/升）。盐泉所在位置是被森林覆盖的山地，距当地居民的生活区很远。这两处盐泉原来属于莫尼人的领地，但经常遭到恩杜嘎（N'duga）部落的入侵。进入20世纪初，西达尼人开始往这里殖民，导致当地自然资源枯竭和对盐泉的大规模开发。法国学者在考察中还发现，位于当地山上的亚维（Yawe）盐泉主要由西达尼人使用，山下的玛娅（Maya）盐泉归属莫尼人

① Weller O. Exemples ethnographiques d'organisation du travail: les différentes exploitations de sel en Nouvelle-Guinée. Techniques & Culture, 2007· 46-47, 51-61.

② Weller O, Pétrequin P, Pétrequin A-M, Couturaud A. Du sel pour les échanges sociaux. L'exploitation des sources salées en Irian Jaya (Nouvelle-Guinée, Indonésie). Journal de la Société des Océanistes, 1996, 102(1): 3-30; Pétrequin A M, Pétrequin P, Weller O. Objets de pouvoir en Nouvelle-Guinée. Catalogue de la donation Pétrequin au Musée des Antiquités Nationales, Saint-Germain-en-Laye. Paris: Réunion des Musées Nationaux, 2006.

和恩杜嘎部落所有。

在考察中，学者们观察到当地人利用盐泉制盐的基本工艺特征。位于黑塔迪帕和杰维卡的两眼盐泉属于巴列姆（Baliem）谷地的达尼人，另一眼位于帕西尼的盐泉属于安古鲁克（Angguruk）的亚尔（Yal）人。这三处盐泉的卤水浓度较低，当地人采用的制盐步骤和工艺流程如下：

第一天，部族人步行5小时抵达盐泉所在地。第一步是去砍伐一种特殊木材（莫尼语称"Domebok"，达尼语为"Kilugah"）作为"烘烤制盐"的燃料。这种木材的特殊之处在于，经高温燃烧后留下的大多为整块木炭，灰烬则很少。砍伐的特殊木材被运回来放到棚屋内，再将从河面收集的浮木点燃，增高室内的温度，目的是将那些特殊木材烘干备用（图二）。

图二　砍伐并运回用于制盐的特殊木材
（据 Weller O，1994，以下同）

第二天，部族人用木棍或徒手在盐泉旁开挖一个蓄水坑池。这项工作有两个目的：一是开挖出容积较大且有一定深度的坑池，以便存储盐水，浸泡更多的植物。二是用挖出来的泥土和石块构筑一个小的水坝，以免河水进入，保持盐水浓度（图三）。

图三　开挖存储盐水的坑池

　　接下来，部族人要去盐泉附近的丛林寻找制盐所需的原料。这是一种多孔植物的嫩茎，可食用，其组织结构有点像海绵，属于荨麻科（Urticaceae）的大叶弹子藤（*Elatostema macrophylla Brogn.*），能长到 1—1.5 米。在当地莫尼语中，这种植物称"Bagokebe"，达尼语则称"Amoduri"。此外，他们还需要砍伐一些富含纤维的香蕉树茎。采摘的荨麻科植物茎秆被卷起来，放到盐泉旁开挖的坑池内，为防止其漂到水面上或被泛滥的河水冲走，还要用大块的石头压住。在盐水中浸泡的时间要在 24 小时以上。与此同时，还要保证在浸泡植物取出之前几个小时内不能下雨（图四）。

　　第三天，部族人还要再去丛林中寻找并采集一些露兜树叶（*Pandanus, Feuillus*）、树皮和藤条，作为下一步捆扎包裹制好的盐的材料。他们要在棚屋前清理出一片空场，并用那些烘干的特殊木材搭建一个方形的篝火堆（图五）。

　　第四天凌晨约 2 点，部族人起身，将浸泡好的植物从盐水坑池中捞出，待晾晒干透，在院内篝火堆上层层码放，然后点火，开始焚烧。整个焚烧过程要严格控制好火候和时间，确保燃烧过程缓慢、平稳、均匀，这个过程一般要持续 7 个小时（图六）。

　　待篝火将经过浸泡富含盐分的植物茎秆燃烧殆尽，部族人泼洒盐水将篝火熄灭。接下来，男人们要花费很长时间，在燃烧后的灰烬和木炭块中仔细挑选细小的结晶盐颗粒，将这些盐粒和含盐的草灰收集到一个小木盘内，再用细筛网将其中夹杂的炭块和杂质等筛出来扔掉（图七）。

图四　在坑池中浸泡植物茎秆

图五　清理空场、搭建篝火堆

图六　焚烧浸泡的含盐植物

图七　在灰烬中挑选盐粒

　　接下来被挑选出的盐粒和含盐的草灰还要用石头锤成细细的粉末。在包裹捆扎之前，先在地上摆放4根细长的木条，两边用小钉固定，将一片露兜树的大叶子放在上面，再铺上一层小树叶，将锤打好的含盐粒细粉灰放到上面，浇上盐水，用手搅拌这些细灰，捏塑成团块状，最后再铺一层小树叶，用露兜大树叶卷裹、捆扎牢靠。也可以将这些含盐粒细粉灰放到垫有可折叠的露兜树叶的方形木盒内，将其与盐水混合搅拌成膏状，在木盒内压紧塑型，再包裹捆扎（图八）。

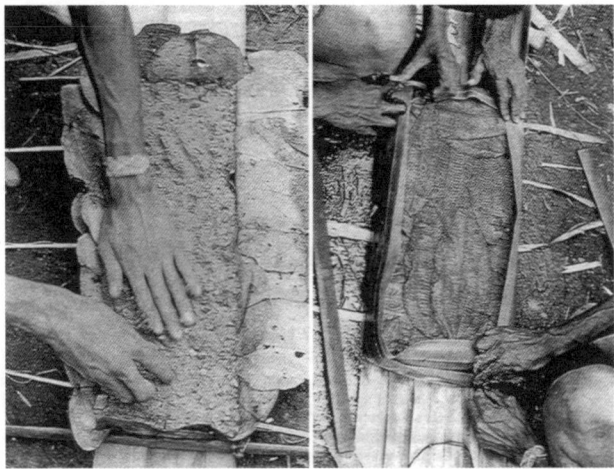

图八　包裹捆扎盐包

图九　捆扎好的干燥盐包形状

最后要将这些捆扎好的盐包用长条树枝紧紧地固定在一根长木杆上压平，再悬挂到小堆的篝火上烘烤48小时，也可以放到火炉上烘烤一周，直至其彻底干透，形成一块块质地细密、坚硬、防潮且便于运输的"盐包"。这种干燥的盐包一种为扁长方体，另一种为三棱或四棱体柱状（图九）。

在帕西尼的盐泉，男人和女人均可参加这类挑选盐粒和捆扎盐包的工作。但在杰维卡和黑特吉玛这两个地方的盐泉，通常这种工作只能由妇女来做。这三个地点的盐产量都很有限，仅能供应当地居民的消费，仅有少量可与邻近部族做些交易。与此相反，在西部边远地区，在黑塔迪帕的盐泉附近居住的是西达尼人，他们的制盐过程完全由男人负责，盐产品也被贩卖到很远的地方。

伊里安-扎亚高地传统方法制成的盐呈浅灰色，内含大量氯酸钠[①]和少量杂

[①]　氯酸钠的化学式为 $NaClO_3$，相对分子质量106.44。通常为白色或微黄色等轴晶体，味咸而凉，易溶于水、微溶于乙醇，有毒。工业上主要用于制造二氧化氯、亚氯酸钠、高氯酸盐及其他氯酸盐。

质。为尽可能地获取颜色较白、不含炭粒、较高质量的盐，西达尼人非常重视盐粒的采集步骤，也很关注盐块的包装和包裹的形状。每次制盐以后，会在盐泉附近留下踩踏的遗迹、平台和燃烧的灰堆等制盐活动证据。若经历多次制盐，还会形成一些灰烬的堆积，但这类制盐的证据也会被水侵蚀，甚至冲刷到河流下游的某个地方。

这种传统制盐方法也需要有一系列的物质保障：

首先是投入材料的数量。在盐泉附近必须要找到大量迅速生长繁殖的野生植物，包括浸泡吸附盐水的植物和包裹捆扎的材料、充足的特殊木柴等。

其次，制盐过程需要7—8人持续工作5天；在盐水坑池浸泡植物需持续24小时；篝火所需木柴燃料要准备充足，事先还要经过一夜的烘烤，使其干燥。用10捆浸泡过的植物（10捆为盐水坑池浸泡的最大容量）能产出2大块（或3中块）盐砖。

再次是其他可能的影响因素：①不能降雨，以免冲淡盐水。②河水水位要低，避免涨水冲毁盐水坑池及浸泡的植物。③充足的食物。制盐过程需要8人工作5天的生活用品，包括4—5袋甜土豆、半袋香蕉和芋头（Taro）。这还不包括长途跋涉步行到制盐地点一路上的消费。④部落冲突。以往的部落战争严重影响了前往黑塔迪帕的制盐工作，盐也因此成为紧俏的贵重商品。如今当地变得较为和平，新的制盐技术（如金属桶蒸发卤水技术等）也有了发展。人们还可以从其他地区购买到盐。特别是附近地区有越来越多的其他部族开始制盐，这对传统制盐业造成很大压力。但在伊里安 – 扎亚高地，盐仍是昂贵的稀缺商品，距离盐产地越偏远，盐的价格也越昂贵①。

法国学者通过在新几内亚岛开展的民族考古调查，得到很大启发。他们开始认识到，在以往的盐业考古研究中，由于有些遗址未发现粗糙的制盐陶器（briquetage），只能在盐泉附近的沼泽凹地进行钻探，对考古发现的含炭红烧土

---

① Weller O, Pétrequin P, Pétrequin A-M, Couturaud A. Du sel pour les échanges sociaux. L'exploitation des sources salées en Irian Jaya (Nouvelle-Guinée, Indonésie). Journal de la Société des Océanistes, 1996, 102(1): 3-30.

进行断代，并根据孢粉与木炭的统计分析复原盐产地的植被与环境[①]。学者们认为，法国东部最早利用盐泉制盐的年代不应晚于公元前5千纪，到青铜时代中期不断发展，高峰期出现在高卢时代[②]。推测最早的制盐方法是不用陶器，但与新几内亚岛传统的浸泡植物和焚烧的方法不同，而是直接将卤水浇到火堆上获取盐粒。他们已开始将这一新的认识运用到对阿尔卑斯山西北地区新石器时代文化早期制盐工艺的探索。

———————————

① Pétrequin P, Weller O, Gauthier E, Dufraisse A, Piningre J-F. Salt springs exploitations without pottery during Prehistory. From new Guinea to the French Jura. In: Pétrequin P, Beyries S eds. Ethno-archaeology and its transfer. BAR International Series 983. Oxford: Archaeopress, 2001: 37-65.

② Pétrequin P, Weller O. L'exploitation préhistorique des sources salées dans le Jura français. Application et critiques d'un modèle prédictif. In Weller O, Dufraisse A, Pétrequin P eds. Sel, eau et forêt. D'hier à aujourd'hui. Cahiers de la MSHE 12. Besançon: Presses Universitaires de Franche-Comté, 2008: 255-279.

古典时期玛雅人的制盐工艺

　　学术界以往对美洲玛雅地区的制盐产业研究不多。16世纪初，当埃尔南·科尔特斯首次来到墨西哥的尤卡坦半岛时，发现玛雅人拥有庞大的制盐产业和广泛的贸易活动，不仅包括食盐，也包括用盐腌制咸鱼及加工皮革制品等。

　　实际上，至少在2000多年前，尤卡坦半岛的玛雅人就已经懂得利用日晒蒸发制作海盐，这意味着美洲土著民族利用太阳能蒸发海盐的时间与欧洲人一样悠久。在尤卡坦北部海岸就分布有一些盐滩（salt flats），人们通过日晒蒸发制作海盐，那里也是古代玛雅人最早的制盐地点（图一）[①]。

　　今天，在玛雅高地的拉孔考迪亚（La Concordia）城及周边区域的一些盐场还有一些独特的制盐技术。当地土著将盐泉中流出的咸水通过槽渠分流到盐场内的浅石盘中，利用日晒蒸发制盐（图二）[②]。这种制盐方法与夏威夷土著的石碗制盐法非常类似。同样的制盐工艺在中国海南岛西北部仍有大面积保留，至今仍在生产。

　　在伯利兹[③]沿海还发现有制盐陶器，这表明墨西哥的尤卡坦北部沿海并非玛

---

① Andrews, Anthony P. Maya salt production and trade. Tucson, Arizona: University of Arizona Press, 1983.

② Jeffrey R. Parsons. Los últimos salineros de Nexquipayac, Estado de México: el encuentro de un arqueólogo con los vínculos vivos de un pasado prehispánico, Diaria de Campo, Suplemento, Noviembre / Diciembre 2008, Saly salinas: Un gusto ancestral. Coordinador: Blas Román Castellón Huerta, 2008, (51): 69-79.

③ 伯利兹是中美洲唯一以英语为官方语言的国家，国名来自国内河流伯利兹河和最大的城市伯利兹市。伯利兹为玛雅人居住地，东临洪都拉斯湾，面积22966平方千米。16世纪初为西班牙殖民地。1638年英国殖民者侵入，1862年正式成为英国殖民地，称英属洪都拉斯。1964年实行内部自治，但防务、外交仍由英国负责。1973年改为现国名。1981年9月21日正式独立，为英联邦成员国。

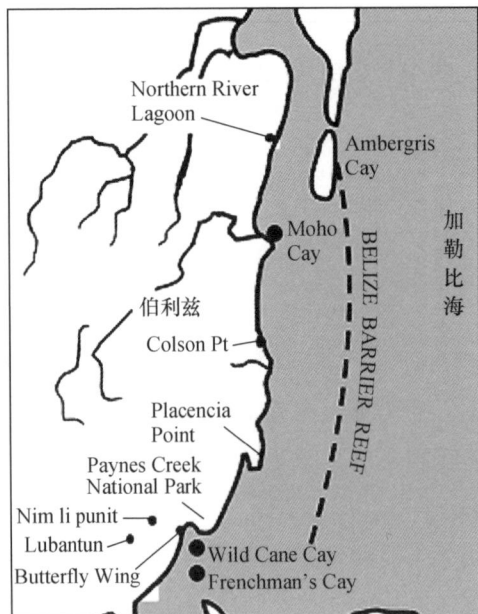

图一　墨西哥的尤卡坦半岛和伯利兹的地理位置
（据《中国盐业考古》2，2010改制）

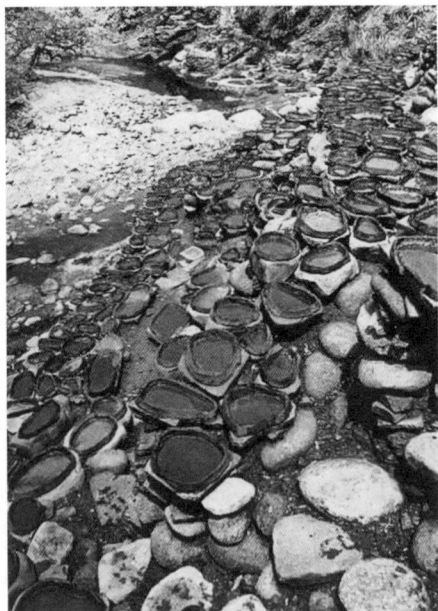

图二　墨西哥的圣-佛朗西斯科盐场
（据Sal Y Salinas，No.51，2008）

雅地区唯一的海盐产地。同时也证实，除去日晒蒸发制盐法外，玛雅人还有用陶器熬煮制盐的悠久传统[①]。目前尚无法确定伯利兹与尤卡坦两个盐产地哪个在古典时期更能满足广大的玛雅内陆城市居民的食盐需求，有关这方面的争论至今没有平息。

[①]　Graham, Elizabeth A. The highlands of the lowlands: environment and archaeology in the Stann Creek District, Belize, Central America. Monographs in World Archaeology. Madison, Wisconsin: Prehistory Press, 2004, 19; MacKinnon, J Jefferson, Susan Kepecs. Prehispanic salt-making in Belize: new evidence. American Antiquity, 1989, 54: 522-533; McKillop, Heather. Underwater archaeology, salt production, and coastal Maya trade at Stingray Lagoon, Belize. Latin American Antiquity, 1995, 6: 214-228; —Type-Variety Analysis of Maya Pottery from Port Honduras, Belize. Manuscript on file, Dept of Geography & Anthropology, Louisiana State University, 2002; —GIS of the Maya Canoe Paddle Site, K'ak' Naab.' Available online at http://www.famsi.org/reports/05032/2007; Valdez Fred, Shirley B Mock 2007. Additional considerations of prehispanic saltmaking in Belize. American Antiquity, 1991, 56: 520-525.

1991年和1994年，美国路易斯安纳州立大学与伯利兹考古研究所的考古学家在伯利兹南部海岸的佩恩斯溪谷（Paynes Creek）国家公园巨大的盐湖——蓬塔伊卡科斯（Punta Ycacos）潟湖区发现了3处已淹没到水下的制盐遗址。另有一处遗址位于附近的红树林中[①]。通过民族志的比较和历史记载、遗址出土的陶器等遗物表明，这几处遗址曾是古代玛雅人的制盐作坊（图一）[②]。

通过研究该地区的盐业生产和组织机构，考古学家试图了解这些制盐遗址的生产是为了满足本地需求还是用于对外贸易，研究结果表明，后者的可能性较大。不过，即使以上4处制盐遗址的产量再高，也难以满足内陆玛雅地区的巨大需求。为此考古学家希望，通过调查能有更多的发现，以了解古典时代晚期当地制盐业与内陆地区巨大需求之间的关系。

2003年，考古学家在野外调查中新发现8处制盐作坊遗址。2004年再次调查发现33处已淹没到水下的制盐遗址。接下来在2005—2007年的调查中，累计发现的制盐遗址已上升至100处。仅以目前所发现的制盐遗址数量和分布密度看，该地区的盐产业规模已远远超出以往的认识[③]。在调查中还发现一批木构建筑遗存，表明玛雅沿海地区盐业生产和分配的基础设施结构远比当初想象的更复杂。

通过3个季度的野外调查和测绘，考古学家至少发现72处带有木构建筑的遗址，并对其中46座遗址的木构遗存进行了测绘。很多遗址的木构遗存呈线性分布，暗示了当时海岸线的走向。这些长方形的木构建筑内部有些是分间的，有些则具有多重结构（图三）。其建筑结构与现代玛雅房屋建造规则非常相

① McKillop Heather. Underwater archaeology, salt production, and coastal Maya trade at Stingray Lagoon, Belize. Latin American Antiquity, 1995, 6: 214-228.

② Reina Ruben E, John Monaghan. The way of the Maya: salt production in Sacapulas, Guatemala. Expedition, 1981, 23(3): 13-33.

③ Somers Bretton M. Spatial analysis of the preserved wooden architectural remains of eight Late Classic Maya salt works in Punta Ycacos Lagoon, Toledo District, Belize. Ph.D. Dissertation, Department of Geography and Anthropology, Louisiana State University, Baton Rouge, Louisiana, 2007.

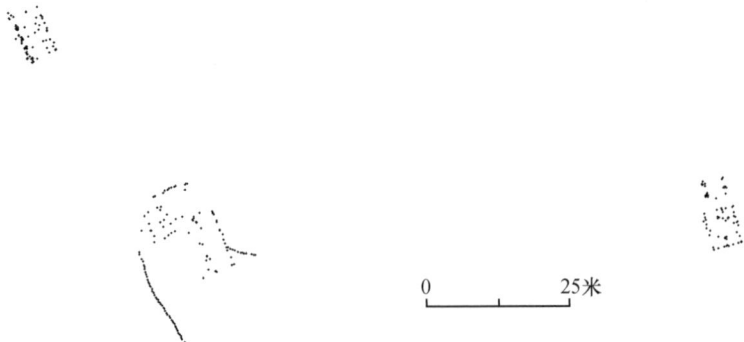

图三　佩恩斯溪谷盐湖——蓬塔伊卡科斯潟湖区水下发现的木构遗迹
（据《中国盐业考古》2，2010）

似①。在尤卡坦半岛北部海滨，围绕大型盐池的边缘往往建有很多木柱②。在佩恩斯溪谷盐业作坊遗址，若干根线性排列的棕榈树木柱也可能是围绕盐池建立的保护设施。

通过对最初发现的4个制盐作坊遗址的研究，考古学家发现这里出土的制盐陶器个体较大，所包含的陶器类型也比该地区任何一处陆地遗址都要丰富。2006年以来，考古学家对该址出土的每件器物都做了测绘和分类。在目前已知的100座制盐遗址中，还有一批尚未分类的陶片，尽管为数不多，但形制特殊，在最初发现的4个制盐遗址中没有这些特殊类型。其中绝大多数为煎煮制盐的陶容器，器类包括罐、盆、碗及圆柱体支脚③。这些制盐陶器的器壁很薄，可最大限度地传导热量。特点是口缘较厚，器表粗糙，内壁较光滑，这有助于刮剥器内结晶的

---

①　Wauchope Robert. Modern Maya Houses. Carnegie Institution of Washington, Publication 562. Washington, D C: Carnegie Institution of Washington, 1938.

②　Andrews Anthony P. Maya salt production and trade. Tucson. Arizona: University of Arizona Press, 1983.

③　McKillop Heather. Underwater archaeology, salt production, and coastal Maya trade at Stingray Lagoon, Belize. Latin American Antiquity, 1995, 6: 214-228; — Type-Variety Analysis of Maya Pottery from Port Honduras, Belize. Manuscript on file, Dept of Geography & Anthropology, Louisiana State University, 2002; — Finds in Belize document Late Classic Maya salt making and canoe transport. Proceedings of the National Academy of Sciences, 2005, 102: 5630-5634.

盐。在刺鳐（Stingray）潟湖遗址还发现一处火塘遗迹，内含烧土、木炭及制盐陶器等。

考古学家通过测量这些制盐陶罐、碗和支脚的尺寸，观察它们的标准化程度，以判断佩恩斯溪谷的制盐作坊是否存在规模化生产。检测样本包括出自蓬塔伊卡科斯的无釉（Unslipped）陶罐、碗、支脚等用于煮盐的陶器残件和辅助器具，以及出自曼格罗夫（Mangrove）和华里（Warrie）的无釉红陶罐等。此外，考古学家还对比分析了从"野甘蔗岛礁"贸易港口收集的贝德福德（Bedford）无釉陶碗残片，后者属于家庭日用品，不是标准化的制盐器具。结果表明，制盐陶器形制的标准化程度是"野甘蔗岛礁"日用陶器的2倍，这进一步证实了考古学家的看法，即蓬塔伊卡科斯潟湖的4个制盐作坊通过一系列大小和体积标准化的陶器进行大规模的生产（图四）[1]。从生产角度看，使用标准化器具可使一个煮盐炉灶同时支托烘烧10多个制盐陶器，这与危地马拉高地萨卡普拉斯（Sacapulas）现代盐城[2]及许多近代制盐作坊的制盐设施结构相同。

考古发现表明，在伯利兹沿海一带至少存在两类制盐陶器，并可能使用了多种不同的方式熬煮卤水制盐。在伯利兹沿海南部，包括佩恩斯溪谷和普拉森西亚（Placencia）潟湖区，普遍的做法是采用坚固的圆柱体支脚、结合隔板和底座支撑敞口碗、敛口罐或直壁陶盆熬煮制盐。制盐陶器的口沿很粗厚，以便盐工抓握或搬运。但器壁做得很薄，应是出于导热需要。在伯利兹沿海北部，坚固的圆柱体支脚只见于莫霍（Moho）岛礁和北部的沿海潟湖区。在科尔森（Colson）角和鲸粪（Ambergris）岛礁则不见。然而，在科尔森角和北部沿海潟湖区、包括鲸粪岛礁的制盐陶器主要是器壁较薄的大陶盘，被归入椰树径（Coconut Walk）的无釉类型。其中有一件坚固的圆柱体支脚出自墓葬，但与之相关的其他容器却未在岛上发现[3]。

[1] McKillop Heather. Type-Variety Analysis of Maya Pottery from Port Honduras, Belize. Manuscript on file, Dept of Geography & Anthropology, Louisiana State University, 2002.

[2] Reina Ruben E, John Monaghan. The way of the Maya: salt production in Sacapulas, Guatemala. Expedition, 1981, 23(3): 13-33.

[3] McKillop Heather. Type-Variety Analysis of Maya Pottery from Port Honduras, Belize. Manuscript on file, Dept of Geography & Anthropology, Louisiana State University, 2002.

图四 蓬塔伊卡科斯出土的制盐陶器残片

（据《中国盐业考古》2，2010）

考古学家详细调查了这些玛雅时期的遗址，并进行了水下发掘，出土制盐陶器残片和其他辅助器具大致分为如下几类。

第一种为"圆柱体陶棍"。造型为短粗的棍状，横截面为圆形，整体略微弯曲。其中，刺鳐潟湖遗址出土的一件长26.5厘米，形状与法国东部塞耶河谷出土的陶棍造型完全一致。这是一种用于支撑制盐陶器的辅助器具（图五）。

图五　刺鳐潟湖遗址出土的"圆柱体陶棍"
（据McKillop Heather，1995）

第二种为"支撑纽（socket）"。形似马蹄或张开的蘑菇伞盖状。支撑纽的上部有一圆窝状凹面，显示这是安置在陶支脚与制盐陶器之间的辅助器件。"支撑纽"被安置在支脚和制盐陶器之间，陶支脚顶部的"支撑纽"黏贴在陶器腹部，陶支脚底部的"支撑纽"与地面接触，这种三足鼎立的结构可使制盐陶器在盐灶中的结构更为平衡、稳固。"支撑纽"是用湿泥坨随手捏制而成，形态比较随意（图六）。

第三种为"连接纽"。此器为亚腰短圆柱状，特点是上下两面均呈内凹状。其用途是贴在制盐陶罐的腹中部，将两件陶器黏结串联到一起。不仅链接横向之间的陶器，也链接纵向之间的陶器。这些"连接纽"也是用湿泥坨随手捏塑的（图七）。

第四种为煮盐用的陶容器。从已发表的陶器口沿残片看，可分为大敞口、侈口、微侈口和直口几种形态，推测器类有釜、钵、盆、罐等几种。部分器口直立，器腹圆鼓，腹部较深，应为器口不大的罐类器；有的器口敞开，腹部圆缓，腹部深浅有别。其中，腹部较深的应为陶釜一类，腹部较浅的应为钵、盆一类。

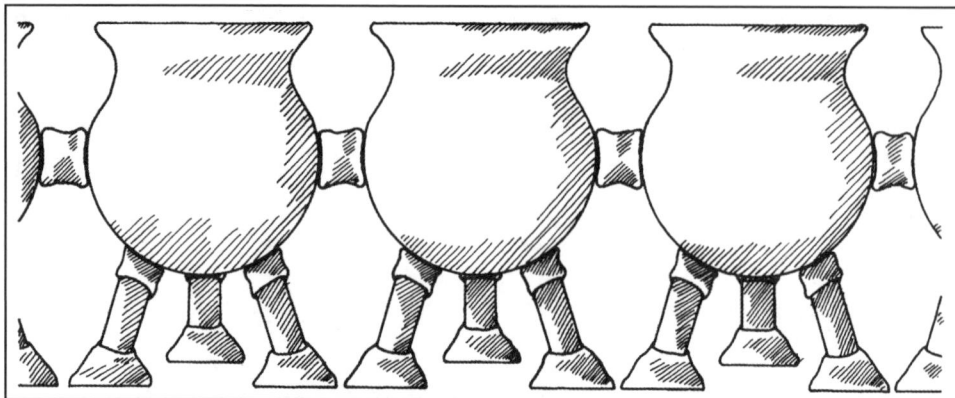

图六　制盐陶器支脚和支撑纽的结构
（据McKillop Heather，1995）

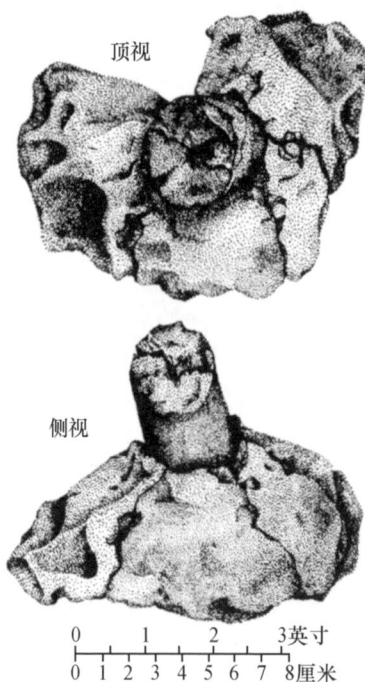

顶视

侧视

0　　1　　2　　3英寸
0 1 2 3 4 5 6 7 8厘米

图七　连接纽
（据McKillop Heather，1995）

多数陶器胎体厚薄匀称，但也有部分器口和颈部陶胎较厚，腹部明显减薄。总体来看，上述制盐陶器可粗略分成小口和大口两种，底部有圜底也有平底（图八）。

　　考古学家通过深入研究，大致了解了伯利兹的玛雅人在煎煮制盐时是如何使用制盐陶器的。他们在陶器的底部安置圆柱体支脚，每个支脚的顶部和底部放置湿泥坨捏塑的"支撑纽"，将三个支脚以一定倾斜的角度黏贴在陶器底部，形成三足鼎立的架势，将制盐陶器支撑架空，陶器下方形成一定空间，便于煎煮制盐时炉灶内的燃料游走燃烧。有时还要在每个陶器腹部利用湿泥坨连接纽相互黏接，形成横竖排列黏接、结构稳定的一组陶器群（图九；参见图一〇，1、2）。据说采用这种结构有可能是承续了古典玛雅晚期习用三足陶器的传统。但考古学家认为，这完全是出于煎煮制盐工艺的实际需要。

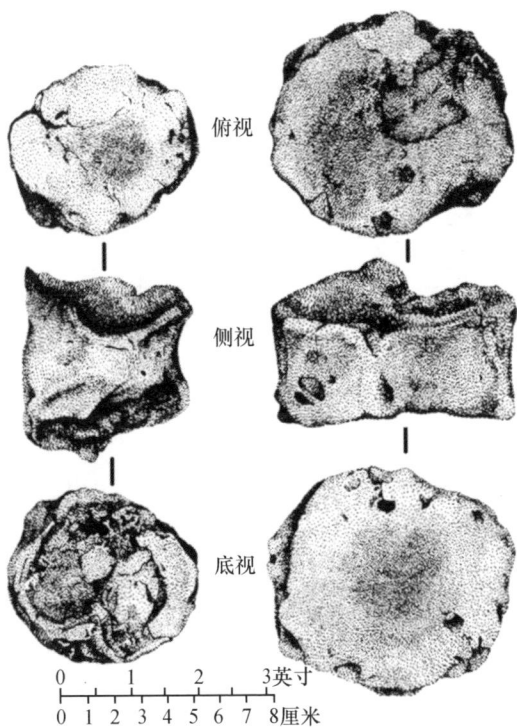

图八　支撑连结纽的形态

（据McKillop Heather，1995）

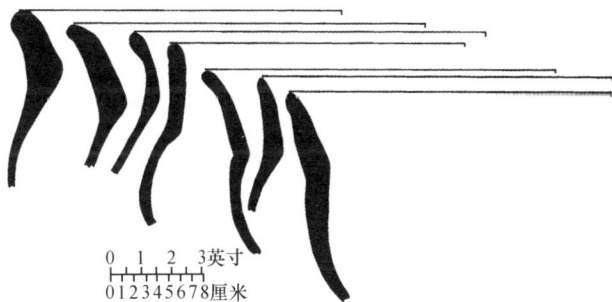

图九　伯利兹制盐遗址出土的各类制盐陶器口沿

（据McKillop Heather，1995）

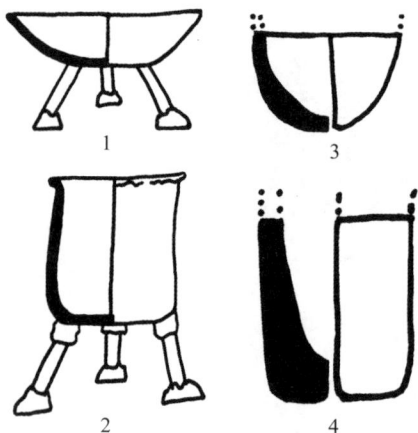

图一〇　伯利兹制盐遗址的制盐陶器、
结构和过滤器皿

（据《中国盐业考古》2，2010改制）

第五种为陶质过滤器皿。从图像资料看，此类器皿上部均有残失，陶胎很厚重。推测其完整器有两种，腹部都比较深，一种为圜底，一种为平底。特点是器底中间都有一枚圆孔。根据器底有孔洞的设计，此类器皿有可能是用于过滤或浓缩卤水的专用器具。从文字介绍看，此类器皿的个体都比较大（图一〇，3、4）。

第六种为陶水管接头。由于未见此类器物的图片资料，对其形状不是很了解。从文字介绍可知，这应该是一种用于疏通水管的连接设施。此类器物的出现表明，在玛雅人的制盐作坊可能建有某种提取卤水的管道。此外，这种陶水管接头还有可能连接器壁很厚、器底有孔的大型过滤陶器。

以上各类制盐陶器都是在低温氛围下烧制的。其中，陶支脚、支撑纽和连接纽大多属于一次性用具，每次煮盐后即被废弃，因此使用的原料都是质地较差的黏土，制作也比较随意，特别是支撑纽和连接纽。

现代民族志调查表明，熬煮卤水通常需要结合多种技术，尤其是烧煮之前要将卤水提浓。威廉姆斯（Williams）指出，在墨西哥西部，现代制盐作坊一般使用两种方法，一种是利用风吹日晒，蒸发浓缩盐池内的卤水，另一种是浸泡和过滤"饱和盐土"，析出并提高卤水的浓度。这两种技术在古代玛雅人中就曾采用。期待将来有望发现用于存放"饱和盐土"和过滤浓缩卤水的木制平台和木制容器[1]。在佩恩斯溪谷国家公园的杀人蜂（Killer Bee）制盐遗址有座土丘，有可能就是浸泡"饱和盐土"获取浓卤水形成的堆积。在该地区其他古典时代晚期的制盐遗址可能还有更多类似的土堆，但大多都被淹没到了水下[2]。

---

① Williams Eduardo. La sal de la Tierra. Jalisco: El Colegio de Michoacan, 2003.

② McKillop Heather. Type-Variety Analysis of Maya Pottery from Port Honduras, Belize. Manuscript on file, Dept of Geography & Anthropology, Louisiana State University, 2002.

　　在佩恩斯溪谷遗址，玛雅人在长方形木构建筑作坊中用陶器熬煮卤水制盐，得到散盐或盐锭，并遗留了大量的破碎陶碗、陶罐、圆柱体支脚残件。当时的盐工主要从事两项工作，一是用本地的黏土羼入石英砂烧制陶器，再就是用这些陶器煎煮卤水制盐。在那些木构建筑作坊里制盐，既可躲避雨水，也有利于储藏制盐设备和燃料，包括专门建造存放盐的储藏室。在卡克那布（K'ak'Naab'）制盐遗址还发现有完整的独木舟船桨，暗示盐的贸易运输依靠的是水路[①]。遗址中发现的奥卡利纳斯（ocarinas）陶器和供器表明，这些制盐作坊还定期举行某种仪式活动。这些用于礼仪性的陶器与制盐陶器完全不同，它们也不是本地生产的。

　　大量证据表明，佩恩斯溪谷盐业作坊的地理位置距内陆城市和宫廷很远，它们不是玛雅政治的一部分。但这些制盐作坊不是以家庭为中心的小型经济，其生产规模已远远超出当地聚落和家庭所需。作坊中的木构遗迹和大量制盐陶器的出土表明已存在专业化生产，但这里的陶器形制和类型不如"野甘蔗岛礁"和附近其他聚落遗址的多样化。推测这些盐工常年生活在附近沿海一带，属于独立的生产者，与内陆地区的玛雅王朝保持贸易联系。

　　古典王朝晚期的玛雅文明达到鼎盛阶段。当时在热带雨林地区以及危地马拉、伯利兹、墨西哥尤卡坦、洪都拉斯西部和圣萨尔瓦多（El Salvador）高地共存有80个繁荣城邦（见图一）。每个城邦由一位国王和王后统治，王室家族的成员、工匠、侍臣和其他人生活在宫廷区。大型城邦负责管辖乡村周围的附属城镇和村庄[②]。

　　古典时期的玛雅文明（300—900年）经济形态具有双重结构："政治经济"是王朝统治者取得和维系权力的途径，这部分由宫廷工匠的手工业生产构成，其产品为皇室宴享、联盟或其他国事服务[③]。"生计经济"包括家庭日用品和日常资

① McKillop Heather. Finds in Belize document Late Classic Maya salt making and canoe transport. Proceedings of the National Academy of Sciences, 2005, 102: 5630-5634.

② Martin Simon, Nicholai Grube. The Chronicles of Maya Kings and Queens. New York: Thames and Hudson, 2000.

③ Masson Marilyn, David Freidel (eds.). Ancient Maya political economies. New York: Altamira Press, 2002.

源的生产则处于王朝权力斗争的地缘政治景观的范畴之外。尽管对古典时期的玛雅文明已有相当多的认识，但仍有一个存在争议的问题，即王朝统治者在多大程度上控制着宫廷以外—边远区域和首都周边地区的物资的生产与分配，加强对玛雅盐业生产的深入研究将有助于阐明这些问题[①]。

---

① McKillop Heather. The ancient Maya. New York: Norton Publishers, 2006. 海瑟·麦基洛普：《水下玛雅：中美洲伯利兹Paynes Creek盐场制盐陶器和木构建筑的空间分析》，《中国盐业考古——国际视野下的比较观察》（第二集），科学出版社，2010年，348—372页。

人类学视野下的非洲传统制盐业

在非洲大陆，人们使用的制盐原料（包括盐土、盐卤、海水及植物灰烬）和工艺技术（熬煮、日晒）各有不同。在西非地区，如尼日尔、加纳及马里等国，因掌握了跨撒哈拉沙漠地区的食盐、黄金及其他贵重商品的生产和贸易而发展致富。特别是食盐，在非洲除了食用以外，也被用来腌制肉、鱼和加工皮革制品，由此发展出远程贸易，获利不菲。有些地区，盐还被原住民作为宗教贡品和祭祀用品，甚至作为货币使用。

一、尼日尔曼嘎地区的制盐技术

尼日尔（Niger）位于非洲中西部，这个内陆国家地处撒哈拉沙漠的南缘，北部与阿尔及利亚和利比亚接壤，南面与尼日利亚和贝宁交界，西部与马里和布基纳法索毗邻，东部与乍得相连。

在尼日尔东北部的曼嘎（Manga）地区，当地居民的传统产业是制盐。从20世纪60年代开始，人类学家就开始关注这个地区。1973年，法国和德国人类学家先后前往曼嘎考察和研究当地传统的制盐产业。当考察队抵达洛甲（Lojia）村时，遇到一批盐农，他们正在制作用于制盐的器具。一种是顶部带有三个角状分叉的棍状支脚，其形状如同一根长约1米的大铁钉子，顶部有三个角状分叉，横截面为圆形，底部为圆锥状。另一种是泥制的碗，大口、圜底。将泥碗放置在棍状支脚顶部的三个分叉内，注入卤水，用于熬煮制盐（图一）。

据参加此次考察的一位队员介绍，洛甲村盐农制作的那些棍状支脚和碗的原料是当地的黏土，采用手工捏塑，做工非常粗糙。制好的泥坯在阳光下晒

图一　曼嘎地区的制盐器具组合
（据 Gouletquer P, Kleinmann D and Weller O, 1994）

干，不经火烧，直接拿来使用①。此类器具都是一次性的，耗损量极大。

曼嘎地区的表土含有较多盐分，估计这个地区的地下深处分布有盐泉，经土壤的毛细作用，盐分被不断吸附到地表，当地人采集这种富含盐分的表土作为制盐原料。具体的制盐程序是，先由妇女去收集地表的盐土，并将它们集中堆放（图二）。

在盐场搭建有过滤设施。这是在木构架子上搭建的漏斗装置，口大底小，内外表面敷设黏土，底部出口处安置有多孔的方盘，出口下方的地面放置一件大型容器（图三，左）。在漏斗装置内铺设茅草，然后将妇女们采集的盐土放入漏斗，接下来用水不断浇灌冲洗漏斗内的盐土，通过淋

图二　妇女收集地表的盐土
（据 Gouletquer P, Kleinmann D and Weller O, 1994）

① 此信息来自 Dorothée Kleinmann 的个人谈话。

滤作用，将盐土中的盐分析出，过滤出的盐水流到下面的容器内。漏斗中铺设的茅草可起到过滤泥土和沙石等杂质的作用（图三，右）。这项工作也由妇女执行，过滤出来的卤水被集中运送到卤水坑池存放，作为制盐原料。

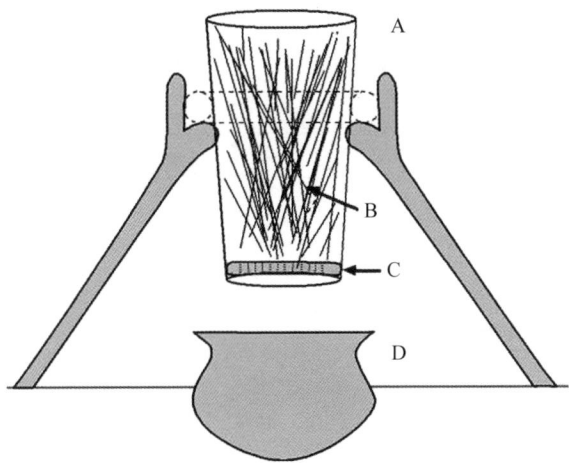

图三　过滤装置、淋滤盐土获取浓卤水
（据Gouletquer P, Kleinmann D and Weller O, 1994改制）

　　曼嘎盐场的男人负责搭建煮盐炉灶并制盐。炉灶就建在地表，形状为圆角长方形，底部大于顶部，高约1、长3—4米。搭建炉灶的原料为泥土和废弃的制盐器具。炉壁下部用废弃的棍状支脚为骨，横向放置，外侧敷泥。炉壁顶部用废弃的棍状支脚向内倾斜排列安放。炉灶一侧的长边留有三个投放燃料的圆形火口，直径50—60厘米。炉灶周围放置煮盐燃料（图四）。

　　炉灶建好后，将圆棍状支脚一排排稳固地插在炉灶内，每个支脚的顶部放置一个泥碗，最外一周的泥碗与炉灶顶部壁面相连（图五）。灶面上的泥碗一个个紧密衔接，相互间的缝隙必须用泥土严密封堵，在灶面上仅出露一个个相连的泥碗，下部的炉灶内部形成近乎封闭的空间（图六）。

　　盐农们将浓卤水注入炉灶上的泥碗内，点燃炉灶的柴草，燃烧的火焰在灶内林立的棍状支脚间游走。经慢火煎煮，泥碗内的卤水慢慢蒸发，盐农们还要不断向碗内补充卤水，直至最后卤水结晶，盐膏几乎填满整个泥碗（图六）。

图四　搭建好的制盐炉灶

（据Gouletquer P，Kleinmann D and Weller O，1994）

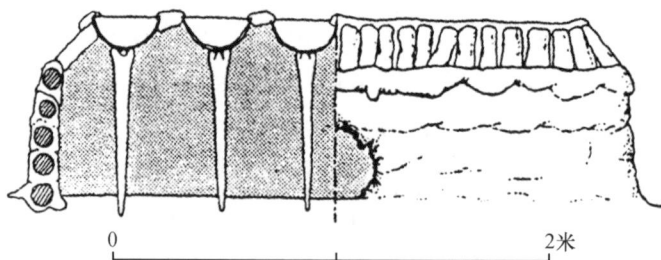

图五　曼嘎地区的制盐炉灶结构示意

（据Gouletquer P，Kleinmann D and Weller O，1994）

　　这一灶盐制好后，熄灭炉火，待炉温降低，盐农们将灶面上的泥碗取出、打碎，取出碗内结晶的盐饼（图七）。此时，灶内的棍状支脚也大半折损、断裂，盐农们将这些残破的棍状支脚、泥碗和燃料灰烬等垃圾清理干净，整修炉灶，重

图六　炉灶顶面出露的泥碗和碗内熬制的结晶盐

（据 Gouletquer P, Kleinmann D and Weller O, 1994）

图七　取出盐饼后清理盐灶内的废弃物

（据 Gouletquer P, Kleinmann D and Weller O, 1994）

新将另一批新的棍状支脚和泥碗安置到灶内，为下一轮熬盐工作做准备①。

盐农将从泥碗中取出的结晶盐饼一个个叠置，仔细包裹，再用草绳捆扎成漏斗状的盐包。最后用骆驼将这些盐包运到市场上去销售（图八）。

图八　捆扎包裹好待运出销售的盐饼

（据Gouletquer P, Kleinmann D and Weller O, 1994）

人类学家注意到，曼嘎盐场的制盐器具和使用方式竟然与3000年前德国青铜—铁器时代的制盐器具非常相似（参见上编《德国盐业考古综述》图一〇）②。不同的是，曼嘎盐场的棍状支脚尺寸要更高一些。这种作为辅助用具的支脚在欧洲中部的英国、法国、比利时，中美洲的伯利兹，亚洲的日本、中国东南沿

① Gouletquer, Pierre Louis. Niger, Country of Salt. In: de Brisay K W, K A Evans (eds.). Salt: the study of an ancient industry (report on the salt weekend held at the University of Essex, 20, 21, 22 September 1974. Colchester: Colchester Archaeological Group, 1975: 47-51; Gouletquer, Pierre Louis, Dorothea Kleinmann. Die Salinen des Mangalandes und ihre Bedeutung für die Erforschung der prähistorischen Briquetagestätten Europas. Mitteilungen der Anthropologischen Gesellschaft in Wien, 1978, 108: 41-49.

② Gouletquer, Pierre Louis. Niger, Country of Salt. In de Brisay, K W and K A Evans (eds.). Salt: the study of an ancient industry (report on the salt weekend held at the University of Essex, 20, 21, 22 September 1974). Colchester: Colchester Archaeological Group, 1975: 47-51.

海和越南南部等制盐遗址也都有发现。

　　曼嘎地区的制盐器具均为一次性使用，每煎煮一灶盐，所有制盐器具都会破碎，随之被废弃。长此以往，造成大量的制盐垃圾。如今在盐场周边的废弃物堆积已达到惊人的程度（图九）。这个现象对于了解早期制盐遗址特殊的堆积现象和制盐工艺流程有重要的参考价值。

图九　曼嘎盐场周围巨量的制盐废弃物堆积
（据Gouletquer, Pierre Louis，1975）

二、尼日尔其他地区现代盐场的人类学考察

　　在尼日尔的特吉达-恩·泰苏姆（Teguidda-n' Tessum）村附近有一座池塘，在池塘底部砂岩下有一眼天然盐泉溢出[①]，这个村子打的水井也都是咸水，无法饮用。一到雨季，池塘的水位暴涨，周围土地全都浸泡在咸水中。每午的这个时

[①]　Bernus E, Bernus S. Du sel et des dattes: introduction à l'étude de la communauté d'In Gall et de Tegidda-n-tesemt. Etudes Nigériennes 31. Niamey: CNRSH, 1972.

候，来自全国各地的图阿雷格人（Tuareg）[①]都会聚集到特吉达-恩·泰苏姆村，将他们畜养的骆驼、羊和牛赶来吃地里带咸味的草，进行"盐疗"，补充牲畜体内所需的盐[②]。

到了旱季，随着池塘周围浸泡咸水的土壤水分蒸发，地表会形成厚厚的一层盐土。当地人用黏土搭建一座座大的坑池，刮取地表的盐土，运到坑池内，用咸水加以搅拌，待浑浊的泥水慢慢沉淀以后，盐土中的盐分被析出，人们再将沉淀后的清澈卤水取出，转运到存储卤水的大坑池内。接下来便依靠风力和阳光的力量，蒸发池中的卤水（图一〇）。

图一〇 特吉达-恩·泰苏姆村民修筑的卤水池和蒸发池
（据魏井仁、顾磊，2018）

---

① 图阿雷格人是北非柏柏尔人的后裔，起源于利比亚的费赞地区，后扩张到撒哈拉地区，并被撒哈拉南部民族同化成为一个游牧或半游牧的民族，放牧羊、牛和骆驼。主要分布在尼日尔、马里、阿尔及利亚和利比亚等地，信仰伊斯兰教，成年男子佩戴蓝色面纱，人口近百万，属欧罗巴人种地中海类型，讲柏柏尔与塔方言，使用古老的提菲纳格文。如今，图阿雷格人分为萨哈拉地区和萨赫勒地区两个分支。

② Gouletquer P, Kleinmann D. Structure sociale et commerce du sel dans l'économie touarègue. Revue de l'Occident musulman et de la Méditerranée, 1976, 21: 131-139.

待大的坑池内的卤水盐分达到一定浓度，再将其转入小的坑池，让卤水进一步蒸发。待卤水蒸发殆尽，池底会留下一层结晶的湿盐，人们将这些湿盐刮取出来，放到桶内，最后再经过塑形、晾干，制成盐饼。特吉达-恩·泰苏姆村的盐饼制作分两步走。第一步是在沙子上铺一层约半厘米厚的湿盐，待这层盐变干、变硬，再用湿沙模压出2—3厘米厚的外层，并进行塑形。塑好型的盐饼要在白天晒干，到了夜晚，因温度降低，盐饼会变得非常坚硬（图一一）。

图一一　特吉达-恩·泰苏姆村民制作盐饼的流程
（据魏井仁、顾磊，2018）

在尼日尔的比尔马（Bilma）和特吉达-恩·泰苏姆盐场，还有另外一种制作盐饼的方法。人们从盐池中取出湿盐，将其装入用厚厚的棕榈树皮缝制的筒状模具内，待其干透，脱去树皮外模，盐块已变得异常坚硬。人们穿越沙漠，用骆驼或卡车将这些筒状的盐饼运到500千米外的阿加德兹（Agadez）市场。在那里，还要将这些盐饼用斧头剁成小块出售（图一二）。

在尼日尔的达洛尔·福加（Dallol Fogha），当地人的制盐方法是开采一种碱性卤水，将其盛入金属器内蒸发制成膏盐。人们先将这些湿盐用手柔搓成球状，再经压按，放置到户外的席子上进行晾晒，晒干的盐锭很像是底部印有席纹的中国馒头。

在大西洋沿岸，从非洲的几内亚到法国的布列塔尼，进入雨季，人们将制

图一二　比尔马和特吉达-恩·泰苏姆盐场的筒状盐饼

好的盐堆放在野外，利用雨水冲刷和淋滤，以清除盐中的一些杂质。经过再次日晒，盐堆的表层会硬化，这个过程颇有些类似"分次结晶化"的起始部分，结果很快会在盐堆表面形成一层坚硬的外壳，可对盐堆起到极佳的保护作用。

三、东非地区乌干达和坦桑尼亚的传统制盐业

在东非地区，沿着西部的大裂谷（western rift）东岸，盐业生产一直是人类学、考古学和历史学关注和研究的热点。盐和铁在非洲内地的贸易中扮演了重要角色，这很像是中国的汉代时期，对这些贵重商品的控制与非洲中央政权的兴起和延续有直接关系。

在乌干达，盐不仅作为一种满足生物需求的商品，也常常与社会系统的诸多层面发生关系，如意识形态、宗教活动、食物保存、贸易组织，乃至国家财政的大政方针等。时至今日，盐依旧是乌干达外汇收入的重要组成部分。

在乌干达西部阿尔伯特（Albert）湖东岸、海拔325米的一处悬崖峭壁下有个名叫基比若（Kibiro）的村落。从19世纪到20世纪，这个聚落属于东非布尼

奥罗（Bunyoro）^①王国的一部分。目前这个村子居住了2000多人，主要以捕鱼和制盐为生，农耕和家畜饲养比例很低。

基比若部落的居民利用当地的自然温泉的盐水制盐，这些温泉盐水含0.4%的氧化钠及镁、钙、钾等元素，含盐量较低，加之当地燃料稀缺，基比若人只能通过十分耗费体力的劳动来制作浓缩卤水，这个过程非常重要，不仅能提高卤水浓度，同时还能清除卤水中所含的杂质，特别是有害的硫酸盐等。

基比若人的制盐程序是：首先在聚落周围选择地势平坦的一块泥地，将这块地面进行清理，割除地表杂草，然后导入盐水。这些制盐者均为女性，她们需要围绕大片盐田干繁重的体力活。每逢晴天，一大早就去盐田，撒下干燥的土，通过土壤的毛细作用将地下卤水吸附上来，积聚到撒在地里的干土中。晚上再将这些含盐的干土收集起来，如此反复工作，连续要干三个星期。随着时间的推移，土壤中的盐分会不断提高。

当制盐者判断土壤中的盐度达到制盐要求时，下一步便是进行过滤，这项工作由少女和已婚妇女进行。她们先将盐土装入底部带有孔洞的容器，孔洞位置需要用小石子略加封堵，然后不断向容器内注水，目的是将盐土中的盐分淋滤析出，盐水会通过容器下面的孔洞流到另一个容器内，最后再将这些浓卤水运到家中煎煮制盐。有时也会将这些淋滤出的浓卤水存放在大缸内备用。

煮盐是最后一道工序，需要在专门的房屋进行。人们将铁锅放在石构架上，点燃柴火熬煮，当盐开始结晶时，将湿盐捞到一个较大的圆锥形容器内，待盐饼干透变得坚硬，直接拿到市场上出售。

基比若人制作的盐供给这个较大区域内的消费者，盐的产量受每周市场的需求交易左右。人们将盐锭和鱼拿到河谷农业发达的集市上，换回自己需要的蔬菜和其他生活用品。基比若部落内部也有自己的集市，有需求者会带着各自的商品前来换取食盐，交换物品包括豆子、土豆、车前草、豌豆、陶器、动物及燃料

---

① 布尼奥罗人（或称尼奥罗人）属于班图族群。曾经是乌干达中西部众多王国中的强盛者之一。18世纪以前被称作布尼奥罗王国，统治邻近各族，控制今天乌干达大片地区。19世纪，由于王位继承引发战争及内部冲突，渐趋衰落。遂被邻近的干达（Ganda，或称布干达Buganda）王国取代。

等，但大部分盐的交易还是在河谷集市上进行。一个圆锥状的盐饼重3.5千克，没有任何包装。早期记录显示，以往制作的盐锭大小不一，2—24千克，这些盐块需要用香蕉叶子包裹。有些人甚至需要长途跋涉超过20千米的路程，到集市上换取基比若人的盐。

布尼奥罗的国王可直接向基比若人索取盐饼，用来喂他养的牛。国王也会将1—2头牲畜送给制盐者，后者将这些牲畜的肉平均分给部落中的其他人，并进贡大量的盐给国王作为回报。捕鱼是基比若人的另一项重要商品，他们在阿尔伯特湖捕的鱼往往超出当地人的消费需求，这些鱼也会拿到集市售卖，或者晒干，或者用盐腌制保存起来。

基比若人对盐的依赖导致他们将盐与神祇结合。在基比若村子的上方有一个名叫穆卡米拉（Mukamira）的圣水池，是供奉岩石精灵以求增加盐产量的圣地。每隔一段时间，基比若人就会来到圣水池，举行杀牲献祭仪式，祈求盐业丰产。

基比若的妇女控制盐的生产和分配。有时盐也被用于腌制在湖里捕的鱼，有时还会为区域内的酋长制作一些盐。基比诺的盐会被赋予不同价值，如圆锥状的盐饼会依大小、颜色及"味道"来定价。盐在当地的功能主要是调味品，或为孩童补充所需养分。在当地，盐对家畜饲养十分重要，特别是牛在权威的建立与维系中扮演了重要角色[1]。但盐在这里并不具备南太平洋巴鲁亚人所刻意强调的那种仪式性功能[2]。

基比若村南的坦桑尼亚人有不同的制盐工艺，那里有个名叫伊夫乌纳（Ivuna）的村子，当地的制盐方法是，将盐泉周围充分吸附盐分的泥土挖出来，放到一个木槽内，用盐泉中流出的咸水不断过滤这些泥土，获取浓度较高的卤水。接下来的制盐工序与基比若人相似，不同的是他们将卤水放到小型容器内熬煮，直至容器填满结晶的盐。最后将陶器打破，取出盐饼，步骤与尼日尔曼嘎地区的制盐方法相同。

---

① Maclean R. Salt and the state Kibiro. Journal of African History, 1997, 38(1): 123-177.

② 〔美〕傅罗文（Rowan K. Flad）:《新几内亚、乌干达及西罗马帝国的盐业生产、交换与消费》,《盐业史研究》（巴渝盐业专辑）2003年1期。

　　19—20世纪，在坦桑尼亚西部一些地方，乌尼扎（Uninza）的制盐者用黏土制作的水槽浓缩卤水，再用陶器熬煮制盐。总之，非洲大陆有很多不同的传统制盐方法①。

---

① 〔美〕傅罗文（Rowan K. Flad）、陈伯桢：《东非晒盐人》，《文明》2009年4期。

盐：财富积累与社会复杂化的重要推手
——以保加利亚等地的考古发现为例

　　2005年，保加利亚一支考古队开始发掘普洛瓦迪亚-索尔尼查塔（Provadia-Solnitsata）遗址。这座高大的土丘遗址位于黑海西岸，距瓦尔纳城以西约50千米。截至2012年，对这座土丘的发掘还不到四分之一，已清理出的重要遗迹包括两层楼的建筑、石墙遗迹、堡垒、大门以及一些可能用于宗教仪式和祭祀活动的窖穴，还有一批小型墓葬。保加利亚考古学家推测，这座遗址是欧洲目前所知最古老的一处城镇据点，当时在城内居住有约350人，城镇的建造和使用时间为公元前4700—前4200年，这比古希腊萌芽时期最早的城市要早1500年（图一）。

图一　普洛瓦迪亚-索尔尼查塔遗址
（据 Vassil Nikolov，2010）

环绕普洛瓦迪亚-索尔尼查塔城址建有石构围墙等防护设施。根据已发现的遗迹和出土遗物，初步研究结果表明这座城镇很可能是在一处盐业生产中心的基础上发展起来的。据保加利亚《劳动报》援引考古队负责人尼可洛夫（Vassil Nikolov）介绍，这座古老的盐场可追溯到距今7400年前，这也是目前在欧洲境内发现的年代最古老、面积最大的史前时期的盐场[①]。

普洛瓦迪亚-索尔尼查塔制盐遗址的文化堆积深厚，其中绝大部分为破碎的制盐陶器遗留，显示出这座遗址的制盐生产延续了很长时间（图二）。考古学家还在遗址中清理出大量与制盐有关的遗迹，包括煮盐的炉灶。其中，一种为小型炉灶，方形，残存炉灶的底部和塌落的迹象，并残留有当时放置在炉灶上部的制盐陶器（图三，左）。另一类为大型炉灶，炉灶的底部呈一道道的沟垄状，经火烧已经轻微陶化，完整的炉灶现状还不是很清楚（图三，右）。

在清理出的遗物中有约30件保存较好的陶质容器。器类中大量为煮盐的陶钵，造型基本一致，大小有别，分为大、中、小三种，特征为薄胎、内敛口、深腹、平底、素面（图四，左）。其他还发现有带柄的陶罐，特征为厚胎、小平底，一侧设置有插入器柄的轴孔（图四，右上）。还发现有存储卤水的陶缸，器形较大，大敞口、斜腹、平底。器表上部有浅弧线纹（图四，右下）。还发现有些陶

图二　普洛瓦迪亚-索尔尼查塔遗址的
文化堆积

---

① Salt and Gold: The Role of Salt in Prehistoric Europe Proceedings of the International Symposium (Humboldt-Kolleg) in Provadia, Bulgaria 30 September – 4 October 2010. Edited by Vassil Nikolov and Krum Bacvarov Provadia・Veliko Tarnovo, 2012.

图三　遗址中的制盐炉灶遗迹

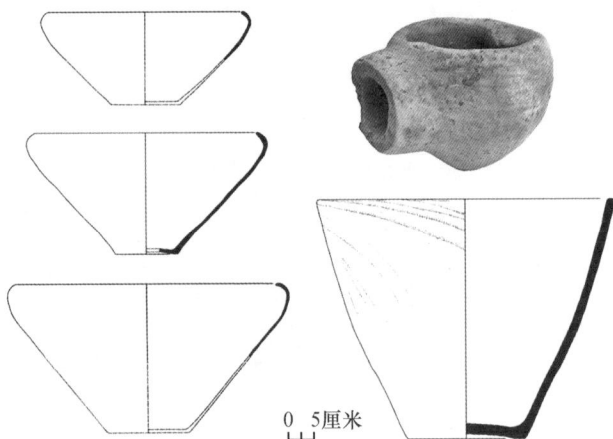

0　5厘米

图四　遗址中出土的制盐陶器

器的底部有孔，可能是用来过滤卤水的制盐器具[①]。

　　初步研究表明，当地居民开采含盐的卤水，并经熬煮制盐。他们用生产出来的盐与周边地区的居民进行交易，并从事与食品加工（保存肉类食物等）有关的副业。盐在当时属于稀缺的贵重商品，这很可能是普洛瓦迪亚-索尔尼查塔城

---

① Salt and Gold: The Role of Salt in Prehistoric Europe Proceedings of the International Symposium (Humboldt-Kolleg) in Provadia, Bulgaria 30 September – 4 October 2010 Edited by Vassil Nikolov and Krum Bacvarov Provadia · Veliko Tarnovo, 2012.

堡四周建有大型防护围墙的原因之一。

更为重要的是，普罗瓦迪亚-索尔尼查塔制盐遗址的发现为20世纪70年代在黑海西岸发掘的瓦尔纳（Varna）墓地及墓地中发现部分随葬有大量黄金的贵族大墓的现象提供了新的诠释资料。这两处遗址都位于黑海西岸，两地的直线距离仅有35千米，时代大致相同。原来一直不理解这些随葬黄金的大型墓主的财富是如何积累形成的。新的考古发现提供的解释是，瓦尔纳墓地那些富有的墓主很有可能就是当时掌控普罗瓦迪亚-索尔尼查塔盐业资源的首领或富商巨贾，他们生前通过制盐产业和相关的贸易活动积累了巨额财富，死后才能在墓中随葬大量黄金制品，尽显奢华富贵（图五）[①]。

图五　瓦尔纳的黄金大墓及随葬品

① Vassil Nikolov. Salt and Gold: Provadia-Solnitsata and The Varna Chalcolithic Cemetery. Sonderdruck aus Archäologisches Korrespondenzblatt Jahrgang, 2010, 40: 487-499, Heft 4, RGZM.

　　在东欧的波斯尼亚 - 黑塞哥维那、罗马尼亚、摩尔达维亚和乌克兰等地也发现有类似保加利亚普洛瓦迪亚 - 索尔尼查塔和瓦尔纳这种相互之间存在经济联系的制盐遗址和古代盐矿，研究表明，围绕盐业的开发和相关的生产和贸易活动带动了这个地区的财富积累并导致社会复杂化进程的加快[1]。在东南欧的巴尔干地区，很早就孕育出发达的古代文明，并在距今 6000 年前进入红铜时代，这个地区开始出现大量青铜和黄金制品，成为世界上冶金术最早出现的和发达的地区之一。这与当地居民长期在巴尔干地区和喀尔巴阡山脉开采铜矿、金矿并率先发展出先进的冶金术有密切联系。普洛瓦迪亚 - 索尔尼查塔遗址的新发现表明，巴尔干地区不仅拥有丰富的冶金矿业资源和发达的采矿、冶金历史，同时还拥有欧洲境内最早开发的制盐业，并因此积聚了大量的物质财富。

　　在欧洲中部地区，以往也发现有类似的考古现象。如考古学家在小波兰地区的波希米亚新石器时代制盐遗址的墓葬中发掘出佩戴有大理石臂环贵重装饰品的墓葬（图六），显示出这些与制盐有关的墓主人生前十分富有，其年代与普罗瓦迪亚 - 索尔尼查塔制盐遗址大致相同。

　　在欧洲一些重要的盐产区，如奥地利的哈尔施塔特、哈莱茵等地的制盐遗址，考古发掘资料显示，有些墓内随葬大量铜器、琥珀和玛瑙串珠等贵重的奢侈品，其中还有一些来自遥远的地中海地区。可见，显示出与制盐产业有关或掌控盐业资源的人积聚财富的程度远远超出那些与制盐产业无关的人[2]。尽管还不能肯定，哈尔施塔特墓地中那些最富有的墓就是当时的矿主或高层管理人员的，但可以肯定的是，这一现象提供了哈尔施塔特文化区域内唯一能够显示财富与盐矿有直接关系的证据（图七）。

　　在法国东部塞耶河谷的制盐遗址也曾发现镶嵌珊瑚和琥珀的装饰品残件。

[1] Anthony, David W, Jennifer Y Chi (eds.). The lost world of Old Europe: the Danube Valley, 5000-3500 BC. Princeton: Princeton University Press, 2010.

[2] Häusler A. Kritische Bemerkungen zum Versuch soziologischer Deutungen ur-und frühgeschichtlicher Gräberfelder-erläutert am Beispiel des Gräberfeldes von Hallstatt. Ethnologische-Anthropologische Zeitschrift, 1968, 9: 1-30; Hodson F R. Hallstatt, the Ramsauer graves: quantification and analysis. Mainz: Monographien des Römisch-Germanischen Zentralmuseums Mainz, 1990, 16.

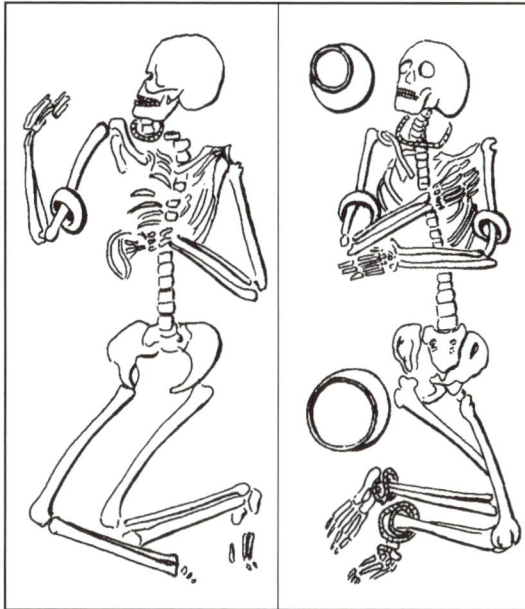

图六　波希米亚新石器制盐遗址随葬大理石臂环的墓

图七　奥地利哈莱茵、哈尔施塔特随葬奢侈品的墓及其随葬品

（据 Dopsch H，Heuberger B，Zeller K W，1994 及 d'or Blance，de Hallstatt，2005 改制）

其中珊瑚是产自海洋的贵重宝石，属于远程贸易交换来的奢侈品，它们现身于公元前6世纪晚期法国内陆的制盐遗址，显然与哈尔施塔特晚期的"权贵墓葬"有关[①]。在哈尔施塔特早期阶段，中欧地区的盐业生产者积聚了大量的私有财产，社会中也开始出现财富积聚的现象，进而出现一批财富集中且拥有外来奢侈品的"权贵墓葬"。

在不同的历史阶段，与财富相关的指示物有所不同。哈尔施塔特晚期掌控盐矿的人和盐业生产者或许比较富裕，但到了更晚一阶段的拉腾文化（铁器时代）时期，尽管表现出产业活动更加集中，但在一般聚落反而很少发现有与财富聚敛相关的证据。这表明到了"工业化"的较晚阶段，依靠盐业生产累积的财富已被转移到其他方面，特别是由个别人操控的财富分配上。

无论如何，人类生前生活方式的差异和贫富程度在死后仍在延续。在哈尔施塔特盐矿墓地发现了121座最富有的火葬墓，显示出某些特殊葬仪的存在。其中有些是用黏土衬里的墓穴，似乎表现的是死者生前享用的浴缸，显然，墓主希望将生前的奢华和富贵延续到阴间继续享用[②]。在德国的迪姆贝格制盐遗址，还发现有一批非比寻常的富裕墓葬（"Sonderbestattungen"）[③]，很多墓主都佩戴护身符，这可能是他们生前每天佩戴的物品，并希望在死后能继续得到这些符咒的保佑，以躲避随时可能出现的矿难。这类现象在其他类型的遗址就很少发现。实际

---

①   Champion S. Production and exchange in Early Iron Age central Europe., In T C Champion and J.V.S. Megaw (eds.) Settlement and society: aspects of West European prehistory in the first millenium B C Leicester: Leicester University Press, 1985.

②   Barth, Fritz Eckart. Salzbergwerk und Gräberfeld. In Krieger und Salzherren: Hallstattkultur im Ostalpenraum, 1971: 50. Ausstellungskataloge des Römisch-Germanischen Zentralmuseums, Vol. 4. Mainz: Römisch-Germanisches Zentralmuseum; Stöllner, Thomas. Hallstatt. II. Archäologisches. In Reallexikon der Germanischen Altertumskunde. Berilin, New York: Walter de Gruyter, 1999, 13: 442-446.

③   Pauli, Ludwig. Keltischer Volksglaube: Amulette und Sonderbestattungen am Dürrnberg bei Hallein und im eisenzeitlichen Mitteleuropa. Münchner Beiträge zur Vor- und Frühgeschichte, 1975, 28; —Der Dürrnberg bei Hallein III: Auswertung der Grabfunde. Münchner Beiträge zur Vor- und Frühgeschichte. München: Beck, 1978, 18.

上，"权贵墓葬"拥有的财富更多体现的是死者的亲属状况，而非死者本人①。在位于或靠近盐产区的墓地，墓主拥有的财富和使用的奢侈品非常惊人，哈尔施塔特墓地即为其代表之一，这个墓地也是当时欧洲最富有的墓地之一②。包括迪姆贝格制盐遗址发现的大量富人墓也是如此③。在德国符腾堡的施瓦比什哈尔内陆盐厂附近发现有一批坐落在山顶的防御遗址，考古学家称之为"贵族府邸"，这些遗址往往与一些富有的大型墓并存，其显赫的财富很可能就来自施瓦比什哈尔地区掌控食盐产业和相关贸易的那些人④。

欧洲很多制盐遗址和贸易通道上发现的"权贵遗存"以及随葬大量奢侈品的墓葬在中国早期的一些制盐遗址也有体现，这进一步表明，史前时期某些战略性特殊资源的开发、控制以及由此衍生的贸易活动对财富的积累、社会复杂化进程和文明化进程的加快，乃至早期国家的形成都具有非同一般的催化作用，有关这方面的研究应引起学术界的高度关注⑤。

---

① Samson, Ross. Social structures from Reihengräber: mirror or mirage? Scottish Archaeological Review, 1987, 4: 116-126.

② Barth, Fritz Eckart. Salzbergwerk und Gräberfeld. In Krieger und Salzherren: Hallstattkultur im Ostalpenraum: 50. Ausstellungskataloge des Römisch-Germanischen Zentralmuseums. Mainz: Römisch-Germanisches Zentralmuseum, 1971, 4.

③ Pauli, Ludwig. Der Goldene Steig: Wirtschaftsgeographisch-archäologische Untersuchungen im östlichen Mitteleuropa. In: Georg Kossack and Günter Ulbert (eds.) Studien zur vor- und frühgeschichtlichen Archäologie (Festschrift für Joachim Werner zum 65. Geburtstag). Münchener Beiträge zur Vor- und Frühgeschichte, 1974, supplementary volume 1: 1-2; — Der Dürrnberg bei Hallein III: Auswertung der Grabfunde. Münchner Beiträge zur Vor-und Frühgeschichte. München: Beck, 1978, 18.

④ 参见Fries-Knoblach, Janine. Gerätschaften, Verfahren und Bedeutung der eisenzeitlichen Salzsiederei in Mittel- und Nordwesteuropa. Leipziger Forschungen zur Ur- und Frühgeschichtlichen Archäologie. Leipzig: Repromedia, 2001, 2.

⑤ 李水城：《普洛瓦迪亚的启示：特殊资源与财富的积累和社会复杂化》，《南方文物》2013年1期。

下编

本土践行

近年来中国盐业考古领域的新进展^①

盐乃"国之大宝"。无论世界上任何国家和地区,盐既是民生之必需,也是国家财政赋税收入的一项重要来源,甚至是一项重要的战略资源。

有关盐业史的研究,我国有着悠久历史。20世纪80年代以来,我国的盐业史研究进入到一个新时期。20世纪90年代,已积累了相当一批成果。

但是,在20世纪90年代中期以前,除去零星的几篇文章外,有关盐业考古的实践和作业在我国基本还处在空白状态,考古学家基本没能给予这个领域以应有的关注,对世界范围内其他国家和地区盐业考古的历史和现状更是茫然。

短短几年,确切地讲,自20世纪90年代末以来,经过考古界同仁的努力实践,我国的盐业考古实践已经起步,并取得了初步的可喜成绩。究其原因,一方面是我们自己的学者开始关注这一领域;另一方面也有赖于我们与国外有关科研机构开展的合作研究。这些对于促进中国盐业考古及相关领域的研究起了重要作用。

一、背景

自1996年,北京大学开始与美国加州大学洛杉矶分校考古研究所就盐业考古领域的合作开始接洽。1999年初,合作项目得到中国政府批准。很快,一个由北京大学考古学系、成都市文物考古研究所和美国加州大学洛杉矶分校考古研究所三家组成的"中美盐业联合考古队"(以下简称"联合考古队")组建起来。这

① 本项研究得到日本住友财团基金(The Sumitomo Foundation of Japan),美国Wenner-Gren基金、Luce基金资助。

是一个多学科的队伍，其成员分别来自中外9所大学、科研机构，所涉学科包括考古学、历史学、文化人类学、盐业史、历史地理、地质考古、古动物学、古植物学、年代学、石器微痕分析等。

大致与此同时或略晚，一些地方的科研单位和大学也开展了小规模的盐业考古实践。这些工作涉及几个不同地区，在此按地域分别予以扼要的介绍。

二、考古调查

（一）四川蒲江—邛崃

四川成都平原在先秦时期为蜀国领地，这里有悠久的制盐历史。《华阳国志》记："秦孝文王以李冰为蜀守，冰能知天文地理……又识齐水脉，穿广都盐井、诸陂池，蜀于是盛有养生之饶焉。"成都等地曾出土一批盐井画像砖，以形象生动的画面语言传递出该地区古代制盐业的信息。

1999年3月，联合考古队前往四川蒲江、邛崃两县。在蒲江县白云乡考察了盐井沟内的古盐井、卤水漕运遗迹、盐井附近的佛教造像、毁坏的寺院遗迹及窑埂村一带的灰沙嘴遗址。对盐井沟内与盐产业有关的遗迹进行测绘，对周围景观地貌作360°全景摄录，全面搜集遗址范围内的遗迹资料。另外，还在金华村金福井遗址进行测绘及景观资料的收取。与此同时，还考察了盐井崖、百家井（六合村）、毛赤井（蒲砚村）、小王井（松花乡）等盐业遗址点。在邛崃，考察了盐沱村（油榨乡）、火井、盐井村（火井镇）等遗址点。

（二）四川自贡市

蒲江等地的工作结束后，联合考古队前往四川自贡市，参观盐业历史博物馆并与该馆盐业史专家进行座谈。自贡市盐业历史博物馆的专家们介绍了他们以往在四川境内及云南等地进行的盐业调查及收获，放映了考察录像资料。联合考古队成员介绍了中美盐业考古合作的背景及研究目标、国外盐业考古的现状及进展、日本盐业考古及研究成果等。其间，联合考古队考察了东源井、燊海井及盐场内熬制盐卤的设施。实地参观了东源井附近一座由乡镇企业开办的盐厂。这座盐场使用比较原始的熬盐、制盐工艺，其生产流程、煮盐用具、燃料及燃料渣滓废弃物的堆放及位置等引起联合考古队成员的极大兴趣，这些今天已难得一见的人类学材料对深入理解和阐释蒲江盐井沟－灰沙嘴遗存的关系及埋藏学等具有重要的参考价值。

（三）重庆三峡地区

三峡地区在历史上属巴人管辖，这里的制盐历史更为悠久。《华阳国志·巴志》中就有巴人向周天子贡盐的记载。《后汉书·南蛮传》记："巴氏之子……是为廪君……从夷水至盐阳……盐水有神女止廪君曰：此地广大，鱼盐所出，愿留共居。"此后历朝历代，这里一直是我国西南地区重要的盐产区。

1. 忠县

1999年，联合考古队抵达重庆后，前往涪陵参观了白鹤梁遗址。旋即赴忠县，首先重点考察了瓦井镇佑溪村中坝遗址、古盐井等，对遗址区域及周围的景观环境进行了测绘和全景摄录；其次，自中坝遗址沿瓦井河上溯，调查沿线古盐井的分布及右溪村一带民居旁分布的盐井和与盐业产销有关的遗迹及炼渣。再次，自中坝遗址顺流而下步行至瓦井河－长江交汇的河口，考察沿途景观地貌及瓦井河口一带的瓦渣地、哨棚嘴、崖脚遗址，并对其相对位置进行了测绘。又次，对中坝、瓦井口周围遗址出土的部分尖底陶杯、圜底陶罐进行形态学观察，并对部分器皿的容积进行测绘。最后，前往涂井镇红赤村考察汝溪河两岸分布的盐井、蓄卤池、输卤笕槽支架柱洞、大型熬盐炉灶遗迹及损毁的寺庙基址。对这里的大型熬盐炉灶进行测绘。历史上，这一带的盐产业颇具规模，直全20世纪60年代才停产。

需要说明的是，早在20世纪50年代末，四川省文物管理委员会等单位曾在瓦井沟口一带作过调查[①]；20世纪80年代后期，中国社会科学院考古研究所在瓦

---

① 四川省博物馆：《川东长江沿岸新石器时代遗址调查简报》，《考古》1959年8期；四川省博物馆：《四川省长江三峡水库考古调查简报》，《考古》1959年8期。

井沟和中坝遗址进行过调查①。1993—1994年，北京大学考古学系再次对中坝遗址和氥井沟口等遗址进行复查②。

2. 云阳—奉节—巫溪—巫山

联合考古队在云阳县参观了云安镇盐场（已停产）、白兔井等，了解盐井的构造及提取盐卤的设施。然后前往巫溪县，重点考察了大宁盐场（已停产）和向厂区输送盐卤原料的大宁盐泉（后溪河北岸宝源山麓）。对盐场西端3号车间和东端3号车间内废弃的熬制盐卤的炉灶及相关设施、用具等进行测绘。

3. 彭水郁山镇

1999年夏，联合考古队派遣北京大学城市与环境学系硕士研究生李小波（现任教四川师范大学）前往重庆彭水县郁山镇，考察那里的盐业遗址③。与其他盐产区相比，郁山盐矿具有一定的特殊性，并因此有"彭水型"卤水一说。其特点为：①盐矿地质时代早、埋藏浅；②盐卤多天然出露；③盐卤成分较差。通过此次考察，了解到郁山镇共有古盐井13处。此外，明清两代，当地也曾开凿过一批盐井。1949年以后，当地实际有生产能力的盐井共9眼，日产卤1.32万筒（每筒64千克），后又开凿了黄泥井、新皮袋井、郁机一井、郁机二井等，产量大幅飙升。但是，由于盐卤含氟量过高，1984年，郁山盐厂全部停产。另据调查，除郁山镇外，彭水鸡冠山、温泉等地也有产盐历史。

（四）鲁北莱州湾地区

2002年8月，北京大学考古文博学院、环境学院和山东省文物考古研究所对莱州湾及胶东半岛进行了一次盐业考古调查，考察地点和单位达20余处。通过此次考察，基本达到了从面上了解鲁北-胶东沿海与制盐有关的遗址，以及这些

---

① 中国社会科学院考古研究所四川工作队：《四川万县地区考古调查简报》，《考古》1990年4期。

② 1993年12月—1994年5月，本文作者曾负责在中坝和氥井沟口一带进行考古调查和发掘。

③ 李小波：《重庆市彭水县郁山镇古代盐井考察报告》，《中国盐业考古（一）——长江上游古代盐业与景观考古的初步研究》，科学出版社，2006年。

遗址的分布、数量、埋藏及所在地的景观环境。其中，考察重点是该区域内常见的一种陶质盔形器，详细考察了此类器皿的分布、埋藏、年代、器形、纹样及在遗址中所占的比例等，同时，对各地博物馆、文物管理所收藏的一批盔形器进行了形态学的观察和实测。经初步分析，取得了一些新认识[1]。

三、考古发掘

（一）四川蒲江县盐井沟-灰沙嘴遗址

1998年，成都市文物考古队曾在蒲江县白云乡盐井沟-灰沙嘴遗址作初步试掘[2]。在盐井沟发现2口盐井和1处蓄卤盐池，并做了初步清理。2眼井均圆形大口，直径170—175厘米，开凿在沟内山溪一侧基岩台地上，至今仍渗出卤水。从井内清理出的遗物有唐宋时期的板瓦等。在1号盐井上方约28米处发现一处摩崖造像，画面为一佛二菩萨二力士，两侧刻写"大中""元和二年"纪年题刻及"勾当盐井人""淳熙丙午年修井"等题记。2号井位于1号井的上游段。盐井上方阶地有一处用石板砌筑的蓄卤盐池，长375、宽195、深120厘米，中间用石板分隔成两个小池。2号井和蓄卤盐池附近发现有10个输卤笕槽支架柱洞及板基槽1处。笕槽支架的柱洞为圆形，开凿在溪谷旁基岩或巨石块上，直径20厘米上下、深12—26厘米，间距73—208厘米。支板基槽也开凿在基岩上，共14个，长36—100、宽10—17厘米。估计当时可能在基槽上安置支板，再在支板上设置输卤笕槽，向下游窑埂村的盐场输送卤水。

盐场建在溪谷下游窑埂村边，这里保留有大量废弃堆积，埋藏丰厚，当地人称"灰沙嘴"。经试掘得知有6层堆积，堆积物主要为熬盐时废弃的炭渣、盐卤渣等。出土遗物有釉陶碗、四系罐、灰陶盆、红陶缸等器皿的残件及板瓦、铁锅残片等。还有数量较多的长条形耐火石。从文化堆积及包含物分析，其年代大致在唐—宋时期。

---

① 李水城等：《莱州湾地区古代盐业遗址考古调查》，《盐业史研究》2003年1期。
② 蒋成、龙腾：《蒲江古盐井遗址考古调查有重要收获》，《中国文物报》1999年3月3日第一版。

（二）重庆忠县

1. 重庆忠县瑠井沟口遗址群等

20世纪50年代末，三峡水库的建设开始酝酿，由此拉开了三峡考古的序幕。这一期间，四川省长江流域文物保护委员会文物考古队和四川大学等单位曾在忠县（原属四川省）瑠井沟河口的瓦渣地、哨棚嘴等地作过试掘[①]，发现了以尖底羊角杯和花边口罐为特征的一组遗存。结合文献记载，后来有学者推测，此类遗物有可能为制盐用具。

20世纪90年代，三峡水库建设正式上马，一场世界上最大的文物抢救保护工程在三峡地区全面铺开。1993年末，北京大学考古学系承接了忠县地下文物保护发掘论证的任务，并立即派员前往三峡进行先期摸底和遗址选点工作[②]。与此同时，四川省文物考古研究所、北京大学考古学系已先期在哨棚嘴、崖脚遗址进行试掘，为后来的工作做了铺垫。

1994年初，北京大学组建了三峡考古队。2月前往忠县，对忠州镇瑠井沟口遗址群、乌杨镇汉—南朝墓葬、涂井李园遗址和魏晋时期崖墓等进行了大规模发掘，获取了一批重要资料。在当年作的论证报告中明确指出，瑠井沟口遗址群、中坝遗址、李园遗址出土的大量花边口圜底罐、尖底羊角杯应是一种特殊产业活动的遗留，探索这些遗址的性质及此类器皿的使用功能是考古界面临的一个新课题[③]。

从1997年开始，瑠井沟口一带的考古发掘一直持续到2002年。

2. 重庆忠县中坝遗址及古盐井

中坝遗址位于瑠井河中下游的佑溪村。该址曾于20世纪50年代末做过试

---

① 忠县试掘工作组：《忠县瑠井沟新石器时代遗址试掘简况》，《文物》1959年11期；四川省长江流域文物保护委员会文物考古队：《四川忠县瑠井沟遗址的试掘》，《考古》1962年8期。

② 1993年12月，北京大学考古学系在承接了忠县地下文物保护的发掘任务后，李伯谦、赵化成及本文作者随即赴忠县对古遗址进行先期考察。

③ 北京大学考古系：《四川省忠县三峡工程淹没区地下文物保护规划报告》，1994年8月31日（草案）。

掘①。1990年，四川省文物考古研究所再次对该址进行试掘，对遗址的埋藏状况有了初步了解②。1997年以来，四川省文物考古研究所对该址进行了大规模的连续发掘。

为配合中美盐业考古合作项目的进行，经与四川省文物考古研究所协商同意，从1999年末至2001年5月，北京大学考古学系每年派遣部分外国研修生、研究生承接中坝遗址一座探方（编号99ZZDT0202）的发掘（面积10米×10米，实际发掘面积9米×9米）。自第18层（约东周晚期）到第69层（生土）发现的遗迹有：龙窑3座、房基地面（或工作面）33处、灰坑42个、方形黏土壁坑2座、沟槽6段，以及大量陶片、石器、骨器、角器、卜骨及其他遗物。

发掘中我们采用了一些新的方法：①对探方内所有土壤均作筛选（筛网孔径约0.6厘米）。②鉴于中坝遗址堆积丰厚、陶片数量极其巨大，在探方内选取了一个1米见方的抽样区（witness section），抽样区内出土陶片全面收取。③探方内出土兽骨全部采集。

发掘过程中，联合考古队的地质考古专家和地理学家还对溮井河流域进行了地质构造和地貌景观的考察。此外，德国、法国、美国、瑞士等国的盐业考古专家也曾前往中坝遗址进行参观，他们对这座遗址表现出浓厚的兴趣，并一致认同这是一座与制盐产业有关的重要遗址。

3. 山东寿光大荒北央遗址

2001年，为探索莱州湾沿海地带中全新世海岸变迁与人类的关系，山东大学考古系在寿光大荒北央遗址进行试掘。此地距莱州湾15千米，是鲁北沿海地带集中出土盔形器的一处遗址，地表采集盔形器残片占陶片总量的95%以上。该址文化层厚约1米。第1层为表土，第2、3两层为文化层，包含物仍以盔形器为大宗，其比例超过90%。发现的遗迹有灰坑和灰沟。灰坑圆形，圜底，直径50

---

① 四川省文物考古研究所等：《忠县中坝遗址发掘报告》（注1），《重庆库区考古报告集》（1997卷），科学出版社，2001年。

② 巴家云：《忠县中坝新石器时代晚及商周遗址》，《中国考古学年鉴·1991》，文物出版社，1992年。

厘米左右，深40—50厘米。坑壁用红褐色黏土涂抹，加工规整，透水性差。发掘者推测它们有可能是保存淡水或卤水的设施。

此次发掘有两个收获：①在文化层中发现大面积分布的白色沉淀物硬面，表面平滑，推测是人工形成的遗迹，有可能是与制盐产业有关的遗留。②发现大量盔形器。其质地分两类：一类红褐色，质地差，估计是用当地的土壤在当地烧制的。另一类灰色或黑灰色，质地好，应是在外地烧制好以后的输入品。这些盔形器内壁底部有白色沉淀物，发掘者已采集样品，希望通过检测以证实此类器物是否为专门的制盐器具[1]。

四、初步研究成果

（一）成都平原

在蒲江一带进行的考古调查和试掘未发现早到先秦的制盐遗物和遗迹。目前，这一区域发现的盐井一般被定在唐代，蒲江白云乡窑埂村灰沙嘴的试掘证实其文化堆积为唐宋时期。我们认为，尽管未找到年代更早的遗存，但也不能说那些大口盐井都是唐代的。事实是，自汉代起川西盆地就流行凿挖大口浅井；另外，目前断代的凭据大多为盐井附近的摩崖造像及上面的年款题记，但这些盐井可能开凿在唐代以前，延续到唐代或更晚仍在使用。也就是说，摩崖题刻并不说明盐井的年代上限。但对此还需作进一步的分析。

调查结果证实，蒲江一带的盐井均开凿在山溪两侧或山崖下，井口大而浅，有的在盐井附近砌蓄卤盐池，或利用溪谷的高低落差架设笕槽向下游盐场输送卤水；盐场内用耐火石构建熬盐炉灶；燃料可能多为木柴、木炭，也可能使用煤炭（蒲江白云乡盐井沟内山崖下有自然出露的煤层及早年挖掘的矿洞，但具体何时开采，不详。但煤的质量极差）。另一现象是，盐井附近往往开凿摩崖造像，上面的题刻内容往往与盐井有关，说明当时的制盐产业与宗教之间存在联系，此类造像似乎充当着盐井保护神的角色。总之，上述工作及新的发现为探索川西平原制盐历史提供了重要资料。

---

① 　王青：《山东寿光大荒北央遗址发掘简介》，第三次环境考古大会（济南）打印本，2002年。

（二）三峡地区

20世纪50年代末在瞀井沟口发现羊角尖底杯后，有学者就推测这是一种造盐的器具，有人还进而推测，之所以制作尖底陶器，目的是利于将其插在江边沙滩地上，经日晒盐卤获取食盐[①]。但是，如果考虑到三峡地区一年四季潮湿多雨的气候条件，这一推测显然经不起推敲。

我们认为这里的遗址是专门的产业遗留，其中以制盐的可能性最大。根据如下：①文献记载，瞀井沟一带在历史上是重要的盐卤产区。至今在瞀井河沿线仍分布相当数量的盐井。②这里发现的古遗址埋藏状况特殊，堆积物以尖底杯、花边圜底罐为大宗，种类单一、形态特异。③此类器皿不是日常生活用具。④参阅国外考古资料，上述器皿及特殊的堆积现象与国外一些制盐遗址的堆积和器类极其相似。

中坝遗址探方99ZZDT0202的发掘有这样一些规律性的现象：①从第56层开始出现羊角尖底杯。但直至第51层，其总量仅占该层陶器的5%；第50层增至23%；第49b层激增至75%以上。②羊角尖底杯的衰退亦极其迅速，第49a层时锐减至7%强。取而代之的是此前仅占5%左右的大口短身尖底杯，第49a—48层，后者跃升至25%，此后迅速回落并走向消亡。③与尖底杯衰退同时，厚胎花边口圜底罐逐渐成长起来。到第49a—35b层时，大小不甚匀称的花边口圜底罐成为主流，比例占50%—80%以上。到第35a层以后，此类器又迅速被一种容量均等的束颈花边圜底罐取代，后者比例激增至80%—90%。④到第21层左右，花边口圜底罐陆续被容量大小相差无几的平口圜底罐取代。

通过对探方99ZZDT0202出土的近200个完整的圜底罐、尖底杯容积的检测，可知圜底罐容积在500毫升左右，但有随时间变化而变化的趋势。另一共同点是，同时段的陶罐容积非常接近。因此有理由推测，这些陶罐可能同时还扮演着量器的角色。

对探方内出土的大量动物骨骼我们全面予以收集，并特别关注这样一些问

[①]　1982—1985年，本文作者在四川博物馆工作期间，曾负责四川省博物馆历史文物展览陈列修改工作，当时四川已有学者持这种说法。

题：①哺乳类动物和鱼类的比例及变化；②不同时期动物种属的变化；③鱼类体积的变化（可反映环境变迁或捕鱼技术的改进）；④兽骨一类遗存与制盐业之间的联系，即是否存在盐产业的副产品，如腌制鱼（肉）、鱼酱等。

尽管我们提出了上述结论，但根据目前掌握的资料，尚不十分明确当时究竟如何用陶器制盐，在哪些地方制盐，工艺流程如何，盐产业的规模，如何贸易和交换，等等。

（三）重庆彭水郁山镇

郁山镇是一个比较偏僻的盐业产区。由于储量、质量、交通等各方面原因，这里的井盐业生产不像自贡、乐山等地那般举足轻重，具有一定的地方特点。但是，由于郁山盐泉具有的天然性和浅埋藏的特征，又很容易成为早期人类开发利用的盐业产地[①]。假如真是这样的话，这一带的盐业开发必然与巴蜀、荆楚地区的早期人类活动密切相关。因此，应给予必要的关注。

（四）山东莱州湾地区

通过实地考察及对已刊布资料的梳理，了解到这一区域内盔形器的分布基本环绕莱州湾，西起无棣县，东止于胶莱河，南界大致蔓延到泰沂山系以北、胶济铁路（济—青高速公路）沿线。据各遗址点出土盔形器的比例，或可将上述区域进一步细化为两小区：①高密度区。以莱州湾为圆心，沿海岸线15—30千米构成一面向海湾的弧，这一范围内凡商周遗址均出盔形器，而且所占比例甚高，最高占陶器总量的90%以上。②低密度区。在高密度区外围，商周时期遗址也经常见盔形器，但为数不多，呈零星分布。

对盔形器的年代还有不同认识。一般将它们推定为商周时期；或将年代下限延伸至春秋-战国或更晚。对其功能也有不同看法。①汲水器；②煮盐或晒盐用具；③陶臼。

结合四川及三峡地区的盐业考古实践，我们对盔形器有如下基本认识。①盔

---

① 李小波：《重庆市彭水县郁山镇古代盐井考察报告》，《中国盐业考古（一）——长江上游古代盐业与景观考古的初步研究》，科学出版社，2006年。

形器集中分布于胶济线以北，尤以莱州湾近海滩涂地带最集中，有相当一部分出盆形器的遗址坐落在现今盐场范围内或附近。②参考全新世以来海面的变化研究，距今3000年前后，莱州湾的古海岸线大致在现今海岸线以内15—20千米范围，也就是说，那些出有盆形器的遗址当时更加靠近海岸线。③沿海滩涂地下水位高，加之潮水涨落，土壤高度盐碱化，极不利于农业垦殖。④盆形器胎体厚重，不具备一般生活用具的特征。有的遗址还发现将盆形器集中放置在地面或窑内，表明盆形器是一种特殊的专业化生产用具。

　　莱州湾地区的盆形器形态与三峡地区的花边口圜底罐类似，遗址的埋藏状况也与三峡瞿井沟一带的埋藏一致，与世界其他一些国家和地区制盐遗址的堆积及出土物也十分接近。此外，历史上齐国一直为重要的海盐产地，并因占有"渔盐舟楫之利"，而称霸一方。再往前看，《世本》记，"夙沙氏煮海为盐"。夙沙氏为传说中与神农同时的人物，被尊为海盐之神，其部族应活动在山东境内。可见，那里的盐产业出现得相当早。

（五）中原地区

　　中原地区重要的盐产地在山西南部的河东地带。古史传说"尧都平阳，舜都蒲坂，禹都安邑"。尧、舜、禹之所以将都邑选在靠近河东之地，首要原因是为了控制那里的资源，解池之盐即为其中之一。尽管上述传说还需要考古方面的证据，但晋南一带自旧石器时代以来古遗址的分布密度一直较高，暗示上述的推测并非空穴来风。

　　2000年，刘莉、陈星灿撰文（以下简称刘－陈文）讨论了黄河流域中心－周边系统的相互关系，特别谈到了夏商时期跨地域控制和运输重要自然资源等问题[①]。这里的资源即指铜、铅、锡等冶金矿物原料和民生必需品——食盐。夏－商早期将都邑建在洛阳－郑州冲积平原，这里土地肥沃，便于军事防御和发展经济，但也存在一些缺憾，即缺少社会必需的一些自然资源，特别是铜、锡、铅、盐等战略物资。为获取并保障这些资源供给，夏－商的统治者便将他们的政治－军事触角延伸到蕴藏有这些资源的周边地区。

---

① 刘莉、陈星灿：《城：夏商时期对自然资源的控制问题》，《东南文化》2000年3期。

晋南拥有中原最大的盐池——解池。解池之盐经日晒即可结晶，且蕴藏量极其丰富，是晋-陕-豫地区唯一的大型盐业资源。也是夏商时期各方争夺的重要战略资源。

刘-陈文统计，晋南已发现旧石器以来的古遗址300余处。到了龙山时代晚期，出现了以陶寺为代表的大型中心聚落。龙山时代以后，夏代没有将都邑选在晋南，而是建到了豫西。但这一时期晋南的东下冯类型文化则趋同于豫西的二里头文化，这说明两个地区一直保持着密切联系。到商代早期，晋南商时期文化则又与郑州商早期的二里冈文化保持一致。刘-陈文指出，这两次经历相似的文化变迁涉及一个有趣的问题：为什么夏人、商人都对晋南保持了浓厚兴趣？

刘-陈文通过对夏县东下冯遗址的分析，注意到该址第五期（约当早商二里冈下层）建造的一座夯土城，在城垣西南角建有40多座圆形建筑，分为7行，每行6—7座。经发掘可知，这组建筑形制非常统一，每座直径850—950厘米，基址为厚30—50厘米的夯土，高出周围地面，每座房基中心有一直径20—30、深80厘米的大柱洞。地表挖十字形沟槽，宽50—60、深80厘米，内有柱洞。基址周边还有一圈30—40个排列紧密的柱洞。这组基址可复原为无墙、无门道的木构建筑，地面被十字沟槽分割，空间狭小，不宜作为人类居住的房屋。此外，除发现少量的陶片外，基址周围不见其他遗物。反之，它们却更像古代的粮仓。可是，考虑到运城的地势、土壤及这组建筑的格局，刘-陈认为，粮仓说亦不足取。联系到当地重要的自然资源——盐，他们提出这组建筑可能是商代储盐的仓房，其形状与《天工开物》描绘的古代盐仓非常相似。

刘-陈还指出，东下冯出土了数量较多的大型陶器——蛋形瓮、敛口瓮，这两类器中的一部分可能被用来储藏河东盐池出产的盐。在豫西二里头发现的蛋形瓮和敛口瓮与东下冯的同类器一致，可能意味着河东盐池的盐在这一时期被运到了夏人的统治中心。从空间看，解池位于东下冯西南30余千米，发源于中条山的青龙河可将中条山铜矿、东下冯遗址与河东盐池连接起来，经青龙河、涑水、黄河及其支流将中条山所产之铜、解池所产之盐运抵伊洛地区。如此，东下冯实际上扮演了由国家控制的自然资源集散地的角色。

刘-陈文认为，商文化在二里冈上层的某一时期突然衰落。值得注意的是，商文化在晋南的消失恰好与二里冈上层时期商文化向东方、向南方的扩张趋势同时，而商人向东、向南的扩张正是为了攫取那些地区的盐（山东）和铜矿（长江中游）等自然资源。

　　利用文献探讨河东盐池及这一地区在历史上曾扮演的重要角色的研究从很早就开始了，但结合考古资料进行研究者寥寥。从这个角度看，刘－陈的研究是很有价值的。尽管他们的结论带有较大的推测成分，也有不少问题还需要进一步推敲和澄清，但他们毕竟以新的视角提出了一些有趣的问题，这对今后该地区考古研究思路的拓展无疑是富有启发的。

　　　　　　　　　　（原载于《盐业史研究·巴渝盐业专辑》2003 年 1 期）

天一生水，润下作咸："有滋味"的盐业考古

……太平相业何惟盐？化作夏商周时节。——（宋）柳永《煮盐歌》

一

在人的所有感官中，味觉的记忆保留时间最久、印象也最为强烈，故盐在中国古代被誉为"百味之祖""食肴之将"。试想，若是我们的生活没有了盐，世界将会变得怎样？"淡而无味""寡淡"的日子肯定非常没劲。

古人云："天生曰卤，人生曰盐。"最早的"盐"字上部左面为"臣"；右为"人"，人下置"卤"，下部为盛物之器皿。此字既会意又象形，形象地说明"盐"源自于"卤"，也强调了盐是由国家和官府控制的特殊财富（图一）。

图一　早期汉字中的"卤""煎卤制盐"和"盐"字

今天，盐在日常生活中看似普通，但在人类的历史长河中却一直扮演着重要角色。盐是"生命的食粮"，是地球上所有生命不可或缺的元素，这个印记或许早在亿万年前的生命起源之初就被烙上了。因为地球上所有生命都源自海洋，而大海又是地球表面盐分的最后归宿。

　　人类对食盐的需求因文化、地域、气候、环境、饮食、习俗的不同而异。作为维持人类生命的必需品，盐的作用主要在四个方面：①维持胃液的酸碱平衡；②调解血液中的碱度；③维持心脏跳动；④维持肌肉的感应力。从生理指标看，人对盐的需求从每日最基本的2克到最佳的5—6克；如从事重体力劳动、高热量支出或在某些疾病状态下，每日需达30克左右。总的来看，一个人一年消耗食盐的总量约占人的体重的1/20—1/10。同样，动物若要生存并保持种群的正常繁衍，也要定期补充盐分。如家猪每日5—10克，绵羊7—15克，马约50克，牛30—100克。在野生状态下，动物会本能地寻找盐泉或舔食地表渗出的盐渍。驯化的动物则需在饲料中添加补充。总之，无论人还是动物，如果缺盐，都将会导致体内水分流失，引发身体强烈不适，容易罹患疾病，严重的会导致死亡。

　　人类在早期从事狩猎-采集经济。这个阶段，人体所需盐分可通过动物的肉、血、奶甚至尿液补充。一旦人类进入高度垦殖的定居农业社会，生业方式巨变，肉食剧减，谷物变成主食。从此，必须在食物中额外添加盐。这样一来，制盐业和相关贸易很快就发展起来，也由此催生了一系列的相关产业。如用盐加工食品（肉、水产鱼虾、蔬菜、调味料等），以保证食物储藏，提高生活质量。此外，盐是某些手工业的必备原料，如加工制作皮革品，生产某些药物和化妆品等。盐还是很好的助燃剂，可在早期金属冶炼中发挥作用。到了近现代，盐在化学工业中的重要性有目共睹。以至于西方人感觉"盐几乎就是个小宇宙"。

　　制盐应该是人最早利用物理学和化学知识将一种物质转化成另一种物质的发明创造。在人类科技史上有不少发明创造与制盐有因果关系。以我国四川为例，制盐业在世界上首先使用煤（1世纪）和天然气（9世纪）作燃料；率先在世界上发明同时提取盐卤和天然气的小口深井开凿技术（11世纪中叶）；首次钻出世界上第一口超千米的深井（19世纪初，自贡燊海井）技术等。为了凿井取卤，成就了世界上最早的冲击钻技术。中华民族对世界的重大贡献可远不止"四大发明"。

二

我们的老祖宗老早就意识到，人要想在世上立足生存，须首先保证两个物质条件，"一曰食，二曰货"（《书·洪范·八政》）。在生产力欠发达的古代，物质资料（食物）的生产几乎是人类唯一的活动。一般而言，维持人类生存的普通资源相对容易获取；但某些可产生财富的贵重资源（如盐、金、银、铜、铁、玉石等）可不是任何地方都有的。要想得到它们，或依赖于贸易，互通有无，再就不惜发动战争，强取豪夺。

盐是民生之必需，也是国家赋税收入的重要来源。因此，盐在中国古代被誉为"国之大宝"。即便到了今天，盐业依然是世界上很多国家和地区由政府严格控制的特殊产业。

因为人对盐有特殊需求，而盐在地球表面分布又不均衡，再加上人类早期受生产和运输多方面限制，使得盐在不少地方成为不易获取的稀缺商品，并对社会诸多层面发生影响。史前时期，伴随着盐业开发、生产和消费，加速了不同区域间的文化交流和"盐"道的出现，导致某些区域和交通要道的人口密度加大、聚落扩展，这些对于文明的起源、社会复杂化以及城市化进程具有积极的推动作用。到了近代，盐业和贸易甚至在某些地区和国家的现代化进程中扮演了关键角色。在某种程度上，盐业生产、交易与流通消费确是了解早期文明发生和发展的重要因素。

盐的重要性还体现在宗教上。世界上很多民族都保留有盐和盐神的传说，甚至赋予盐以特殊的宗教职能，从一般的用品上升到美德的层面。在基督教仪式中，盐是不可或缺的。《圣经》训诫讲，"一切供物要配盐而上"（《旧约·利未记》2：13）。耶稣曾教导门徒："要做'盐'，而不要做'光'，盐溶化了自己，让人体吸收，盐没有自己；光处处有影子，光忘不掉自己。"在中国的古代和现代的很多制盐场附近都能看到庙宇或造像一类宗教建筑或遗迹。

总之，盐兼有物质和精神的双重层面，它几乎浸润到人类社会的各个层面。鉴于此，盐业考古和盐业文明的挖掘不仅大有文章可做，也是一个颇具潜力、极富挑战的重要研究领域。

三

盐易溶于水，在空气中可慢慢挥发。地表土壤中的盐也会随着雨水的冲刷而淡化消失。因此，除了盐矿遗址，考古学家很难在土质遗址中找到古代的盐。从这个角度说，盐业考古有其特殊性。实际上，考古学家需要通过某些器具、特殊的堆积和遗迹现象、残留的某些遗痕来识别制盐遗址。此外，制盐卤水中往往含有某些微量元素，考古学家可借助现代科技手段检测，验证其结论的可靠性。

世界上最早注意制盐遗址的是欧洲人。17世纪末到18世纪初，法国不断加强对洛林地区盐业生产的保护。当时有位工程师在摩泽尔河（R.Moselle）的支流塞耶（R.Seille）河谷上游发现有大量烧土和陶器的堆积，并将堆积中奇形怪状的陶器命名为"briquetage"。20世纪初，时任梅斯（Metz）博物馆的德国馆长在塞耶河谷进行了发掘（图二），这个事件标志着盐业考古的诞生。日后研究表明，塞耶河谷的制盐遗址是一座从铁器时代早期（公元前800年）延续到铁器时代晚期的重要制盐遗址。

19世纪70年代末，英国人注意到埃塞克斯（Essex）沿海湿地大片隆起的烧土堆积，但一直给不出合理解释。1906年，英国成立了红丘（Red Hill）研究委员会，这是一个由诸多资深科学家组成的团队，目的是通过对出土文物和环境背景的研究，解释红丘的性质及成因。后来的发掘证实，这是铁器时代或罗马时代早期的一处海盐制造场。

这以后，盐业考古在欧洲稳步发展，并逐步扩展到美洲、非洲、东南亚和南太平洋。20世纪50年代，日本出现了盐业考古，迄今已将日本制造海盐的历史上溯到绳纹时代晚期。

中国有着悠久的盐业研究史。甲骨文中就

图二　塞耶河谷马萨尔遗址的
首次发掘场景

有"卤""斥"等涉及盐及与制盐有关的文字。在古史传说中还有山东沿海的夙沙氏在4000年前煮海造盐的传说。遗憾的是,盐业考古在中国一直是个空白,以至于1997年出版的《中国盐业史》竟没有一条考古资料,这对于我们这个文明古国是个莫大的缺憾。

四

20世纪90年代初,随着三峡水库建设的上马,世界上历时最久、规模最大的抢救性发掘在三峡境内全面铺开,这也为盐业考古的出现提供了契机。1993年底,国家文物局在北京召开三峡水库地下文物保护发掘论证工作会议,决定由北京大学承接忠县淹没区地下文物的调查和发掘。会后我们赶赴忠县考察古遗址,在瞢井河谷,当我们面对超过10米堆积的中坝遗址,望着那几乎清一色由花边口圜底罐或尖底杯残片构成的丰厚文化层,不仅感到强烈震撼,简直是目瞪口呆、难以理解! 1994年春,笔者带队前往重庆(当时隶属四川)忠县,在瞢井沟口发掘出一批堆积深厚、包含物单一的遗址,联系到中坝遗址的奇特堆积现象,我们推断这是早期巴人的某种产业遗留,而最大的可能就是制盐产业。日后我们将这个想法写进了"忠县地下文物保护发掘论证报告"。

1999年初,北京大学与美国加州大学洛杉矶分校合作开展了"成都平原及周边地区古代盐业的景观考古学研究",通过对成都平原、自贡、三峡等地的调查,详细了解到这一区域内古代制盐产业及近现代盐场的分布、制盐工艺和保存状况。在自贡,碰巧东源井旁的冲潭村出现一家民营制盐企业,难得地给我们上了一堂传统制盐工艺的课,对了解传统制盐工艺、各类设施的功能等有重要参考价值。

就在这年末,我们派员参加了由四川省文物考古研究所在中坝遗址的发掘,对这处遗址的产业性质有了深入的认识。其间,我们邀请一批国外盐业考古专家前来中坝考察,交流世界各地盐业考古的发现与研究,得知中坝这类埋藏现象特殊的遗址与世界其他地区的制盐遗址完全相同。这以后,我们又前往鲁北-胶州半岛沿海、甘肃礼县、西藏芒康、云南云龙等地进行考察,了解各地的制盐遗址、古盐井及现存少数民族传统制盐场所的情况。上述工作迅速填补了盐业考古在中国的空白，并取得一批重要的研究成果，不仅在国内产生了积极影响，也引起国际学术界的关注。

从2007年开始，在法国外交部、文化部的支持下，北京大学考古文博学院师生每年夏季前往法国东部塞耶河谷参加制盐遗址的考古发掘，扩大了学术视野，加深了对盐业遗址的理解，积累了宝贵经验。

五

迄今为止，国内已正式发掘了两处制盐遗址。一处是位于三峡境内的重庆忠县中坝遗址；另一处是黄河下游山东寿光的双王城遗址。

三峡所在的长江上游地区是我国古代盐业最早开发的区域。《华阳国志·巴志》记，巴人曾向周天子贡盐。《后汉书·南蛮西南夷列传》中有巴人先祖廪君沿夷水（清江）上溯迁徙的记载，"盐水有神女止廪君曰：此地广大，鱼盐所出，愿留共居"。反映出巴人与盐的密切关系。以至于四川方言中"盐巴"一词据说就来自骁勇善战、长于制盐的巴人。

重庆忠县的中坝遗址可谓早期巴人制盐产业的一个缩影。这座遗址文化堆积达69层，从早至晚依次为新石器时代晚期、夏、商、西周、春秋-战国、秦汉、南朝、唐、宋、明、清，几乎囊括了中国历史上的所有朝代（图三）。

中坝遗址发现的制盐遗迹有：储卤涂泥圆坑、长方形涂泥蓄卤槽池，作坊、盐灶、巨量的制盐陶器及石器、骨器、角器和卜骨等。其中数量最多的是三种造型各异的制盐陶器，它们堆积在不同的层位，形成近乎单一的堆积。在新石器时代晚期，制盐陶器为夹粗砂红褐陶缸，数量占陶器总量的70%。做工粗糙，口部、底部厚重，腹部很薄，唇部捏塑花边，尖底或小平底或延伸出一短柱。这类器可复原成大口、尖（小）底容器，口径、高度约40厘米。有趣的是，其造型与日本爱知县松崎贝冢古坟时期的制盐陶器非常接近。青铜时代中晚期，制盐陶器改为薄胎尖底小杯，数量最高时占陶器总量的94%。分大、中、小三种，同类的杯子容积基本相等。青铜时代晚期—铁器时代早期，制盐陶器再改为花边口圜底罐，数量占到陶器总量的95%—98%，容量也更加标准化（图四）。

图三　中坝遗址远眺

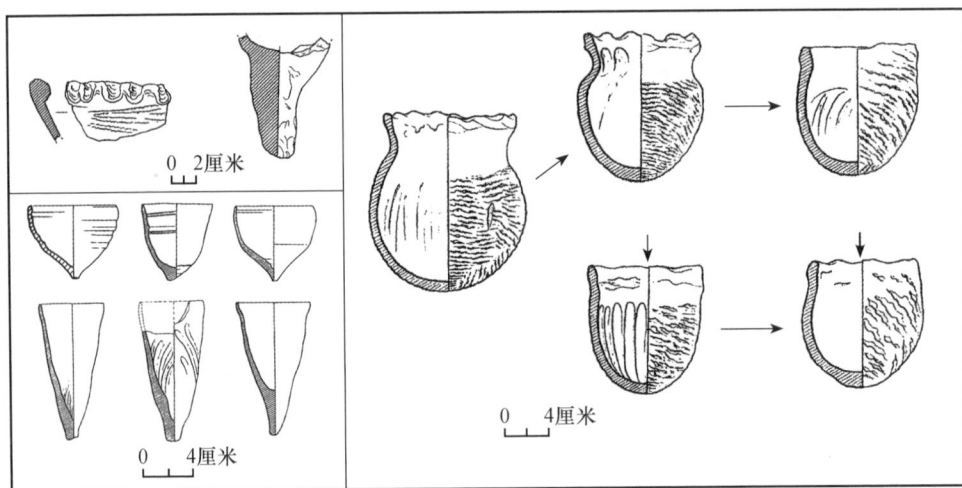

图四　中坝遗址三个时期的制盐陶器

　　中坝遗址的特殊埋藏和遗迹与一般的生活聚落显示出巨大反差。这里的制盐陶器数量超乎寻常，种类单一，制作粗糙；较少见到一般的日常用具。所发现的遗迹现象也很难与日常生活挂钩，如多见涂抹胶泥的圆坑和长方形槽池，坑壁残留有灰白色钙化物，应是用来储存卤水的；而长条形的所谓"龙窑"则是煮盐的炉灶。经检测遗址中采集的土壤和制盐陶器，发现有残余的卤水杂质和较高的钙和镁，这些成分与三峡境内的地下卤水一致；而花边口圜底罐器壁内 Na 和 Cl 的含量偏高，应是煎煮盐水时溶液渗入器壁所致。

在忠县㽏井沟口发掘了一批葬俗与楚都江陵相同的战国墓。楚人为何葬身于偏僻的巴国境内？以往的解释是，为了缓解江汉地区的食盐短缺，楚国不惜派重兵远征三峡，掠夺"盐巴"，长期的战争让楚国不少官兵命丧三峡。但近年来一种新的解释更为合理。其实，古人对盐的追求并非在于一时一地的抢掠，而是谋求贸易的长久稳定。鉴于文献和考古均不见楚国占领三峡的证据。因此㽏井河口的楚墓应是常驻巴地的楚国盐商。其身份犹同今日客居京城的"浙江村"和"新疆村"。这些异乡人来到陌生的地方经商，总会刻意在各方面突显和强调自己的"母文化"色彩。然而，这却是代价最小、也最稳妥的获取"盐巴"的贸易策略。

如今，中坝已被淹没，尽管遗址的性质已得到确认，但也留下了很多遗憾。如当时究竟采用何种方法制盐？制盐陶器的变化是否预示了制盐工艺的改变？三峡地区的制盐业有着怎样的产业链？中坝的盐销到哪儿去了？除了制盐，当地是否还有其他产业？如腌制鱼肉、制作调味品等。总之，这座遗址丰富的资料为我们提供了充足的想象空间，希望这些问题不要随着中坝遗址的沉没而沦为千古之谜。

黄河下游的渤海湾南岸是我国历史上最重要的海盐产区。《说文》引《世本》记："古者宿（夙）沙初作海盐。"反映了人们对4000年前海盐生产的追忆。《尚书·禹贡》记：青州以盐为贡。东周时齐国成就霸业，显然都是占了"渔盐舟楫之利"。

20世纪50年代以来，一直有学者猜测鲁北沿海的盔形器可能与制盐有关，但从未有过考古工作证实。1999年，就在我们结束西南盐业考古调查后不久，便开始谋划中国的海盐考古。2002年，我们完成了对鲁北-胶东沿海20个县市的考古调查，全面了解了这一区域含有盔形器的遗址分布、盔形器的形态、尺寸、时代以及在各个遗址中的数量比例等。

考察发现，含盔形器的遗址均集中在鲁北沿海地区，这个地区的遗址出土器类非常单一，盔形器往往占到陶器总量的90%以上，生活用具却很少见。鲁北地区的盔形器造型与中坝遗址的花边口圜底罐造型非常相似，制作也很规范，分圜底、尖圜底和尖底三类，器高20—22、口径16—18厘米，容量也很接近。据初步研究，盔形器的发展趋势可大致概括为：圆腹圜底—卵圆腹尖圜底—陀螺形腹尖底，绝对年代为商代晚期到西周时期（图五）。有意味的是，在盔形器分布的高密度区，也正是地下高浓度卤水分布范围。这一区域海拔低，土壤高度盐碱化，不宜人类居住，无法经营农业。即便在今天，这里还是现代盐场的首选之地。

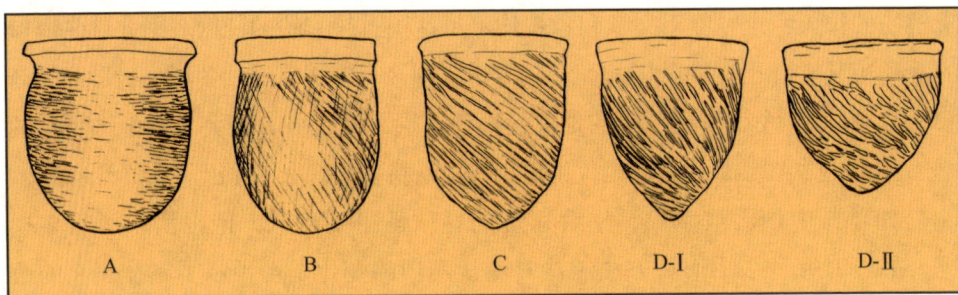

图五　鲁北莱州湾沿岸制盐陶器的演变

调查证实，从黄河三角洲到胶莱河沿海分布着一批制盐遗址群，小者数平方千米，大者近百平方千米，每个遗址群内包括了数十至上百个制盐作坊，这种超大规模、保存完好的古代盐场在世界范围内都十分罕见。

2008年，山东省文物考古研究所与北京大学对寿光双王城遗址进行发掘，清理青铜时代（公元前10世纪前后）的作坊3处；历史时期（10—14世纪）的作坊1座，发现大批制盐遗迹和遗物。其中，青铜时代的制盐作坊占地600—900平方米，结构大体相似，作坊以一个长10多米的亚腰状盐灶为中心，附近有用木棍苇席支撑井壁的卤水井，围绕盐灶建有蒸发池、蓄卤坑、涂泥过滤圆坑、摊晒场等一整套制盐设施，另有废弃垃圾堆将三千年前的制盐作坊完整地呈现出来（图六）。

最近，在第三次全国文物普查时，在潍坊、昌邑一带新发现了210余处制盐遗址，时代从晚商到东周时期。特别是找到了东周时期的煮盐炉灶和器形高达60厘米的大型制盐陶器，显示出东周时期制盐业有了更为长足的进步，这恰好与齐国称霸的时间相呼应。据《管子》记载，齐国采用传统的柴草煎盐技术，当

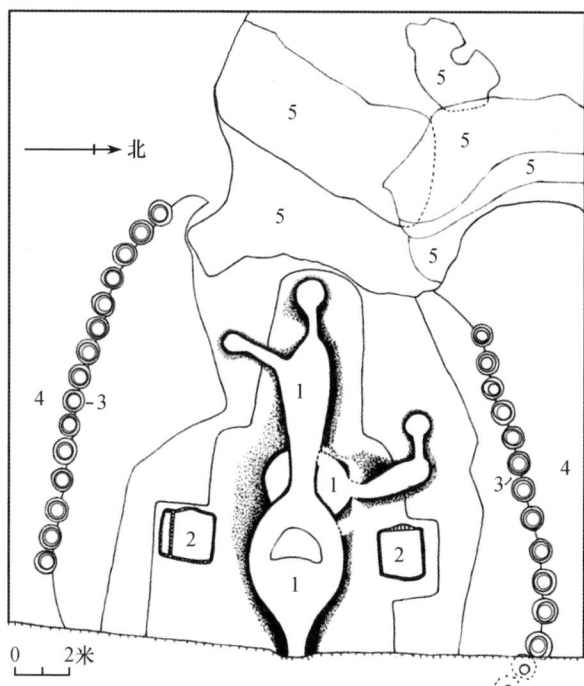

图六　寿光双王城遗址014制盐作坊平面布局

1.盐灶　2.蓄卤坑　3.涂泥圆坑　4.大型蒸发浅池区　5.废弃物堆积区

时政府已通过行政命令控制盐业的生产和价格，这与上述发现的遗迹现象也是吻合的。

　　上述发现对了解商周时期的政治、经济、文化和军事以及中原王朝和东夷的关系具有重大历史价值。正因为如此，双王城遗址荣获2009年中国十大考古新发现。可以设想，下一步的工作和研究将逐步揭开鲁北地区早期盐业生产的神秘面纱，并将对上古及三代的历史、文化、政治、经济、贸易、军事和盐政等诸多方面的研究发挥积极的影响。在取得上述成绩的同时，我们也清醒地认识到，有关盐业生产的诸多谜团还有待于破解，如商周时期究竟有着怎样的制盐工艺和技术流程？如何解释和复原那些考古发现的作坊和遗迹现象？东周时期的制盐业有了怎样的发展变化？特别需要将上述的研究与各个地区古代社会的政治、经济、文化等问题切实结合起来，努力追寻遗迹背后人们的活动信息，这将是下一步需要慎重思考的重要课题。时代的发展对中国考古学提出了更高的要求，盐业考古当顺应时势，建立更高的目标，工作更细致、扎实，研究思路更开阔，手段更加多样，态度更加科学。切不可凭着某些一知半解，匆忙地下结论。

六

限于篇幅，很难将近年来中国盐业考古的全部工作一一罗列出来。通过上面两处遗址的介绍足以看出，中国的盐业考古在不太长的时间已经小有成就。这是中国考古工作者辛勤努力工作的结果，同时也与中外学者精诚合作、保持密切的国际学术交流分不开。

我曾设想，假如今天重写《中国盐业史》的话，我们将会加入大量的考古实物资料作"调料"，这本书将会更加有趣，也更加"有滋有味"！

（原载于《中国文化遗产》2010年3期）

中原地区盐业考古的探索与实践

距今3000年前，在商代晚期的甲骨文中已出现了"卤""斥"等与盐有关的汉字。从周代金文到战国简帛，历朝历代的文献典籍亦不乏盐政管理和盐业生产的技术资料，著名的如元代的《熬波图》和明代的《天工开物》。此外，在地下还埋藏有丰富的制盐遗迹和遗物，一些边远地区至今仍延续着形式多样的民族传统制盐工艺，在自贡等地还保留着一大批近现代的制盐工业遗产。

遗憾的是，盐业考古在我国却长期是个空白。自20世纪50年代以来，中国开始有零星的工作和研究触及制盐器具，但仅限于猜测，真正的盐业考古直到20世纪末才步履蹒跚地出现。经过二十余年来的不懈努力，中国的盐业考古有一系列重要的发现和科研成果。值得欣慰的是，近些年来，中原地区在这一研究领域也有了可喜的突破。

一、运城盐池

河东盐池位于中原核心腹地的运城盆地南部、中条山北侧山脚下。因其地处黄河之东，古称"河东盐池"，又因此地靠近解州，亦称"解池"。现存盐池呈椭圆形，东西长20—30、南北宽3—5千米，面积约130平方千米。盐池所在地为晋西南地势最低凹的区域，海拔仅320米，较黄河枯水期的水位还低20多米。从东到西分布的盐池、硝池及五姓湖等是数百万年前的运城古湖萎缩而形成。由于地势低洼，长时期以来，自中条山北麓和运城盆地中南部的河水大部汇入此地而无法外溢，因此成为山西境内唯一的内陆水系。据研究，盐池及周围一系列小的湖泊曾是一个完整水体，后来被分隔开来，淤积的湖水形成了浓度很高的盐池。这些非泄水性的池、滩蕴含丰富的食盐、芒硝、硫酸镁、硫酸钙、钾、溴、硼等矿物资源（图一）。

图一 运城盐池、中条山古盐道及黄河古渡位置
（薛新明先生提供图片）

从远古时期开始，"河东盐池"所产之盐就成了中原地区的重要战略资源。《尸子·仁意》载："舜作五弦之琴，以歌南风。其诗曰：'南风之薰兮，可以解吾民之愠兮；南风之时兮，可以阜吾民之财兮！'是舜歌也。"①歌词讲述盐池的开发和利用给当地人民带来了不尽的财富。

晋南地区民间广泛流传"蚩尤化血为卤"的传说。《孔子三朝记》记："黄帝杀（蚩尤）于中冀，蚩尤肢体身首异处，而其血化为卤，则解之盐池也。因其尸解，故名此地为解。"可见，史前时期人们就已经在开采和利用盐池中的盐，并为争夺这一重要资源的控制权不断引发争斗，甚至不惜发动大规模的战争。据古史传说，尧、舜、禹之所以逐鹿中原，目的就是为了获取"河东盐池"的盐。以至于他们在夺取政权后，都将其都邑建在了晋南，此即"尧都平阳""舜都蒲坂""禹都安邑"之说的由来。上述古史传说并非空穴来风，毕竟人类对居址的选择是有条件的，其先决条件是环境是否优越，资源是否丰富，交通是否便利，而河东盐池所在的地理区位和资源优势也确实在早期文明和国家形成进程中扮演了关键作用。

"河东盐池"是中原地区唯一出露于地表的大型盐湖，因此地靠近解州，所产之盐名"解盐"，或称"潞盐"。由于湖水每年会随春季天气转暖和风吹日晒自然结晶出盐，较之海盐和井盐易于开采，所以河东盐池有可能是人类最早开发的

---

① 据考，《尸子》是战国时人尸佼的著作。若此歌出自《尸子》，那么《南风》及歌词从战国起便开始流传了，这也是盐湖产盐的最早记载。

物产。由于这里的盐不需要人类用火熬煮制作，很难留下与人类活动有关的遗迹和遗物。尽管这里是中国最早出现考古的区域，也是工作开展得最多的地区，却很难通过考古发掘寻找早期盐业生产的证据。

2003年，中国国家博物馆与山西省文物局、运城地区文物保护研究所共同开展"晋西南聚落考古与早期国家和文明起源"课题研究。至2006年完成了运城盆地东部的区域考古调查。此次调查发现大批的史前遗址，但调查结果显示，在仰韶文化时期，还没有看到有与盐池开采有关的任何证据。到了庙底沟二期文化阶段，有迹象显示，盐池附近的聚落或许已经出现了早期盐业的开采。其证据是，在以吕儒3号聚落为中心的青龙河下游，考古发现有些聚落群所在区域的土壤和水源不利于人畜饮用和农业生产。但却发展出了吕儒3号这样的大型聚落，面积高达30.98万平方米，这不由得让人联想到盐池的开发利用，但这还需要进一步的考古证据支持。龙山时期的考古调查范围有限，尚未找到开发盐池的直接证据，但有种种迹象表明，这个时期延续了前一阶段对盐池的利用。

越来越多的证据显示，二里头文化阶段对特殊资源的开发受到前所未有的重视。在一定程度上不排除东下冯－崦掌7号聚落的出现（面积25万平方米）就是为了掠取更多的铜矿和盐业资源。商代二里冈时期，晋西南地区丰富的铜矿和盐业资源受到中央王朝的进一步重视，因此也不排除东下冯－崦掌10号聚落（面积44.4万平方米）是为了向中央王朝输送更多资源而建立的①。

最近，有学者以运城盆地的考古调查资料为基础，借助ArcGIS软件，分析了运城盐池周边古代遗址的地理信息，推知了龙山至二里冈文化时期盐湖的范围及变化情况。分析结果显示，龙山时期盐池的范围最大，约为292.4平方千米，二里头文化时期范围缩小，约为143.76平方千米，二里冈文化时期约为157.16平方千米。无论哪一个时期，两个小时以内就可以从盐池周边的古代遗址到盐池进行采盐工作。并在上述分析的基础上，推测盐池周边的遗址可划分为"采盐

---

① 中国国家博物馆田野考古研究中心、山西省考古研究所、运城市文物保护研究所：《运城盆地东部聚落考古调查与研究》，文物出版社，2011年。

区""存盐区"和"运盐区"三个功能不同的区域[①]。

历史时期，盐池因淡水过量注入而难以产盐。为解决这个难题，北魏正始年间（505年），在盐池北侧开凿了一条人工水渠。隋大业元年（605年），都水监姚暹主持对这条水渠进行了整修疏浚，因此得名"姚暹渠"。"姚暹渠"如长堤一般横亘于大地，阻挡了青龙河的洪水，保护了盐池。但这条水渠在拦截洪水的同时，也在盐池周边造成了大面积的泥沙淤积，导致有些早期文化遗址很有可能被埋在了这些淤积层的下面。

如此看来，河东盐池的盐业考古只能以新的视角广开思路，另辟蹊径。

二、清凉寺墓地与中条山盐道

河东盐池的产量很大，这里产的盐不仅能满足当地需求，更多的可以外销生利。在盐池南部的中条山中发现一批古老的驮运商道，其中有些就是早期用于运盐的驿道。20世纪50年代以来，山西省文物考古研究所在芮城县寺里-坡头遗址多次进行考古调查，发现一批规模大、排列有序的大型窖穴，年代可以早到新石器时代晚期的庙底沟二期文化。据调查者推测，此地极有可能是中条山内一处重要的仓储重地，至于储藏的究竟是粮食抑或食盐？还有待进一步的发掘与研究[②]。

2003年，山西省文物考古研究所发掘了寺里-坡头遗址附近的清凉寺墓地，有一系列重要发现。这座墓地位于中条山深处，地势偏鄙，却是近些年来中原内地发现史前时期殉葬人数最多、随葬玉（石）器最丰富的一处墓地（图二）。

清凉寺墓地的发掘者认为，该墓地第三期墓葬破坏了当地原已存在的墓葬，并经过一定规划，墓葬南北并列，从西向东成排分布，出现较多的殉人迹象等，说明社会制度出现了变化，甚至出现了以销售盐池食盐为主要职业的管

---

① 姜湾、田伟：《龙山至二里岗文化时期河东盐池分布范围研究》，《中原文物》2023年1期。

② 山西省考古研究所、运城市文物工作站、芮城县博物馆：《山西芮城寺里-坡头遗址调查报告》，《古代文明》2004年3卷。

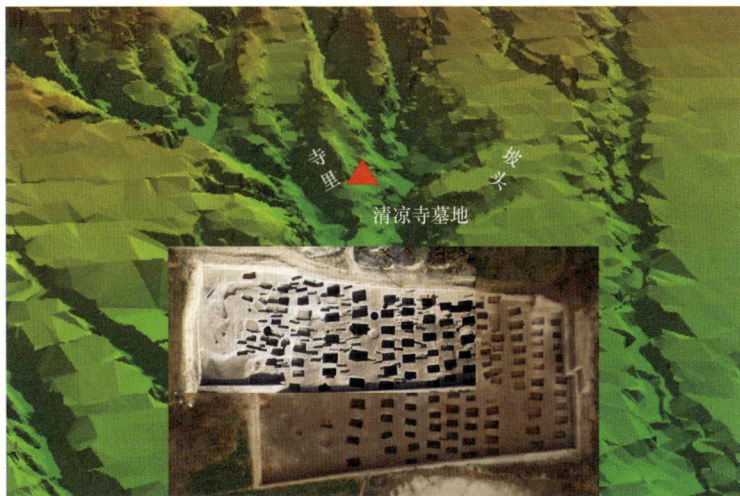

图二　寺里-坡头遗址和清凉寺墓地俯瞰
（山西省文物考古研究所薛新明先生提供图片）

理集团或相应机构[①]。

　　确实如此，清凉寺墓地的厚葬习俗、特别是随葬大量外来输入的玉器，暗示此地曾居住着一个生活优渥、文化多元、性质特殊的群体。这也不由得让人联想到，在欧洲中部一些重要制盐遗址之间的通道上出现的"权贵遗存"，此类遗存普遍发现有使用外来输入奢侈品的现象[②]，这类遗存对深入认识和解读清凉寺墓地的"特殊葬仪现象"是非常富有启发的（图三）。

　　考虑到河东盐池距离清凉寺墓地仅有15千米，由此继续南行20千米即黄河古渡口，显然这是一条南行销售运城池盐的商旅必须途径的古道。算起来，今天自"河东盐池"到黄河古渡，若靠步行早出晚归，也就一天路程。考虑到史前时期的自然条件和交通路途的不便，加之还要驮运携带货物，至少需要两天行程。而清凉寺所在的位置恰好是最适合中途打尖休息的地方。可见，埋葬

---

① 薛新明：《山西芮城清凉寺史前墓地死者身份解析》，《西部考古》（第一辑），三秦出版社，2006年。

② （德）托马斯·塞勒（Thomas Saile）：《中欧早期的制盐业：新石器时代食盐生产模式与贸易模式》，《中国盐业考古（二）—国际视野下的比较观察》，科学出版社，2010年，198—217页。

图三　清凉寺墓地人殉墓及该墓地出土的彩绘陶器和玉器

（山西省文物考古研究所薛新明先生提供图片）

在清凉寺墓地的那些“土豪”很可能就是史前时期控制这条“潞盐”外销通道的某个特殊群体，他们控制着这条穿越中条山的交通要道，通过对食盐运输和销售的控制，聚敛了大量财富，继而通过使用外来奢侈品和厚葬的习俗炫耀其富有和特殊。

在我们提出上述看法之前，考古界还没有人将寺里-坡头遗址和清凉寺墓地的一系列特殊现象与盐业的开发和贸易活动相联系，甚至有学者对此并不认同。但是，随着时间的推移，这一解读已经引起学术界的关注，并引发一批年轻学者从更深层次的思考，并意识到盐业考古对理解某些特殊遗存的性质、价值有重要意义。

近来还有学者在讨论中条“洹津道”①时进一步推测，这条沟通晋南运城盆

① 洹津渡又名洹津或窦津渡，是从中条山南麓下黄河岸边的重要古渡口。据清代文献，洹津渡至少在汉代已经常使用，隋时置关。

地与洛阳盆地以西的古道至少在仰韶文化庙底沟时期就已出现，这也是一条离"河东盐池"资源位置最近、最为便利的外贩之路。唐宋时期仍以此道为盐道。作者同时也意识到，清凉寺附近的寺头村中部断崖上分布有庙底沟二期文化的大型窖穴，形制规整，规模巨大，排列有序，鲜有打破关系，说明这里是当时的一处仓储重地①。

寺里-坡头遗址和清凉寺墓地的发现和研究价值还在于，该址若被证实确为早期控制盐道的一个特殊族群，那也从另一侧面表明，中原地区对"河东盐池"的开发和食盐贸易的出现可上溯到新石器时代晚期的庙底沟二期文化，并已初步形成具有一定规模的制盐产业和对外销售的贸易通道。

近来，有学者就清凉寺墓地的性质展开进一步的讨论并认为，假如清凉寺墓地确如发掘者所言为运城池盐外销人员的墓葬，那么这些外销人员究竟是为哪个政权服务的"盐官"？通过目前的考古资料分析，清凉寺墓地的性质属于庙底沟二期文化和龙山文化三里桥类型，这也意味着陶寺邦国并不直接控制运城盐池，也不直接参与管理清凉寺墓地的"盐官"。作者的认识倾向于清凉寺墓地及寺里-坡头遗址很可能是以垣曲东关遗址为中心聚落的庙底沟二期至三里桥类型文化的政体在盐池附近设立的管理盐业贸易的据点，相当于"盐关"。该"盐关"的管理者即"盐官"，也有普通工作人员。他们的居址在寺里-坡头，墓地安排在清凉寺。盐官们的墓葬就是那些拥有奢侈随葬品的权贵墓，普通工作人员的墓是那些无任何随葬品的平民。或许正是由于清凉寺墓地的墓主管理着食盐贸易，稍有权势者的墓都随葬有玉石器，其中玉石钺及钺末端饰为武器，多孔石刀或为制盐专用工具，更多的玉石璧、环很可能原本作为食盐交易的一般等价物，下葬时作为财富的象征埋到墓中，或戴在墓主手臂上。鉴于清凉寺墓地社会的经济基础是食盐贸易，才会凸显出用女性和儿童殉葬的特殊现象，因为这些殉人多数是购买的奴隶。在同时期以小农经济为基础的陶寺文化墓地，包括王墓在内的贵族墓葬要比清凉寺墓地奢华得多，却无一墓有殉

① 高江涛：《试论"中条洹津"道》，《中国社会科学院古代文明研究中心通讯》2017年32期。

人。这再次表明，奴隶制是以商品经济为基础的[1]。

另有学者提出，如果清凉寺墓地埋葬的人群确实与运城池盐外销有关，并借此发展为一个高等级富贵集团，那么从中获利的当不止寺里-坡头一处，陶寺、周家庄等"超级聚落"所代表的区域集团也会或多或少或直接或间接地从中得利，从而对本地区龙山时代的迅猛的发展势头起到强有力的支撑作用[2]。

三、夏商时期对晋南盐池的经略

进入夏、商王朝以后，晋南地区一直是各方势力觊觎的战略要地，这在很大程度上与争夺河东盐池的巨大利益有关。张光直先生很早就敏锐地察觉到这一点，他曾指出："晋南除了铜矿以外，还有华北最为丰富的盐矿，在中国古代的确是一个富有战略性资源的地区。"[3]

近些年来，有学者根据张光直先生的思路展开研究，认为夏商时期统治者将都邑建在洛阳—郑州一线，目的之一是出于防御和经济发展的需要，另一个是为了控制晋南的特殊资源，特别是"河东盐池"的盐。刘莉和陈星灿撰文探讨了黄河流域中心-周边系统的相互关系，特别谈到了夏商时期跨地域的控制和运输重要自然资源。这里的资源即指铜、铅、锡等冶金矿物原料以及民生必需品——食盐。夏-商将其早期都邑建在洛阳-郑州冲积平原，是因为这里土地肥沃，便于军事防御和发展经济，但也存在一些缺憾，即缺少社会必需的特殊资源，特别是铜、锡、铅、盐等战略物资。为获取和保障这些资源的供给，夏-商统治者便将其政治-军事触角延伸到蕴藏这类资源的周边地区。河东盐池是晋-陕-豫地区唯一的大型盐业资源，也是夏商时期各方势力角逐的重要战略资源。

据统计，晋南地区发现的旧石器时代遗址多达300余处。到了龙山时代晚

---

① 何驽：《〈清凉寺史前墓地〉读后》，《中国文物报》2017年9月5日6版。

② 戴向明：《晋南盐业资源与中原早期文明的生长：问题与假说》，《中原文物》2021年4期。

③ 张光直：《关于中国初期"城市"这个概念》，《中国青铜时代》，生活·读书·新知三联书店，1999年，37页。

期，出现了以陶寺为轴心的大型中心聚落。龙山时代以后，夏代未将都邑建在晋南，而是选择在豫西。但这个时期分布在晋南的东下冯类型文化与豫西地区的二里头文化面貌非常一致，可见这两个地区的群体有着密切的文化血脉联系。进入商代早期，晋南地区的商文化依旧与郑州商代早期的二里冈文化保持一致。作者进而指出，这两次经历相似的文化变迁涉及一个有趣的问题，即为何夏人、商人都对晋南保有如此浓厚的兴趣？

通过对夏县东下冯遗址的分析，作者注意到，东下冯遗址第五期（约当早商二里冈文化下层）建造了一座夯土城，在城垣西南角发掘出40多座圆形建筑，经发掘，这组建筑形制非常统一，可分成7行，每行6—7座，每座建筑直径850—950厘米，基址为厚30—50厘米的夯土，高出周围地面，每座建筑中心有一个直径20—30、深80厘米的大柱洞。地表还挖有十字形沟槽，沟宽50—60、深80厘米，沟内也有柱洞。基址周边另有一圈30—40个排列紧密的柱洞（图四，左）。

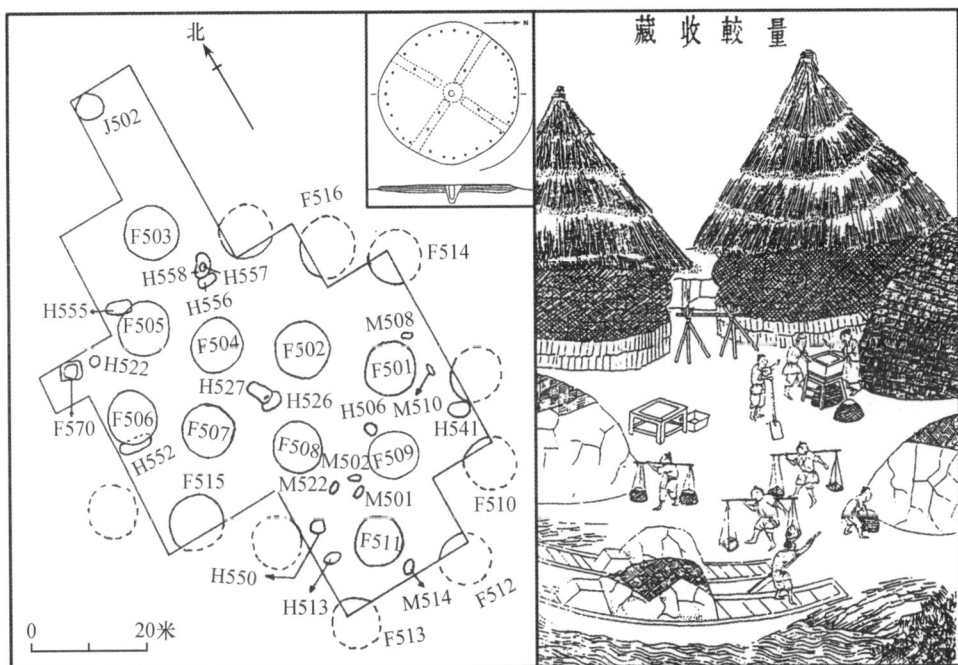

图四　东下冯遗址出土的商代仓房建筑遗迹与《天工开物》中的盐仓

这批圆形基址可复原为无墙、无门道的木构式建筑，地面被十字沟槽分割，空间比较狭小，不宜作为人类生活居住的房屋。此外，除发现少量陶片外，基址周围不见其他遗物。反之，它们却更像是古代的仓房。考虑到运城的地势、土壤及这组建筑的格局，作者认为，粮仓之说不足取。联系到附近运城盆地的重要资源—盐，研究者提出，这组建筑很有可能是商代储藏食盐的仓房，其形状与《天工开物》(175页)描绘的盐仓形状非常相似(图四，右)。

研究者进一步分析，东下冯遗址出土数量较多的大型陶器——蛋形瓮、敛口瓮，这两类器物中的一部分可能就是用来储藏河东盐池所产的盐。在豫西二里头发现的蛋形瓮和敛口瓮与东下冯完全一致，或许意味着河东盐池的盐在这一时期被运到了夏人的统治中心消费。从空间看，解池位于东下冯西南30余千米，发源于中条山的青龙河将中条山铜矿、东下冯遗址与河东盐池连接起来，经青龙河、涑水、黄河及支流可将中条山所产之铜、解池所产之盐运抵中原的伊(河)洛(河)地区。作者继而推测，东下冯遗址应是夏商时期中原王朝为控制和获取晋南食盐和铜矿资源设立的一处重要据点。如此，东下冯城池实际上担负着国家控制重要资源集散地的职能。

作者还提示，商文化在二里冈上层的某个时期突然衰落。值得注意的是，商文化在晋南地区的消失恰好与二里冈上层时期商文化向东方、向南方的扩张大潮同时，而商人向东、向南的发展恰恰也是为了攫取那些地区的盐(山东)和铜(长江中游)等特殊资源[1]。还有学者通过对甲骨文的研究，认为商王武丁大力向西北地区炫耀武力，目的也是为了保护晋南的盐业资源[2]。

利用文献探讨河东盐池及晋南地区在历史上扮演的重要角色从很早就开始了。但结合考古资料研究的学者不多，从资源角度出发的更是寥若晨星。从这一点看，刘-陈的研究富有启示。尽管其结论还带有较大推测成分，仍有不少问题

---

[1] 刘莉、陈星灿：《城：夏商时期对自然资源的控制问题》，《东南文化》2000年3期；陈星灿、刘莉、赵春燕：《解盐与中国早期国家的形成》，《中国盐业考古——国际视野下的比较观察》(第二集)，科学出版社，2010年，42—65页。

[2] 杨升南：《从"卤小臣"说武丁对西北征伐的经济目的》，《甲骨文发现一百周年学术研讨会论文集》，文史哲出版社，1999年，204页；杨升南：《商代经济史》，贵州人民出版社，1992年，634页。

需要深入推敲，但他们毕竟以新的视角提出了值得思考的问题，对拓展中原地区盐业考古的研究思路是富有启发的。

在商代的甲骨中发现少量与制盐有关的文字，按其内容大致可分为盐政管理、盐业生产流动、盐的使用三类。如"卤小臣其又（有）邑"（《合集》，5596），这里的卤小臣可能是指负责盐业生产管理的官员。再如"壬午……令弜……取卤。二月"（《合集》，7022）和"弜取卤"（《合集》，21429），所言涉及盐的生产与征收。再如"甲子卜，出，贞束又致卤於寝"①，涉及诸侯或臣下向商王贡盐。再如"己酉卜，宾贞，戎卤"（《合集》，7023），是讲通过战争掠夺食盐。还有，"己未卜，贞燎酒卤册大甲"（《合集》，1441），记录了将盐作为重要的祭祀用品②。

通过甲骨文中"取卤""致卤""献卤"或"戎卤"等内容，不难看出一个明显迹象，即盐产品在朝向商王朝的中心区域流动。或许商王朝的官员和贵族在获取到盐以后，除食用或用于祭祀，也有可能涉及盐业资源的再分配，并以此维系和巩固自身的统治。

晚商时期，国王盘庚将都城迁至东部的安阳，势力范围也逐渐从晋南和豫西退了出来，个中缘由为何？至今不很清楚③。但恰恰是从此时开始，商人向东大力扩张，展开了大举讨伐东夷的军事行动，将触角伸向黄河下游的渤海湾沿岸，并很快取得了鲁北莱州湾沿海一线的实际控制权。如今看来，商人这一系列行动的意图非常明显，就是为了夺取莱州湾沿海丰富的海盐④，这也是商人东进西退的深层原因。近些年来，鲁北地区的考古调查和发掘充分印证了这一点。

值得注意的是，近年来在晋南地区发现多处晚商时期遗址，自北向南有洪

① 李学勤、齐文心、艾兰：《英国所藏甲骨集》，中华书局，1985年，图1996；见杨升南：《商代经济史》，贵州人民出版社，1992年，634页。
② 杨升南：《从"卤小臣"说武丁对西北征伐的经济目的》，《甲骨文发现一百周年学术研讨会》，文史哲出版社，1999年，204页。
③ 刘绪：《商文化在西方的兴衰》，《夏商周考古探研》，科学出版社，2014年，177—183页。
④ 黄铭崇、林农尧等：《晚商文化的分布及其意义——以山东地区为例的初步探讨》，《东亚考古学的再思——张光直先生逝世十周年纪念论文集》，"中研院"历史语言研究所，2013年，257—337页。

洞坊堆-永凝堡、杨岳、前柏，浮山桥北，临汾庞杜，曲沃西周，绛县周家庄、乔野寨，闻喜酒务头等遗址。田伟对上述遗址进行了分析，发现晋南盆地晚商时期商文化或与商文化貌似相近的古代遗址基本都位于河汾之东，靠近山地的盆地边缘地区，有的遗址已进入山区。在此基础上，他认为这些遗址自北向南形成了商人防御西方敌对势力的一条防线，该防线大致沿太岳山西麓—中条山西麓一线布置，形成居高临下、俯瞰西方、南北呼应、联通腹心的局势[①]。戴向明进一步指出这一现象或许说明晚商王朝并未彻底放弃对本地区的占据与经管，酒务头墓地高等级贵族墓的发现表明商人在此地设有高级贵族管理的聚落，其目的除了巩固边塞之防，很可能还意在重新强化对本地区铜、盐资源的攫取甚至控制[②]。

四、周代的盐政管理与盐文化

从西周到东周初期，盐一直是贵族间流动的奢侈品。目前所知有3件西周到春秋初期的青铜器铭文中有盐的记载。其中，晋姜鼎和戎生编钟的铭文意义相近，内容均为下层贵族接受上层贵族赐予盐，受命攻打繁汤，以获取当地珍贵的铜矿资源[③]。另一条见于免盘，铭文也是上层赏赐盐给下层。从这三条铭文看，西周时期，盐是与青铜器同等价值的贵重之物，其相互流动也牵涉权力与资源的再分配（图五）。

目前对这个时期盐的消费情况还缺乏相应的文献资料。但从稍晚的文献得以窥见盐的使用。《周礼·天官·盐人》生动地描述了理想中主管盐的周王室官

---

① 田伟：《商代晚期的东西对峙》，《中国国家博物馆馆刊》2021年2期。

② 戴向明：《晋南盐业资源与中原早期文明的生长：问题与假说》，《中原文物》2021年4期。

③ 晋姜鼎作器于文侯之后，年代为春秋初年。晋姜一般被认为是晋文侯（公元前780—前746年）之妻。学术界对戎生编钟的年代看法有异，有人主张所记之事与晋姜鼎相同，年代相同，如李学勤：《戎生编钟论释》，《保利藏金》，岭南美术出版社，1999年，375—378页。有人从用词及文字形态认为是西周中期的器物。如马承源：《戎生钟铭文的探讨》，《保利藏金》，361—364页；又如裘锡圭：《戎生编钟铭文考释》，《保利藏金》，365—374页。

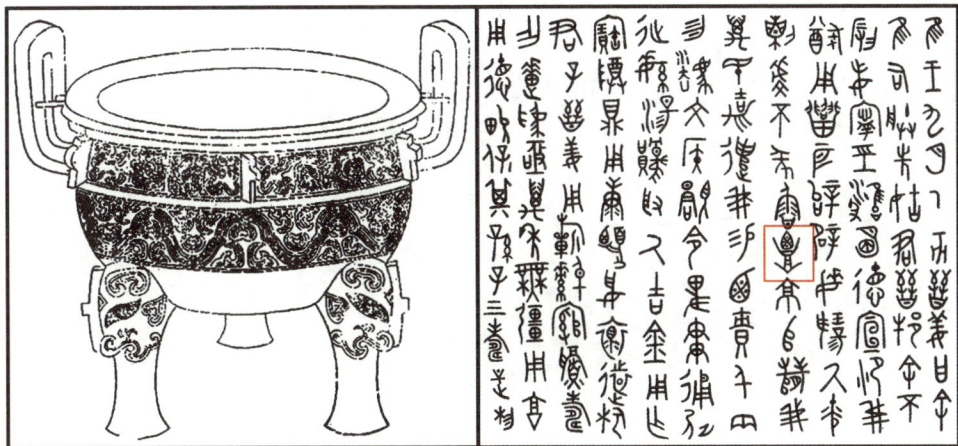

图五　晋姜鼎及铭文拓片中与"盐""卤"有关的文字

员的职能："盐人掌盐之政令，以共百事之盐。祭祀共其苦盐、散盐，宾客共其形盐、散盐，王之膳羞共饴盐，后及世子亦如之。凡齐事，鬻盐以待戒令。"[1]上述文字显示，在王室任职的盐人，在不同场合视情形供给不同的盐，其职责与后世负责盐业生产、买卖或课税的盐官有很大不同。结合《周礼》和《左传》的记载可以发现，盐在周代除了食用和祭祀之外，也有昭示权力、身份与社会地位的功能。将雕琢成"虎"形的盐块"宾客"或"朝事"，"以献其功"。说明盐在当时具有象征身份和地位的重要含义。

　　前些年在山西翼城大河口发掘出大批的西周墓葬，其中，M1017号墓出土3件霸伯铜簋，其中2件簋（M1017：8、M1017：40），1件山簋（M1017：35），盖、器同铭，铭文内容关乎西周时期的盐政[2]。根据冯时先生释写，铭文内容如下："隹（唯）十又一月，丼叔来？（ ）（别）盐，蔑霸伯历，事（使）伐，用？（畴）一百丼二粮，虎皮一。霸伯？（拜）？（稽）首，对易（扬）丼叔休，用乍（作）宝山？段，其万年子孙其永宝用（图六）。"这些文字大大丰富了西周的盐政史料。

　　冯时先生就这一重要发现撰文指出，铭文提到"丼叔来（别）盐"实谓丼叔亲至霸国辨别盐卤的种类和等级之事。古时盐卤种类不一，优劣有差，致其用

---

[1]　《周礼·天官·盐人》，《十三经注疏》（上），中华书局影印，1979年，675页。

[2]　山西省考古研究所等：《山西翼城大河口西周墓地1017号墓发掘》，《考古学报》2018年1期。

图六　大河口出土铜簋（M1017：40）及铭文拓片中与"盐"有关的文字

途不同，处置有异，皆需辨别区分。盐卤之分类事实上为适应祭祀、宾客与膳羞的不同需要，品类优劣必须加以区分。霸国地近盐池，霸伯于周王室有采卤涑盐之责，同时又有保护盐池盐源安全的义务，盐卤的种类与优劣品秩则由王朝官员亲自辨定①。

随后有学者进一步指出，近些年在临汾、运城所属的晋南地区发现多处与翼城大河口相似的高规格墓地。如绛县横水墓地②和雎村墓地③，包括西周时期翼城、曲沃交界处的天马-曲村遗址④所代表的晋国都城和晋侯墓地也相去不远。其中横水、雎村地处绛山之南、运城盆地东北，比起山北的大河口墓地距盐湖要更近一些。因此，若霸伯参与了经办盐事，横水墓地的倗伯等其他邦伯，包括晋

① 冯时：《霸伯治盐与西周井田》，《中原文物》2020年1期。

② 山西省考古研究所、运城市文物工作站、绛县文化局：《山西绛县横水西周墓地》，《考古》2006年7期。

③ 段双龙、王金平：《绛县雎村西周墓地》，《中国考古学年鉴（2018年）》，中国社会科学出版社，2020年。

④ 北京大学考古学系商周组、山西省考古研究所：《天马-曲村（1980—1989）》，科学出版社，2000年；北赵晋侯墓地第一至第六次发掘简报分别见于：《文物》1993年3期，1994年1期、8期，1995年7期，2001年8期。

侯也都不会置身事外①。

　　战国时期，盐作为国家的重要资源，不仅能增强国力，甚至可操控周边地区缺少食盐的国家。随着跨国贸易的加强，道路交通及运输工具（舟车）的改善，盐的生产成本大大降低，这进一步推动了盐的普及。《史记·货殖列传》记载有楚国的食盐交易活动："陈在楚、夏之交，通渔盐之货，其民多贾。"考古证据显示，楚国可能很早就开始涉足长距离、甚至是跨国间的盐业贸易②。

　　中原地区历来缺乏盐业资源，加之人类对盐的迫切需求，愈发凸显河东盐池所在地理区位的重要，因此在历史上晋南地区一直被各方势力所觊觎，这一点在中国上古传说中多有反映。或许正是通过对盐业资源的掌控及应运而生的盐贸易，大大刺激并带动了中原与周边地区大范围的经贸往来与文化交互，这一点有可能对中原史前时期的社会复杂化和文明化进程起到了不容忽视的重要推动作用，并由此及于夏、商、周三代，河东盐池在中原王朝的政治经济生活中一直扮演着无法取代的关键角色。

　　战国时期，晋国凭借"河东盐池"这一重要资源积累了巨大财富，并很快发展成中原地区的超级大国，长期压制西方的秦国。直至三家分晋四十二年以后，年轻的秦孝公启用商鞅，实施变法，其中一个重要举措就是由国家控制山林川泽。随着秦国不断做大和强力扩张，特别是在其吞并巴蜀以后，将西南地区的井盐资源悉数纳入囊中，大大增强了秦国的经济实力，也为日后秦王一扫六合、统一华夏积聚了充实的能量。

　　汉代的制盐产业有突飞猛进的发展。武帝元狩四年，改革盐政，实施专卖制度，在全国设立35处盐官，盐产业从此被纳入国家管理体系，这也成为中国盐政史的重要转折点。改革中最重要的内容是将盐铁买卖所得由少府转向了国家的大司农，此举也象征盐铁产业成为国家财政的命脉，而非少数贵族的"私房钱"。

　　这以后，历朝历代，有关盐业生产和盐政的管理会不时出现波动，但在国家管控层面这一点上几乎没有太大的改变。当然，官盐与私盐明争暗斗的激烈博弈在历史上从未停止，从古代一直延续至今。

①　戴向明：《晋南盐业资源与中原早期文明的生长：问题与假说》，《中原文物》2021年4期。
②　陈伯桢：《中国早期盐的使用及其社会意义的转变》，《新史学》2006年17卷4期。

渝东至三峡地区的盐业考古

1999年初，北京大学考古学系与美国加州大学洛杉矶分校扣岑（Cotsen）考古研究所实施了"成都平原及周边地区古代盐业的景观考古学研究"国际合作项目，在成都平原周边的蒲江、邛崃、自贡及渝东至三峡全境进行了一次大范围的考古学与人类学考察，目的是考察和了解这一区域内古代制盐遗址、盐泉、盐井和近现代制盐工厂的分布以及传统制盐工艺的保存状况。此项国际合作正式揭开了中国盐业考古的序幕。

此后，中美盐业考古国际合作项目组派员参与了重庆忠县中坝遗址的考古发掘，并先后前往山东莱州湾和胶东半岛、甘肃礼县、云南云龙、西藏芒康、海南儋州等地进行盐业考古调查，以期全面了解中国各地的早期制盐历史和传统工艺技术，特别是盐业资源的开发、生产和贸易对一个地区社会、政治、经济、文化各个方面产生的影响。随着盐业考古国际合作项目的展开，中国的盐业考古经历了从无到有的历练，并在较短的时间里取得了令世人瞩目的考古发现和研究成果。限于篇幅，本文仅以渝东至长江三峡一线近年来有关盐业考古的发现与研究作一介绍。

一、中坝遗址

20世纪90年代初，随着三峡水库建设的进行，世界上历时最久、参与人数最多、规模最大的抢救性考古发掘随之展开。此项工作也为中国盐业考古的实践提供了契机。1993年，北京大学考古学系承担了四川忠县（今属重庆市）地下文物保护发掘与论证工作，并在忠县忠州镇的㽏井河口及河谷内调查发掘数处文化堆积深厚、出土器物单一的古遗址。这些遗址与以往发现的一般聚落遗址有很大不同，由此联想到湾井河谷还遗留有一批古盐井[1]，以及当地大量有关制盐的文献记载和历史传说，进而推测此类埋藏现象特殊的遗址应与当地的某种特殊产业活动有关。其中，可能性最大的就是制盐。后来，我们将这一认识写入了三峡工程淹没区及迁建区文物古迹保护规划报告[2]。在上述诸遗址中，位于湾井镇佑溪村的中坝遗址最为重要（图一）。

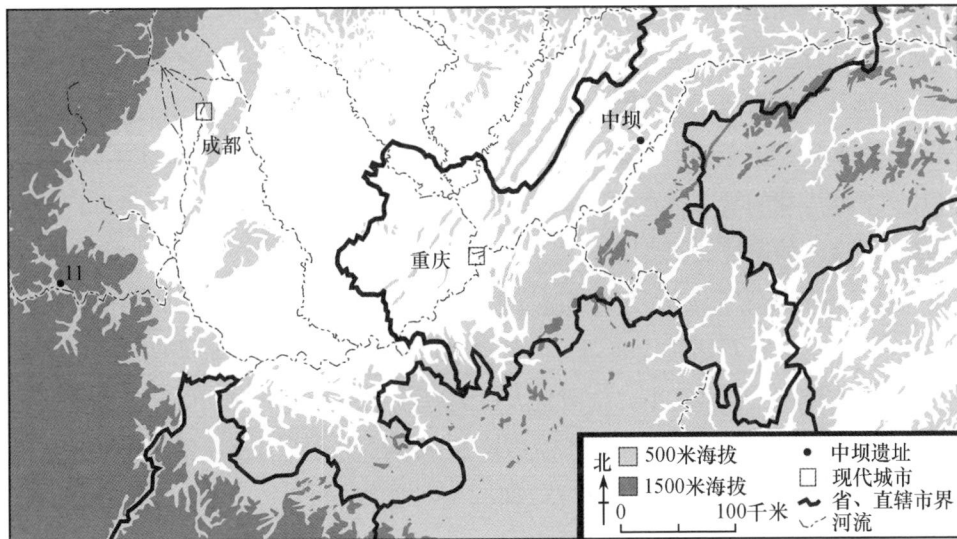

图一　重庆忠县中坝遗址的地理位置

中坝遗址最初发现于20世纪50年代。1990年，四川省文物考古研究所做了试掘，但未认识到遗址的特殊性[3]。1993—1994年，北京大学三峡考古队等单

---

① 20世纪70年代，湾井河谷沿线还保留古盐井72眼，有些直到20世纪仍在使用。

② 国务院三峡工程建设委员会办公室、国家文物局：《忠县文物古迹保护规划报告》，《长江三峡工程淹没区及迁建区文物古迹保护规划报告·重庆卷》（下册），中国三峡出版社，2010年，501—512页。

③ 巴家云，《忠县中坝新石器时代晚期及商周遗址》，《中国考古学年鉴·1991年》，文物出版社，1992年，272页。

位曾多次前往该址进行调查①。1997—2002年，四川省文物考古研究所正式发掘该遗址。经过5个年度的发掘，中坝遗址被全面揭露，发现大批遗迹，出土大量遗物。该址的文化堆积最厚达12.5米，文化层多达79层，上迄新石器时代晚期，下止于清代（图二）②。

1999年以来，中美盐业考古项目组先后邀请一批国际著名的盐业古专家前往中坝遗址考察，并为此举办了数次专门的国际学术会议，通过反复的交流与讨论，逐步认识到这座有着超量埋藏和单一陶器堆积的遗址与世界其他地区所发现的制盐遗址特征一致，中坝遗址也因此成为中国盐业考古的滥觞之地。

近些年来，不少学者就中坝遗址的考古发现进行了讨论，并与世界其他国家和地区的制盐遗址进行比较，使我们对这座遗址的内涵和性质有了明确认识，对其产业性质和制盐工艺也有了深入了解。以下是我们对中坝遗址考古发现的一些遗迹和遗物的研究认识。

涂泥圆坑　涂泥圆坑是中坝遗址发现的一种特殊遗迹现象。此类遗迹最早出现在中坝遗址新石器时代晚期，数量较多。特征是坑口作圆形或椭圆形，直径1—2、深1米余；口大底小，剖面呈大口圜底或小平底，坑壁和底部涂抹一层厚5—20厘米的黄黏土，有些坑底还铺垫较平整的石块，坑内常遗留陶器残件。以编号H583的涂泥圆坑为例，此坑口部椭圆，长径190、短径150、深120厘米；

---

① 国务院三峡工程建设委员会办公室、国家文物局编：《忠县文物古迹保护规划报告》，《长江三峡工程淹没区及迁建区文物古迹保护规划报告·重庆卷》（下册），中国三峡出版社，2010年，501—512页。

② 有关中坝遗址的考古发掘资料见：四川省文物考古研究所等：《忠县中坝遗址发掘报告》，《重庆库区考古报告集·1997卷》（长江三峡工程文物保护项目报告甲种第一号），科学出版社，2001年，559—609页；四川省文物考古研究所等：《忠县中坝遗址Ⅱ区发掘简报》，《重庆库区考古报告集·1998卷》（长江三峡工程文物保护项目报告甲种第三号），科学出版社，2003年，605—648页；四川省文物考古研究所等：《忠县中坝遗址1999年度发掘简报》，《重庆库区考古报告集·2000卷下》（长江三峡工程文物保护项目报告甲种第八号），科学出版社，2007年，964—1042页；四川省文物考古研究院、北京大学考古文博学院、美国加州大学洛杉矶分校（UCLA）等：《中坝遗址的盐业考古研究》，《四川文物》2007年1期；孙智彬等：《中坝：罕见的通史式的古盐场遗址》，《文明》2009年4期。

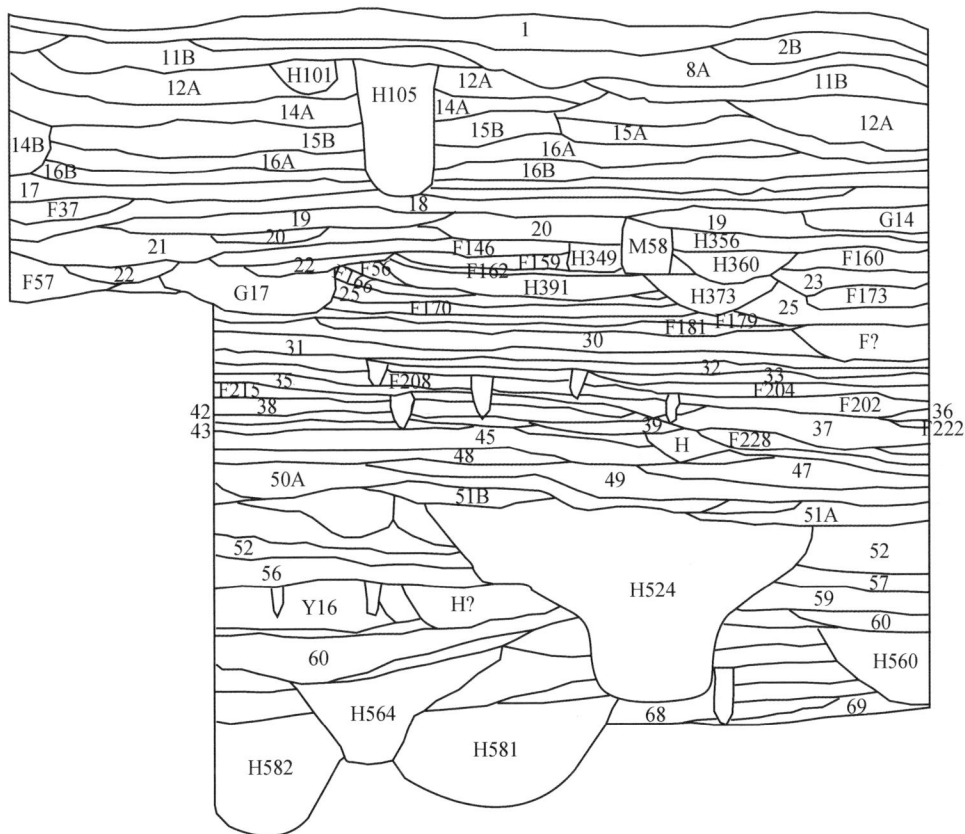

图二　中坝遗址丰富的文化堆积（99ZZAT0301西壁剖面）

坑壁斜直，圜底，坑壁涂抹一层黄黏土（图三）。中坝遗址发现的此类涂泥圆坑无论形状还是结构，均明显有别于一般生活居址用于储物的窖穴或垃圾坑。坑壁涂抹黏土是为了降低透水性，使其具有防渗功能，显然是为保存某种液体而建造的专门设施。有些圆坑口部还挖有一圈柱洞，应是在坑的上方建有防雨设施的遗迹。进入青铜时代以后，此类涂泥圆坑面积增大，坑口的长轴最大达4米，坑壁依旧涂抹黏土，有的还在黏土内嵌入陶片，坑底铺垫石块，坑内常遗留制盐陶器残件。

　　长方形涂泥槽池　青铜时代和铁器时代早期，特别是到了春秋时期，中坝遗址新出现一批平面长方形的水槽状坑池，平底或圜底，坑壁和底部涂抹一层

北

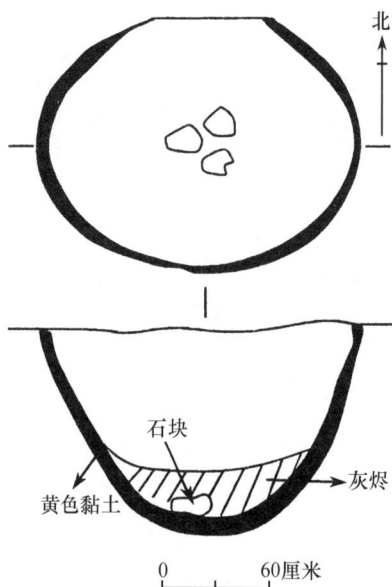

石块

灰烬

黄色黏土

0　　　60厘米

图三　中坝遗址新石器时代晚期涂
泥圆坑（H583）

黄黏土。以编号SC15（原编号M59）的
涂泥槽池为例，坑壁斜直，平底。坑口长
85、宽46、底长78、宽29、深25厘米。
坑壁至底部涂抹黄黏土，表面还有一层灰
白色的钙化物硬壳，填土中夹杂陶器残件
和草木灰（图四）。

上述涂泥圆坑与槽池在世界其他国家
和地区的制盐遗址，乃至现代的盐厂还能看
到。如在非洲坦桑尼亚的尤温扎（Uvinza）
镇普瓦嘎（Pwaga）盐泉遗址就曾发掘出集
中排列的涂泥圆坑遗迹，这些坑分布密集，
坑壁涂抹黏土，坑底放置石块[1]（图五），与
中坝的同类遗迹完全相同。在中美洲墨西哥
谷地的内克斯奎帕亚克（Nexquipayac）现代
盐场，盐工在高土台上挖筑圆坑，坑壁涂抹

黏土。其用途是将盐土放入坑内，经过滤获取浓缩卤水制盐[2]（图六）。在欧洲的
很多古盐场，也常发现这种配套设施[3]。如德国南部的巴特瑙黑姆（Bad Nauheim）
制盐遗址，发现有用对剖的原木凿挖成的独木舟状槽池，还有用木板搭建的方形
或矩形坑池，用来储存、过滤或浓缩卤水[4]（图七）。在我国西藏的芒康，盐田四
周建有很多用石块垒砌的坑池，坑壁均涂抹黏土，当地的纳西族妇女把从盐井汲

[1] Sutton J E G, Roberts A D. Uvinza and its salt industry. Azania, 1968, 3: 45-86.

[2] Parsons J R. Los últimos salineros de Nexquipayac, Estado de México: el encuentro de un arqueólogo con los vínculos vivos de un pasado prehispánico. Diaria de Campo, Suplemento 2008, 51: 69-79, Noviembre / Diciembre 2008, Sal y salinas: Un gusto ancestral, Coordinador: Blas Román Castellón Huerta.

[3] Marie-Yvane Daire. Le sel des Gaulois. PU: editions errance, 2003.

[4] Kull B. Sole und Salz schreiben Geschichte. 50 Jahre Landesarchäologie. 150 Jahre Archäologische Forschung in Bad Nauheim Mainz, 2003.

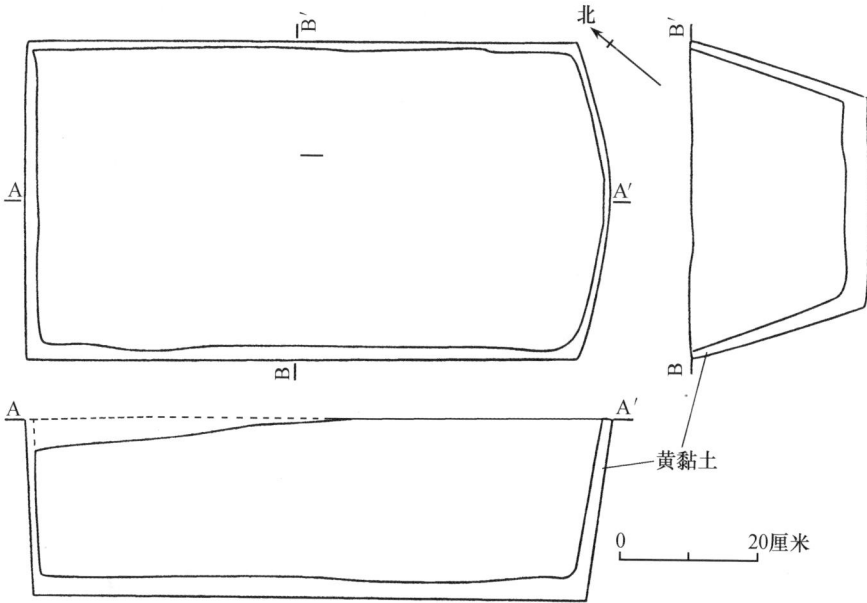

图四　中坝遗址青铜时代的涂泥槽池（SC15）

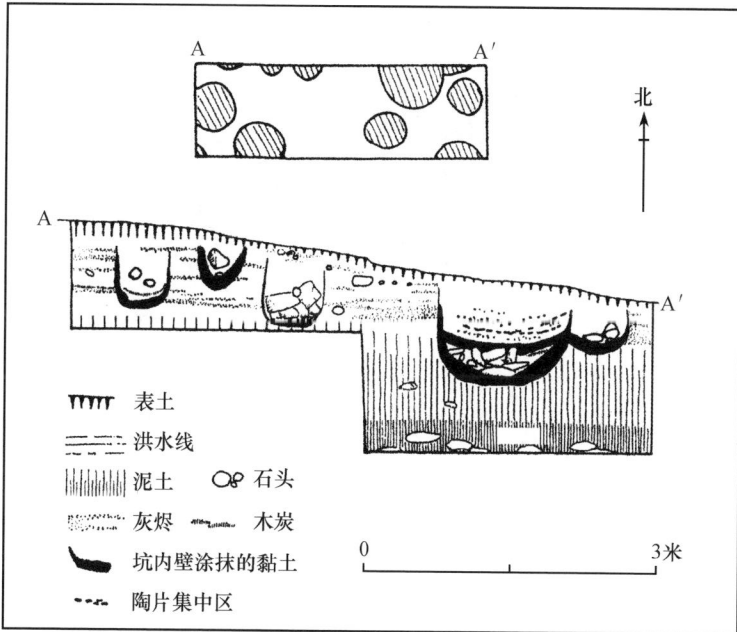

黄黏土

0　　　　　20厘米

表土

洪水线

泥土　　○○ 石头

灰烬　　木炭

坑内壁涂抹的黏土

陶片集中区

北

0　　　　　3米

图五　坦桑尼亚（普瓦嘎）遗址涂泥圆坑平、剖面图

图六　墨西哥内克斯奎帕亚克盐工正在制作涂泥圆坑

图七　德国巴特瑙黑姆制盐遗址储存、过滤或浓缩卤水的坑池与卤水槽

取的卤水运到坑池内进行浓缩，再转运到盐田蒸发晒盐[1]（图八）。中坝遗址的涂泥坑池多建在制盐作坊附近，进一步印证了这些坑池的功能性质。

　　也有学者认为，有些制盐遗址，与此类似的坑池也常用作腌制加工鱼酱、

---

[1]　西藏自治区文物保护研究所、陕西省考古研究院、四川省考古研究院：《西藏自治区昌都地区芒康县盐井盐田调查报告》，《南方文物》2010年1期。

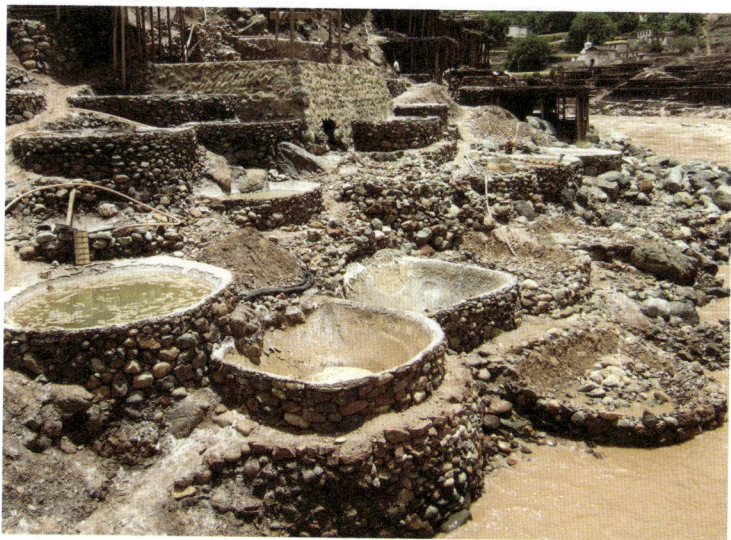

图八　西藏芒康盐井盐田的卤水坑池

肉酱一类食品或调料的容器①。中坝遗址的有些涂泥槽池内曾发现鱼骨，有可能也具有此类功能。

　　制盐作坊　在中坝遗址就发现有新石器时代晚期的干栏式房屋基址。此类遗迹表面经过程度不等的整修。有些地面不仅加工平整，质地也异常坚硬（图九）。经采集进行 X 射线荧光衍射分析，此类房基的地表普遍含较高的碳酸钙成分。我们在考察一些现代制盐工厂时注意到，盐工们在煮盐过程中，会将煮沸的卤水表层积聚的泡沫类杂质捞出，随手泼洒在灶旁的地面上。久而久之，盐灶旁的地面便积聚了厚厚一层碳酸钙凝结物②。由此可证，中坝这类房址地表所含的碳酸钙成分也应该是制盐时清理出的杂质遗留③，进而证实这些房屋应是当时的制盐作坊。

　　盐灶　在中坝遗址仅发现一座新石器时代晚期的盐灶（Y15）。灶的平面

---

① 青铜时代中晚期，中坝遗址的兽骨、鱼骨增长幅度很大，这一趋势可能与鱼肉类加工（腌制）产业有关，也可能与贸易增长有关。参见付罗文等：《重庆忠县中坝遗址动物遗存的研究》，《考古》2006 年 1 期。

② 1999 年 3 月，中美盐业考古国际合作项目组在四川自贡燊海井制盐作坊考察所见。

③ 陈伯桢：《由早期陶器制盐遗址与遗物的共同特性看渝东早期盐业生产》，《盐业史研究》（巴渝盐业专辑）2003 年 1 期。

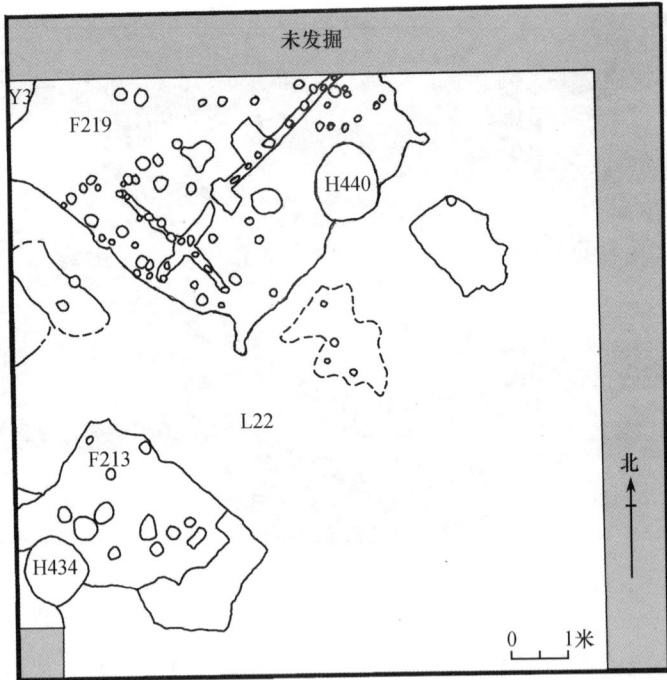

图九　中坝遗址东周时期的制盐作坊遗迹（F213、F219）平面图

呈圆角长方形，长9.2、宽1.4—1.7米，横剖面为敞口圜底。灶内堆积深1米余（图一〇）。与此类似的盐灶在欧洲的一些早期制盐遗址也有发现。在德国南部的巴特瑙黑姆遗址就发掘出类似的圆角长方形盐灶，在灶的长边中部还设有

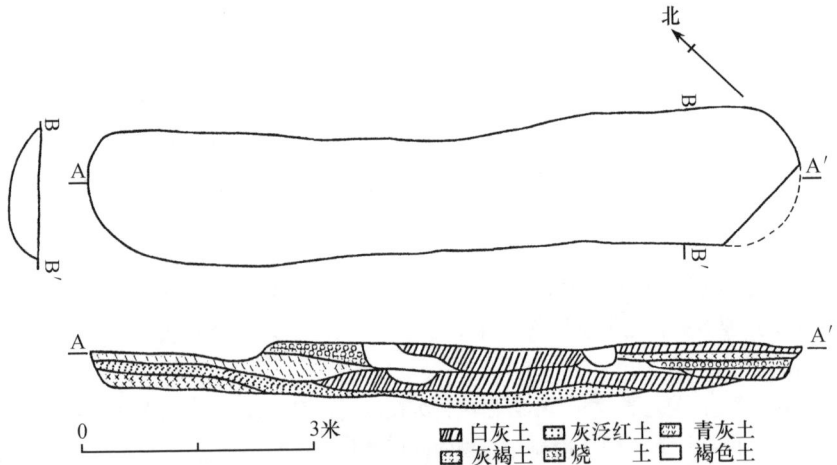

白灰土	灰泛红土	青灰土
灰褐土	烧　土	褐色土

图一〇　中坝遗址新石器时代晚期盐灶（Y15）平、剖面图

投放燃料的进火口（图一一）。在法国东部摩泽尔省马萨尔（Marsal）城堡外的拉-迪格（La Digue）遗址发掘有早期铁器时代的盐灶，造型别致，两个长条状灶坑连在一起，整体呈"U"字形（图一二）。

图一一   德国巴特瑙黑姆遗址的盐灶

图一二   法国拉-迪格遗址的盐灶

在中坝遗址未发现青铜—铁器时代的盐灶。这个阶段的制盐陶器形态大变，似乎暗示着制盐工艺出现了很大变化，这个我们会在后面提及。

汉代，中坝的盐灶为长条形，规模明显加大，结构更加复杂。以Y3为例，灶的总长度为13.5、宽0.9—3.79米，头宽尾窄，细部结构包括操作间、火门、火道、灶膛、烟道、烟囱等。在火门下残存有卵石砌筑的墙体；火膛为长条形，平底直壁，底面烧结呈砖灰色，异常坚硬；火道亦为长条状，上宽下窄，壁面有一定倾斜；烟道亦作长条形。灶膛的两壁用石块砌筑加固，灶头一端地势较低，灶尾抬高，形成一定高差，利于燃料充分燃烧，提高炉温（图一三）。

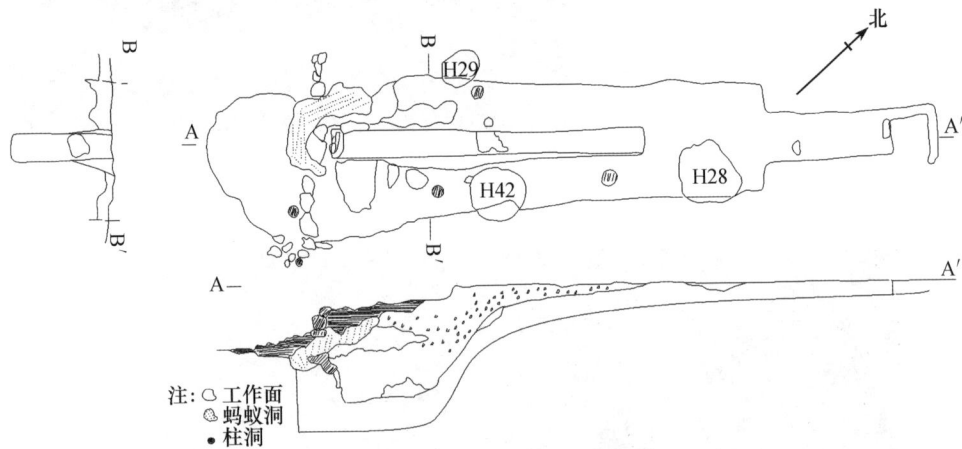

图一三　中坝遗址汉代盐灶（Y3）平、剖面图

　　唐宋及其更晚阶段的盐灶变为圆形，多个盐灶构成一组，排列有序，仅残存底部。炉灶底面较平整，有的用石块铺垫。灶的周围撒落有破碎砖块，可知灶台是用石块或条砖砌筑的。从残存遗迹观察，这个时期的盐灶一侧设置火口，结构及排列方式已接近现代制盐工厂的盐灶布局[①]。可见这个时期的制盐工艺已基本固定，此后再无大的改变，直至近现代。

　　制盐陶器　新石器时代晚期，中坝的制盐陶器采用厚唇花边口尖底（小平底）缸。经统计，此类器皿的数量占同期陶器总量的70%强。尖底缸形体较大，口缘和器底加厚，口唇捏塑呈波浪花边状，腹壁斜直，底部收缩成尖底或柱状小平底，个别甚至延伸出一短柱。尖底缸的腹部陶胎较薄，普遍在此部位断裂，加上器形一致，至今未见可复原者。推测此类器可复原为大敞口，尖底；器口、器高均在40厘米左右，容积相差不大（图一四）。如此造型的器皿与日本爱知县松

---

① 这些盐灶发掘者初误认为是陶窑，后在四川自贡市现代盐厂参观后才意识到应是煮盐的灶。见孙智彬等：《中坝：罕见的通史式的古盐场遗址》，《文明》2009年4期。

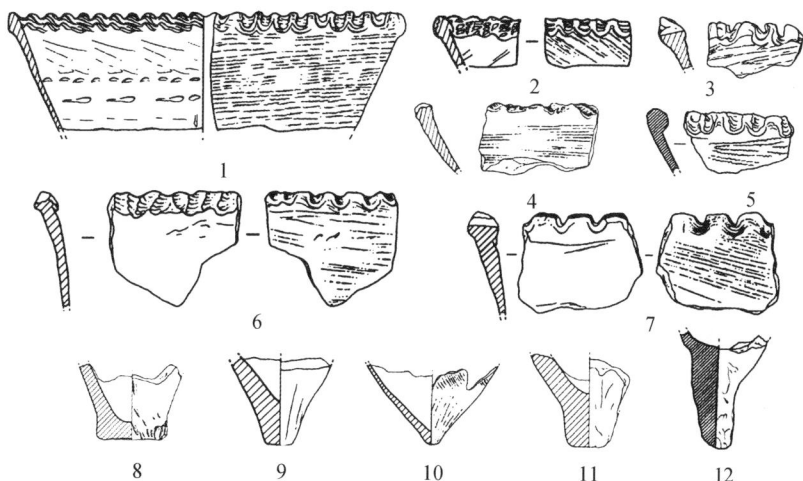

图一四　中坝遗址新石器时代晚期的制盐陶器——花边口尖底缸
1—7. 口缘残片　8—12. 器底

崎贝冢古坟时期的制盐陶器非常接近，后者普遍在尖底下延伸出一短柱，容积也相当恒定[1]（图一五）。

　　青铜时代早期，中坝遗址的制盐陶器改为个体甚小的泥质薄胎尖底杯，并迅速取代了花边口尖底缸。尖底杯的造型分为矮胖和瘦高两种。矮胖型尖底杯的年代可早到商代，造型粗短，陀螺状，平均器高5.6、口径3.7厘米。瘦高型尖底杯年代稍晚，大致在晚商到西周时期，形似直立的羊角，平均器高11.5、口径5.9厘米[2]（图一六）。这两类杯子各自的容积非常接近。统计结果表明，尖底杯数量逐渐增多，最高占到同期陶器总量的94%。

图一五　日本松崎贝冢古坟
时期的制盐陶器

① 岸本雅敏：《古代日本盐的流通》，《中国盐业考古（二）——国际视野下的比较观察》，科学出版社，2010年，66—135页。
② 以上测量资料见巴盐：《尖底杯：一种可能用于制盐的器具》，《中国盐业考古（一）——长江上游古代盐业与景观考古的初步研究》，科学出版社，2006年，260—285页。

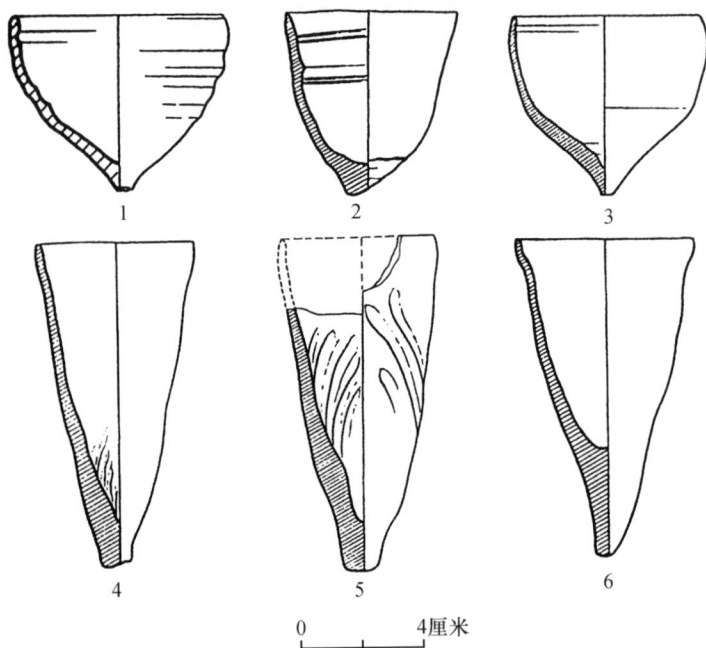

图一六　中坝遗址商周时期的制盐陶器——尖底杯

1—3.陀螺状尖底杯（DT0202㊿：下"洞"：1、DT0202㊿：15、DT0202㊾B：7）；

4—6.羊角尖底杯（DT0202㊾：1、FCN2763、DT0202㊽：3）

　　青铜时代晚期到铁器时代早期，中坝的制盐陶器再改为花边口圜底罐，此类器逐渐替代尖底杯，延续使用到金属器具出现。花边口圜底罐的腹部呈球形，圜底或尖圜底，器表滚压粗疏的绳纹，并有明显的阶段性变化。偏早阶段在罐口缘捺压波浪花边，平均器高11—12、口径10厘米左右；偏晚阶段的罐口缘花边饰消失，平均器高12—16、口径11—12厘米。随着时间的推移，圜底罐的数量急剧增加，最高占到同时期陶器的95%—98%，而且容积也日趋标准化（图一七）。这一时期中坝遗址的圜底罐堆积数量十分惊人，经粗略统计，仅遗址现存部分耗损的圜底罐就在700万件以上[①]。

　　根据世界各地的考古发现，在早期陶器制盐阶段，制盐遗址显示出极大的相似性，首先是遗址的堆积普遍丰厚，出土器类单一，鲜见或少见日常生活用

---

① 中美盐业考古队参与中坝遗址发掘统计资料。

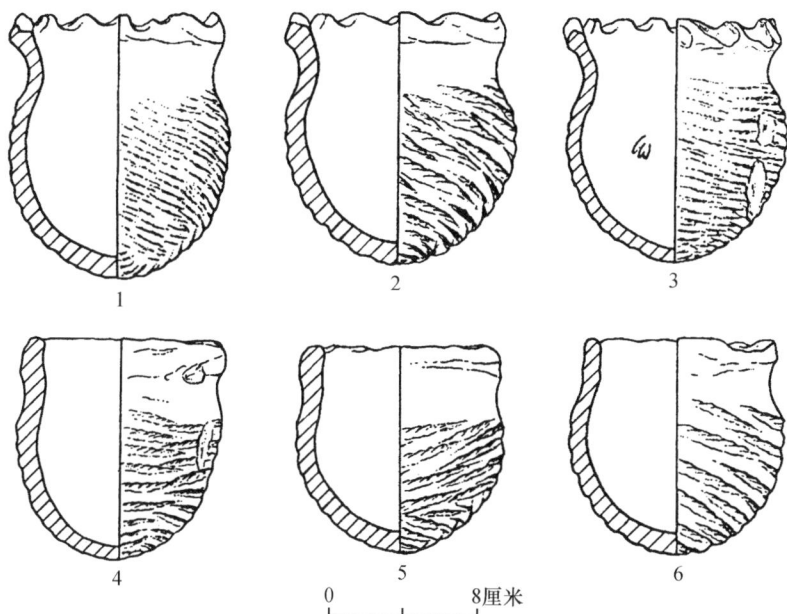

图一七　中坝遗址东周时期的制盐陶器——圈底罐

1—6.（DT0202㉚：1、H477：3、DT0202㉙：43、DT0202⑳：32、H428：37、H428：55）

具，与一般的聚落遗址反差极大。如法国洛林塞耶（Seille）河谷铁器时代早期的制盐遗址堆积厚12米，埋藏物为形态单一的制盐陶器[1]。即便现代采用传统陶器制盐的盐场也呈现出类似的特点。如非洲尼日尔曼嘎地区，制盐工场周边废弃的制盐器具堆积如山[2]。其次是各地的制盐陶器形态和质地特点突出，一是同类造型的陶器比例超常；再就是流行敞口、尖底或圈底造型，或将器口做成花边状，这都是由陶器制盐工艺所决定的，以至于尼日尔曼嘎现代盐场的制盐器具（图一八）与德国史前时期的制盐陶器竟然异常相似（参见本书上编《德国盐业考古综述》图一二），与之雷同的制盐支脚在越南南部青铜时代的制盐遗址也有

---

[1]　Olivierand L, Kovacik J. The "Briquetage de la Seille" (Lorraine, France): Proto-industrial salt production in the European Iron Age. Antiquity, 2006, 80 (109): 558-566.

[2]　Gouletquer P L. Niger, country of salt. In K W de Brisay, K A Evans. Salt, The Study of an Ancient Industry. Essex: Colchester, 1975: 47-51.

巨量发现[①]。最后是这些制盐器具往往是一次性使用，制作粗糙，耗损率极高，这也导致了超量的废弃堆积现象。中坝遗址的堆积也表现出与上述遗址相同的特征。

制盐工艺　通过比较研究可知，中坝遗址的所有遗迹和遗物均指向了制盐业。第一是遗址的堆积深厚；第二是出土陶器类别单一，造型特殊，比例超常；第三是大量遗迹与一般生活聚落遗址迥异，如涂泥坑池、作坊基址、盐灶等；第四是遗址附近还保留有古盐井；第五是经科学检测分析，中坝遗址的土壤和出土陶器均含有较高的 Ca 和 Mg，其成分和比例与三峡境内地下卤水中 Ca、Mg 元素偏高的特征一致。以圜底罐为例，其内壁含 Na 和 Cl 浓度偏高，而且浓度自器壁内侧向外侧呈现出从高向低的清晰梯度变化。反之，圜底罐外壁经光谱分析却未见 Na 和 Cl，说明陶器内外壁 Na 和 Cl 浓度渐次降低的现象与陶器周围沉积埋藏环境无关，与煎卤制盐密切相关[②]。

参照中坝遗址制盐陶器种类的变化并结合年代检测结果[③]，可将此地的制盐业分为四个发展阶段，具体如下。

第一阶段：新石器时代晚期（公元前2500—前1800年）。根据本阶段发现的长方形盐灶和大量花边口尖底缸，同时参考国外的发现，推测这一时期的盐灶与制盐陶器可能有两种结构：一种可能与非洲尼日尔曼嘎地区的煎盐技术相似[④]（图一八），即将花边口尖底缸排排码放在盐灶内固定，由于缸的底部与炉灶接触面很小，可在灶膛内形成较大空间，利于燃料放置和火焰燃烧。但这一推测的难

---

① 安德列斯·芮内克：《越南盐业生产的早期证据：考古发现、历史记录和传统方法》，《中国盐业考古（二）——国际视野下的比较观察》，科学出版社，2010年，136—159页。

② Rowan K. Flad et al. Archaeological and chemical evidence for early salt production in China, PNAS, 2005, 102 (35): 12618-12622.

③ 北京大学考古文博学院实验室与美国贝塔分析（Beta Analytic）实验室对中坝遗址采集样本进行 AMS 检测。结果为：该址第18层以下文化层的绝对年代为公元前2470—前200年（树轮校正值）。其中，第一阶段（新石器时代晚期）的年代为公元前2500—前1800年；第二阶段（青铜时代）的年代为公元前1800—前800年；第三阶段（青铜时代晚期—铁器时代早期）的年代为公元前800—前200年 [参见：吴小红、李水城、付罗文（Rowan K. Flad）等：《重庆市忠县中坝遗址的碳十四年代》，《考古》2007年7期]。

④ 中美盐业考古队参与中坝遗址发掘统计资料。

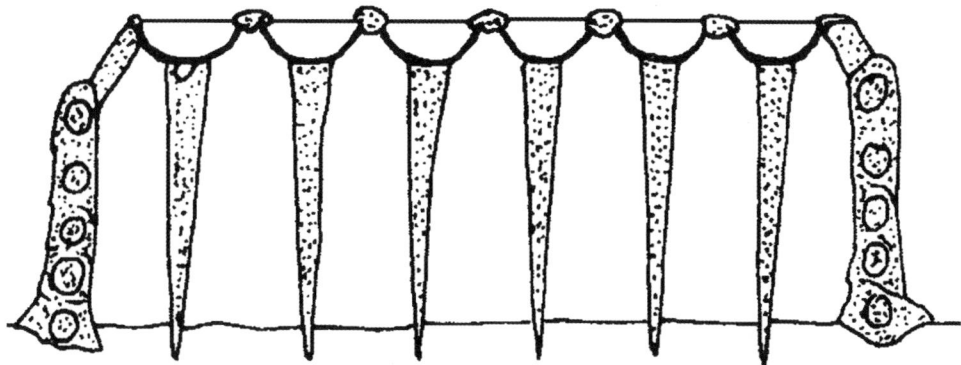

图一八　非洲尼日尔曼嘎地区的盐灶及灶内陶器结构排列

点在于，中坝的尖底缸个体较曼嘎的盐钵大很多，即便交错放置，尖底缸器口间的缝隙也会很大，如何封堵器口间的缝隙，保证燃料充分利用，火力不散失，这是个需要深入思考的问题。另一种是参考德国考古学家复原的铁器时代制盐炉灶和陶器的摆放形式，也有可能采用完全开放的形式熬煮制盐[①]（参见本书上编《德国盐业考古综述》图八、图九）。

第二阶段：青铜时代早期（公元前1800—前800年）。至今未见有这一时期的盐灶资料报道。考虑到此时已改用尖底杯制盐，可见其技术手段有很大变化。美国阿拉巴马大学的巴盐（Ian Brown）教授认为，尖底杯既是制盐模具，也是运输过程中的容器。他推测，改用尖底杯制盐的深层原因可能与前一阶段超量砍伐森林（竹林）、导致遗址周边植被破坏、出现燃料危机有关。这个变化迫使中坝的制盐业不得不放弃传统的柴薪煎盐法，改用新技术。他认为这个时期可能出现了一种与美国东部林地印第安人采用的相同的制盐技术，即将尖底杯插在地面，加注盐水，通过日晒蒸发，在渗透压的作用下将水分从陶器析出，获得结晶盐块[②]。此说在逻辑上成立，国内也曾有人提出过类似说法。遗憾的是，三峡地区的气候条件和现有考古发现并不支持此说[③]，故有学者指出这种方法并不可

①　2006年作者在德国海尔布隆（Heilbronn）博物馆参观所见。
②　巴盐：《中坝遗址与南英格兰埃塞克斯红丘出土制盐陶器的比较》，《中国盐业考古（二）——国际视野下的比较观察》，科学出版社，2010年，320—345页。
③　李水城：《盐业考古：一个可为的新的研究领域》，《南方文物》2008年1期。

取①。联想到在中坝遗址这个时期的地层发现大量密集分布的圆形小洞，口径稍大于尖底杯（图一九），巴盐教授进而推测，当时也可能采取了一种类似"园艺栽培"的制盐工艺②，这倒不失为一种可以接受的猜想。但具体是将尖底杯插入小洞蒸发日晒？还是插入燃烧未尽的灰烬烘烤？还有不同的解读。

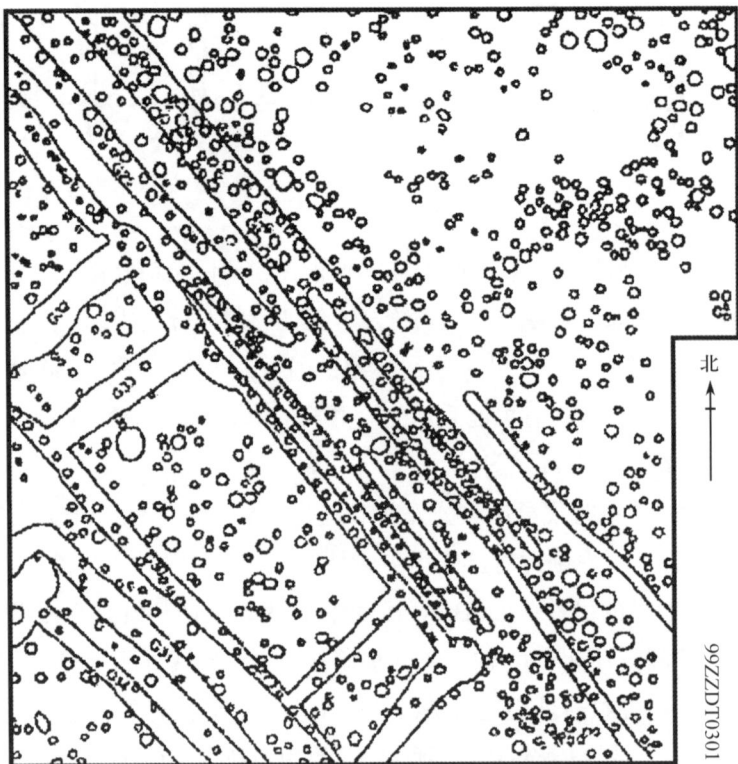

图一九　中坝遗址商周时期地层分布密集的小洞遗迹

有学者观察发现，大量尖底杯外表色泽显示出烧造火候的差异。如杯子下部多呈灰褐色、灰色或灰胎红皮，火候偏高；杯子的上部则为红色或橙红色，火候偏低。这种现象很难用烧造时器物摆放位置不同来解释。因为无论怎样摆放，都不可能将陶器的一半烧成还原焰、另一半呈氧化焰的效果。出现这种现象的真

---

① 白九江：《尖底杯在古代制盐工艺流程中的功能研究》，《盐业史研究》2010年2期。
② 李水城：《盐业考古：一个可为的新的研究领域》，《南方文物》2008年1期。

正原因是，将盛有液体的尖底杯再次过火烘烤[①]，这样会在尖底杯的底部形成一道明显的硬度和色泽不同的分界线，显示杯子曾插入尚有余温的灰烬，致使杯子底部还原为暗灰色，上部仍保持原来的橘红色[②]。据此并参照"园艺栽培"的说法，我们推测，当时可能采用了一种大型器皿煎煮卤水，待盐水开始结晶，将结晶的湿盐捞入尖底杯，再将杯子插入尚有余温的灰烬内烘烤，获取盐膏。这种方法不仅能大大提高工效，也节省燃料。尖底杯内结晶的盐块大小相若，也便于流通。如菲律宾保和岛（Bohol）现代制盐作坊采用的就是这种制盐工艺[③]。

第三阶段：青铜时代晚期—铁器时代早期（公元前800—前200年）。中坝遗址的制盐陶器改用圜底罐。经对近200件圜底罐进行检测，其容积大致恒定在500毫升左右，且同时期罐的容积更为接近，暗示此类器皿亦可兼作量具。有学者推测，改用花边口圜底罐制盐似乎表明，中坝前一时期的燃料短缺局面已得到缓解，抑或出现了更为行之有效的运输方式，可以将盐块做得更大，以扩大外销。目前，尽管没有发现这一时期的盐灶，但可以肯定当时仍采用煎煮制盐技术，至于如何用圜底罐煮盐，炉灶结构如何，尚缺乏证据。如前所述，经科学检测证明，圜底罐的器壁内含有较高的Na和Cl，应系煎卤制盐所为[④]，也间接印证了圜底罐为煎盐器具。改用容积较大的圜底罐制盐，加上巨量的堆积现象，显示出这一时期的盐产量有长足发展，这应与产业内部专业化程度提高、组织和协调

---

① 李锋：《忠县邓家沱遗址西周时期文化遗存的初步认识》，《重庆·2001年三峡文物保护学术研讨会论文集》，科学出版社，2003年，99—106页。

② 白九江：《尖底杯在古代制盐工艺流程中的功能研究》，《盐业史研究》2010年2期。

③ 安德列·严科夫斯基：《传统技术和古代器物：菲律宾中部保和岛的制盐业和陶器生产的民族考古学研究》，《中国盐业考古（二）——国际视野下的比较观察》，科学出版社，2010年，160—181页。

④ 北京大学考古文博学院实验室与美国贝塔分析（Beta Analytic）实验室对中坝遗址采集样本进行AMS检测。结果为：该址第18层以下文化层的绝对年代为公元前2470—前200年（树轮校正值）。其中，第一阶段（新石器时代晚期）的年代为公元前2500—前1800年；第二阶段（青铜时代）的年代为公元前1800—前800年；第三阶段（青铜时代晚期—铁器时代早期）的年代为公元前800~前200年［参见：吴小红、李水城、付罗文（Rowan K. Flad）等：《重庆市忠县中坝遗址的碳十四年代》，《考古》2007年7期］。

能力增强，以及较固定的单位贸易模式的出现有必然联系①。此外，这个时期普遍采用容积更大的涂泥槽池，也从另一侧面暗示了这一点。

第四阶段：汉代（公元前200年已降）。随着铁器的普及，中坝及三峡境内最终淘汰了传统的陶器制盐工艺，改用铁锅（牢盆）煎煮。这一时期出现的大型长条盐灶和制盐陶器的匿迹可以为证。参照成都羊子山出土的东汉井盐画像砖，大致能反映出当时的制盐工艺

图二〇　成都羊子山出土东汉井盐画像砖

（图二〇）。不过，中坝遗址的汉代盐灶规模较之画像砖中的老虎灶要大很多，可摆放更多的铁锅（牢盆）。前一阶段在渝东至三峡的汉代墓葬中出土一批盐灶模型明器，特别是忠县将军村有9孔长条形盐灶②、花灯坟出有12孔长条盐灶模型明器，为复原汉代的制盐炉灶及制盐工艺提供了重要的物证。

唐宋以后，渝东至三峡境内的制盐业进一步发展壮大。中坝遗址发现的一批圆形盐灶，其形状和排列组合与三峡地区现代盐场的炉灶结构非常接近（图二一）。可见，现代制盐工艺中的某些基本技术元素在唐代已奠定了根基，并一直延续下来。

综上所述，中坝遗址是目前国内所知年代最早、延续时间最久的一处专业化制盐遗址，其重要性不言而喻。遗憾的是，由于三峡水库建设工期要求紧迫，使得中坝遗址的考古发掘速度过快，不能给我们足够的时间细致地观察、研究和消化大批的遗迹现象。其中包括：如何开采汲取地下卤水？如何对卤水进行浓缩和清除杂质？陶器形态的改变与制盐工艺有怎样的联系？煎盐使用什么燃料？制盐

---

① 巴盐：《中坝遗址与南英格兰埃塞克斯红丘出土制盐陶器的比较》，《中国盐业考古（二）——国际视野下的比较观察》，科学出版社，2010年，320—345页。

② 重庆市文物考古所、重庆文化遗产保护中心：《重庆文物考古十年》（重庆文化遗产保护系列丛书），重庆出版社，2010年，137、138页。

产业对周边的环境和植被有怎样的影响？等等。从陶器形态的阶段性变化看，中坝的制盐产业不仅有技术层面的变化，也有过产业的间歇甚至中断，究竟是燃料短缺使然？抑或还有其他原因？再有，中坝遗址除了制盐产业外，是否还有其他相关产业？如腌制鱼酱肉酱的食品加工产业。附带提出的深层次问题是：当地的农业比重如何？人们如何与周边地区交换必需的生活资料？考虑到中坝的地理位置，这里所产的盐应循水路运至瀑井河口，再转入长江外销。那么，位于河口的哨棚嘴－瓦渣地遗址与中坝有着怎样的关系？二者属于不同的族群，还是有着不同分工的同一族群？或者说哨棚嘴－瓦渣地一带的居民专为中坝生产制盐陶器并提供生活资料，负责

图二一　重庆巫溪盐场的
现代盐灶结构

对外营销。中坝的居民则专门从事制盐产业。从盐卤资源的分布看，后一种可能性非常之大。但考古发现也证实，瀑井河口的居民偶尔也有制盐活动。总之，狭小的瀑井河谷具有怎样的社会结构和产业链条，这些都是值得深入思考的话题。此外，中坝所产的盐销售到哪里了？在渝东至三峡境内的不少遗址都发现有花边口尖底缸、尖底杯及圜底罐遗物，个别地点出土量还较多，这些遗物是否来自瀑井河谷？究竟是制盐遗址，还是消费的遗留？进入历史时期以后，三峡境内出现诸多的楚人遗存，这些究竟是巴楚争夺盐业的遗留，抑或是常驻巴地的楚人贸易商团？总之，希望这诸多的疑团不要随着中坝遗址的沉没水下而成为千古之谜！

二、其他地点的新发现

由于地质构造的变化和喜马拉雅造山运动，在四川盆地的地下沉积了丰富的盐卤资源，形成大小盐盆数十处，渝东至三峡地区恰好位于这个资源最丰富的中心地带，也为盐业开发奠定了雄厚的基础，使得三峡长江沿线迅速出现并发展出一批盐业重镇和交通商贸港口，为当地的社会发展和民生经济做出了突出贡献。以下简要介绍有关这方面的一些考古新发现。

（一）巫山县

巫山，汉代属南郡巫县。《汉书·地理志》记，"南郡，巫县有盐官"。前些年在巫山麦沱和巫山水泥厂汉墓出土一批盐灶模型明器（图二二），证实了盐产业在当地的存在[①]。

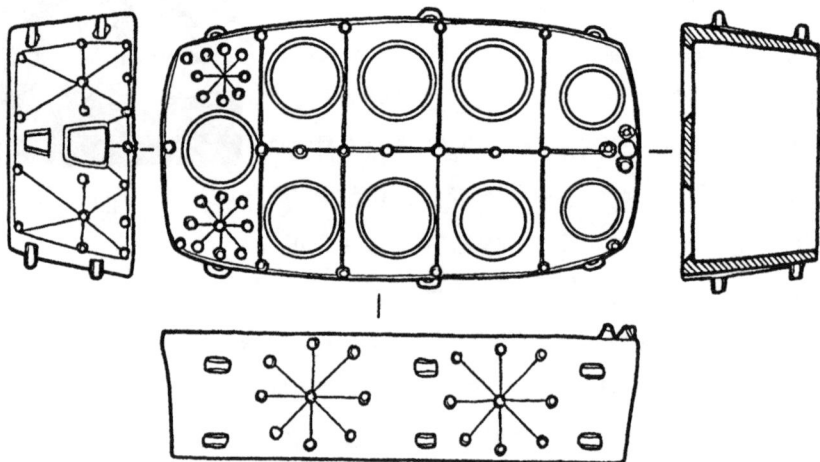

图二二　巫山麦沱汉墓出土的盐灶模型明器

在巫山以北的巫溪宁厂，沿大宁河130千米的悬崖峭壁上开凿有上下两条"栈道"孔穴，这是历史上输送卤水的"笕道"遗迹。推测在宁厂尚未形成规模化的盐产业之前，人们曾不惜耗费巨资和劳力开凿了这条"笕道"，将宁厂镇宝源山下"白鹿盐泉"的卤水输送到巫山制盐。这表明，尽管巫山有过制盐业，并设有盐官，但当地缺少制盐的卤水资源，也从未见有盐泉的记载。

2000年对巫山大溪遗址作了最后一次发掘，其文化堆积分为5期。1—3期属于新石器时代晚期的大溪文化；4期分为A、B两组，A组属大溪文化，B组属三

[①]　湖南省文物考古研究所、巫山县文物管理所：《巫山麦沱汉墓群发掘报告》，《重庆库区考古发掘报告集·1997卷》（长江三峡工程文物保护项目报告甲种第一号），科学出版社，2001年，100—124页。

峡境内的土著"哨棚嘴文化"；5期则为单纯的"哨棚嘴文化"。值得关注的是，5期地层出土了一批与中坝新石器时代晚期相同的花边口尖底缸[①]。以往在该址从未发现此类遗存，也没有发现与制盐有关的遗迹现象，故这些花边口尖底缸的出现还难以证明大溪存在制盐业。不过，联想到大溪遗址曾发现一批存放大量鱼骨的圆坑，或许在哨棚嘴文化阶段，随着三峡境内盐产业的发达和贸易的兴旺，催生了腌制咸鱼或鱼酱的新兴产业，这些鱼骨坑或许正是存在此类副业的物证。若此，大溪遗址发现花边口尖底缸就有了合乎逻辑的解释。即这批制装有盐的陶器是从上游的忠县交换过来的，并用这些贸易来的盐发展出腌制鱼肉食品的产业。考虑到这一时期哨棚嘴文化的不断发展，其分布范围已越过夔门，顺流东下至鄂西地区，或许都与当时的贸易活动有关。看来，最早的"川盐济楚"也许在新石器时代晚期就曾出现。此后，巴楚在三峡境内的你来我往也多与盐业贸易有关。

（二）奉节县

奉节在汉为鱼复县。《华阳国志·巴志》记："巴东郡，鱼复县，有橘官、盐泉。"在奉节白帝城以西的长江岸边有盐泉出露，因盐水含硫化氢，气味难闻，当地百姓称之为"臭盐碛"。在"臭盐碛"的对岸有白盐山，山下有"白盐碛"。在县城东面的鱼复浦，每逢枯水季节，江边的沙洲上便会出露一些遗迹，包括用卵石与石灰垒砌的储卤坑池和盐灶，此即百姓传说的诸葛亮演绎"八阵图"之地。据宋《太平寰宇记》卷一四八引《荆州图记》载："八阵图下东西三里，有一碛，东西一百步，南北广四十步，碛上有盐泉，井五口，以木为桶，昔常取盐。"其实，这里是一处季节性的古盐场遗迹。直至近现代，当地仍存有一批盐井，并季节性地制盐。

---

①   重庆市文物考古所、重庆市文物局、巫山县文物管理所：《巫山大溪遗址勘探发掘报告》，《重庆库区考古报告集·2000卷（上）》（长江三峡工程文物保护项目报告甲种第八号），科学出版社，2007年，424—480页；邹后曦、白九江：《巫山大溪遗址历次发掘与分期》，《重庆·2001三峡文物保护学术研讨会论文集》（长江三峡工程文物保护项目报告丁种第一号），科学出版社，2003年，41—50页。

1993年底至1995年，在奉节先后三次挖掘了位于瞿塘峡西口、长江与草堂河相交台地上的老关庙遗址，并在该址原生地层出土一批花边口尖底缸残件，其形态与中坝新石器时代晚期同类物相同[1]。这不仅是奉节目前所知年代最早的遗存，而且很可能与制盐有关。由于在挖掘中未见任何与制盐有关的遗迹，加上该址所在位置较高，地势较陡峭，活动空间非常有限，是否当初能在遗址范围内制盐？尚难确定。但从老关庙遗址所出陶器种类和数量看，花边口尖底缸所占比例较高，故也不排除存在制盐产业，否则很难解释会有这么多的制盐陶器在此出现。若此推论无误，奉节的制盐业或可上推至史前社会末期。

（三）云阳县

云阳，汉属巴郡朐忍县。《汉书·地理志》记，"巴郡，朐忍县有盐官"。云阳县东侧汤溪河谷下游的云安镇盛产盐卤，很早就是三峡地区的盐业重镇，这在《晋书》《水经注》中均有记载。明嘉靖《云阳县志》记："云安场九井，自汉开创。"至今当地仍存白兔井、涣泉井等一批古盐井。白兔井据传始凿于汉，为三峡诸盐井之祖。清代当地盐井开凿日多。直至今日，制盐仍是云阳县的支柱产业。

2001—2003年，对云安镇制盐遗址进行了大规模的考古发掘，发现宋元、明清及晚清至民国三个阶段的制盐遗址，出土了包括盐井、制盐作坊、蓄卤槽池、输卤笕槽、盐灶、熬盐铁锅等一批遗迹遗物，这些新发现对了解三峡地区的制盐历史非常重要。初步研究表明，自汉以降，云安即采用人工凿井技术。早期井口颇大，如白兔井直径逾8米；晚期井口缩小至1—2米。当地的制盐技术自宋元以至明清变化不大。考古发现的盐井均作方形或矩形，边长2米左右，井口砌筑条石；汲出的卤水经人工挑运或经笕道输入蓄卤槽池沉淀、清除杂质，经初步浓缩再转到铁锅煎煮。从考古发现的灶台可知，大盐锅为圆形，直径2米上下，另在烟道附设有一些小锅，用于预热和浓缩卤水，以利节省燃料。制盐燃料早期

---

[1]　吉林大学考古学系、四川省文物考古研究所：《奉节县老关庙遗址第三次发掘》，《四川考古报告集》，文物出版社，1998年，11—40页；赵宾福、王鲁茂：《老关庙下层文化初论》，《四川考古论文集》，文物出版社，1996年，44—56页。

用柴薪，清代开始用煤，但也常常掺杂柴薪[①]。上述传统制盐方法在三峡地区一直延续到20世纪末。1999年我们在四川自贡考察时，东源井附近冲谭村的乡镇盐厂仍采用类似的技术制盐[②]。

目前，在云阳一带尚未发现早于先秦时期的制盐遗址，但当地的盐业开发当不会晚到汉代，此前应有个早期开发过程。

（四）忠县

忠县在汉为临江县。《华阳国志·巴志》记："临江县，有盐官，在监、涂二溪，一郡所仰；其豪门亦家有盐井。"清雍正（1734年）时，当地仍有盐井35眼，大多沿用到20世纪（《忠县县志》，1994年，203、204页）。忠县的制盐业自新石器时代晚期到20世纪中叶从未中断，中坝遗址的发掘可以为证。20世纪末我们在𰃳井镇调查时，在中坝遗址及河谷上游沿线以及涂井镇的汝溪河谷仍能见到不少废弃的古盐井[③]。

1.哨棚嘴-瓦渣地遗址

位于𰃳井河口的哨棚嘴-瓦渣地遗址发现有大量的制盐陶器，包括尖底杯、花边口圜底罐和船形杯。在哨棚嘴遗址西周前后的堆积中出有大量羊角尖底杯，

① 中国国家博物馆、福州市文物考古工作队、重庆市文化局、云阳县文物保护管理所：《2001年度云安盐场考古发掘报告》，《福建文博》2005年增刊，158—179、231页；中国国家博物馆、福州市文物考古工作队、重庆市文化局、云阳县文物保护管理所：《2002年度云安盐场考古发掘报告》，《福建文博》2005年增刊，180—204页；中国国家博物馆、福州市文物考古工作队、重庆市文化局、云阳县文物保护管理所：《2003年度云安盐场考古发掘报告》，《福建文博》2005年增刊，205—231；程红坤、林果：《云安盐场遗址考古发掘的收获及其认识》，《福建文博》2005年增刊，245—231页。
② 北京大学考古学系、加州大学洛杉矶分校考古研究所等：《1999年盐业考古田野调查报告》，《中国盐业考古（一）——长江上游古代盐业与景观考古的初步研究》，科学出版社，2006年，30—113页。
③ 北京大学考古学系、加州大学洛杉矶分校考古研究所等：《1999年盐业考古田野调查报告》，《中国盐业考古（一）——长江上游古代盐业与景观考古的初步研究》，科学出版社，2006年，30—113页。

数量占同期陶器的94%。其中，不少为相互套叠的残次品和废品。2001年在哨棚嘴遗址清理一座"窑"（Y3），窑内残留羊角尖底杯上百件，周围还有成层堆放的尖底杯残件。该址东周时期的地层出土圜底罐的数量占同期陶器的82%[1]。可见，此地的堆积及器类与中坝遗址完全一致。

在哨棚嘴遗址还发现一批圆坑，剖面大口圜底或平底，口径50—150、深40—100厘米。坑壁和底部用类似白膏泥的黏土涂抹加工，形成5—8厘米厚的不透水层，有些坑底还放置石块并残留陶器残片。发掘者将其定为制陶遗迹[2]。但这类坑的形状和结构与中坝遗址的储卤圆坑几乎没有任何区别。

瓦渣地遗址与哨棚嘴仅隔有一道冲沟。在这座位于江边坡地的遗址堆积几乎全部为陶片，数量十分惊人。其中，圜底罐占到陶器总量的95%强[3]。与之相邻的杜家院子遗址也是同样的堆积[4]。在圜底罐的堆积下面还有一些羊角尖底杯。1959年在试掘汪家院子（即瓦渣地）遗址时，曾发现"窑"，窑内积聚"尖底杯"200余件[5]。以往很少有人将哨棚嘴-瓦渣地作为制盐遗址，而是将其视为专门烧造陶器的场所。新的考古发现和比较研究表明，哨棚嘴-瓦渣地遗址的"窑"与一般聚落遗址所见陶窑差异很大，是否为陶窑，令人生疑。而哨棚嘴遗址发现的涂泥圆坑与中坝遗址完全一样，功能亦应相同，因此不排除哨棚嘴-瓦渣地遗址存在制盐产业。或许这两处地点兼具双重职能，一是为中坝提供制盐陶器，二是从事少量的制盐，但卤水很可能是输入的。之所以这么讲，是因为在㙟

[1] 北京大学考古学系三峡考古队等：《忠县㙟沟遗址群哨棚嘴遗址发掘简报》，《重庆库区考古报告集·1997卷》（长江三峡工程文物保护项目报告甲种第一号），科学出版社，2001年，610—657页。

[2] 北京大学考古学研究中心等：《忠县哨棚嘴遗址发掘报告》，《重庆库区考古报告集·1999卷》（长江三峡工程文物保护项目报告甲种第六号），科学出版社，2006年，530—643页。

[3] 北京大学考古学系三峡考古队等：《忠县瓦渣地遗址发掘简报》，《重庆库区考古报告集·1998卷》（长江三峡工程文物保护项目报告甲种第三号），科学出版社，2003年，649—678页。

[4] 成都文物考古研究所、重庆市文物局等：《忠县杜家院子遗址发掘简报》，《重庆库区考古报告集·2001卷（下）》（长江三峡工程文物保护项目报告甲种第九号），科学出版社，2007年，1567—1599页。

[5] 转引自白九江：《尖底杯在古代制盐工艺流程中的功能研究》，《盐业史研究》2010年2期。

井河口一带从未发现盐泉或盐井。此外，哨棚嘴-瓦渣地还担负着贸易集散地和外销码头的重要角色，中坝所产之盐需集中到这里再向外输出。

现有资料证明，㽏井河口制盐出现的时间要晚于中坝。证据是此地从未发现新石器时代晚期的花边口尖底缸。或许到了商末周初，随着中坝盐产业规模的扩大和专业化程度的提高，影响并带动这里出现了小规模的制盐业。

2. 李园遗址

李园位于忠县汝溪河下游一处陡峭的坡地下面。1994年试掘发现两座残破的"窑"，并出土大量与中坝等地相同的尖底杯残件。发掘者注意到，此地的"陶窑"形态与构造奇特，为别处不见[①]。不难判断，这里应该是西周前后的一处制盐遗址。

汝溪河谷很早就是三峡境内的产盐重地。在李园上游不远处即涂井镇，那里的河谷两侧至今还保留着大批古代制盐遗迹，包括盐井、储卤槽池、输卤笕槽及大量的方形柱洞，不难想见当年这里曾建有复杂的汲卤和输送卤水的网络设施，并与对岸的制盐作坊连成一体。1999年我们在此调查，河东岸台地的制盐作坊和一排排大型煮盐炉灶、长方形储卤槽池遗迹仍清晰可见。直到20世纪中叶这里仍在生产制盐。

3. 邓家沱遗址

该址位于长江北岸的新生镇。此地距㽏井河口仅有3千米。2001年发掘出土大量的西周堆积，厚达60—110厘米。经统计，在一处面积不足60平方米、体积约20立方米的遗迹内出土尖底杯2万余件，其他遗物总共不足百件。这些尖底杯的堆枳厚40余厘米，无明显层次划分，约1/3为完整器。杯子口径5—6、通高6—8厘米，大多为2件或3件套叠的残次品。发掘者认为，这种一次性（未必）集中废弃大量单一器皿的现象与日常生活无关，应是制盐产业的遗留[②]。

据明代文献记载，在忠县盐井坝（今新生区宜兴乡一带）曾凿有"万家

---

① 孙华：《忠县李园战国及汉代遗址》，《中国考古学年鉴·1995年》，文物出版社，1997年，229页。

② 李锋：《忠县邓家沱遗址西周时期文化遗存的初步认识》，《重庆·2001年三峡文物保护学术研讨会论文集》，科学出版社，2003年，99—106页。

井"。邓家沱所在地及上述考古发现与此记载暗合。2003年再次对邓家沱遗址进行了发掘，在西周时期的堆积内出土大量红烧土块、尖底杯、船形杯，显示此地曾有过大规模的制盐产业。由于该址的发掘资料尚未刊布，不知此地是否还发现有配套的制盐设施。

（五）丰都县

1999年在丰都高家镇官田沟村发掘了石地坝遗址，发现一批商周时期的陶制陶器，共计34件。这批遗物均系夹砂红陶和红褐陶，羼合料多且粗，器形较特殊，厚胎，口唇略薄，底部厚甚，两侧长边为直线形，短边一端较直，另一端圆弧形，直端一侧略低于弧端，俯视呈"拱门"状，底部为较舒缓的圜底。器形均不大，器口长径9—11、短径5—7、高4.5—6.5厘米。造型颇似小船，故称为"船形杯"（图二三）[①]。

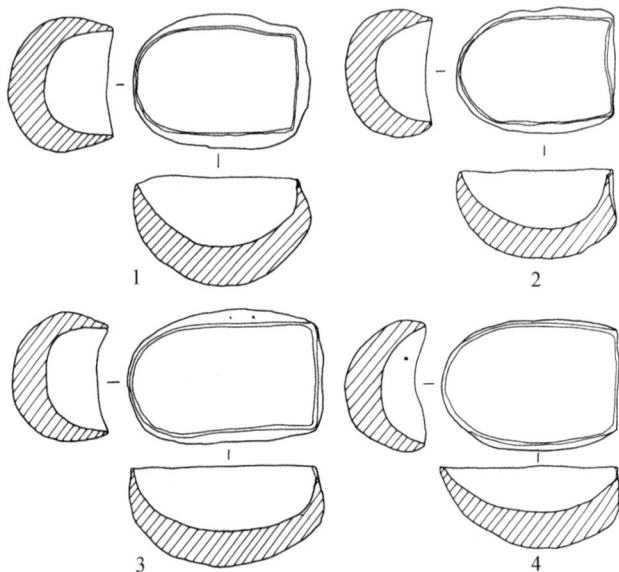

图二三　石地坝遗址出土的制盐陶器——船形杯

1—4.(T1331⑧：7、T1030⑦A：2、H38：5、T1431⑦B：75)

---

① 重庆市文物考古所、丰都县文物管理所：《丰都石地坝遗址商周时期遗存发掘报告》，《重庆库区考古报告集·1999卷》，科学出版社，2006年，702—737页。

迄今为止，在渝东至三峡的多处地点发现有船形杯。1998年在丰都高家镇金刚村出土1件"龟形锅"，器壁下厚上薄，与船形杯造型接近。2006年在商周文化层各出土1件。其中，复原的1件长24、宽11.5、高6.1厘米。2000年在巫山大溪遗址晚商地层出土1件，器形较石地坝稍大。2001年在丰都龙孔乡玉溪村出土1件；在忠县新生镇邓家沱西周地层出土4件，个体较大，底部较平。同年，在忠县哨棚嘴一灶坑内出土一批船形杯及残件，形态与邓家沱的接近，体量较大、器壁较薄。该址还出有1件长40、宽约20厘米的大型船形杯。2003年在云阳丝栗包遗址夏商地层出土一批船形杯，其中完整器有3件。2008年在重庆合川区弯桥村出土1件。上述遗址均位于江河岸边，分布范围东起巫山，西止于合川，主要集中在忠县、丰都一带。在石地坝遗址，与船形杯共存的陶器有尖底杯、圜底罐和尖底盏等。所见尖底杯均系残器，数量在商周遗存中位居第二。有学者认为，船形杯应为制盐陶器[①]，此说大致不误。在欧洲也发现有类似器皿，如法国大西洋沿岸的制盐遗址出有板瓦状制盐器具；英国罗马时期的制盐遗址也发现有与三峡大型薄胎船形杯近似的制盐器皿[②]。鉴于船形杯在各遗址出土量不多，此类器皿很有可能是制作盐锭的模具，可重复使用。其坚固的厚胎和数量稀少也为此说作了注脚。

（六）其他

根据文献记载，渝东至三峡地区很多县市的制盐历史都很悠久，如巫溪、万县（万州）、开县、彭水等地不仅有盐泉出露，还保留有大批古盐井。近年来的考古发掘也出有不少新资料，其中不乏制盐陶器。由于这些资料大多未发表，有关分析和研究只能留待于将来。

三、结语

距今5000年前后，在渝东至巫峡一线形成了以哨棚嘴文化为代表的区域族

---

① 白九江、邹后曦：《三峡地区的船形杯及其制盐功能分析》，《南方文物》2009年1期。
② 巴盐：《中坝遗址与南英格兰埃塞克斯红丘出土制盐陶器的比较》，《中国盐业考古（二）——国际视野下的比较观察》，科学出版社，2010年，320—345页。

群，这一群体的兴盛与瞫井河谷盐业资源的开发密切相关。距今4500年左右，中坝所在的瞫井河谷出现了制盐业，尽管最初的产业规模有限，却为哨棚嘴文化的发展与扩张提供了能量。商周时期，渝东至三峡的制盐业飞速发展，专业化程度不断提高，盐业贸易的繁荣为当地的经济发展注入了巨大活力。战国至汉代，铁器普及，制盐业进入后陶器时代。此时，在渝东至三峡出现了一批高规格的墓葬，其中就不乏掌控当地盐业资源和贸易的高官富商。唐代，制盐作坊出现了排列有序的圆形炉灶，其布局与结构显示其制盐工艺已颇为进步。在云阳云安镇发掘出宋元至明清时期的制盐作坊及系列制盐设施，总面积达15万平方米，再现了从凿井、汲卤、输卤、煎盐等一整套的产业链条[①]。以上发现对全面了解渝东至三峡地区盐产业的历史和生产工艺提供了重要的实物资料，全面展示了这个地区上迄新石器时代、下至20世纪长达4500年的盐业生产编年史，这在世界范围内都是极为罕见的。

渝东至三峡地区悠久的制盐业对当地历史、社会、政治、经济和文化的发展具有重大影响。先秦时期，巴、楚、秦先后经略此地，关系错综复杂，其中重要的诱因就是争夺这里的盐业资源。进入历史时期，三峡及周边诸多城镇的出现与发展均有赖于盐业资源的开发和相关贸易的扶持。这种由特殊资源开发和贸易带动一方经济和城镇发展的模式，是一个有待于挖掘并颇具潜力的研究领域，相关研究不仅关乎考古学，更需要历史学、社会学、地理学、经济学和其他社会科学的参与。可喜的是，已有学者开始涉足这一研究领域，并取得了可喜的成果[②]。我们深信，渝东和三峡地区诸多历史难点的廓清将有赖于盐业考古的新进展。

（原载于《东亚考古学的再思——张光直先生逝世十周年纪念学术研讨会文集》，台北"中研院"历史语言研究所，2013年）

① 重庆市文物局：《三峡文物珍存》，燕山出版社，2003年，97、98页；白九江：《巴盐与盐巴——三峡古代盐业》，重庆出版社，2007年。
② 李小波：《川东古代盐业开发的历史地理考察》，北京大学硕士学位论文，2000年；李小波：《长江上游古代盐业开发与城镇景观研究》，四川大学博士学位论文，2009年；白九江：《尖底杯在古代制盐工艺流程中的功能研究》，《盐业史研究》2010年2期。

鲁北-胶东盐业考古调查记 ①

2002年8月21日—9月5日，北京大学考古文博学院与山东省文物考古研究所对鲁北及胶东沿海地带进行了一次大范围的盐业考古调查。考察队成员由山东省文物考古研究所、北京大学考古文博学院及环境学院等单位联合组成。考察队依次考察了桓台县、滨州市、沾化县（含杨家遗址）、东营市（广饶县）、寿光市、潍坊市、寒亭区、昌邑市（含鄌城遗址）、烟台市、威海市、文登市、乳山市、莱州市、昌乐县、青州市、章丘市等地的文博单位及山东大学考古系（图一）。

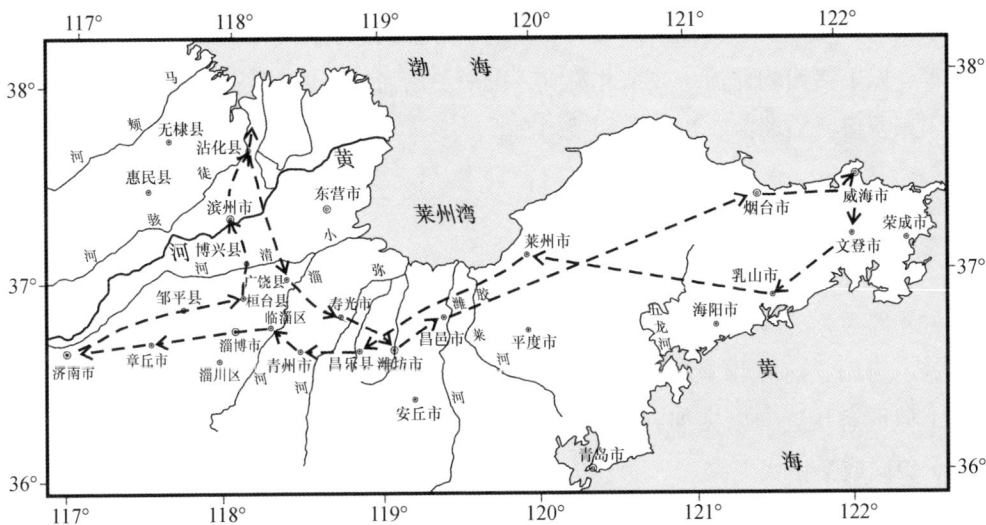

图一 鲁北-胶东考察路线图

① 本项研究得到"日本住友财团基金（THE SUMITOMO FOUNDATION OF JAPAN）"的资助。

鉴于此次考察属于盐业考古范畴，我们在空间上将考察线路安排在鲁北及胶东沿海县市，重点考察了各县市以往发现的与古代制盐有关的遗迹和遗物，特别是一种被称作"盔形器"（或将军盔）的陶器。以下是此次考察收获及一些初步认识。

一、莱州湾地区

鲁北与胶东半岛分属两个不同的自然地理区域。莱州湾位于山东省北部、渤海南岸，是渤海三大海湾[①]之一。地理坐标为北纬37°17′—37°30′，东经118°55′—119°55′，海拔50米以下。广义上的莱州湾应属于华北冲积平原的一部分，西北部为黄河三角洲，东界止于胶莱河，南部为潍北平原。除个别的丘陵山地外，大部地区被深厚的第四纪河积、海积沉积物覆盖。莱州湾海区内水深均小于12米，是渤海三大海湾中水位最浅的水域[②]。沿海湾一线为淤泥质平原海岸景观，岸线顺直，滩地宽广，总面积10114平方千米[③]。该区域内的自然水系从西向东依次有：马颊河、徒骇河、黄河、小清河、淄河、弥河、白浪河、潍河、胶莱河等，以上诸河均北流（或东北流）入渤海。沿海岸自西向东的行政区划有滨州市、东营市、临淄区、潍坊市和莱州市。

1. 桓台县

桓台县地处鲁中山区与鲁北平原的交界带上，县中南部为山前倾斜冲积平原，北部为黄泛区平原。近十余年，桓台县相继发现并发掘了一批重要遗址，如史家、唐山、前埠和李寨等。这些遗址程度不等地发现有盔形器，尽管为数不多，但形态接近，以夹细砂红陶或灰陶为主，球形或卵圆腹，圜底，器表饰横列、斜向或交错状绳纹。

---

① 渤海的三大海湾为：渤海湾、莱州湾和辽东湾。
② 韩有松等：《中国北方沿海第四纪地下卤水》，科学出版社，1996年。
③ 邓慧平、李爱贞、刘厚风等：《气候波动对莱州湾地区水资源及极端旱涝事件的影响》，《地理科学》2000年5期。

目前在桓台县博物馆展出的盔形器标本主要来自史家遗址。在史家遗址水井内曾出土少量盔形器，并与晚商陶鬲共存①。鉴于所有完整的盔形器都在展出，我们未能对这些器皿进行实测。

在山东省文物考古研究所临淄工作站，我们观摩了前埠遗址的出土资料，并测量了一件夹细砂红褐陶盔形器（H119∶9）。此器表面灰褐色，敞口，束颈，球形腹，圜底，通体饰网格状交错绳纹。通高19.1、口径19.4厘米。

2. 滨城区

原称滨州市②。位于桓台县北部。当地发现盔形器并见诸报道的遗址有如下2处。

高家遗址　位于滨州市西北堡集镇高北营村西北1千米。1976年发现，1981年调查，面积80万平方米。该遗址范围分布大量灰陶残片，器类主要有盔形器、鬲、豆、罐等，时代被定在商周时期③。

小赵家遗址　位于滨州市北单寺乡小赵家村东南1.5千米，面积56万平方米。1972年发现，1981年调查。在褚官河岸断崖上还保留有0.8米厚的文化堆积。采集标本主要为盔形器残片，器表饰粗绳纹，器底厚重。该址地处黄泛淤积区，文化层被压在地表下3.5米，时代被定在东周④。

我们在滨州调查时，因当地文物库房封存未能见到采集的遗物。据介绍，在滨州、沾化、无棣等地的商周遗址普遍发现有盔形器，而且在遗址中所占比例很大。

3. 沾化县

沾化县北部临海，徒骇河自南而北纵贯全县，以往在河流两岸曾发现一批古遗址。我们对沾化县博物馆内所藏完整盔形器作了实测，并实地考察了东杨村的杨家遗址。

---

① 参阅：《桓台文物》，山东画报出版社，1998年。
② 滨州市现辖滨城区、阳信县、惠民县、无棣县、沾化县、博兴县。
③ 滨州地区文物志编委会：《滨州地区文物志》，山东友谊出版社，1992年。
④ 滨州地区文物志编委会：《滨州地区文物志》，山东友谊出版社，1992年。

杨家遗址 位于沾化县城以北东杨家村西北2千米徒骇河与太平河交汇处，遗址地势高出周围约半米，当地俗称"双山子、单山子、簸箕山子、渔山子"，面积约15万平方米。1950年整治徒骇河工程时曾出土大批盔形器。1955年，山东省文物管理处为配合治河工程曾派员试掘，发现青铜时代墓葬一座、盔形器若干，但有关资料至今未发表[①]。1978年再次调查，得知遗址文化层厚1.5—2米。另在徒骇河大堤和太平河沿岸较大范围内发现古窑址和大量盔形器残片。窑（疑为煮盐炉灶）的平面为圆形或椭圆形，直径约2.5米。窑壁涂抹草泥，由于高温烧烤，炉壁呈青灰色，时代被定在东周时期[②]。

2002年8月我们前往该址调查，遗址内的农田广植棉花，在地表和田埂上不时可见成堆的盔形器残片，质地坚硬，火候高，胎体厚重，表面饰绳纹，未见遗迹现象。据当地同志介绍，早年徒骇河沿岸常常冲出盔形器，从当地保存的档案照片看，河岸边堆积的盔形器残片数量十分可观[③]。

在沾化县博物馆藏有一批盔形器标本。其中杨家遗址有4件。标本沾化03[④]，夹砂灰陶，直口，球形腹，圜底；器表饰网格交错绳纹。此器因烧流变形，未作测量。标本沾化04，夹砂灰褐陶，微侈口，陀螺形腹，尖底；器表饰有斜向宽粗绳纹。通高22、口径19—20.6厘米（图二，10）。标本沾化06，夹砂灰褐陶，微侈口，卵圆腹，圜底；器表饰斜向绳纹。通高22.5、口径19.6—20厘米（图二，3）。标本沾化012，夹砂灰陶，微侈口，束颈，口沿面内凹，球形腹，圜底；器表饰斜向交错绳纹。通高22、口径17—19厘米。

西渡村遗址 位于沾化县城西侧。沾化县博物馆藏有1件出自该址的盔形器。标本沾化08，夹细砂土黄色陶，微侈口，口沿面内凹，卵圆腹，圜底；器表饰斜向绳纹。通高22、口径18.5—19.2厘米（图二，2）。

富国镇及附近遗址 在沾化县城附近曾发现类似杨家遗址的古窑和盔形器。

---

① 当年该址曾出土大量盔形器，装了满满一船运往济南，后由于中途转运困难，大量被弃，仅运回个别标本，现藏何处不明。

② 滨州地区文物志编委会：《滨州地区文物志》，山东友谊出版社，1992年。

③ 沾化县博物馆档案资料。

④ 2002年考察时检测标本编号。

图二 沾化出土盔形器（沾化县文管所藏）

1.陈家（10） 2.西渡村（08） 3、10.杨家（06、04） 4、5、9.富国镇（09、11、13）

6—8.县城附近（01、02、07）

窑的平面圆形，直径大于1米，窑内四周摆放倒扣的盔形器若干[①]。沾化县博物馆藏有3件出自县城附近的盔形器。标本沾化01，夹砂灰褐陶，侈口，束颈，橄榄形腹，尖底；器表饰斜向宽粗绳纹。通高23.4、口径19.4厘米（图二，6）。标本沾化02，夹砂褐陶，微侈口，橄榄形腹，尖底；器表饰斜向粗绳纹。通高21.5、口径17.5—18.5、胎厚2厘米（图二，7）。标本沾化07，夹砂灰褐陶，微侈口，橄榄形腹，尖底；器表饰斜向粗绳纹。通高22、口径17.8—18厘米（图二，8）。另有4件出自富国镇（县城所在地）。标本沾化05，夹砂褐陶，侈口，橄榄形腹，尖底；器表饰斜向粗绳纹。通高24.2、口径19、壁厚1.5—2厘米。标本沾化09，夹砂灰陶，侈口，陀螺形腹，尖底；器表饰斜向宽粗绳纹。通高21、口径18.5—21.5、胎厚3厘米（图二，4）。标本沾化11，夹砂灰褐陶，微侈口，口沿面内凹，束颈，橄榄形腹，尖底；器表饰斜向宽粗绳纹。通高22、口径18.5—19.2厘米（图二，5）。标本沾化13，夹砂灰褐陶，侈口，口沿面内凹，橄榄形腹，尖底；器表饰斜向粗绳纹。通高20.8、口径18—19厘米（图二，9）。

———

① 据当地同志介绍。

　　陈家遗址　位于沾化县城南部 15 千米的泊头镇陈家村。1965 年兴修水利时发现。该址曾发现一批古窑址，但全部遭到破坏，形制不详[①]。沾化县博物馆藏品中有 1 件出自该址。标本沾化 10，夹砂灰陶，直口，束颈，卵圆腹，圜底；器表饰斜向交错绳纹。通高 18.5、口径 15 厘米（图二，1）。

　　另在泊头镇郑家村也发现过类似的古窑[②]。

4. 广饶县

　　广饶县隶属东营市。小清河自西而东横穿本县，在县城东北入海。当地古遗址大多沿小清河、支脉沟河分布。据广饶县博物馆王建国先生介绍，当地早年频繁治理小清河，动土面积甚大，出土了不少盔形器。由于不受重视，入藏馆内的标本并不很多。

　　西杜疃遗址　位于广饶县城东北约 7.5 千米的西杜疃村西，面积约 12 万平方米。1988 年发现，1991 年基建施工时遭到破坏。广饶县博物馆工作人员在现场抢救出少量文物。遗址文化层厚度超过 3 米，自下而上的堆积依次为龙山文化—岳石文化—商周—汉代。其中，商周层所出盔形器约占陶器总量的 1/3 强（一说达半数以上），伴出物有商代晚期的陶鬲等，年代被定为商中期—西周中期[③]。

　　广饶县博物馆收藏有该址出土的盔形器 4 件。标本广饶 01（5-0286）[④]，夹细砂灰陶，直口，口沿面略内凹，球形腹，圜底；器表饰网格状交错绳纹。通高 21、口径 17.8 厘米。标本广饶 04（5-0352），夹细砂灰陶，厚胎，侈口，球形腹，圜底；器表饰横列绳纹。通高 22 厘米（图三，10）。标本广饶 07（5-0230），夹砂灰陶，侈口，束颈，口沿面内凹，卵圆腹，圜底；器表饰横列粗绳纹。通高 20、口径 18—18.5 厘米（图三，9）。标本广饶 09（5-0228甲），夹细砂灰陶（烧流变形），直口，方唇，束颈，球形腹，圜底；器表饰横向绳纹。通高 19.5、口

[①] 山东利津县文物管理所：《山东四处东周陶窑遗址的调查》，《考古学集刊》（第 11 辑），中国大百科全书出版社，1997 年，292—297 页。

[②] 沾化县文管所调查资料。

[③] 广饶县博物馆：《山东广饶西杜疃遗址调查》，《考古与文物》1995 年 1 期。

[④] 括号内为原馆藏编号，下同。

径17.5—18厘米（图三，1）。

东柳（刘）遗址　位于广饶县城东北约15千米小张乡东柳（刘）村小清河南岸。广饶县博物馆收藏1件出自该址的盔形器。标本广饶05（5-0366），夹砂灰陶，直口，筒形腹，圜底；器表饰斜向粗绳纹。通高20.4、口径17厘米（图三，8）。

草桥遗址　位于广饶县城北部花官乡南约3千米的草桥村。1992年当地村民取土建房时发现一批陶器，内有1件夹砂灰陶盔形器，侈口，方唇，球形腹，圜底；器表饰有交错粗绳纹。通高19、口径15.6厘米。伴出物有豆、鬲、簋、罐、熏炉等，性质较杂，其中大多为西周时期的典型器。简报将该址的年代定为西周[1]。

大桓村遗址　位于广饶县城北部花官乡小清河北岸。治理小清河时发现盔形器6件，据说出土时南北摆放，器口朝上，器表黏附红烧土[2]。但在广饶县博物馆藏品中没有找到这批器物[3]。

在广饶县博物馆收藏的盔形器中有2件出自小清河沿岸（地点不详）。标本广饶06（5-0228乙），夹细砂灰褐陶，直口，球形腹，圜底；器表饰斜向交错绳纹。通高18、口径16—18厘米（图三，2）。标本广饶13（5-0367），夹细砂灰陶，微侈口，束颈，球形腹，圜底；器表饰横向粗绳纹。通高22、口径18.2—19.8厘米（图三，4）。

另有一批藏品出土地点不明。标本广饶02（5-0284），泥质灰陶，直口，束颈，球形腹，圜底；器表饰横列绳纹。通高20.6、口径18厘米（图三，7）。标本广饶03（5-0308），夹粗砂褐陶，微侈口，口沿面略内凹，陀螺形腹，尖底；器表饰斜向宽粗绳纹。通高24、口径21.5、胎厚2.5厘米（图三，11）。标本广饶08（5-0232），夹细砂灰陶，微侈口，球形腹，圜底；器表饰横列绳纹。通高18.5、口径17—18.5厘米（图三，5）。标本广饶10（5-0233），夹砂灰陶，厚胎，直口，口沿面略内凹，球形腹，圜底；器表饰网格交错绳纹。通高21、口径17—18厘米（图三，3）。标本广饶11（5-0234），夹细砂灰褐陶，直口，束颈，球形腹，

---

[1]　广饶县博物馆：《山东广饶县草桥遗址发现西周陶器》，《考古》1996年5期。

[2]　曹元启：《试论西周至战国时代的盔形器》，《北方文物》1996年3期。

[3]　县博物馆所藏盔形器有些出土地点不明，其中出自小清河的几件可能来自大桓村遗址。

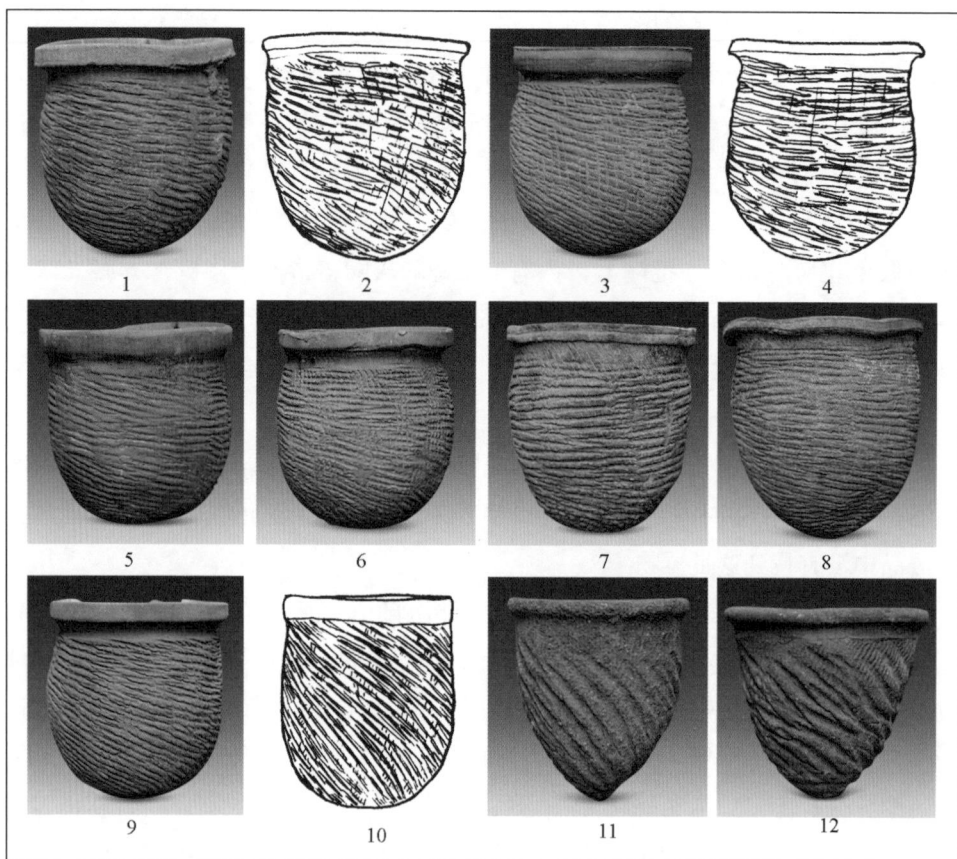

图三　广饶出土盔形器（广饶县博物馆藏）

1、9、10.西杜疃［广饶09（5-0228甲）、07（5-0230）、04（5-0352）］　2、4.小清河［广饶06（5-0228乙）、
13（5-0367）］　3、5—7、11、12.地点不明［广饶10（5-0233）、08（5-0232）、11（5-0234）、02（5-0284）、
11（5-0308）、12（5-0281）］　8.东柳村［广饶05（5-0366）］

圜底；器表饰斜向绳纹。通高19.5、口径18厘米（图三，6）。标本广饶12（5-0281），夹砂褐陶，侈口，陀螺形腹，尖底；器表饰斜向宽粗绳纹。通高22、口径23.5厘米（图三，12）。

此外，在广饶县的西营、冈村等地也发现有盔形器。

5.寿光市

寿光市位于广饶县东南，北面临海，弥河自西南而东北贯穿全境。当地发现盔形器的遗址集中在北部近海一线。有学者曾发现近20个直径超过1米的陶窑，窑内放置数量不等的盔形器[①]。但在市区南部仅发现有零星的盔形器。

高家庄遗址 位于寿光市区以西约15千米的化龙镇。寿光市博物馆收藏该址出土的盔形器6件。标本寿光01，夹砂褐陶，直口，口沿面有凹槽，口颈下内凹一周，卵圆筒腹，尖圜底；器表饰斜向粗绳纹。通高21.6、口径14.9厘米（图四，1）。标本寿光02，夹砂灰陶，口沿面有凹槽，直口，口颈下内凹一周，卵圆筒腹，尖圜底；器表饰斜向粗绳纹。通高21、口径16厘米。标本寿光03，夹砂褐陶，直口，口沿面有凹槽，口颈下内凹一周，卵圆筒腹，尖底；器表饰横向斜向粗绳纹。通高22.6、口径15.3厘米（图四，2）。标本寿光04，夹砂褐陶，直口，口沿面有凹槽，口颈下内凹一周，卵圆筒腹，尖圜底；器表饰斜向粗绳纹。通高22.5、口径15.7厘米（图四，4）。标本寿光05，夹细砂灰陶，直口，口沿面有凹

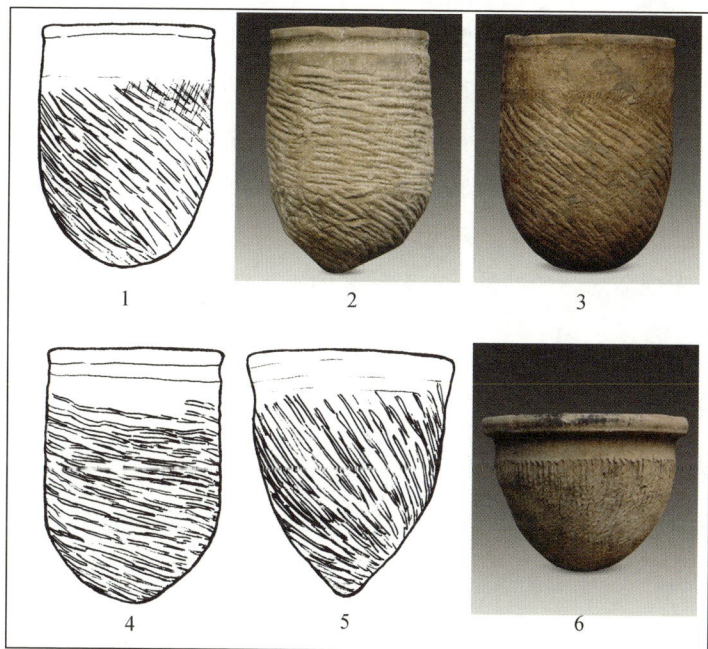

图四 寿光市出土的盔形器（寿光市博物馆藏）

1、2、4—6.高家庄（寿光01、寿光03、寿光04、寿光05、寿光04、寿光08） 3.薛家庄（寿光07）

① 曹元启先生见告。

槽，口颈下内凹一周，卵圆筒腹，尖圜底；器表饰斜向粗绳纹。通高23、口径15.6—16.5厘米（图四，5）。标本寿光08，夹砂灰褐陶，侈口，口沿面略内凹，厚唇，束颈，半圆浅腹，尖圜底；器表饰竖列粗绳纹。通高20、口径27.5厘米（图四，6）。

薛家庄遗址　位于寿光市薛家庄。寿光市博物馆收藏有该址出土的盔形器2件。标本寿光06，夹砂灰陶，侈口，卵圆筒腹，圜底；器表饰竖列绳纹。通高24、口径18.9—19.8厘米。标本寿光07，夹砂灰陶，侈口，口沿面内凹，陀螺形腹，尖底；器表饰斜向粗绳纹。通高21、口径19.2厘米（图四，3）。

边线王遗址　位于寿光市西南约12千米的孙家集镇。1985年，山东省文物考古研究所在挖掘该址的龙山古城遗址时。在遗址北面清理一座灰坑（T2125H82），内有盔形器8件。出土时器口朝上[1]。该址资料一直封存，至今未发表。

稻田镇遗址　位于寿光市东南约20千米。该址曾出土个体较大的盔形器[2]，器表内外均拍印方格纹，伴出遗物还有战国时期的陶豆、罐、鼎、钵等[3]。

大荒北央遗址　位于寿光市北部约35千米的卧铺乡郭井子村西南2千米处，东北距海约15千米，面积4万平方米，文化层厚约1米。山东大学曾在该址进行试掘，出土盔形器比例高达90%（该址地表散落盔形器残片比例高达95%），另有少量陶鬲、簋、盆、罐等，年代为西周时期[4]。

寿光市发现盔形器的遗址还有卧铺乡的霜王城[5]、化龙镇埠子顶、营里镇寇家坞及寿光镇等。

6. 潍坊市–寒亭区

潍坊市位于寿光市以东，白浪河自南而北贯穿全境，北部临海。当地发现盔形器的遗址集中在寒亭区近海一线，包括央子镇、西利渔、水利组、央子井

---

① 曹元启：《试论西周至战国时代的盔形器》，《北方文物》1996年3期。

② 根据曹元启文章发表线图，此器高约50、口径近40厘米。

③ 曹元启：《试论西周至战国时代的盔形器》，《北方文物》1996年3期。

④ 山东大学考古系发掘资料。

⑤ 此即后来发掘的双王城遗址。

场、北岭子等10余个地点。在靠近内陆的坊子区范家庄、潍坊会泉庄[①]等遗址也有零星出土；山东省文物考古研究所藏有1件出自姚官庄遗址的盔形器（图五）。

崔家央子遗址　位于潍坊市区北面30千米的央子镇，北面距海约10千米，当地素以产盐闻名。遗址地表散落大量盔形器残片，文化层厚2米，包含物以盔形器为主[②]。潍坊市收藏的2件盔形器均出自该址。标本崔家央子01（原编号1974.5），夹砂褐陶，厚胎，侈口，口沿面内凹，陀螺形腹，尖底；器表饰有斜向宽粗绳纹。通高20.8、口径17.5厘米（图五，3）。标本崔家央子02（原编号1974.5），夹砂灰陶，厚胎，大敞口，陀螺形浅腹，口沿面略内凹，尖底；器表饰斜向宽粗绳纹。通高22、口径24厘米（图五，4）。

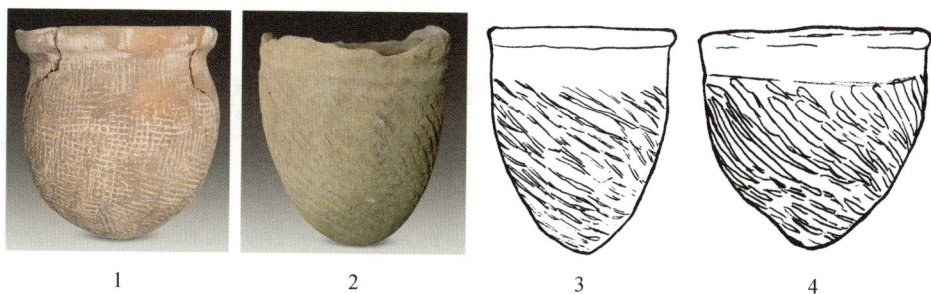

图五　潍坊及其他地点出土的盔形器
1.桓台前埠（H119：9）2.昌乐（01）3、4.潍坊崔家央子（01、02）

7. 昌邑市

位于潍坊市以东，潍河与胶莱河在该市东西两侧自南而北贯穿全境，北部临海。本市发现盔形器的遗址有如下几处。

鄑邑故城址　位于昌邑市区西北约20千米的龙池镇瓦城-灶户-利渔三个盐场之间，北面距海10余千米，城址的年代为战国—汉代。2002年夏，我们前往该址考察，没有任何发现。遗址所在地较之周围明显高出一截，现辟为农田。四

---

① 山东省文物考古研究所兰玉富同志见告。
② 曹元启：《试论西周至战国时代的盔形器》，《北方文物》1996年3期。

周低洼处为现代盐场的盐田。潍坊市博物馆藏有2件在该址采集的盔形器。标本昌邑01，夹砂灰陶，器表内外褐色，残存下半部，陀螺形，尖底；表面饰斜向宽粗绳纹。残高12.7厘米。标本昌邑02，夹砂黑灰陶，器表褐色，残存下半部，陀螺形，尖底；表面饰斜向宽粗绳纹，残高12厘米。

唐央遗址　位于昌邑市区以北约20千米的东冢乡火道村。该址发现有特大型盔形器，伴出物有战国中期的陶豆、陶壶等[1]。标本如昌邑（唐央）03，通高68.5、口径36.5厘米，器表拍印交错绳纹。此器质地、形态及花纹与莱州湾地区常见的盔形器类似，唯体积很大。据说此地曾发现将10余个盔形器集中排列、器口朝上的遗迹[2]。

8. 昌乐县

位于寿光市以南，潍坊市西侧。据介绍，该县沿济（南）-青（岛）高速公路两侧，凡商周时期遗址均出有盔形器，其分布最南端达安邱北部。昌乐县出土盔形器的遗址有如下一些。

邹家庄遗址　位于昌乐县城南北岩镇邹家庄西100米，面积约20万平方米，文化堆积厚1.5—2米，从早到晚的文化堆积依次为：新石器时代—夏—商—周—汉。1985年，山东省文物考古研究所和北京大学联合发掘了该址，在T6③B层出土1件盔形器，夹砂褐陶，口径20厘米，器表饰斜向粗绳纹，器内壁较光滑。同文化层出土遗物还有鬲、簋、罐等西周时期的典型陶器[3]。

河西遗址　位于昌乐县城东南23千米的马宋镇河西村。遗址面积20万平方米，文化堆积厚2—5米，从早到晚的文化堆积为：新石器时代—商—周—春秋—汉。1980—1982年做过调查，出土盔形器较多，伴出遗物有西周晚期—春秋早中期的鬲、簋、豆、罐等[4]。

昌乐县文物管理所藏有1件盔形器，出土地点不详。标本昌乐01，夹砂灰褐

① 曹元启：《试论西周至战国时代的盔形器》，《北方文物》1996年3期。
② 曹元启：《试论西周至战国时代的盔形器》，《北方文物》1996年3期。
③ 曹元启：《试论西周至战国时代的盔形器》，《北方文物》1996年3期。
④ 潍坊市博物馆、昌乐县文管所：《山东昌乐县商周文化遗址调查》，《海岱考古》（第一辑），山东大学出版社，1989年，292—312页。

陶，微侈口（残缺部分），卵圆腹，尖圜底；器表饰斜向粗绳纹。通高19.5、口径16.8厘米（图五，2）。

9. 青州市

位于昌乐县与淄博市之间。本市出有盔形器的遗址有如下几处。

赵铺遗址　位于青州市东北17千米的口埠镇赵铺村东，遗址面积约3万平方米，文化层厚约2米，自下而上的堆积为：龙山文化—商—西周—东周。1976年发掘时，曾在T103发现一座陶窑，窑内堆积分4层。第4层含大量木炭、烧结的陶器，大部分为绳纹灰陶，有鬲、盔形器、罐、豆、盆等。另在T4②层和T49②层出土4件盔形器，伴出物有鬲、簋、豆、罐，均为商—西周时期典型器[①]。

凤凰台遗址　位于青州市东北25千米的何官乡杨家营村东，遗址面积3万平方米。1984年发掘，自下而上的文化堆积为：龙山文化—商—西周—东周—汉。共出土7件盔形器（T624④和H630），年代为商—西周时期[②]。

青州市发现盔形器的遗址还有方台遗址[③]、大赵务遗址[④]、后范王遗址[⑤]、朱良遗址[⑥]、葛口遗址[⑦]等，年代大都在商—西周时期。

[①]　青州市博物馆：《青州市赵铺遗址的清理》，《海岱考古》（第一辑），山东大学出版社，1989年，183—201页。

[②]　山东省文物考古研究所等：《青州市凤凰台遗址发掘》，《海岱考古》（第一辑），山东大学出版社，1989年，141—182页。

[③]　青州市博物馆：《青州市新石器遗址调查》，《海岱考古》（第一辑），山东大学出版社，1989年，137—140页。

[④]　山东省文物考古研究所等：《青州市凤凰台遗址发掘》，《海岱考古》（第一辑），山东大学出版社，1989年，141—182页。

[⑤]　山东省文物考古研究所等：《青州市凤凰台遗址发掘》，《海岱考古》（第一辑），山东大学出版社，1989年，141—182页。

[⑥]　山东省文物考古研究所等：《青州市凤凰台遗址发掘》，《海岱考古》（第一辑），山东大学出版社，1989年，141—182页。

[⑦]　山东省文物考古研究所等：《青州市凤凰台遗址发掘》，《海岱考古》（第一辑），山东大学出版社，1989年，141—182页。

10. 章丘市

位于济南市与淄博市之间。该市出土盔形器的遗址有如下几处。

王推官庄遗址 位于章丘市西北约15千米的宁家埠乡王推官庄村南，遗址面积16万平方米。1989—1990年发掘，自下而上的文化堆积为：岳石文化—商代—西周—东周—汉代。该址出土盔形器3件。1件残存器底，泥质灰陶，器表饰交错绳纹（H144∶24）。1件泥质褐陶，微束颈，尖圆底，器表饰交错绳纹（H132∶12）。还有1件为泥质灰陶，尖圆唇，斜弧腹，尖底，器腹部饰粗绳纹。据伴出的陶器推测，其年代为商—西周时期[①]。

宁家埠遗址 位于宁家埠乡以北1千米许，遗址面积5万平方米。1988—1989年发掘，文化堆积厚0.3—2米，自下而上依次为：龙山文化—商代—西周—东周—汉—唐—宋代。出土盔形器4件。标本1（J6∶1），泥质灰陶，直口，口沿下有突棱，筒状深腹，圜底，器表饰竖列粗绳纹。标本2（J6∶2），泥质灰陶，微束领，圜底，器表饰斜向粗绳纹。标本3（J6∶3），泥质灰陶，尖底，器表饰斜向粗绳纹。标本4（H20∶1），泥质灰陶，大口，微束颈，器底残，腹部饰交错绳纹。上述盔形器年代被定为西周早期[②]。

另外在邹平县丁公[③]、利津县南王参及无棣、阳信、博兴等地也曾发现过盔形器[④]。

二、胶东半岛

胶东半岛（也称山东半岛）为我国第一大半岛，地处胶莱河以东，与朝

① 山东省文物考古研究所：《山东章丘市王推官庄遗址发掘报告》，《华夏考古》1996年4期。

② 济青公路文物考古队宁家埠分队：《章丘宁家埠遗址发掘报告》，《济青高级公路章丘工段考古发掘报告集》，齐鲁书社，1993年，1—114页。

③ 山东大学历史系考古专业、邹平县文化局：《山东邹平丁公遗址试掘简报》，《考古》1989年5期。

④ 山东利津县文物管理所：《山东四处东周陶窑遗址的调查》，《考古学集刊》（第11辑），中国大百科全书出版社，1997年，292—297页。

鲜半岛和日本列岛隔海相望，地理坐标为北纬35°35′—38°23′，东经119°30′—122°42′，总面积约39000平方千米。胶东半岛西北濒临渤海湾，半岛主体东入黄海，东端的成山角是北黄海和南黄海分界线的西端点。半岛地形以低山丘陵为特征，根据不同区域的地貌特征、形态差异和构造基础，可分为几个不同的地貌带，如各类侵蚀海岸、冲积平原和冲积海积平原等（见图一）。从地貌景观看，胶东半岛沿岸大部分为基岩丘陵，与莱州湾的景观有很大不同，特别是两地的地下卤水分布和质量存在明显差异。

我们在胶东半岛依次考察了莱州（原掖县）、烟台、威海、荣成、乳山、海阳等市县，均未见有盔形器踪迹[1]。在莱州、烟台等地博物馆藏有几件浅腹大铜盘，被认为是年代偏晚的煮盐器具。其中，莱州市博物馆收藏1件大铜印（馆藏号：YB铜8031），为古代制盐业的重要文物。此印出自莱州市西由镇街西头村，系当地村民挖沟时偶然发现。铜印个体甚大，长方形板状，中空，背部有曲尺形印柄；铜印的上部刻有一对相互抵牾的猛兽，右为猛虎，左为独角兽；下部篆刻"右主盐官"四字。印面长25.5、宽23.7、厚1.5厘米（图六）。此印出土地点以西的沿海地带即为盐场，西汉时当地曾设置盐官。有学者认为，此印系盐官用于封盐的官印，时代为汉代或更晚[2]。

图六 "右主盐官"铜印（拓片）

三、几点初步认识

此次盐业考古调查收获颇丰。经初步整理有如下几点认识。

1. 盔形器的形态与年代

莱州湾地区所见盔形器以灰陶、褐陶居多。其中，灰陶多作青灰色，胎质

---

① 曹元启在文章中提到在胶东烟台和辽东大连曾发现盔形器。我们在胶东调查时未见此类器，当地同志也否认有此类器发现；大连情况不详。

② 林仙庭、崔天勇：《山东半岛出土的几件古盐业用器》，《考古》1992年12期。

较细腻，近似泥质陶，火候较高，质地坚硬。褐陶表皮为褐色，胎芯黑褐色，羼和料较粗，火候适中，质地略偏软。另有少数红陶，胎内掺夹细砂，火候略偏低。盔形器胎体普遍较厚，薄者1厘米；厚者近2厘米，器底最厚达3厘米。器表均饰绳纹，有粗细之别，有些绳纹异常粗犷。盔形器制作非常规范，均为大口，腹部较深，比高一般略大于口径，少数口径超出比高，可分为圜底、尖圆底和尖底三类。再一个特点是，盔形器尺寸大小非常接近，器高一般为20—22、口径16—19厘米，仅有极个别盔形器数据超常。

根据此次调查和初步整理分析，盔形器可分为如下五型（图七）：

A型　夹细砂灰陶，侈口或直口，球形腹，圜底；器表饰横列或斜向粗绳纹。标本如广饶06（5-0228乙）（图七，上左）。

B型　夹细砂灰陶或红陶，直口或微侈口，椭圆形腹，圜底；器表饰横向或斜向粗绳纹。标本如广饶05（5-0352）（图七，上中）。

C型　夹砂褐陶为主，直口或微侈口，长卵圆形，深腹，小圜底；器表饰斜向粗绳纹。标本如寿光（高家庄）01（图七，上右）。

D型　夹砂褐陶，直口或微侈口，长卵圆形，深腹，尖圆底；器表饰斜向宽粗绳纹。标本如寿光（高家庄）04（图七，下左）。

E型　夹砂褐陶，厚胎，大敞口，腹部作三角陀螺形，尖底；器表饰斜向排列的宽粗绳纹。根据腹部深浅差异，分为两式：

Ⅰ式：深腹，口径与器高比接近。标本如寿光（薛家庄）07（图七，下中）。

Ⅱ式：浅腹，口径大于器高。标本如潍坊（崔家央子）01（图七，下右）。

盔形器的形态差异有可能是时间早晚的反映。初步推测其演变趋势为：从球形圆腹、圜底到卵圆深腹、尖圆底再到橄榄形、陀螺形腹、尖底。这一推测的根据如下：首先，在桓台史家遗址水井内所出盔形器均属A型（或B型），并与晚商时期的陶鬲共存。在桓台县前埠遗址、邹平县丁公遗址晚商文化层所见盔形器亦属A型[1]。总之，目前在商代遗址未见D、E型盔形器。另在青州市赵铺遗址陶窑（Y1）出土盔形器属B、C型，共存陶器为商周时期的绳纹陶鬲、盆、豆、

---

① 　山东大学历史系考古专业：《山东邹平丁公遗址第二、三次发掘简报》，《考古》1992年6期。

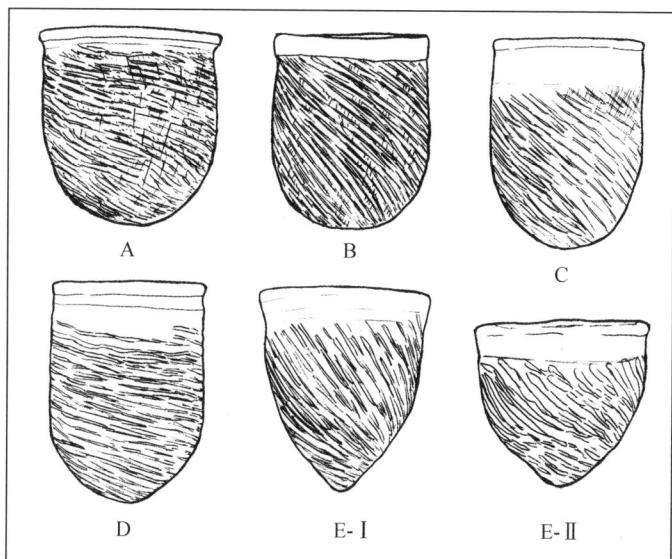

图七　盔形器演变趋势

罐等①。其次，迄今未见D、E型盔形器与晚商时期陶器共存。据此可初步认定，A、B型圜底盔形器应为晚商时期，D、E型尖底盔形器已进入西周纪年，C型盔形器则介于二者之间。

以往对盔形器的年代有些不同看法：①将盔形器年代跨度拉得较长，上迄西周，下止于汉②；②年代定得比较具体，如晚商—西周、西周、春秋、战国等。根据上述分析可知，盔形器的年代大致应在商代晚期至西周时期。有些器形偏大或形态较特殊的盔形器很有可能是更晚阶段的遗留。但这一推测还有待将来的考古发现进一步验证。

2. 盔形器的分布

经此次考察并结合以往发现，大致明确了盔形器的分布主要集中在莱州湾

① 青州市博物馆：《青州市赵铺遗址的清理》，《海岱考古》（第一辑），山东大学出版社，1989年，183页。

② 潍坊市博物馆、昌乐县文管所：《山东昌乐县商周文化遗址调查》，《海岱考古》（第一辑），山东大学出版社，1989年，292—312页。

沿海一线，西迄马颊河，东止于胶莱河，南达泰沂山系以北，即今日胶济铁路（济—青高速公路）沿线一带。若将各遗址点的盔形器比例量化，则显示为明显的内外两区。内区范围仅限于莱州湾沿海，大体沿无棣—沾化—滨州—博兴—广饶—寿光—潍县—昌邑形成一个面向渤海、宽15—20千米的弧形扇面。此区内凡商周时期遗址均出有大量盔形器，其比例最高可占到陶器总量的90%以上（如沾化县杨家遗址），低者也超过50%（如广饶县西杜疃遗址）。特别是该区域内的遗址极少发现日常生活用具。另在多个地点发现摆放盔形器的"窑"（灶），个别盔形器出土时还粘连烧土或烧流变形，足见它们是在当地烧造的。另外还发现个别盔形器似有二次过火迹象[①]。总之，可将内区作为盔形器的高密度分布区。

外区的范围沿马颊河—惠民—章丘—淄川—青州—潍坊—莱州一线向南延伸。在此区域，多数商周时期遗址发现盔形器，但数量零星，少则3—5件，至多8件、10件，特点是与一般日常生活器皿共存。如此，可将外区视为盔形器的低密度分布区（图八）。

3. 盔形器的功能

对盔形器的用途一直有不同看法。早在20世纪50年代，有学者认为它们可能是制盐器具[②]，但苦于没有证据。20世纪80—90年代，在章丘市宁家埠、桓台县史家等遗址的水井中发现少量盔形器，有人根据器颈部发现绳索缠绕痕迹，提出汲水器之说[③]。此外还有陶臼说。根据是淄川北神马遗址的房屋地坪上曾发现与盔形器大小相若的地臼遗迹[④]。

由于以往盔形器的发现都很偶然，特别是在高密度区域内很少做过考古发掘[⑤]，使得学术界很难对其功能做出合理的解释。通过此次考察，同时参考国内

---

① 在山东大学考古系标本室参观大荒北央遗址发掘标本所见。
② 王思礼：《惠民专区几处古代文化遗址》，《文物》1960年3期。
③ 桓台博物馆有同志根据史家等遗址的发现提出。
④ 山东大学考古系任相宏先生据淄川北神马遗址的发现见告。
⑤ 20世纪50年代曾在沾化杨家遗址作过试掘，但未发表任何资料。2001年，山东大学对寿光大荒北央遗址做过小规模试掘。

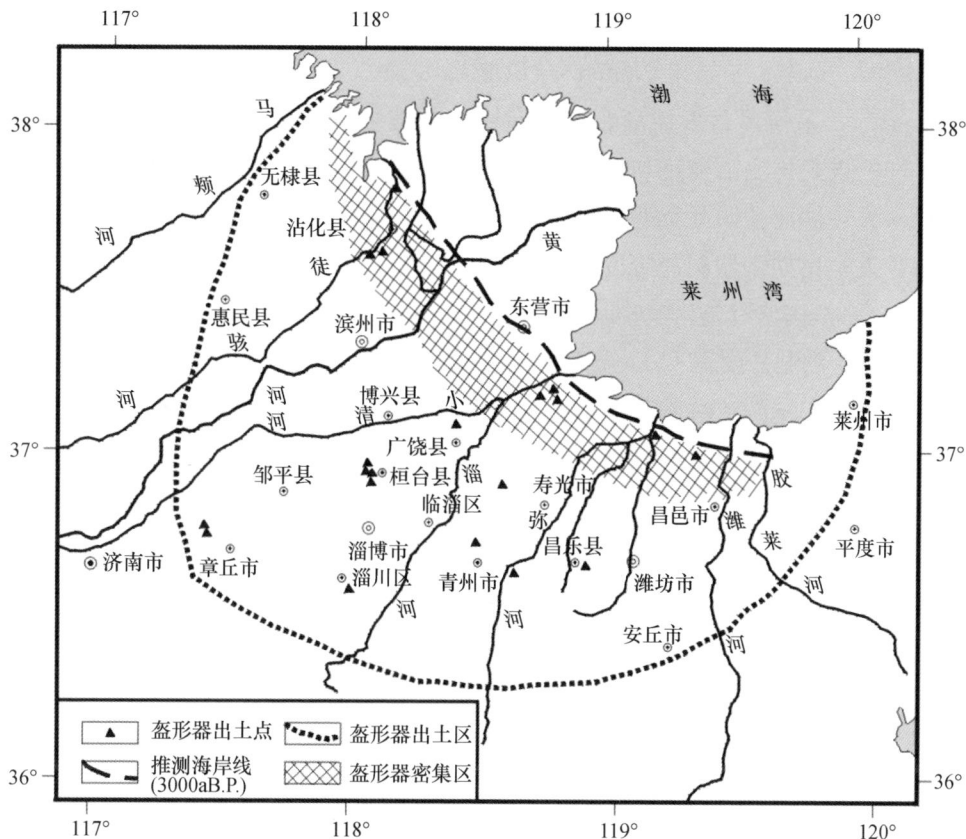

图八 莱州湾地区盔形器遗址分布示意图

外的考古发现与研究，可以确认盔形器是用于制盐的特殊用具，那些含大量盔形器的遗址则是制盐遗址。这可以从如下几方面的分析得到证明。

第一，盔形器这种陶器造型特殊、胎体厚重，有些做工甚粗，加之圜底和尖底造型也不利于作为日常生活用具使用。另外即便是日常用具，也无须如此之大的数量。因此，它们应有特殊用途。检索国内外的有关发现，此类造型厚重的器皿和形态往往是人类早期陶器制盐阶段常常采用的样式。我们曾在长江三峡的忠县中坝制盐遗址发现大量花边口圜底罐和羊角尖底杯[①]，尤其是花边口罐的造

———————————

① 孙智彬:《忠县中坝遗址的性质——盐业生产的思考与探索》,《盐业史研究》(巴渝盐业专辑)2003 年 1 期。

型与盔形器异常接近。显然它们有着类似的功能。同样，类似造型的陶器也广泛见于欧洲、日本、非洲和美洲的制盐遗址[①]。

第二，莱州湾盔形器高密度分布区内的遗址堆积都很丰厚，出土陶器种类单一，很少见生活遗迹和日常生活用具，这与一般的生活聚落反差极大，可以说从另一侧面证明此类遗存的特殊用途。而这种堆积丰厚、内涵单一的遗址恰恰是人类早期陶器制盐阶段的普遍现象。如忠县中坝制盐遗址的文化堆积厚12.5米[②]；法国洛林地区塞耶（Seille）河谷制盐遗址的堆积厚12米，并埋藏大量形态单一的制盐陶器[③]。人类学家通过对非洲尼日尔曼嘎地区的民族学调查发现，那里依旧延续传统的陶器煎盐技术，盐场周围的制盐废弃物堆积如山。更为有趣的是，当地使用的制盐陶器造型竟然与德国史前时期的制盐陶器出奇地相似[④]。

第三，根据文献记载，莱州湾所在区域从古至今一直是中国北方最重要的海盐产地。据《世本》记载，早在4000年前，"夙沙氏"[⑤]就在鲁北"煮海为盐"。春秋战国时期，齐国成就霸业，经济文化发达，这与其占有"渔盐之利"不无关系。

第四，20世纪80年代以来，通过科学工作者长达十余年的努力，查明在渤海、黄海沿岸低地平原蕴藏有丰富的盐卤资源，特别是莱州湾所在的渤海南岸为高浓度卤水富集区[⑥]。如渤海南岸7个盐田的地下卤水浓度值普遍大于

---

① 陈伯桢：《由早期陶器制盐遗址与遗物的共同特征看渝东早期盐业生产》，《盐业史研究》（巴渝盐业专辑）2003年1期。

② 20世纪50年代曾在沾化杨家遗址作过试掘，但未发表任何资料。2001年，山东大学对寿光大荒北央遗址做小规模试掘。

③ Nenquin, Jacques. Salt, a study in economic prehistory. Dissertationes archaeologicae Gandenses. Brugge: De Tempel, 1961, VI (6).

④ Gouletquer P L. Niger, Country of Salt (尼日尔，盐之国). In Salt, The Study of an Ancient Industry. Report on the Salt weekend held at University of Essex, 20-22 Sept. 1974. Edited by Brisay K W d and Evans K A. Essex: Colchester, 1975: 47-51.

⑤ 传说中的夙沙氏与神农氏同时，后被尊为盐神，其部族应是活动在鲁北沿海的土著居民。

⑥ 韩有松等：《中国北方沿海第四纪地下卤水》，科学出版社，1996年。

$10°Be'$[①]，周边地区的卤水浓度值为$5°$—$10°Be'$，全区地下卤水浓度均值在$10°$—$12°Be'$以上，最高值达$18°$—$20°Be'$。有意味的是，经查明，这个中、高浓度卤水分布区恰好与我们划定的盔形器高密度分布区重合。一旦越过胶莱河，东岸的高浓度地下卤水分布区便止于土山西北一带。胶东半岛仅在局部某些地区蕴藏有低浓度卤水[②]。这表明，距今3000年前，或更早，莱州湾一带的人们或许对地下卤水资源的分布已有一定的认知，并有计划地进行开发利用。

第五，参照全新世以来的海面变化，距今3000年前（商末周初），莱州湾古海岸线大致位于今海岸线以内15—30千米处，这一范围恰恰也是盔形器的密集分布区。可见，当时的制盐场所就选择在便于获取原料的海岸潮间地带。这一区域海拔低，土壤高度盐碱化，不适宜人类居住，也无法经营农业。即便在今天，这里依旧是现代盐场的首选之地。

四、简短的结语

通过此次考察和初步研究，可以确认，分布在莱州湾沿海的盔形器是古代专门用于制盐的特殊器具，其使用年代应在晚商—西周时期。目前，我们尚不清楚当时究竟使用了怎样的方法来制盐，是火煎法还是天然的风吹日晒法？有关这方面的证据还需要通过将来进一步的考古发掘来寻找。以上提出的一些认识是初步的，欢迎业内专家给我们提出宝贵意见。

（原载于《华夏考古》2009年1期）

---

① 水文地质中的矿化度（g/L）表示地下水的总盐量。但在盐业生产中则以波美度（Baume，符号为°Be'）表示海水或卤水浓度（即含盐量）。$1°Be'≈1\%$的含盐量$≈10$g/L（矿化度），所以矿化度50g/L以上即$5°Be'$以上称为卤水。目前在第四纪地下卤水勘探及其有关的研究报告中，同时使用矿化度与波美度来表示地下卤水的浓度（据韩有松等：《中国北方沿海第四纪地下卤水》，科学出版社，1996年）。

② 尹泽生等：《莱州市滨海区域海水入侵研究》，海洋出版社，1992年。

附表　**2002 年来洲湾盐业考古调查盔形器实测一览**

现藏地点	高/厘米	口径/厘米（外；内）	厚/厘米	出土地点	编号
桓台县	19.1	口径 19.4		前埠 J2	H119：9
沾化县	23.4	19.4；15.2		县城附近	01
	21.5	17.5—18.5；13—13.8	2	县城附近	02
				杨家（烧流）	03
	22	19—20.6；13.8—15.5		杨家	04
	24.2	19；14.4	1.5—2	富国镇	05
	22.5	19.6—20；15.3		杨家	06
	22	17.8—18；13.8		县城附近	07
	22	18.5—19.2；14.5—15.4		西渡村	08（红陶）
	21	18.5—21.5；13.5—17	3	富国镇	09
	18.5	15；13	1	陈家	10
	22	18.5—19.2；14.5		富国镇	11
	22	17—19；13.5—15.5		杨家	12
	20.8	18—19；13.5—14.2		富国镇	13
广饶县	21	17.8；15.5		西杜疃	5-0286
	22	？		西杜疃	5-0352
	20	口径 18—18.5		西杜疃 ·	5-0230
	19.5	口径 17.5—18		西杜疃（烧流）	5-0228-甲
	20.6	18；16.4		？	5-0284
	24	21.5；15	2.5	？	5-0308
	22	23.5		？	5-0281
	18.5	口径 17—18.5		？	5-0232
	21	17—18；15.5—16		？	5-0233
	19.5	18；16		？	5-0234
	20.4	17；15		东柳村	5-0366
	18	16—18；14—16		小清河工程	5-0228-乙
	22	口径 18.2—19.8		小清河工程	5-0367

续表

现藏地点	高/厘米	口径/厘米（外；内）	厚/厘米	出土地点	编号
寿光市	21.6	14.9；12		高家庄	01
	21	16；12.2		高家庄	02
	22.6	15.3；12.1		高家庄	03
	22.5	15.7；12.2		高家庄	04
	23	15.6—16.5；12.3—13		高家庄	05
	24	口径18.9—19.8		薛家庄	06
	21	口径19.2		薛家庄	07
	20	27.5；20.6		高家庄	08
昌邑市	68.5	口径36.5		唐央	03
	残12.7		1.5	鄑邑故城	01
	残12		2.8	鄑邑故城	02
潍坊市	22	24；18		崔家央子	01（1974.5）
	20.8	17.5；12.6		崔家央子	02（1974.5）
昌乐县	19.5	16.8；13.7		昌乐县	01

发现与探索：先秦时期的鲁北盐业

21世纪以来，中国盐业考古的工作重点逐渐从长江上游的三峡地区转向鲁北莱州湾沿海一带。特别是2002年莱州湾-胶东半岛的盐业考古调查[①]，为这个地区盐业考古的滥觞，也调动了更多学者对这一研究领域的学术兴趣，随之而来的一系列考古调查新发现，引起国内外考古学界的进一步关注[②]。

一、寿光双王城商周时期制盐遗址

双王城水库位于山东寿光市羊口镇（原为卧铺乡）寇家坞村北、六股路村南、临海公园西南，东北距今海岸线27千米。双王城一带属于古巨淀湖（清水泊）东北边缘，古代曾称盐城、霜王城。此区域地表平坦，地势低洼，海拔仅3—4米。2008年，为配合国家南水北调东线工程建设，山东省文物考古研究所与北京大学合作发掘了寿光双王城遗址，发掘面积近5000平方米，揭露商周时期的制盐作坊遗址3处，金元时期制盐作坊遗址群2处[③]。为深入了解莱州湾地区的制盐工艺提供了重要资料。

首个发掘地点选择在双王城水库大坝的西北角外侧（编号014），此区域南

---

① 李水城等：《莱州湾地区古代盐业考古调查》，《盐业史研究》2003年1期；李水城等：《鲁北-胶东盐业考古调查记》，《华夏考古》2009年1期。

② 2005年以来，美国加州大学洛杉矶分校扣岑考古研究所、哈佛大学人类学系、圣路易斯华盛顿大学、法国国家考古博物馆、美国路易斯安娜州立大学等机构的学者先后前往莱州湾参加考古调查、试掘和工作会议。

③ 山东省文物考古研究所、北京大学中国考古学研究中心、寿光市文化局：《山东寿光市双王城盐业遗址2008年的发掘》，《考古》2010年3期。

北长150、东西宽100米，面积约15000平方米。根据以往的调查经验，莱州湾沿海商周时期的盐业作坊遗址多以地势隆起约半米左右的区域为中心，向四周呈慢坡状渐次降低的形态。隆起部位中心可见盔形器残片、红烧土块、炭灰等遗物（图一）。经观察014所在区域地表和两侧现代排水沟的断面，在西北和东南各有一处明显隆起的区域，隆起的中心地表间距约25米，中间有生土带间隔。

图一　双王城制盐作坊遗址的地表堆积

在014区域的东西两侧各有一条南北向排列的现代排水沟，对遗址造成一定程度的破坏，但并未影响到遗址的核心区域。在两侧排水沟断面局部可见暴露的文化层和遗迹现象，主要为坑、池一类，堆积物主要为盔形器残片、烧土、草木灰、灰土带等。

本次发掘以014这两处隆起区域为中心，分为南北两个半区。北半区编号014A，南半区编号014B。此外，在014以南350米外还有另一处编号为SS8的商周时期遗址。在014东部近千米外有一处编号为07的宋元时期遗址（图二）。

1. 014A 制盐作坊

位于014区域北侧，南北长约70、东西宽约60米，面积超过4000平方米。此次发掘面积近2000平方米，揭露出一座完整的制盐作坊。作坊范围南北宽、东西窄，中心为煮盐炉灶，周边揭露的遗迹有卤水井、沉淀卤水池、卤水坑、圆坑、灰坑、操作间、废弃物堆积、活动面等（图三，左）。

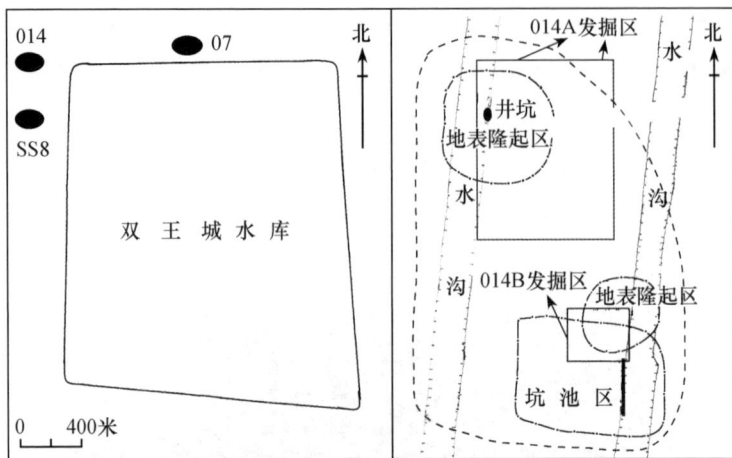

图二 双王城水库遗址群及014、SS8、07的位置

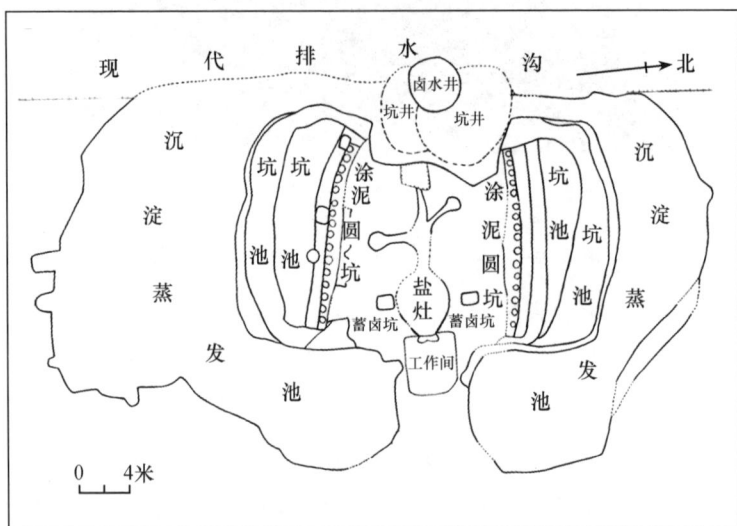

图三 双王城014A作坊和遗迹分布

　　盐灶位于作坊的中心，规模较大。灶的整体平面呈亚腰葫芦状，长17.2、最宽8.3米。其结构依次分为操作间、火口、灶膛、火道、烟道、烟囱几部分。操作间位于盐灶前部，近方形，下挖而成，位置较低，长5、宽4.2、现存深度0.3米，堆积物主要为燃料灰烬、废弃盔形器和少量的鬲、甗、盆和罐等日用陶器残片，经不断踩踏形成较坚硬的活动面，大致分3层。火口部位较窄，前部堆

积较多的草木灰，两侧各放置1件倒扣的盔形器，底面略微倾斜，两侧壁面和底部均烧成坚硬的砖红色。灶膛前部为椭圆形，长5.5、最宽4.3米，底部和灶壁均为砖红色烧结面，厚0.2米。周围的灶壁残高0.1、厚0.05—0.08米。灶膛外侧宽0.6—1.2米的地面局部呈黑褐色，经长期炉火烘烤，也很硬。灶膛前面是长条状火道，前宽后窄，长4、宽0.6—1.4米。火道两侧和尽头各有一个长条状烟道，烟道尽头为圆形烟囱的底部，顶部出露地面部分已毁。由于烟道位于炉灶尾端，两侧壁面未烧结，底部遗留厚厚的黑色烟灰，质地松软，局部夹杂有塌落的烧土和盔形器残片。左侧烟道长2.2、宽0.3、残深0.35米，烟囱直径1—1.2、残深0.5米。右侧烟道长2.2、宽0.65、残深0.4米，烟囱直径1.5米。灶的最前端尽头还有第三个烟道，长2.7、宽0.4—0.8米，烟囱部分被晚期的坑所破坏（图三，右）。

014A的卤水井位于作坊西端尽头中部，与盐灶处在同一中轴线上。井口为圆形，直径4.2—4.5、深3.5米。井口剖面为外侈的大敞口，下至1米后井壁转为垂直，口径缩小到3米上下，下部井壁还保留有芦苇编织的围护设施，四周还加固有木棍，结构为以木棍为经，以芦苇束为纬。现存芦苇编织束高约1米，木棍每根长1.2、直径0.1米以内，尚存8根，沿井壁插入井底。井的底面也铺有芦苇。此类设施的目的一是防止井壁泥土剥落坍塌，起到加固保护井壁的功用；二是防止井壁剥落的泥土和井底泛起的泥沙搅浑卤水，同时起到过滤卤水保持清洁的作用。上述有机物由于长期处在饱水环境中，刚出土时还处于较新鲜的状态（图四）。井内堆积主要为黑色淤泥和灰绿色泥沙，以及后期填入的草拌泥、烧土块和盔形器残片等。发掘证实，遗址所在位置地下水位较高，而且是含一定浓度的卤水。

卤水井左右两侧设置有较大型的蒸发沉淀浅池，左右对称分布，长10、宽6、深0.2米。浅池上部堆积废弃的草拌泥、烧土、盔形器残片等，底部为淤积的灰绿色黏土、灰白相间的沙土和褐色黏土，局部夹杂灰白色块状物。浅池底部较平整光滑，也较坚硬，可能经过人为处理，可起防渗作用。在浅池与卤水井之间有浅沟相连，沟长6、宽2、深0.55米，沟内堆积颗粒稍粗的淤沙淤泥。坑池与水沟有0.1—0.25米的落差，卤水可从高处流向低处。水沟终端的南、北两侧是成组排列的坑池，北面5组，南面4组。每组包含一个弧边长方形大型坑池，一

图四　双王城014A作坊卤水井平、剖面及井壁苇编围护设施

个弧边正方形中型坑池及相连的宽沟。

　　在灶膛左右两侧对称分布两个下挖而成的蓄卤坑。坑口为圆角长方形，坑四壁和底部涂抹深褐色的黏土和厚5厘米的灰绿色沙黏土，防止卤水下渗。坑底部有5厘米厚的灰绿色淤积，呈水平层理分布。左侧蓄卤坑长1.9、宽1.2、现深0.25米。右侧蓄卤坑长1.4、宽0.9、现深0.3米（图五）。

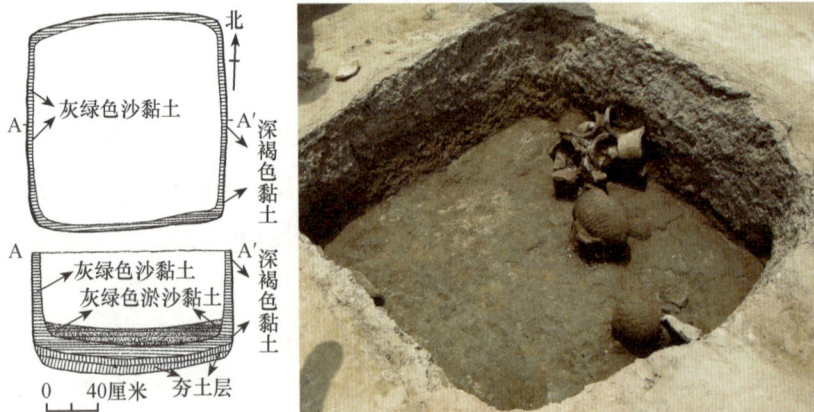

图五　双王城014A作坊蓄卤坑及平、剖面图

　　在盐灶周围有一块较大的空场，南北长6.5、东西宽5.5米，由东向西略微倾斜，表层为平整光滑的烧土面，厚5—10厘米，下面为铺垫较硬的黏土层。空场与坑池之间的左右两侧各自分布一组小圆坑，每组各有圆坑16个，排列呈两端

略微向内收缩的弧状，排列密集，左右大致对称，相互间距离仅有0.3—0.5米。每组圆坑的总长度为15.5米，前后两端间距为12.4米和15.5米。圆坑坑壁斜直、平底，坑底和坑壁涂抹0.05—0.1米的灰褐色黏土。最初下挖口径0.5—0.7米，涂泥后口径为0.35—0.45、深0.5—0.8米（图六）。

图六　双王城014A作坊涂泥小圆坑及剖面结构

左侧一组涂泥小圆坑的外侧发现三个坑。K34坑口长方形，长1.1、宽0.8、深0.8米，四壁和坑底涂抹深褐色黏土，底部淤积黄褐色沙土。K35坑口圆角长方形，长1.4、宽1、深0.25米。K36坑口圆形，直径1、深0.35米。后两个坑壁和底部有加工，比较规整。可能也属蓄卤坑一类。在工作间东部及现代排水沟断面可见废弃垃圾坑一类遗迹，坑内堆积草木灰、盆形器残片和生活用具残片。

2. 014B制盐作坊

位于014区域南侧，东西长80、南北宽70米，面积近6000平方米。其中，作坊范围约900平方米。此次发掘面积450平方米，仅涉及作坊主体部分。作坊整体结构与014A大体相同，保存基本完整。发掘出的遗迹主要有盐灶、蓄卤坑、涂泥小圆坑、废弃物堆积区、活动面等，未发现卤水井。作坊西部为废弃物堆积区，估计左右两侧有较大型沉淀蒸发卤水池，这部分未发掘。

盐灶位于作坊的中心，平面呈长条亚腰葫芦形，长13、宽9米。现存火口、灶膛、火道、烟道和烟囱等部分。操作间被现代排水沟破坏不存。火口较窄，残存部分略呈亚腰形，宽0.64、残长0.9、残高0.3—0.6米，前部靠近灶膛部分逐渐展宽。火口底部和两侧壁面烧结呈砖青色和砖红色，非常坚硬，底面保留一层炭灰。从断面可见火口曾经多次修补。灶膛后部椭圆形袋状，长4.5、最宽3.8、残高0.7米。灶膛底部大致平整，由东向西渐次增高，整体高出烟道和烟囱部位约0.2米。灶膛底面烧结坚硬，局部保留炭灰。灶膛壁烧结层厚0.2—0.3米，由里向外从砖红色渐变为米黄色，两侧的边缘堆积草木灰、烟灰和大量的烧土。灶膛中心位置有一半月形土台，残高5厘米，保存较差，烘烤较坚硬。灶膛内堆积红烧土和成堆的白色、黄白色块状物，结构较松散，分为三层。每层顶部有一层红褐色烧结面，最下一层保存较好，不同的层面可能是整修盐灶的遗迹。灶膛前方为长若圆形火道，向前逐渐展宽，长5.5、宽0.8—1.7、深0.4—0.6米，靠近灶膛部位烧结较坚硬，远离灶膛部位硬度稍差。此区域的堆积也分为三层，与灶膛内堆积相同。底面堆积草木灰、烟灰，两侧壁烧结层厚0.2—0.25米。火道左侧和尽头各有一长条状烟道，烟道尽头是圆形烟囱，底部逐渐向下倾斜，烟囱四壁嵌贴盆形器残片。左侧烟道长0.8、宽0.28米，烟囱直径1.1—1.2、残深0.6米。上部堆积物主要是倒塌下来的顶部及烧土，下压厚0.1米的焦黑色烟灰。前端烟道长1.6、宽0.4、残深0.5米。上部堆积物为倒塌的顶部和烧土，夹杂完整或残破的盆形器，中间夹一层黄沙，底部堆积较厚的烟灰。在014 B盐灶的灶膛和火道相交位置下压一座早期盐灶，二者呈十字交叉状，早期盐灶仅残存椭圆形灶膛、长条状的火道和前面的一个烟囱（图七）。

在盐灶灶膛左右两侧对称分布一对下挖的圆角方形蓄卤坑，坑壁上下垂直，坑底较平，中部略有下凹，坑底和四壁涂抹厚0.05米的深褐色黏土和灰绿色黏土，个别部位还镶贴盆形器残片，坑底堆积厚0.05—0.1米的灰绿色淤泥沙层，呈水平层理分布。经解剖可知，在坑底铺垫有一层厚0.1米的褐色黏土，再经夯打等特殊加固处理，可有效起到防渗漏的作用。其中，2号坑坑口边长1.6、深0.55米，底部堆积盆形器、陶鬲残片。此坑打破早期修建的另一座坑，在其左侧可见被打破的坑的残迹。右侧坑（2号）坑口边长1.64、深0.5米。坑口西部中间有个半月状的外突，宽0.3米，系方便踩踏的脚窝。此坑底部有10余件完整的盆形器，其中4件盆形器难得地保留着相互粘连在一起的状态，器口之间的缝隙用

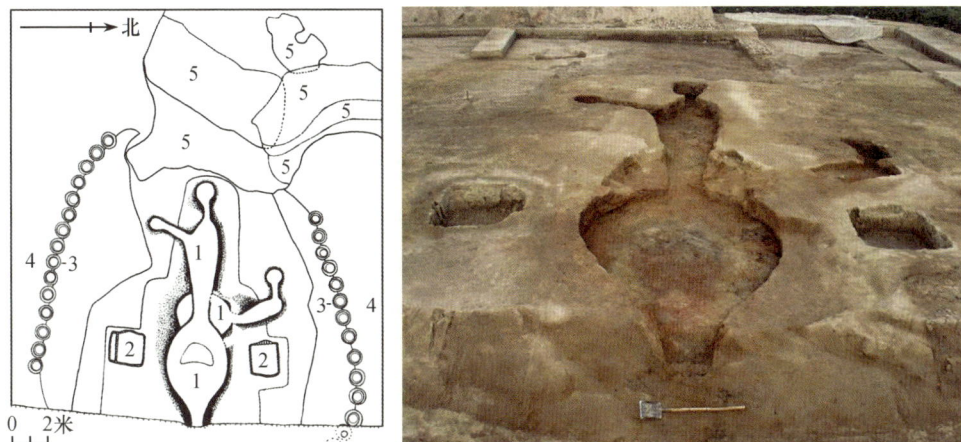

图七　双王城014B作坊遗迹平面图
1.盐灶　2.蓄卤坑　3.涂泥圆坑　4.大型蒸发浅池区　5.废弃物堆积区

盔形器残片和黏土填塞，再现了盔形器在炉灶中是如何连接组合的形态。另有几件盔形器底部保留有粘连的黏土，已烧成红色，非常难得地保留了盔形器在盐灶中摆放和加固的信息（图八）。

图八　双王城014B遗址2号蓄卤坑及残留的制盐陶器

在014B盐灶周围也有一块较大的空场，围绕空场外围的左右两侧各有一组涂泥小圆坑，形状与014A作坊的同类遗迹略有不同，排列也呈两端略内收的微弧形，但左右两侧完全不对称。其中，左侧一组圆坑保留完整，共15个，总长度15.5米。右侧圆坑仅存12个，在被排水沟破坏的东部低处残存2个坑底。估计其数目也是两侧各15个。圆坑之间间距0.05—0.3米。圆坑底部至坑壁涂抹厚0.03—0.1米的沙质黏土和深褐色黏土，一般2层，个别3—5层。圆坑的原口径0.8—0.9米，涂泥后口径0.35—0.4、深0.3—0.4米。两组圆坑的中间位置相距16米，南北两端间距分别为12米和13.3米。此外，在个别的坑内还遗留有完整的盔形器，器口朝上。

废弃物堆积位于盐灶西端5米开外一个长13.5、宽10.5米的范围内，面积约140平方米，堆积物有多层，主要是制盐过程中和修整炉灶时产生的废弃垃圾，包括大量盔形器残片、烧土，局部还有厚0.5米的草木灰，夹杂有灰白色的土块和成片的白色粉状物，有可能是煮盐时清理的杂质。在盐灶南部废弃坑池内堆积有长15米余的草木灰层，厚约半米，其间夹杂坚硬的灰白色钙化物残块。此外，出土盔形器有90%以上器腹内壁都附着有白色钙化物，应为熬煮卤水时产生的积淀[1]。东部现代排水沟剖面显示，在014B作坊的盐灶南北两侧分布有成组的坑池遗迹，堆积状况与014A一致，可见这个时期的制盐作坊布局和结构基本相同。

3. SS8制盐作坊

SS8位于双王城水库大坝西北侧，014正南约350米处（参见图二），揭露面积1500平方米，发掘遗迹有卤水井、盐灶、蓄卤坑、涂泥圆坑及大量盔形器残片[2]。作坊的总体结构与014A、B相仿，具体的遗迹位置略有差异。

SS8的卤水井位于作坊的东北部。井口平面为椭圆形，开口直径3.3—4.5、下部直径1.5、深2.5米。井壁贴附用芦苇束井圈，井底淤土内夹杂草木灰、烧土

① 王守功、李水城：《南水北调东线工程山东寿光双王城水库盐业遗址调查与发掘》，《2008年中国考古重要发现》，文物出版社，2009年，72—77页。

② 山东省文物考古研究所、北京大学中国考古学研究中心、寿光市文化局：《山东寿光市双王城盐业遗址2008年的发掘》，《考古》2010年3期。

块、盔形器残片等①。整体情况与014A卤水井相同。

盐灶呈亚腰葫芦状，由操作间、火门、灶膛、烟道、烟囱几部分组成。前端伸出"丫"字形烟道，总长度17、宽3.9、深0.4米。整体形似一蜗牛及伸出的触角。操作间位于灶膛后部，大半被晚期灰坑破坏，残存部分可看出平面椭圆形的原状，长4—4.2、深0.5米，底部略微倾斜，东高西低，坑底堆积一层薄薄的草木灰，底部发现3个柱洞，应为安装支撑操作间工棚顶部的立柱。火口宽1.2米，放置有烧土块，系封堵火门所用。灶膛椭圆形、袋状，灶膛壁面烧结坚硬，北部保存基本完好，南壁大半破坏。灶膛底部呈棕红色，烧结十分坚硬。清理灶膛过程中在底部发现多处小的红烧土墩痕迹，应是支撑加固放在灶内的盔形器黏土底座。灶膛前面是收缩为长条状的狭窄火道，与前端的烟道相连，长6、宽3.9、深0.3米。左侧烟道长1.9、宽0.6、高0.15米，烟囱近圆形，直径0.6米。右侧烟道长2.6、宽0.5、深0.2米，烟囱为圆形，直径0.8米。烟囱周围倒扣有残盔形器和烧土用来加固。烟道和烟囱底部堆积红烧土和厚1厘米的草木灰。经解剖，可知这座盐灶至少经历了三次修整，修整部位主要是灶膛和烟道，其他部分扰动不大。灶膛的西北侧有一处下凹，并与一长方形的小出口连接，长0.7、宽0.5米，弧壁，底部残留草木灰，未见明显烧灼痕，推测可能是用于通风或投放燃料的辅助设施。

盐灶前方有两个较大的沉淀蒸发池。1号池位于盐灶前端南侧，长方形，壁面斜直，深0.2—0.3米，底部较平，池子底局部残留1厘米厚的红褐色黏土，可起防渗漏的作用。2号池位于盐灶前端北侧，与1号池相连，未全部挖掘。已清理部分长12.1、宽9.9、深0.52米，斜壁、弧底。在其东侧有厚20厘米的红褐色黏土，池底堆积物中夹杂少量草木灰，质地疏松。

---

① 卤水井内堆积分数层：第1层为灰褐土，松软，内含少量草木灰、烧土粒、盔形器残片等，厚10—25厘米。第2层为灰土，疏松，内含大量草木灰、少量烧土块，可再细分4小层，每层厚5—10厘米，内含较多盔形器残片，厚10—40厘米。第3层为淤积黏土，具黏性，含少量蜗牛壳，较纯净，有少量陶片，厚20—25厘米。此层系淤积，可分为4小层，每层厚5—10厘米。第4层为浅灰土，较松软，内含较多草木灰、红烧土和盔形器残片，土色浅灰夹绿色，厚20—50厘米。第5层为淤土，含较多黏土块，浅灰绿色，较纯净，厚100—110厘米。第6层为大量草木灰堆积。

灶膛中部左右两侧有下挖的卤水坑一对，坑底和四壁涂抹灰蓝色黏土。右侧坑为圆角方形，边长1.3、深0.1—0.2米，坑内残留盔形器残片。左侧坑口部略呈不规则梯形，边长约1.3、深0.2—0.24米，坑内遗留大量盔形器残片。另在卤水井西南侧发现两个圆形黏土圈遗迹，应为涂泥坑池，仅存坑底，残存直径约1.5、深仅2—3厘米。从所在位置判断，可能是将井中汲取的卤水先注入这两个坑，再通过它们转运到蓄卤坑（图九）。

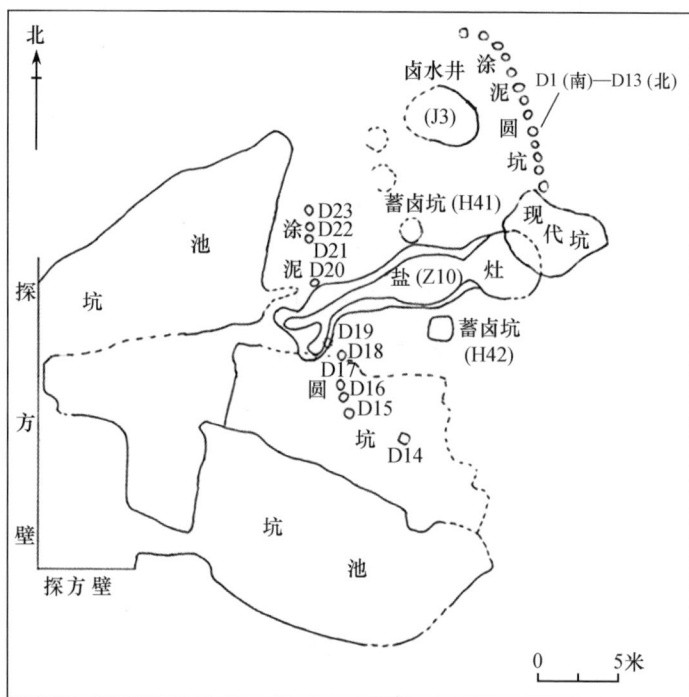

图九　双王城SS8作坊遗迹平面图

SS8的最大不同是作坊内的两组涂泥小圆坑与盐灶的位置并非平行，而是横竖交错。其中，一组圆坑位于卤水井的东侧，共有13个，呈微弧状分布，长12米，相互间距50—75厘米。另一组圆坑与盐灶的烟道部位交错分布，在2号沉淀蒸发坑池东缘、烟道的右侧分布一排4个。烟道的左侧分布一排6个。其中最南端一个为方形，游离于烟道以南7米外。这些圆坑直径为0.4—0.6、深0.1—0.35米，坑壁和底部涂抹红褐色黏土。两组圆坑长度都在12米左右，相互间距离约50厘米，个别间距大者中间可能有缺失。

总体观察，在盐灶烟道两侧的圆坑应为完整的一排，后来被新修建的盐灶烟道切断，有一个圆坑还挂在左侧烟道的壁面上，可证烟道年代要晚于圆坑。参照014A、014B的格局，可能在这两组圆坑之间曾有一座南北向的盐灶，后被改建为东西向，导致部分圆坑被毁。

二、东周时期制盐遗址的调查与发掘

2009年底至2010年，为配合全国第三次文物普查，山东省文物考古有关机构在莱州湾沿海地区再次展开调查，此次调查范围集中在莱州湾东部的潍坊和昌邑地区。其中，潍坊市文物普查队在滨海经济开发区调查发现4处大型制盐遗址群，每个遗址群包含上百座制盐作坊遗址。经进一步甄别，其中，新石器时代晚期遗址1处，商周时期遗址14处，东周时期遗址86处，金元时期遗址8处。与此同时，山东省文物考古研究所与昌邑市博物馆联合组成多支文物普查队，对昌邑北部沿海展开调查，也有重要收获。昌邑位于莱州湾东部、山东半岛西北部，该市北部沿海，滩涂辽阔，地下卤水资源丰富，自古即为海盐的重要产区。此次专题调查依据昌邑沿海的地貌形态，对可能存在制盐遗址的区域实施全覆盖拉网式密集调查，重点区域反复调查，全面了解并掌握了北部沿海地区古遗址的分布规律和时代特征。

通过调查，在昌邑市区北部沿海发现两处大型制盐遗址群。其中东利渔遗址群在东西6、南北2千米范围内发现制盐作坊遗址40处；火道-廒里遗址群在东西6、南北8千米范围内发现制盐作坊遗址166处。仅这个两地就有206处制盐作坊遗址。加上其他的零星发现，总计发现制盐作坊遗址211处。这些新发现的制盐作坊遗址占地面积在1000—60000平方米之间，文化堆积层厚0.5米左右，个别超过1米。遗迹主要有卤水井和盐灶，有些遗址断面暴露有灰坑、陶窑、卤水蒸发池等遗迹。

在火道—廒里遗址群第14号地点发现南北向分布的卤水井8口，其井口部分被开挖的养虾池破坏，现存井口以下的圆形竖井部分，井壁直径1—5米之间，井壁垂直，周边用芦苇一类植物编织的井圈围护，厚0.02—0.05米。以5号井为例，井口近圆形，直径1.6—1.65米，井壁围绕0.02—0.05厘米厚的芦苇井圈。

遗址地表普遍有陶片分布，采集陶片分两类，一类为制盐陶器，绝大多数为泥质灰陶，器形很大、胎体厚重，制作规整，火候高，质地坚硬，未见完整器。根据以往发现，这些制盐陶器均为大口、深腹、圜底的大罐，很像是早期盔形器的放大版，器表内外拍印密集的几何纹，完整器高60—70厘米。日用陶器有鬲、豆、盂、盆、罐等。其中，陶鬲为夹细砂黑灰陶，器表拍印粗细绳纹。陶豆、盆、盂为泥质灰陶，素面。陶罐分夹细砂褐陶和泥质灰陶，均为素面。此外，在遗址中普遍发现大量贝壳，以文蛤最为常见。

根据此次调查采集的日常生活用具可知，上述制盐遗址群分布范围较大，地层堆积较厚，一个遗址群往往包含十几座到几十座制盐作坊。部分年代较早的遗址属于春秋时期，其余大多进入战国，个别年代较晚的可能已进入汉代早期。

遗址中暴露的遗迹主要有卤水井和盐灶，地表散落大量制盐陶器残件，生活用具很少。遗址中普遍发现大量贝壳堆积，可见此类海产品是制盐工匠的重要食物来源。调查中发现一些日用的灰坑并采集有日用陶器的残件。其中，在1号地点还发现陶窑及不少制盐陶器的残次品，证实这些陶器是在当地制作，可见这批遗址中也有一些是集日常生活、制陶、制盐于一体的复合型遗址，这也是此次调查的新发现。总之，此次调查大大加深了对东周时期莱州湾沿海制盐产业和社会生活的了解[①]。

1. 火道–廒里105号地点盐灶的考古发掘

此次调查中，在火道–廒里遗址群的105号地点发现一座暴露在路边水沟内的盐灶，山东省文物考古研究所进行了抢救发掘。

盐灶位于火道–廒里遗址群中部，遗迹的上层已被路旁开挖的排水沟破坏。灶的平面为凸字三角形，全长3.94米，方向119°。结构包括操作间、火口、灶膛、烟道四部分。操作间位于灶膛的东部，所在地势较高，大半被排水沟破坏，仅存西北角一部分。火口上部也被破坏，底部与灶膛相连，长约1、宽0.85、残深0.35米，底面残留有大量灰褐土、草木灰及部分红烧土。灶膛平面三角形，前端窄，向后逐渐展宽，并呈缓坡状渐次降低，底部较火口位置低，呈缓坡状，较平整。东部

① 山东省文物考古研究所、昌邑市博物馆：《山东昌邑市盐业遗址调查简报》，《南方文物》2012年1期。

近火口处最窄，上部开口宽1.1、底宽0.75、深0.24—0.4米。西侧近烟道位置最宽，开口宽2.66、底宽2.15、深0.25—0.72米。灶膛壁面斜直，平整光滑，烧结面厚0.02—0.06米。灶膛内堆积分3层，第1层厚0.12—0.68米，堆积黄褐色砂土，夹杂草木灰、烧土及少量制盐陶器残片，近灶底部位陶片很多。第2层厚0.1—0.25米，堆积灰褐土，内含大量制盐陶器残片。第3层厚0.05—0.1米，堆积灰黑土，夹杂大量草木灰。烟道位于灶膛西部，长1.3、宽0.45、深0.1—0.65米，壁面为厚约3厘米的红烧土，底部由东向西逐渐抬高。烟道最西端的底部放置制盐陶器残片，系加固烟道壁面的设施，这里也是升起的烟囱部位（图一〇：左）。

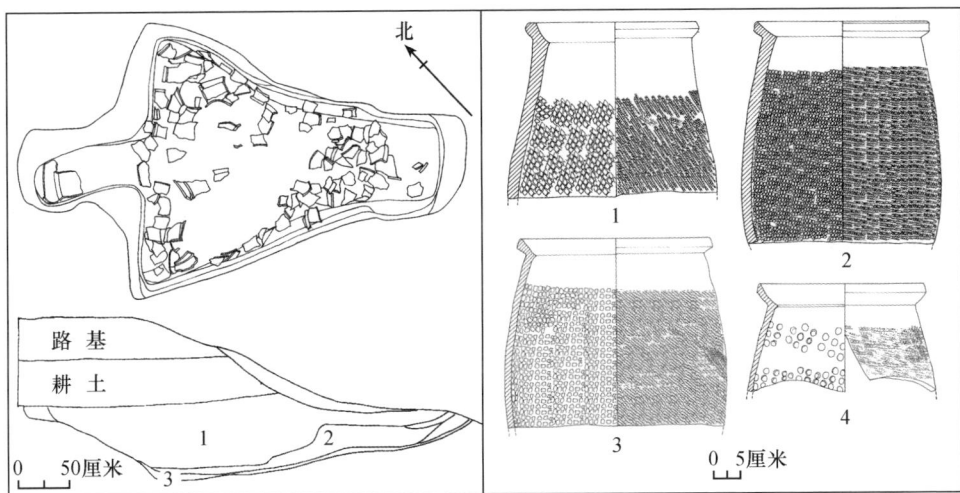

图一〇　火道－廒里105遗址盐灶平、剖面图及出土陶器

左：盐灶　右：陶器（1. 火道－廒里105：1　2. 82：1　3. 74：1　4. 东利渔32：1）

（据山东省文物考古研究所，2012改制）

这座盐灶出土遗物全部为制盐陶器，可惜仅存器物下半部，上半部均被毁。这些陶器可分为两类，一类胎体略薄，口径30—40厘米，腹部拍印横向或斜向交错粗绳纹，内壁拍印下凹的圆点或不甚规则的方格纹。另一类为厚胎，口径33—37厘米，器腹外壁拍印斜向排列、略有交错的粗绳纹或横向排列的粗绳纹，器内壁拍印菱形几何纹或规整的方格纹（图一〇，右）[①]。

---

① 山东省文物考古研究所、昌邑市博物馆：《山东昌邑市盐业遗址调查简报》，《南方文物》2012年1期。

2. 火道-廒里遗址群01遗址

2013年，山东省文物考古研究所对火道-廒里遗址群01遗址（原称"唐央遗址"）进行勘探，确认遗址东西长260、南北宽200米，面积5万余平方米。2014年10月—2015年2月，山东省文物考古研究所与昌邑市博物馆联合对遗址进行发掘，地点位于遗址西南部，发掘面积500余平方米，发现了丰富的东周时期文化遗存。遗迹发现有灰坑41、灶4、井8及灰沟。遗物发现有铜器和陶器，其中铜器仅见铜削1件，陶器数量较多，发现有制盐器具盔形器，生活用器鼎、鬲、盆、甑、罐、盂、豆，以及生产用具陶垫、陶拍、纺轮等。根据地层关系并结合典型陶器形制分析，发掘者认为该遗址年代从春秋中期延伸至战国中晚期，延续时间较长。

此外，发掘者依据遗迹分布以及种类多样的遗物判断，该遗址具有多种功能，既可制盐，又烧制生产和生活用陶器。并将其与周边的遗址相比较，该遗址地势高，面积大，文化层堆积厚，遗迹丰富，遗物多，具有多种功能，应是这一片区域的中心[①]。

3. 寿光机械林场遗址

2017年春，为配合黄水东调水利工程建设，考古部门对工程沿线占压范围进行考古调查、勘探，发现一处东周时期盐业遗址，遗址位于山东寿光机械林场内，故命名为"机械林场遗址"。该遗址南距寿光市区30、东北距莱州湾约20千米，周围分布有大荒北央、双王城、南河崖等盐业遗址群，同处于莱州湾南岸沿海滩涂地带。2017年4—6月，考古人员对该遗址三处堆积较好的区域（编号分别为Ⅰ区、Ⅱ区、Ⅲ区）进行发掘，其中Ⅱ区遗迹年代属于宋金时期，Ⅰ区除M1为晚期遗迹外，其余遗迹和Ⅲ区遗迹同为东周时期文化遗存。

此次发掘清理东周时期遗迹有灰坑25、盐灶4、井1等，遗物以陶器为主，另有少量铁块和烧土柱等。陶器以圜底瓮残片为大宗，另有鬲、釜、豆、盆、

---

① 山东省文物考古研究院、昌邑市博物馆：《昌邑火道——廒里遗址群01(唐央)遗址发掘简报》，《海岱考古》（第十辑），科学出版社，2017年，150—177页。

罐、瓦等。4座盐灶平面形状相近，呈近椭圆形或圆角三角形，由灶口、灶室和烟道三部分组成，灶壁多内弧，壁面光滑，灶壁整体呈浅红色，个别灶壁厚度较厚，经解剖发现有分层现象，应为多次用泥修补后形成。灶内堆积有草木灰、红烧土及圜底瓮残片（图一一）。

据典型陶器及部分遗迹的叠压打破关系，推断该遗址时代主要介于战国早、中期。结合遗址所处地理位置、周边多制盐遗址、遗址内遗迹遗物等信息，发掘者认为机械林场遗址应为战国时期一处盐业生产作坊①。

三、莱州湾地区先秦时期的制盐工艺

自距今3000多年前的商代晚期开始，莱州湾沿海一带已形成了规模庞大、布局有序、分工明确的专业化制盐产业，从莱州湾西部的黄河三角洲到东部的胶莱河流域，出现了沾化杨家、广饶南河崖、东北坞，寿光双王城、大荒北央、郭井子，寒亭央子，昌邑东利渔、火道-廒里等一批大规模的制盐遗址群。每个遗址群的制盐作坊少则十余个，多者上百个。从发掘所揭露的现象看，每个作坊遗址的占地面积都在1000平方米上下，或者更大。显示出这个庞大的产业链应该是由国家直接组织和管控的重要产业资源。

上述遗址群的年代从商代晚期延续到春秋战国时期。遗址群落分布的位置反映出，从商代晚期到西周时期，制盐作坊群的位置重合，基本是在同一空间内延续发展。进入东周时期，制盐作坊的空间位置出现了变化，这个时期的制盐遗址群并未建立在商周时期的作坊位置，而是转移到了新的位置。在原来商周时期的作坊群很少看到东周时期的制盐作坊。不过，从更大的空间角度看，无论是商周时期、还是东周时期，所有作坊群基本稳定在距海岸线大致相等的区间。进入宋元时期，制盐产业在莱州湾再度复兴，这个时期的作坊也主要集中在这片区域。不同时期之所以选择在同一区域掘井制盐，应与这里的卤水资源丰富、环境适宜、生产生活较为便利密切相关。实际上，凡是制盐作坊群所在的区域，地下

---

① 山东大学历史文化学院、山东省文物考古研究院、山东艺术学院、寿光市博物馆：《山东寿光机械林场东周盐业遗址发掘简报》，《东南文化》2022年1期。

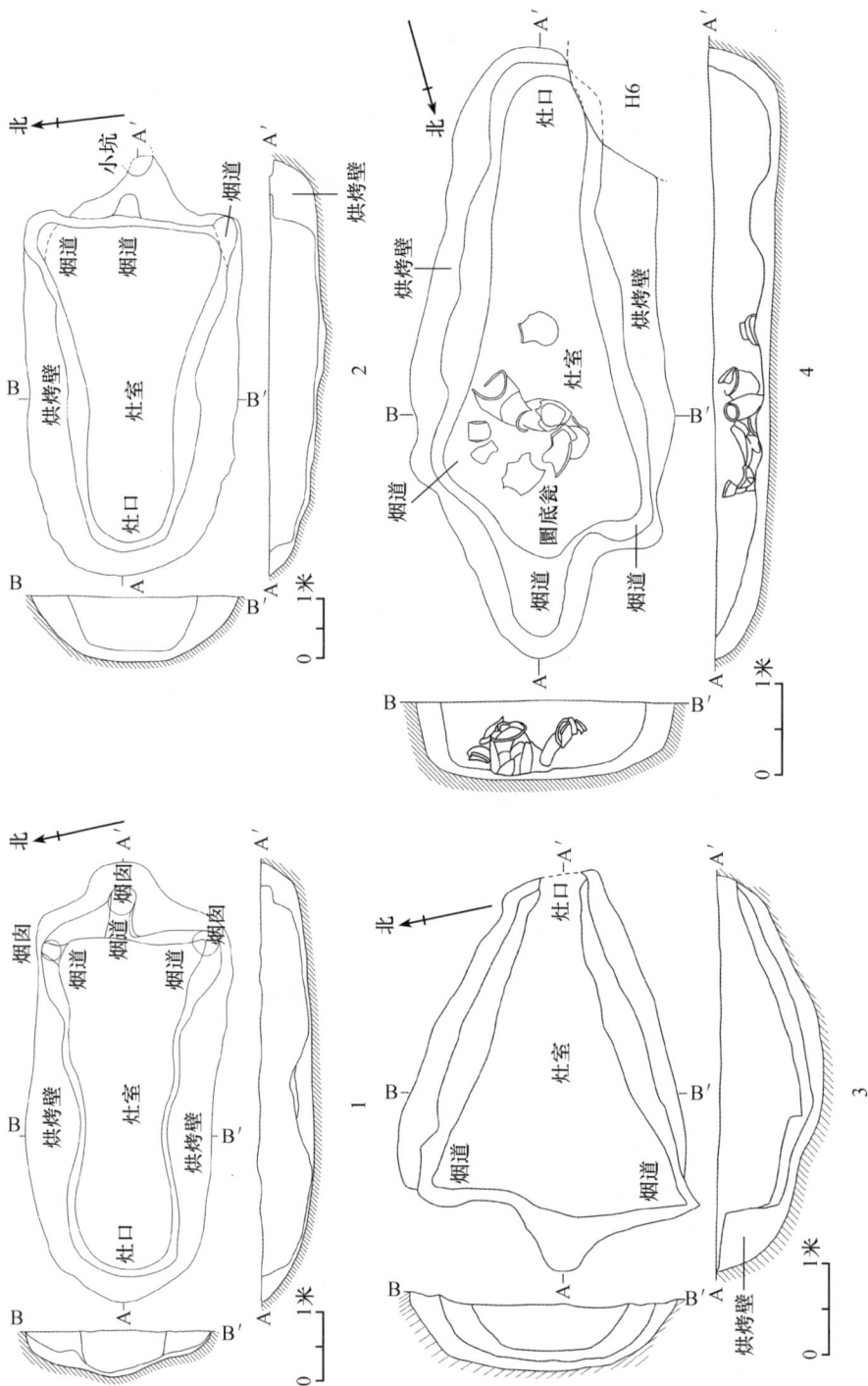

图一一 寿光机械林场清理的四座盐灶平、剖面图

1. I YZ1　2. I YZ2　3. I YZ3　4. Ⅲ YZ1

卤水浓度高，水位也高，便于开采，并因此成为不同历史时期制盐业的首选，数千年来几乎没有大的改变。

先秦时期，在考古发掘出的制盐作坊遗址普遍挖筑卤水井，可证莱州湾制盐作坊的位置距离海边有一定距离，以开采地下卤水为制盐原料，而不是像日本和欧洲某些国家将制盐地点选在海岸线附近，直接用海水制盐。这些卤水井的深度不是很清楚，根据揭露的盐井结构及插入井壁的木棍长度看，限于当时的技术能力，加之地下水位较高，估计井深应在3—4米，井壁用苇编和插入井底的木棍加固，这个技术从商代晚期一直向下延续，长达近两千年，进而证实莱州湾地区长期开采浅层地下卤水制盐的传统。

通过对发掘样本的检测分析也可证明当时的制盐原料不是直接使用海水。现代海水中的锶同位素比值为固定值，即0.7092。现代海相碳酸盐的锶同位素比值也接近这一数字。经分析双王城遗址挖掘出的各类碳酸盐物质，所有物质的锶同位素比值都大于海水的锶同位素比值，可以肯定这些考古样本属于非海相碳酸盐。鉴于这类样本的比值并不是很高（平均值0.7105），表明这些碳酸盐是和海相关系密切、介于海相陆相之间的地下卤水。之所以这么做，是因为浅层地下卤水的波美度较海水要高。不过，已经无法得知今天考古发掘出的卤水井的波美度是否与商周时期相同。

尽管浅层地下卤水的波美度高于海水，但还达不到可用来直接熬盐的程度，还需要进一步浓化。在商周时期的制盐作坊周围普遍发现大型沉淀蒸发浅池，推测当时从井中汲取的地下卤水先被放入这类浅池沉淀，利用风力和阳光蒸发提浓。在大型浅池内发现有草木灰堆积，估计当时已知晓草木灰可清除卤水中杂质的特性。

以往学界对古代制盐遗址发现大量草木灰堆积的现象一直有不同看法，有的认为起过滤作用，有的认为可增加卤水浓度。为此，国家文物局文物保护移动实验车课题组在双王城遗址发掘现场，分别在当地卤水中加入石灰乳和固体草木灰，对卤水成分进行离子色谱分析和pH检测。海水的主要包含物为Na^+、K^+、Ca^{2+}和Mg^{2+}等阳离子及Cl^-、SO_4^{2-}等阴离子。其中，含量最多的NaCl为食盐，Mg^{2+}为食盐中的杂质。经石灰乳或草木灰处理过的卤水，总的含盐量无明显变化，因此可认定添加草木灰的作用并非提浓。经对比处理过的卤水，镁离子含量明显降低。若用海水或与海水有关的卤水直接干燥制盐，所得粗盐中含较多杂质，特别是镁离子味道苦涩。可见添加草木灰和石灰乳的目的是调节卤水中的pH，降低不利于食用的杂质离子浓度。

在双王城014B南侧发现一片长逾25米的灰绿土和草木灰交互的堆积层。对此类遗迹的性质和功能有不同解释。一种观点认为，此类遗迹属于"废弃坑池"或"倾倒煮盐燃料的灰烬"①。但上述解释说不通的地方在于，此类堆积均为水平层理，草木灰纯净，分布均匀，层与层之间划分明显，不像是倾倒的杂乱垃圾。在草木灰层中还夹杂少量的烧土和盔形器残片，草木灰层之间分布有钙化物层，这些钙化物所含的钙、镁等离子只能来自卤水。鉴于钙化层分数层，且夹在两层草木灰之间，说明卤水曾在不同时期的不同层位存在，其结构很像是用草木灰中富含的碳酸根离子与卤水中的钙、镁离子发生作用，将碳酸钙或碳酸镁沉淀，清除这些杂质。另有一种观点将此类遗迹与《熬波图》和《天工开物》中记载的"摊灰刮卤"技术相联系②。其根据也是草木灰的"聚卤"和"除杂"功用③。

参照国内外有关资料，初步提浓的卤水还需进一步浓化处理。考古发现商周时期的盐灶两侧有大片空场，可作为提浓的摊场。其方法是将细沙土或草木灰摊开，将初步浓化的卤水反复泼洒其上，通过暴晒蒸发水分，积聚盐分。最后将这些充分吸附盐分的细沙土或草木灰通过淋滤获取浓卤水。淋滤设施包括分布在盐灶两侧的蓄卤坑和涂泥小圆坑。进一步检测证实，商周时期小圆坑内涂抹黏土中残留的微量元素与蓄卤坑内的成分相同，证实二者都是用于储存或过滤卤水的设施④。后者的功能与菲律宾保和岛的淋滤设施近似，即将盔形器放在坑内以承接过滤下来的卤水，有些小圆坑内残留有完整的盔形器可以为证⑤。

① 山东省文物考古研究所、北京大学中国考古学研究中心、寿光市文化局：《山东寿光市双王城盐业遗址2008年的发掘》，《考古》2010年3期。
② 王青、朱继平：《山东北部商周时期海盐生产的几个问题》，《文物》2006年4期。
③ 王青：《淋煎法海盐生产技术起源的考古学探索》，《盐业史研究》2007年1期。
④ 王青：《淋煎法海盐生产技术起源的考古学探索》，《盐业史研究》2007年1期。
⑤ Li Shuicheng. L'archéologie de I'industrie de sel en Chine. Antiquités nationales. 2009, 40: 261-278. (Bulletin publiée par le Musée d'Archéologie nationale et par la Société des Amis du Musée et du Château de Saint-Germain-en-Laye).

接下来是熬卤制盐。在双王城遗址发掘出的盔形器很多器底有二次氧化破裂现象，有的盔形器底部黏附红烧土，或底部有烧土脱落的痕迹，还发现有脱落的草拌泥烧土遗物（图一二）。此外，在双王城SS8盐灶灶膛底部遗留有一坨坨的草拌泥烧土堆，与盔形器底部黏附烧土一致，可知盔形器在盐灶中是怎样固定的。

图一二　盔形器底部二次过火破损现象及底部黏附烧土的标本

在双王城014B制盐作坊的2号蓄卤坑内底部难得地保留了一组4个连在一起的盔形器，器口部的周围缝隙用碎陶片封堵，极为难得地再现了当时在煮盐炉灶内盔形器的摆放及相互结构（图一三，1、2）①。以往调查在双王城SL9地点曾发现2座盐灶残迹。其中一座残存的灶膛底部保留了盔形器的摆放形状

———————————

① 可惜的是，这一组难得的再现制盐工艺的遗存竟然在发掘中没有保存下来。

图一三　盔形器在盐灶中的结构组合及摆放的遗迹现象

1、2. 双王城014B2号蓄卤池　　3、4. 双王城SL9盐灶底部摆放盔形器发掘前后对照

（图一三，3），经清理后盔形器的摆放结构更为清晰（图一三，4）。

结合上述考古发现的遗迹和遗物可知，莱州湾地区采用盔形器煮盐及制盐器具的组合结构与中欧地区青铜时代—铁器时代的制盐遗址曾广泛使用、并制作一种专门的枕形陶器将制盐陶器口部之间缝隙封堵的技术完全相同（参见本书上编《德国盐业考古综述》图一〇）。至今，类似的工艺在非洲尼日尔的曼嘎地区仍在使用。不同之处在于，莱州湾地区在制盐炉灶内不使用支脚支撑陶器。由于盔形器均为圜底或尖底造型，无法站立，只能借助草拌泥坨将其一个挨一个地固定在炉膛内，再将器口之间的缝隙用碎陶片封堵，并涂泥封实。利用圜底和尖底盔形器在炉灶下部形成的封闭空间，使火焰游走燃烧，达到便于掌控炉温、避免热力流失的目的。双王城盐灶内和烟道内堆积较厚的烟灰也证实炉灶处于封闭的状态。

　　莱州湾商周时期的盐灶平面均为长条葫芦状，长10余米，最长的近20米，炉灶前后不同部位的火力和温度差异很大。但这一设计的奥妙在于，炉温较高的灶膛部位可熬煮卤水，炉温偏低的前部可预热卤水或烘干湿盐，达到合理利用热能、降低成本、提高工效的目的。以广饶南河崖发掘的盐灶为例，其炉膛被土台分隔为前后两部分。灶膛主体火力大，温度高，用来熬盐。被土台隔开的前半建有窄墙，墙内填入细沙，此区域的其他部分也堆积细沙土，在沙土中放置盔形器，周围用草拌泥围护。这个部位的温度较灶膛主体部分低，放置在这里的盔形器可起到预热和烘干的作用。包括烟道的相应部位也应具有类似功能。在双王城014B的盐灶炉膛前半部也发现有月牙状土台子，应是与南河崖灶内的土台性质相同的设施，土台前后区域具有不同功能，可惜发掘简报并未注意到土台前后的堆积差异。

　　在莱州湾出土的盔形器中也有很多器底并未出现明显的二次受火痕迹，这一方面是由于器底黏附有草拌泥，避免并减弱了火势对盔形器的直接烧烤。另一方面是盐灶不同部位的温度不同使然。通过对双王城遗址采集样本中的碳酸钙镁进行XRD、锶同位素、氧碳同位素检测分析，可知莱州湾商周时期制盐时的炉温在60℃左右，经文火慢炖陶器内的卤水即可结晶，这也是陶器煮盐的最佳温度。宋元时期，用铁盘熬盐，成盐温度可达水的沸点，即100℃[1]。

　　在双王城制盐作坊出土的盔形器中90%左右在内壁附着一层白色垢状物，在生产垃圾中也发现成片的白色和黄白色粉状物。经检测其主要成分为钙镁和碳酸盐，以碳酸钙为主，包括碳酸镁、碳酸钙镁等碳酸盐类。通过对钙镁碳酸盐的氧碳同位素比值研究，可知这些碳酸盐的形成温度在60℃上下，应是煮盐过程中形成的。熬煮卤水时，会有部分杂质析出，积淀在陶器内壁和底部（图一四）。

　　有人推测莱州湾商周时期的制盐方法为：每煮一灶即停火，将盔形器取出打碎，得到结晶盐块，再修补炉灶，进入下一轮生产？[2]这有点想当然。根据考古发现并参考世界其他地区的资料，不难看出莱州湾沿海商周时期的制盐工艺已相当成熟，其工艺流程有相当科学合理的成分。不可能每煮一炉即停火打碎盔形

[1]　崔剑锋：《山东寿光市双王城遗址古代制盐工艺的几个问题》，《考古》2010年3期。
[2]　山东省文物考古研究所、北京大学中国考古学研究中心、寿光市文化局：《山东寿光市双王城盐业遗址2008年的发掘》，《考古》2010年3期。

图一四　盔形器底部附着白色垢状沉积

器取出盐块。特别是这里的盔形器质地很好，大部分是外来的，制作成本较高，完全没有必要像尼日尔曼嘎人那样，每煮一炉即"杀鸡取卵"。

　　考虑到将大批盔形器安置固定在炉灶内极为耗时费力的工作，加之每个盔形器要用泥坨固定，还要封堵器口缝隙，过程非常烦琐。推测较科学且经济的方法是，将盔形器固定在炉灶内，采用文火慢炖的熬煮方法，当卤水开始结晶成盐，将湿盐捞出，转入炉温较低区域的盔形器内烘干。根据广饶南河崖遗址发掘出的制盐炉灶结构可知，灶膛主体部位的盔形器用于熬煮卤水，这部分盔形器用泥坨固定。在土台前部的盔形器不使用泥坨，而是放置在细沙土上，由于炉火烘烤，沙土长期保持一定的温度，可将湿盐烘干。结晶的湿盐可随时捞取，亦可不断往盔形器内注入新卤水，循环往复[1]。

　　采用这样的流程，一旦炉灶点火后，可连续熬煮制盐较长一段时间而不熄火。但经过一段时间的熬煮，结晶盐产生的膨胀系数会损伤和腐蚀陶器，盔形器会出现损坏。这时，只需要将破损的盔形器单独取出，做局部的小规模修补，

---

① 山东省文物考古研究所、昌邑市博物馆：《山东昌邑市盐业遗址调查简报》,《南方文物》2012年1期。

这个过程不会严重影响到熬煮制盐的过程。即便停火，也没必要将已固定在炉灶内的盔形器全都取出。如此，不仅能节省时间和人力，也避免对其他完好的盔形器造成破坏。

捞取出的湿盐除部分在炉灶烘干外，也可转入其他有机容器（柳条筐、篮子）脱水晾晒干燥。制盐作坊的涂泥圆坑除具有淋滤卤水的作用外，可能也与这一流程有关。在圆坑的上部可搭建简易的木架，上面放置装入湿盐的容器，下方对准涂泥圆坑，坑内放置盔形器。湿盐中渗出的卤水可滴落到圆坑的盔形器内。这个程序还有另一项重要功能，即湿盐中往往存留部分有害杂质，通过晾晒，这些杂质会随着卤水的流出被排除掉，达到净化提纯的目的。

在发掘制盐作坊的坑、池、卤水井内常常出土大量烧土块、草拌泥块、破碎或完整的盔形器等，这类遗物实际上也是制盐流程的一部分。在煮盐过程中，随时有湿盐捞出，或转入烘干，或转入晾晒，也随时会将卤水补入盔形器，在这个循环过程中，也随时会将卤水洒在炉灶的草拌泥土或封堵盔形器的碎陶片上，在被换取的破裂盔形器内也积聚有结晶的盐。每当修补炉灶时，废弃的盔形器、残陶片或草拌泥块都不会随便丢弃，而是将其丢入蓄卤坑池，将这些遗物体内存留的盐分析出利用。有时还会刻意利用炉灶温度，将低度卤水泼洒到泥块上积聚盐分，待盐分饱和再将其丢入卤水坑池析出。在双王城遗址调查时曾发现在盐灶（SL9YZ1）内出有圆柱、长条、方柱或扁柱状烧土块，此类遗物质地轻、胎体孔隙大，非常吸水，是聚卤的良好材料。这类遗物的出现暗示当时可能采用了冰土聚卤的技术，但还有待进一步的发现证实。

莱州湾地区东周时期的制盐工艺总体上与商周时期相似，即从井中汲取卤水，经蒸发、提浓、去杂，再用陶器熬煮制盐。但这个时期的制盐工艺出现了一些变化。在火道-廒里遗址群第14号地点发现8个卤水井并排在一起，在火道-廒里遗址群105号地点发掘的盐灶较商周时期的尺度大大缩小，形状和结构变化都很大，制盐陶器形体高大，容积大为增加，反映出东周时期的制盐工艺更为先进，卤水井分布集中，专业化程度进一步提高，产量也大幅提高，制盐产业有长足的发展。有人根据近年来渤海南岸东周时期盐业考古的新发现，认为东周时期该区域煮盐工具形体样式、制盐工艺流程、盐业遗址群内聚落功能划分及所反映的盐业生产组织、管理等，均明显不同于该地区殷墟至西周早期的考古材料①。

　　尽管莱州湾的盔形器并非一次性使用，但其耗损量还是非常巨大，这从当地制盐遗址的堆积状况就不难看出来。在莱州湾以外地区，盔形器出土数量不多，包括残片也很少。这与中欧地区制盐遗址周边经常发现制盐陶器残件，进而得出盐的外销和运输路线的情况有所不同。在长江三峡，不少商周遗址也有与欧洲类似的现象，应是盐产品消费区域的显现。由此推测，莱州湾所产的盐并不是装在盔形器内向外运输，而是采用其他的包装形式，这也导致在莱州湾以外区域极少见到盔形器及残片。

四、莱州湾先秦时期制盐遗址发现的历史意义和存在问题

　　据古史传说，早在炎帝之时，莱州湾和胶东半岛就已"煮海造盐"。在史前时代末期，山东境内的龙山文化就领先于周边地区，显示出很高的文化水准。进入夏代以后，东夷也一直非常强势，长期与中原地区的夏人抗衡，并一度有"代夏"的势头，其背后或许都与其掌控了丰富的盐业资源和海洋水产有着某种内在联系。如此也就不难理解《禹贡》为何将"盐"列为青州贡物之首。

　　商代早期，其势力范围仅达孝妇河的上游。晚商时期推进到潍河沿岸，全面掌控了鲁北莱州湾沿海地区。以往学界对商人大举用兵伐夷这一历史事件的认识相对简单。今天再看，"伐夷"的深层意图就是为了争夺莱州湾的盐业资源。20世纪50年代在滨县（今滨州）兰家村曾发现了随葬瓠、爵、卣一组3件的商代晚期铜器墓，铜卣器身和器盖各有像是"卤"字的铭文②。有学者指出这组铜器和铭文出自山东滨海地区值得关注，特别是后来在这一地区继续发现有随葬铜礼器的商墓，甚至有殉人③。联系到甲骨文中的"卤小臣"，认为商王朝可能在山东滨海设有盐政管理机构，负责海盐生产与供给。兰家村商墓的主人可能就是这类管理盐业的下层官员。作者根据西周铜器《免盘》铭文最后一字被释为"尊"

---

① 燕生东、张小嫚：《近年来东周时期齐国盐业考古新发现》，《盐业史研究》2022年4期。
② 山东省文物管理处等：《山东文物选集（普查部分）》，文物出版社，1959年。
③ 山东惠民县文化馆：《山东惠民县发现商代青铜器》，《考古》1974年3期。

和盐的容量单位的认识指出，此"尊"即盉形器，它既是生产用具，也是装盐的量具，进而论证商代所伐"夷方"在鲁北之说有其合理性[①]。

进入西周以后，太公望实施"便鱼盐之利"的政策，使齐国经济得以快速发展。东周时期，齐国实施食盐官营的策略，国力进一步大幅提升，并率先成为春秋五霸中的执牛耳者，这一切都与莱州湾沿海丰富的盐业资源是分不开的。

莱州湾的考古发现揭开了中国早期海盐制造的神秘面纱，这不仅是中国盐业史的重大突破，也将对上古及三代历史、文化、政治、经济、贸易、军事和盐政等多方面的研究产生积极的推动，特别是对探讨晚商时期商人势力西退东进、中原与东夷的关系等历史问题提供了新的视角，将对先秦时期的历史发展脉络有更深入的认识。

目前，有关莱州湾的古代盐业还有诸多谜团有待于破解，现有的考古发现表明，莱州湾商代晚期的制盐业在各方面都显示出相当成熟的特征，已经具备了大规模的专业化生产体系。这一切显得相当突兀，目前我们所了解的制盐技术是东夷土著的发明？还是商人所创？目前在莱州湾沿海零星发现有史前文化和岳石文化的遗址，尚未见到与晚商时期的制盐业相互衔接的遗迹和遗物，这一切令人费解。从事物发现的逻辑看，莱州湾地区的制盐业在晚商之前，应该还有一个漫长的孕育发展阶段，这里的制盐业肇始于何时？这应是下一步需要努力探索和解决的工作目标。

（原载于《海岱考古》2023年1期）

---

① 方辉：《商周时期鲁北地区海盐业的考古学研究》，《考古》2004年4期。

渤海湾南岸和西岸历史时期制盐遗址的考古发现

一、渤海湾南岸

迄今为止，在渤海湾南岸莱州湾一带尚未发现明确属于汉代的制盐遗址，或许如前所述推测，汉代的制盐产业已转移到胶东半岛或渤海湾西岸。考虑到莱州湾沿岸拥有丰富的盐卤资源和悠久的制盐历史，汉代不应出现产业断层。最近的考古调查已发现有这方面的线索[1]。

唐代，渤海湾南部的井灶已形成规模，并引起官府注意。《新唐书·地理志》记：贞观六年（627年）"东莱郡掖县有盐井二"。唐盐铁使第五琦（729—799年）建议："就井灶之地置官司。"差不多与此同时，河北沧州与福建莆田等地也先后出现了井灶。

2020年，在山东省寿光市羊口镇侯辛庄东北发现一处唐宋时期的制盐遗址（图一）。遗址内发现的遗迹有"卤水过滤沟"，沟旁还有煮盐时放置垃圾的"灰坑"。在沟、坑等遗迹旁还发现柱洞，考古人员推测，这是当时盐工们的临时居住场所或巨型窝棚[2]。此次在该遗址的草木灰中还发现了大量渣状物、铁块、石灰石、碎砖块等遗物[3]。北京大学考古文博学院采用能量色散型X射线荧光分析（ED-XRF）、X射线衍射分析（XRD）、锶同位素分析、碳氧同位素分析等多种技术手段，对该址出土的钙化物及铁锈块等进行分析检测，检测出的钙镁碳酸盐等证实了该址的制盐产业性质，铁锈块是当时制盐工具盘铁的残块，表明这是一处

---

① 张顺利、魏峭巍、赵益超：《山东北部东周时期盐业生产及相关问题探析》，《南方文物》
2023年3期。
② 《寿光发现唐宋盐业遗址》，《潍坊晚报》2020年5月16日4版。
③ 《山东寿光现商周、唐宋盐业遗址再现数千年制盐景象》，《文物鉴定与鉴赏》2020年9期。

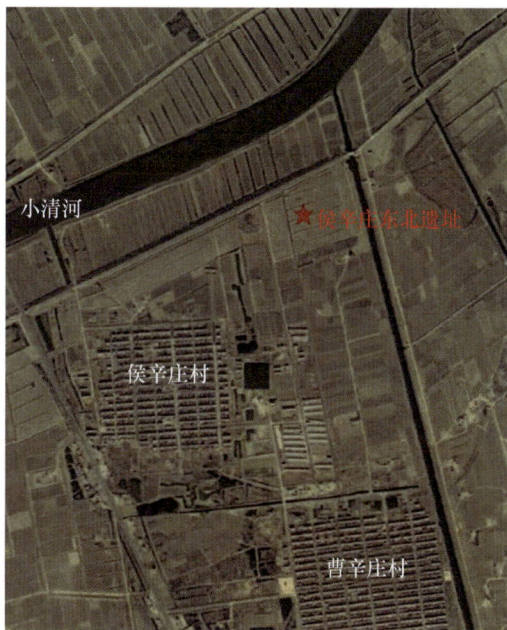

图一　侯辛庄遗址位置示意图

功能复杂的制盐遗址①。

　　以往在莱州湾的考古调查中曾发现一批宋、元时期的制盐作坊遗址。在寿光寇家坞村北和李家村东部还发现有面积较大的宋元村落和墓地，文化堆积厚1米以上，可能为当时盐民的村落。2008年以来，北京大学和山东省文物考古研究所对寿光双王城遗址北部宋元时期的制盐作坊遗址（编号07）进行了发掘。清理出的遗迹有盐井、盐灶、卤水沟、过滤沟、储卤池、工棚及各类灰坑等。

　　在SS8宋元遗址清理出2口卤水井。井口为圆形，口径4—5米，向下至1.5米后收缩至2—3米，2米以下位置加有井圈，再向下深度不明。这些卤水井往往与过滤卤水的沟渠相连。在07地点也发现宋元时期的卤水井4口，东西向排列在现代排水沟内，井口部分被破坏，出露的口径超过4米。与商周时期的卤水井结构相同，井壁围护芦苇束井圈，再用木棍插入加固，井内淤积黑色淤泥，由于地

① 杜星雨、崔剑锋、翟松岩、燕生东：《山东寿光侯辛庄唐宋时期盐业遗址出土遗物的科技分析》，《南方文物》2023年3期。

下水位很高，无法清理。

发掘共清理出宋元时期的制盐作坊30座。这些作坊均坐落在卤水沟两侧，两两一组，每组包括操作间、库房、灰坑、盐灶和烟道等。其中，最大的作坊长10米上下，小的作坊仅有3米左右。作坊均为半地穴式结构，下挖出各类设施。盐灶前的操作间为方形或椭圆形，盐灶两侧或一角设灰坑或存储物品的库房。其中，在SS8地点的操作间靠近盐灶一侧放置有盛放卤水的大陶缸。操作间边长2.5、深1.5米，堆积大量草木灰和灰白色块状物。一般而言，操作间的底部较盐灶位置要更深。盐灶分为长方形和圆形，灶旁设置蓄卤坑。坑口圆形，圜底，坑壁加工规整，表面残留有白色粉状物。长方形盐灶的炉膛长1.5、宽1、深0.8—1米。圆形盐灶直径在1米以内。灶膛内壁均烧成砖红色，还发现有熬盐的铁盘残块，灶内堆积烧土、草木灰等。烟道为长条状，最长达数米，由炉灶一侧向外倾斜伸出。根据灶口形状可知煮盐器具为长方形铁盘或圆形铁锅（图二，左）。个别在烟道上还设置有圆形、方形的小灶膛，推测为利用烟道余温预热卤水的设施，以节省能源。

图二　双王城宋元时期的制盐作坊（左）和卤水沟遗迹（右）

　　宋元时期的卤水沟发现两种。一种沟壁垂直，底面平整，宽0.5—1、深0.4—0.8米，由于发掘面积有限，长度不详。此类沟在014A宋元时期遗址发现1条，已清理部分长约30米，沟底自北向南略微倾斜，沟内堆积灰白色的淤沙和淤泥，沟北为同时期的制盐作坊。在07地点发现2条，清理部分长10米余，沟底自西南向东北略微倾斜。另一类沟宽约1、深0.5米左右，沟底略微倾斜。不同的是在沟底等距离再下挖出长方形小坑，小坑长0.8、宽0.5、深0.6米，间距1.5米，坑内堆积淤土。此类沟在014A宋元遗址发现2条，清理长度超过25米。在014B宋元遗址发现1条，清理长度超过5米。在SS8地点宋元遗址发现此类过滤沟与卤水井相连。上述卤水沟内的小坑可能具有过滤卤水的功能（图二，右）。

　　在SS8宋元遗址内发现一座圆角长条形蓄卤坑，长5.15、最宽不超过1、深0.25米左右。坑底挖有4个小坑，左右各一，中间2个，小坑深0.4—0.6米左右。坑内从底部向上依次堆积黄黏土、黄土和腐殖土等。其间，在黄黏土中还夹杂多层很薄的灰黑土层，在黄土中夹杂很薄的灰黑土和黏土。此坑的结构与上面介绍有过滤功能的沟渠相似（图三）。

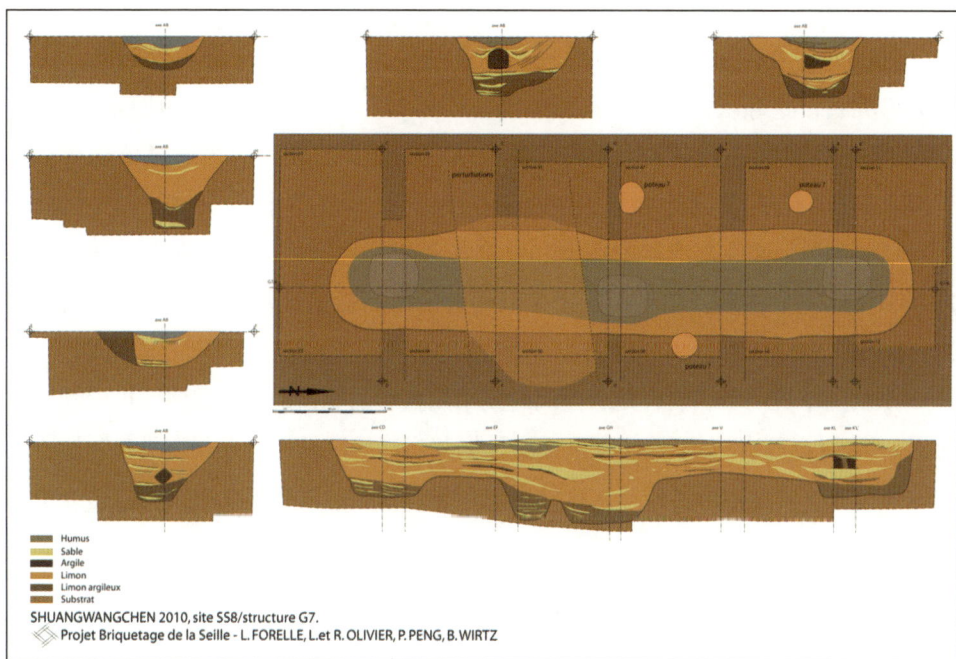

图三　双王城SS8宋元时期的蓄卤坑及不同部位的堆积

（发掘、绘图：Olivier Lauren等，2010）

宋元时期的作坊工棚均为半地穴式。发掘2座为窝棚式。1座面积超过20平方米，平面长方形，地穴深0.5米。门道位于南侧，在室内发现有生活用的炉灶及以及与火道相连通的火炕等遗迹。宋元遗址出土遗物主要为瓷器和砖瓦，种类有白瓷或黑瓷的碗、盘、罐、瓮、盆及板瓦和青砖等。

二、渤海湾西岸

地处渤海湾西岸的河北沧州、黄骅一线为历史上著名的长芦盐场所在地，也是我国海盐的重要产地。先秦时期，长芦盐场所在的渤海湾西岸属齐国北境。传说这里的制盐业始于西周。汉代，国内的主要盐产地设置有盐官。海兴归汉代章武（黄骅故城）东北的百里盐官管辖。北魏时，"高城（盐山故城）东北百里，地尽漂榆，东临巨海，民咸煮盐为业"。汉魏以来，长芦盐产区"率皆注重沧州"。沧州不仅成为这个地区的盐业中心，亦为"盐运总汇之区"。从汉代到明代后期，长芦盐业的重镇一直在沧州。至明后期，长芦盐业重心北移。清代，天津取代沧州成为长芦盐业中心①。

2006年，在河北省沧州市海兴县军区盐场南部出土1件灰陶盔形器，造型为大口尖底，陀螺状，器表施宽粗绳纹。器高22、口径19.5、厚2.9厘米（图四，左）。海兴县文保办公室认为是古代制盐所用的滤器，使用时需通过植物灰分过滤海水制盐。与此器同时出土的据说还有过滤器、陶片、植物灰烬等，时代被定在春秋时期②。这件盔形器的造型和纹饰与莱州湾地区西周偏晚阶段的制盐陶器造型和纹样完全一致，相同的器物在莱州湾沿海制盐遗址多有出土，应为制盐陶器（图四，右）。

从目前掌握的资料看，是否西周时期采用盔形器制盐的技术向西已扩展到河北海兴一带，仅凭这件盔形器还无法证实。据莱州湾地区的考古发现，所有制盐遗址的地表都散落大量盔形器残片，这种现象在海兴未见。以往曾在海兴制盐遗址中发

---

② 资料源于2006年5月12日新华网。此器在河北省黄骅市海盐博物馆展出，年代标注为战国。

图四　河北海兴（左）及山东寿光（右）出土盔形器比较

现齐国刀币、秦半两、汉代石磨、铜印和汉代钱币等，加上这件盔形器，推测这里的制盐业有可能上溯至先秦时期，但要证实这一点，还需要深入的考古工作。

2016年，河北省文物研究所和黄骅市博物馆在海丰镇调查，在位于羊二庄镇杨庄村和大左庄村东北部盐场范围发现大左庄制盐遗址。这处遗址南距黄石高速公路（G1811）0.35千米，西北距全国重点文物保护单位海丰镇遗址2.5千米，东距海岸线15千米，海拔约3米（图五）。2016年秋，遗址周围建设虾池时挖出大量沟纹砖及瓷片，考古人员经过初步调查后确定其为一处隋唐时期遗址。

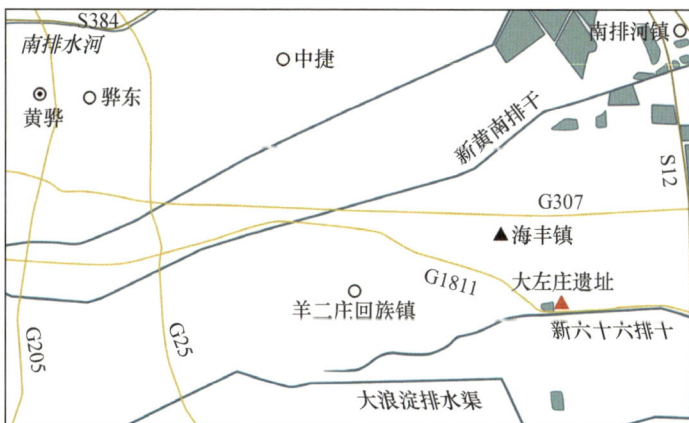

图五　大左庄遗址位置示意图

（据河北省文物考古研究院等，2021）

为防止进一步破坏，2016—2017年，河北省文物考古研究院等单位对遗址进行了勘探及抢救性发掘。经过勘探，可知遗址现存面积约3000平方米。清理出的遗迹有井3口、灰沟8条、灰坑99个、灶17座、草木灰堆积4处及柱洞11个。

卤水井位于发掘区北部及东北部，均为砖砌，其中J1保存最完整。J1现存平面呈圆形，井口暴露于地表，井坑东西长5.1、南北宽4.7米，距现地表1.3米以下井壁保存较好，为双井圈结构。井砖均为沟纹青砖，长0.3、宽0.15、厚0.05米。井内包含青砖残块、陶瓷器残片、铁器残块、动物骨骼、蚌壳、草木灰、炭屑、白色硬块等（图六）。灰坑分为黏土坑、白色填土浅坑、储藏坑和垃圾坑四类。黏土坑多为不太规整的长方形、圆形或椭圆形，保存较好的坑壁、底面可见工具使用痕迹，底面均为较平整的黏土面。白色填土浅坑有3个，现存坑口平面呈长方形、方形或椭圆形，坑内填土均为白色粉末堆积，其中还可见到大量贝壳碎屑（图七）。储藏坑口部形状较规则，底面、壁面较为平整，多有遗物出土。垃圾坑形状不规则，平面、底面形状多样，

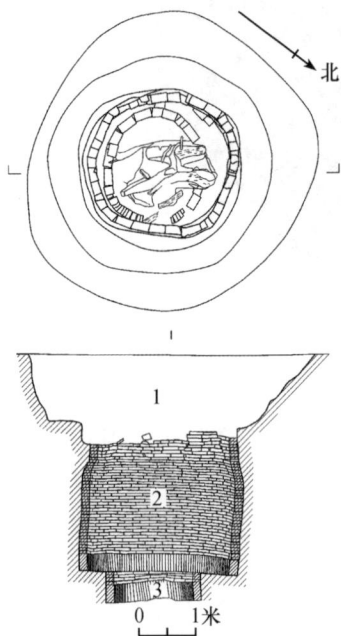

图六　J1平面、剖视图
（引自河北省文物考古研究院等，2021）

较为粗糙，填土多为一次性形成。部分灰沟的位置、堆积呈现出一定的规律性，G9、G11—G13近乎平行分布，G9、G13最下层均为黏土，沟壁上可见工具痕，其中G11—G13的填土中均发现较多的白色硬块、草木灰和红烧土（图八）。上述遗迹出土的遗物有瓷器、陶器、铁器、骨器、蚌器、木构件、铜器和铜钱等。依据出土器物，发掘者推断遗址的年代为隋唐时期[①]。

根据对发现遗迹的初步研究，发掘者大致复原了这座遗址从取卤与输卤、制卤，再到煎盐的整套工艺流程。同时结合历史背景、作坊布局、生产单元等因

---

① 河北省文物考古研究院等：《河北黄骅市大左庄隋唐时期制盐遗址发掘简报》，《考古》2021年第2期。

图七　白色填土浅坑 H9
（据河北省文物考古研究院等，2021）

图八　G13 剖面

素，认为该址可能是一处官督民营的制盐作坊①。

2020年，河北省文物考古研究院和黄骅市博物馆对大左庄遗址进行了第二次发掘，发掘区位于2016—2017年度发掘区东侧。发现遗迹有灰坑7、灰沟4、灶2、卤水井2及摊场1处，遗物有陶器、瓷器、铁器和石器等。此次发掘所获遗存内涵与2017年度发掘所获基本一致②。这是在中国北方首次发掘的隋唐时期制盐作坊遗址，具有填补空白的重要价值。

早在1986年，河北省黄骅市博物馆在海丰镇调查发现了一处核心区面积超过50万平方米、文化堆积深4米的制盐遗址。2000—2005年，为配合朔黄铁路和石黄高速路的建设，河北省文物研究所等单位对这处遗址进行了三次发掘，清理出的遗迹有房址、道路、炉灶、灰坑、沟等，证实这是一处金代制盐遗址。其中，最值得注意的是清理出一批炉灶，还出土了十几粒用于检测卤水浓度的莲子③。这批炉灶的结构大致相同，包括灶膛和烟道两部分。灶膛为圆形，用半截

---

① 曹洋、雷建红：《黄骅大左庄隋唐制盐作坊的制盐工艺及生产性质初论》，《考古》2021年3期。

② 马小飞、雷建红、张宝刚：《黄骅大左庄盐业遗址2020年考古收获》，《盐业史研究》2022年1期。

③ 我国北方地区古代制盐时，流行将莲子放入卤水，视其浮沉，以检测卤水的浓度。

砖砌筑，下大上小，现存直径0.4—0.5、残高0.2—0.4米。烟道为长条斜坡状，分为砖砌和土筑两种，上部灶台已不存，从仅存的底部可大致推算出煮盐器具（牢盆）的尺寸（图九）^①。

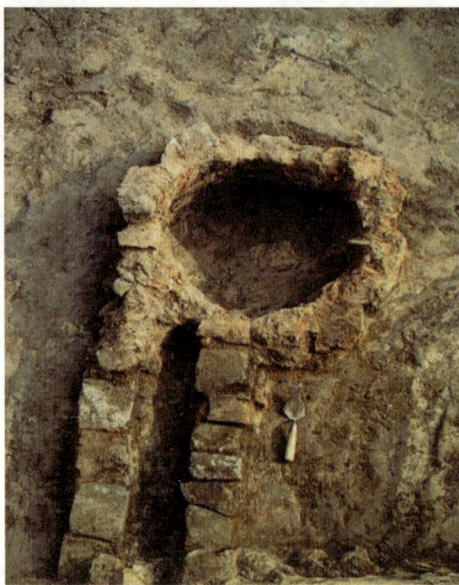

图九　黄骅市海丰镇遗址出土的金代盐灶

三、小结

　　莱州湾盐业考古调查的示范效应，带动了河北东部沿海和鲁北地区的盐业考古工作。通过十余年来的考古工作，在这个地区还发现了大批历史时期的制盐作坊遗址，时代从战国、汉代、唐代到宋元时期，这个时期的制盐工艺依旧利用盐井开采地下卤水，用大型铁锅（铁盘）熬煮制盐。上述发现为全面认识渤海湾南岸和西岸历史时期的制盐工艺的发展变化提供了重要的实物资料，将中国历史时期的盐业考古大大向前推进了一步。

---

①　根据河北省黄骅市海盐博物馆介绍资料，特此致谢！

东南沿海的盐业考古

一、浙江宁波大榭岛下厂村遗址

大榭岛下厂村遗址位于浙江省宁波市大榭岛榭北盆地的涂毛洞山脚下，东、西、南三面环山，北面向海，遗址位于沿海低地上。据环境考古研究，距今约6000年前，榭北盆地靠近山麓的狭窄地带为滨海微咸水沼泽，大约在距今4900年前演变为淡水环境，形成大面积淤泥质滩涂，有从西、北两侧进入的潮沟系统。其中，西侧潮沟可直达大榭遗址附近。

2015—2017年，宁波市文物考古研究所等单位对下厂村史前遗址进行发掘，遗址的地层堆积分为四个阶段：第一阶段属良渚文化晚期，第二阶段属晚于良渚文化的钱山漾文化，第三阶段为东周时期，第四阶段为宋元时期。其中，最为重要的是在钱山漾文化地层发现了东南沿海最早的海盐生产遗迹。经对遗址采集的炭屑进行碳十四检测，绝对年代为公元前2400—前2100年（图一）。

在下厂村遗址二期地层发现的遗迹现象有：盐灶27座、灰坑5个、陶片堆2处和制盐遗物废弃堆积18处。这些遗迹全部分布在两处人工堆筑的土台上。后来两座土台扩展合为一体，总面积在4000平方米以上。其中，1号台地保存较好，盐灶主要分布在台地的三片区域。

由于遗迹距离地表很浅，盐灶大多仅存底部，操作间和火口破坏很严重，烟道和烟囱部分已不存。炉灶周边被火烧烤成橘红色，质地坚硬。从修补痕迹可见盐灶之间有早晚叠压现象。

盐灶形态和结构分两种。一种为单一型，共4座，特点是灶上仅有一个火眼，保存较好的有一组2座。其中，25号灶（YZ25）的灶膛平面为圆角长方形，

121.95°E　　　　　　　　　　　122.00°E

29.95°N

方墩遗址

大榭遗址

29.90°N

商周时期
制盐遗址
高程（m）　　潮沟　　　现代海堤　　0　　　1 km

0　2　5　10　20　50　75　100　150　200　250　300　315

北

图一　大榭岛制盐遗址位置示意图

操作间为长椭圆形，长2.3[①]、宽1.08米。24号灶（YZ24）的灶膛平面也是圆角长方形，操作间为刀把状（图二，上右）。第二种为复合型，特点是灶上有多个火眼，共发现23座。其中，4个火眼的灶有一座。22号灶（YZ22）形制较特殊，操作间近椭圆形，火口较窄，两侧砌筑石块。灶膛呈双亚腰葫芦形，前后各有一个较大的火眼，中间并列两个稍小的火眼，长4.3、宽0.4米（图二，上左）。其余的复合型灶均为7个火眼。操作间和火口部分被破坏，形制不明。灶膛为长椭圆形，操作间前面有一个大火眼，后面并列三排较小的火眼，每排两个。以1号灶（YZ1）为例，灶膛长1.62、宽1.02米（图二，下）。

　　遗址中出土的遗物主要是陶器和少量石器，以及陆生及海洋动物骨骼等。陶器分日用和制盐两类。前者为数不多，有鼎、豆、罐、盆、盘等，具有典型的钱

————————

① 所测尺寸包含了灶体以外的烧结部分，以下同。

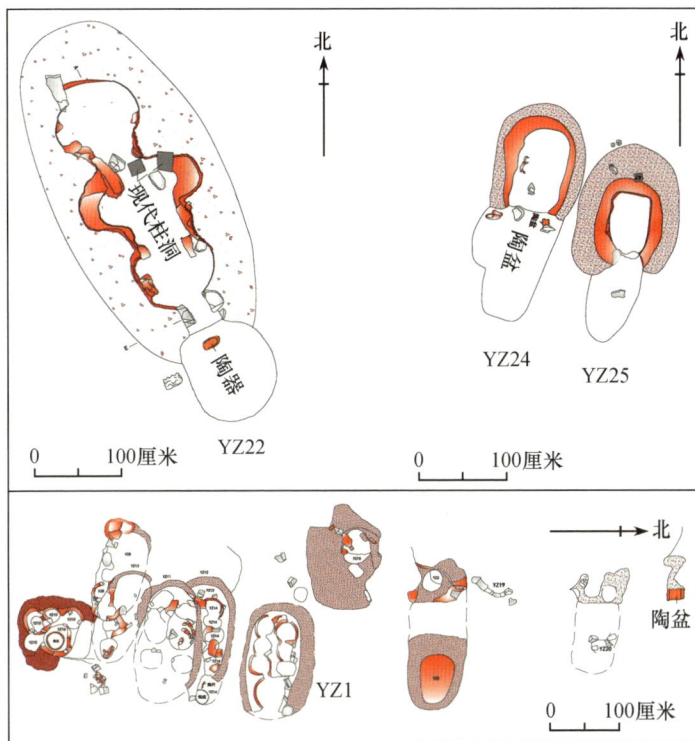

图二　下厂村遗址几种不同的盐灶平面图
（据宁波市文物考古研究所供图改制）

山漾文化特征。后者种类不多，仅有大平底缸、圜底釜和支脚三种。其中，圜底釜分为夹植物碎屑和夹贝壳碎屑两类，质地较粗，器形很大。大口、口唇加厚，微束颈，弧腹较深。根据腹部的弧度走向，可知应为圜底。器表口缘以下部分饰线绳纹。口径36、高28、壁厚0.8厘米（图三，上左）。平底缸器形也很大，为夹砂陶，质地较粗，厚胎。大敞口、方唇，斜直腹，大平底，素面。口径47、高18、底径39、壁厚2.5、底厚3.7厘米（图三，下）。此外还发现一批作为支脚的棍状器，均为夹砂灰褐陶，质地较粗，长条圆棍状，上下粗细一致，顶部有一道马鞍形浅凹槽，底部较圆缓。器高17.5、直径5—5.8、顶部槽宽2、深1厘米（图三，上右）。

　　下厂村遗址发现的盐灶形式多样、结构复杂，灶口大小有别，尺寸应与制盐容器是相互配套的，据此推测制盐陶器应有大小之别，有的可能用来预热浓缩卤水，有些用来熬煮制盐。从目前披露的材料主要是熬煮制盐的大型陶器。

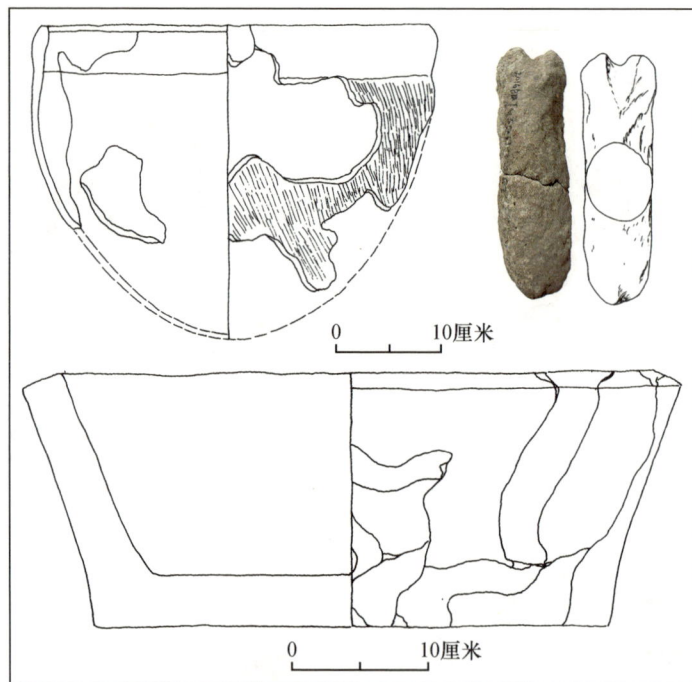

图三　下厂村遗址制盐陶器和陶支脚
（据宁波市文物考古研究所供图改制）

　　根据现有的考古发现，下厂村遗址钱山漾文化时期的制盐技术已比较成熟，在此之前还应有个起源和发展阶段。如此看来，东南沿海一带的制盐产业至少可前推到良渚文化时期。以往，曾在舟山群岛等地发现过陶棍一类遗物，一直不清楚其用途。大榭岛的考古发现证实此类器物是用于制盐的。同时也表明，四千多年前，东南沿海包括一些岛屿上的制盐业已相当普遍。

　　遗址中还发现多处制盐废弃物堆积，其包含物主要为红、白、橙、紫等色的烧土块和白色的钙质结核。经检测分析，白色钙质结核的成分为碳酸钙，其成因应与在高温下淋滤滩涂上的盐泥有关。这类遗物对复原当时的制盐工艺流程提供了重要线索。

二、浙江宁波大榭岛方墩遗址

2016年6月，宁波市文物考古研究所（现宁波市文化遗产管理研究院）在发掘大榭遗址的同时，对遗址所在的北仑平原进行了全面调查与勘探，截至2016年12月底，新发现9处古代遗址。同年7—8月，为了对遗址时代和性质进行准确界定，考古人员选择其中的方墩遗址作了进一步考古试掘①。

方墩遗址位于浙江宁波大榭开发区的大榭岛太平村方墩自然村，现为一处土墩，现存平面近圆角方形，西、北侧保存较好，东、南侧被村庄道路所破坏，现地表海拔2.5—3.5米，墩体相对高度0.5—1.2米。方墩遗址范围与土墩本体基本重合，现存面积约7000平方米（图一）。根据出土遗物特征，可将方墩遗址的古代地层堆积划分为宋元和东周两个时期，东周时期遗存的年代大致定在春秋晚期至战国早期，其中制盐遗存属东周时期。

在遗址第3层（东周文化层）下，有一处烧土堆ST1，填土灰黑色，包含较多烧土块粒，少量木炭块粒和石块等，它是一层以制盐陶器为主体的废弃物堆积。ST1的堆积自东北向西南呈缓坡状倾斜，西北角呈凹坑状，仅南侧边缘清理到边界，其余位置均伸出探沟外，具体范围不详。探沟内所见分布范围南北长2.1—2.3、东西宽约3、厚0—0.52米。根据形状不同，ST1内烧土块可分为"柱形器"和"长条形器"两类。"柱形器"可辨器型的有32件，均为泥质，表里皆橙红色。顶面凹弧，呈马鞍形，底面近平。器表皆凹凸不平，柱体常见轻微歪斜，横截面多近圆形，少数近圆角方形。绝大多数从柱体中部或下部残断，马鞍形顶面翘起的两端常见磨损痕迹（图四）。"长条形器"无复原器，残块较多，均为泥质，表里皆浅红色。器表正、背两面最宽且较平整，皆从中部断为数截，两侧面完整形态不明。从保存较好的标本来看，器物整体形状应近直角梯形（图五）。此外，在地层内还见有4件"柱形器"，形制与ST1内"柱形器"一致。

以往在大榭岛还发现有少量春秋时期的制盐遗物。包括一批完整的陶棍状支脚，但尺寸较短粗，顶部也有一个"马鞍形"凹槽，顶面直径5、凹面深1.2、底面直径5—6、高7.5厘米。此外，还发现一批非常厚重的大陶块，此类遗物个体都很大、也很厚，由于尚未发现可复原者，形状尚不明②。这批遗物与方墩遗

---

① 雷少：《浙江宁波大榭岛方墩东周制盐遗址的试掘与初步研究》，《东南文化》2022年1期。下文关于方墩遗址的资料均出自此文，不再单独加注。

② 雷少：《我国古代海盐业的最早实证——宁波大榭遗址考古发掘取得重要收获》，《中国港口》2017年A2期。

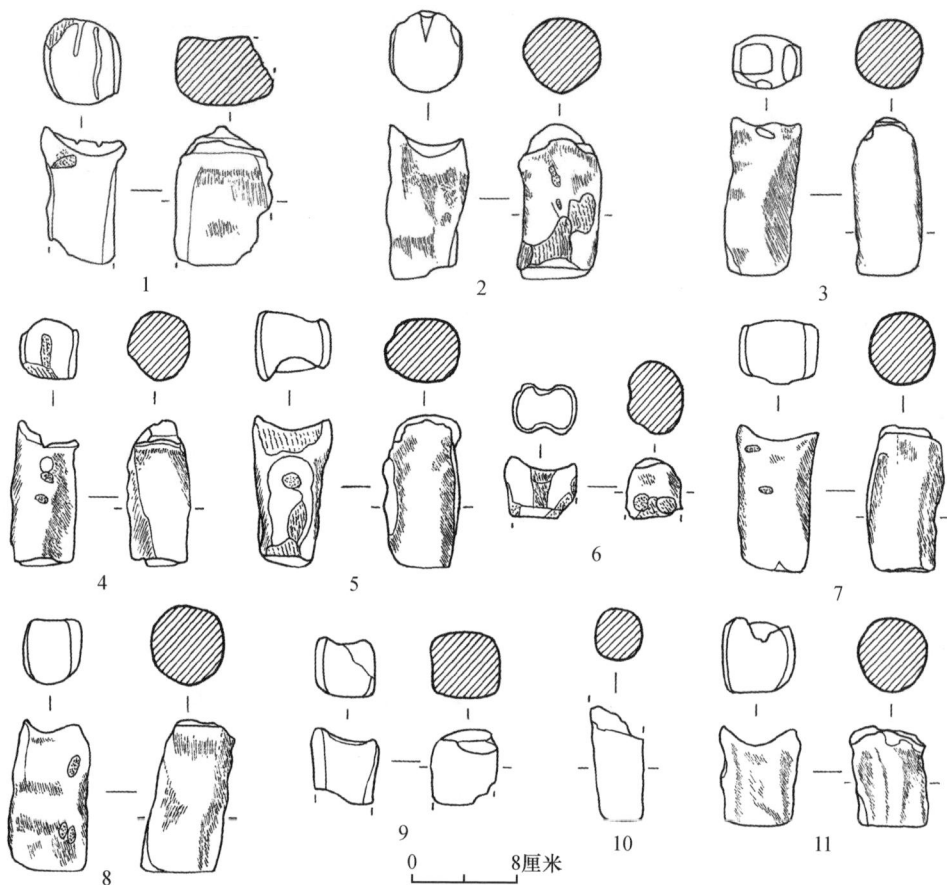

图四　方墩遗址ST1出土"柱形器"

（据雷少，2022）

址发现的"柱形器"与"长条形器"属同类器物，类似形制的特殊遗物与英国东南部艾赛克斯（Essex）前罗马时期制盐遗址出土的一些制盐器具类似。

发掘者对方墩遗址烧土块的功能进行了分析，认为"柱形器"和世界各地的制盐遗址中普遍发现的类似器物功能相同，起到支垫、粘接或连接作用，可称之为"陶支脚"，而"长条形器"则起到支撑加固作用，称之为"陶支臂"较为妥当。他还尝试将支脚的顶面与支臂的底面组合起来，发现两者刚好可以稳固地支撑起来，据此认为方墩遗址出土的支脚是用来支撑支臂的，由此进而推测当时的煮盐器具为腹、底弧度较平缓的圜底器。

结合文献记载和出土遗存，发掘者认为方墩遗址堆积主体应是一处春秋晚期

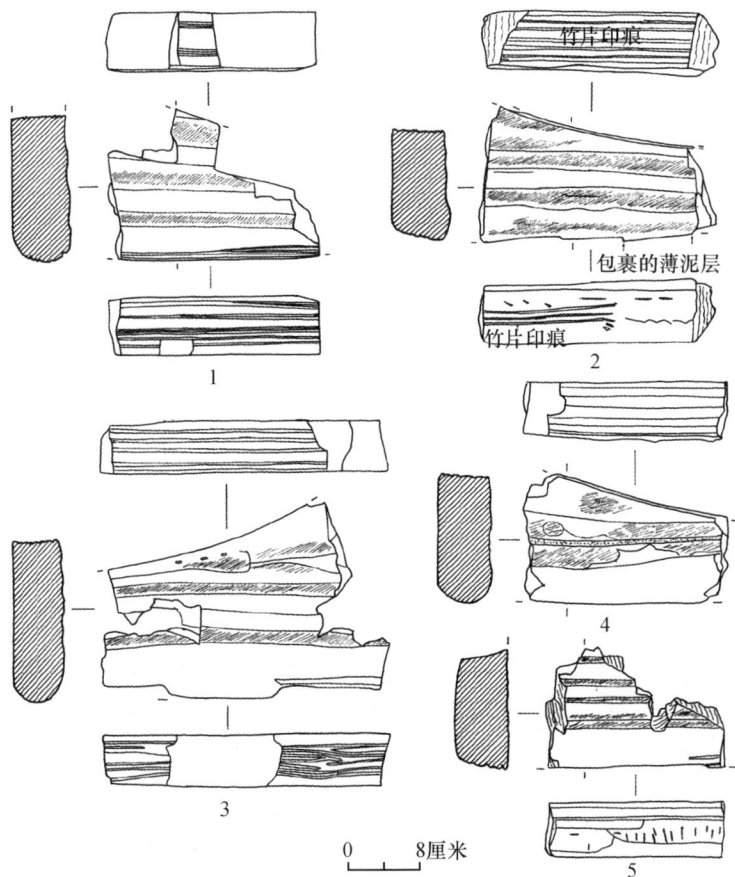

图五　方墩遗址ST1出土"长条形器"及遗留的印痕
（据雷少，2022）

至战国早期的越国制盐聚落。方墩遗址是浙江省内第一处正式确认的东周时期制盐遗址，对我国东南沿海地区的盐业史研究提供了第一手资料，具有重要意义。

大榭下厂村制盐遗址的发现非常重要。它证实制盐业是这座海岛的传统产业之一，而且延续时间甚久，在当地民众的经济生活中占有重要地位。从目前挖掘出的遗迹现象和分布范围看，尽管产业规模不是很人，但其产品并非仅供岛上居民独享，背后还应有着相关的产业链和与外界的贸易交换。沿海地区，盐与海洋水产渔业有密切联系，若将这些生业问题综合起来考察，对探索中国海盐制造业的起源、发展及浙东地区史前社会的生业、经济形态和社会复杂化进程研究具有重要意义。

三、浙江舟山市的盐业遗址

2018年应浙江宁波文物考古研究所和舟山博物馆的邀请，笔者前往当地考察，在舟山参观了当地的马岙博物馆和洋坦墩遗址（凉帽蓬墩遗址公园）。其中，在马岙博物馆收藏文物中看到一批采集的史前遗物，包括大量制盐陶棍、陶支脚、陶片等。其中绝大部分为残件，种类较多，大小、长短、粗细不同，形状各异。所见陶棍状遗物绝大部分断面圆形，部分方柱状，有的粗细一致，有的一头粗一头略细。大部分较直，也有的略微弯曲作微弧状。有的底部略呈尖锥，有的底加大呈平底喇叭状。还有一些器体较小的亚腰短圆柱状链接纽。其中，有个别完整陶棍与大榭岛下厂村出土的春秋时期同类器相同，器形短粗，顶部呈马鞍状下凹。但更多的陶棍器体较长，因残断，尺寸不详（图六）。此外，还有较多的陶器残片，器形绝大多数是陶釜一类。

图六　浙江舟山马岙遗址采集的制盐陶棒
（舟山博物馆藏品，李水城摄）

在马岙博物馆内展览的文物中有不少良渚文化的遗物，包括石器和陶器。大榭岛的考古发现证明舟山马岙也是一处重要的制盐遗址，根据这里出土的遗物，马岙遗址的年代很有可能从良渚时期延续到春秋时期。

　　20世纪70年代在马岙建有一座乡（镇）盐场，有盐田千顷，建滩10副，1978年10月投产。1981—1982年率先推行石子滩快速制卤技术，1983年试行"冬季制卤不结晶"新工艺，原盐质量在浙江集体盐场原盐质量评比中名列前茅。根据文字介绍，现代制盐工艺流程包括：开浦引潮、刮泥晒泥、做溜淋卤、验卤储卤、捞卤晒盐。在展出的文物中有一些当年用来晒盐的木质工具，包括引潮、刮取盐泥和晒盐的盐板等。

四、浙江温州洞头九亩丘遗址

　　洞头县是浙江省温州市瓯江口外一片岛屿，岛上景观多为丘陵山地，岸边分布众多的岬角港湾，县境内岛屿林立，素有"百岛之县"的美誉。九亩丘位于东头岛北岙街道风门村一个形似簸箕的山岙内，东西两侧有小岙山和九亩顶山，南面谷口被九亩顶山的支阜围绕，形成一个上万平方米的低洼盆地。这里南邻港湾，水域广阔，林木茂盛，地理位置十分优越。近年来，由于海岸不断被围垦填埋开发，景观环境破坏严重（图七）。

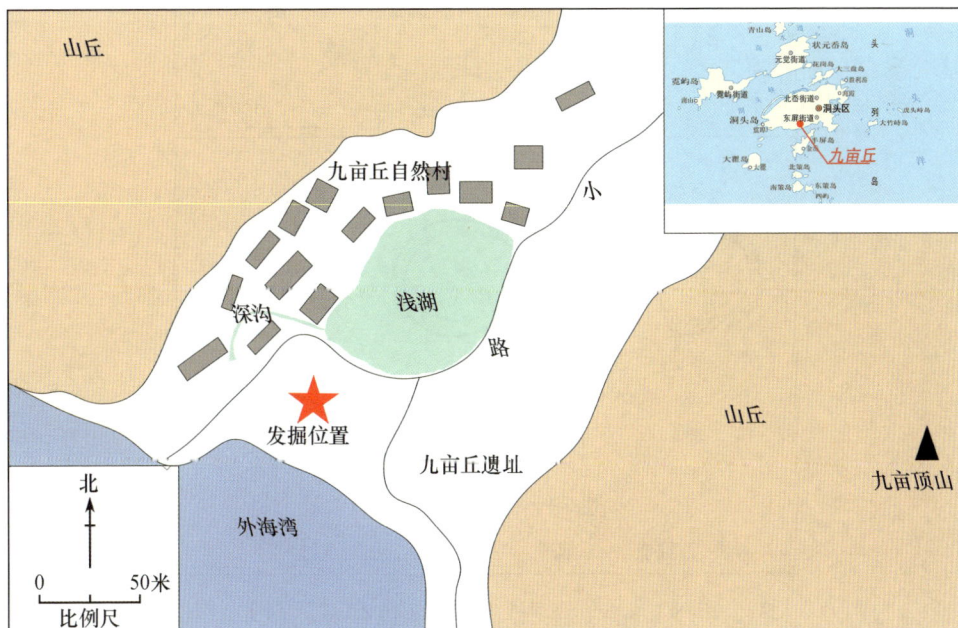

图七　洞头九亩丘遗址的地理位置

　　2013年，当地在基建工程中发现了九亩丘遗址。温州市文物保护研究所随即进行了清理发掘，揭露面积300余平方米，发现一批与古代制盐产业有关的遗迹和遗物，包括盐灶、蓄卤坑池、和泥坑、作坊、摊场、引水蓄水设施及各类制盐陶器具数百件。根据发掘揭露的地层关系，该址的文化堆积分为早晚两期。

　　早期遗迹主要分布在沙堤东部山麓的缓坡地带下面，清理出的遗迹有盐灶、储卤坑、作坊房屋及沙堤中段的摊晒场等。在沙堤的西部也发现有遗迹分布，现被村道所压，未进行发掘。北面的下凹盆地应为当时的蓄水池。

　　早期的盐灶系下挖而成的灶坑，圆形或椭圆形，直径1.5—2、深0.3—0.5米。灶口位置较低，灶内堆积有蜃灰、陶支具、陶垫具等（图八）。据当地村民介绍，在沙堤以北约百米开外的小岙山麓一带，村民建房时也曾挖出直径近2米的圆坑，坑内堆积有红烧土块等遗存，推测应为同类盐灶。

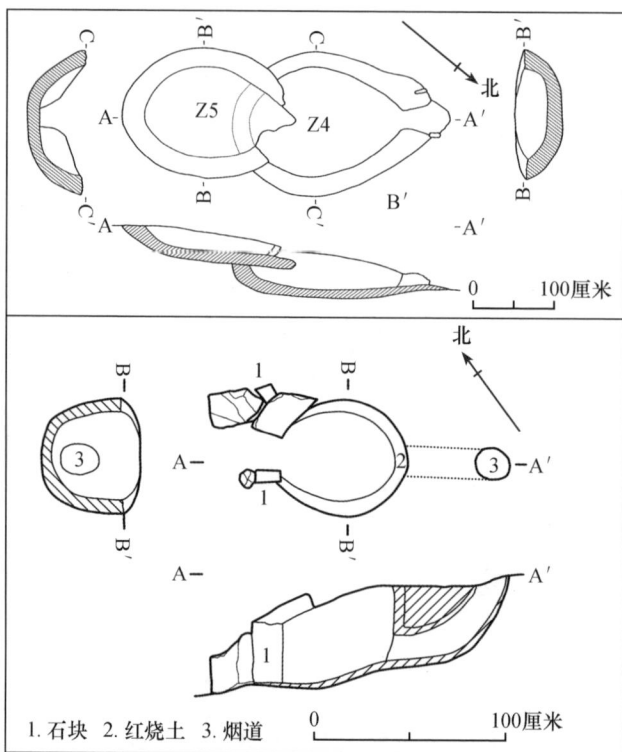

图八　九亩丘遗址早期盐灶（上Z5，下Z4）

（据温州市文物保护研究所等，2015改制）

　　蓄卤坑池位于5号盐灶西南部。系下挖而成，圆口，圜底，弧壁，口径1.5、残深0.5米。坑壁和底部涂抹一层黏土。摊场位于沙堤底部，发现有叠压的较纯净的草木灰层，沿盆地边缘呈条状连贯分布，厚度均匀，已探明面积100余平方米。其中，底层草木灰保存完整，厚20—40厘米，推测应为人工摊晒淋滤设施。

　　发掘出土的早期遗物有：陶支具、陶垫具、瓷片等。其中，陶支具和陶垫具主要出在盐灶内。陶支具为圆柱状，分长短两种，均系夹砂红陶，器表较粗糙，大多残断。短支具直径约5、长6—13厘米；长支具直径7—8厘米。其中一件完整的支具长23、直径7厘米。还发现有更长的，仅残存长37、直径7.5厘米。陶垫具出土数量较多，均为夹砂红陶，手工捏制，器表较粗糙，大多完整，圆饼状，厚薄不一。厚者短圆柱状，薄者圆饼状，端面均有凹窝。直径4—5、厚2—5厘米（图九）。

　　出土的早期生活用具有瓯窑、龙泉窑、建窑瓷器及青白瓷片等。器类有碗、盏、盘、壶、韩瓶等。其中瓯窑占相当比例，器类以碗、褐釉罐、韩瓶为大宗，但胎釉质量稍差。青釉器多饰褐彩，褐釉罐较多见，龙泉窑和青白瓷也有一定比例。年代约当南宋早期。

　　晚期遗迹主要分布在沙堤西部，清理出的遗迹有盐灶、储卤坑、和泥坑、卤水坑和房址等。

　　盐灶发现一座，平面应为椭圆形，保存约一半。灶的外侧围砌大石块，内径5.5米。灶内有用小石块垒砌的环形矮墙，直径3.5米，将灶室隔成内外两部分。灶膛中央椭圆形，底部堆积草木灰，灰层下面有一凹坑，坑内堆积0.6—0.7米的烧土。灶膛外部灰层下为多层叠压的烧结硬面，可见使用时间较久。矮墙的西部为火道，连通内外灶室。火膛底部设有炉栅，下为落灰坑。推测灶门位置应在已毁坏的西部。灶内出土遗物有陶支具、陶垫具及大量块状或曲面状陶器残块（图一〇）。

　　储卤坑池位于盐灶西侧4米处，共发现两座，大小、形制相似，坑壁及坑底涂抹厚10厘米的黄土和厚8厘米的海泥。坑口圆形，斜壁，平底。直径4.2、底径约2.6、深0.92米。在沙堤中段也有储卤坑1个，圆口，圜底，弧壁，坑壁涂泥厚0.1米。口径2.23—2.56、深0.7米。坑底残存有泥块（图一一，左）。

　　和泥坑分布在盐灶的南北两侧。两座坑形制、大小相若。坑口椭圆形，圜

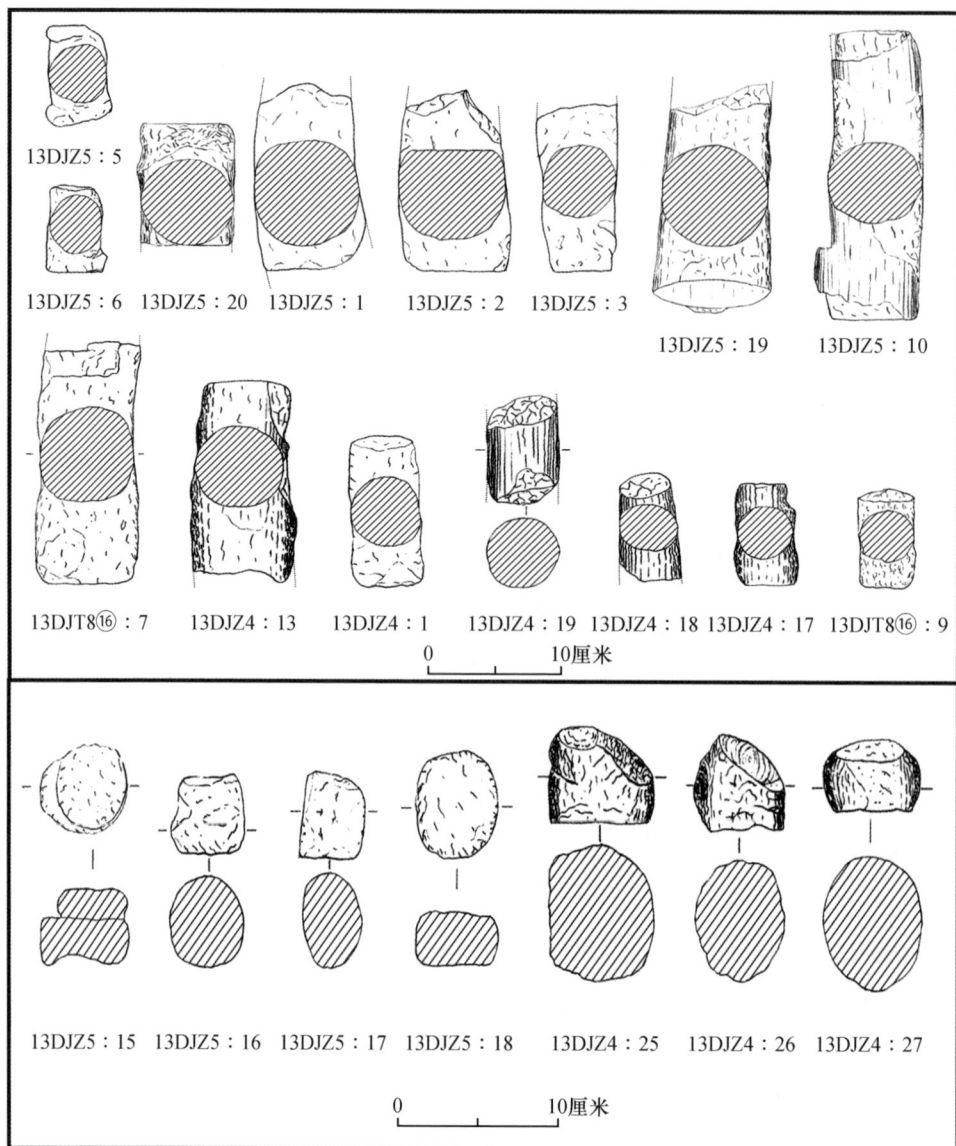

图九 九亩丘遗址早期制盐陶支具（上）和垫具（下）
（引自温州市文物保护研究所等，2015）

底。长径2.2、短径1.3、深0.4米。北侧的3号坑壁和底部有一层硬面。坑内残留多层黄土备料。南侧的坑已残。在沙堤中段发现和泥坑2座，形制大小与3号坑相似（图一一，右）。

图一〇　九亩丘遗址晚期盐灶（上：初步清理，下：清理后）

（据温州市文物保护研究所等，2015）

图一一　九亩丘遗址晚期储卤坑（左）和泥坑（右）

（据温州市文物保护研究所等，2015改制）

房址位于沙堤东部山麓下面。1号房址朝西，墙基用石块砌筑，居住面为黏土和卵石的混合体。门外残留用块石铺就的道路。2号房址被1号房址打破，形制简易，地面也用黏土卵石构筑，房基不用块石。在房址东部道路一侧的断崖上可见延续长20余米的瓦砾层，其间夹杂宋代青瓷片等遗物，系建筑基址。

晚期遗物主要出自房址、盐灶、灰坑及废弃堆积内。大量为陶支具、陶垫具、碎块及带曲面的器具，均系夹砂红陶，制作较粗糙，长短不一，最短的支具与垫具尺寸接近，长支具未见完整器，个别大型支具断面可见贯穿的篾孔。其中，圆柱形陶支具造型与早期相似，但有些个体更大（图一二，1）。方柱形支具分为粗细两种，细者断面边长约5厘米，粗者边长7—8厘米。鼎足状支具个体较大，长方形，断面似鼎足。窄边约7、宽边9厘米（图一二，2）。帽钉状支具发现不多，端面有被挤压出的凹槽（图一二，3）。

陶垫具均为圆饼状，端面有凹窝，厚薄不一，分粗细两类。细者与早期垫具相同。粗者与晚期较粗的支具直径相若，最厚者与较矮的陶支具接近。块状器呈不规则状。一般厚8—9厘米。部分标本残留侧立的竹篾孔，孔宽1.5—2.5、厚1—1.6厘米。曲面器均系残破断块，通常一面较平，有一至两个曲面与平面相连，个别甚至有三个曲面。曲面内壁多见交错状竹篾孔，曲面直径一般为10厘米（图一二，4）。

晚期出土的生活遗物有瓯窑的盏、壶、器盖、韩瓶及褐釉罐等，还发现有龙泉窑碗，建窑盏及青白瓷碗等。晚期瓯窑器物明显减少，龙泉窑、青白瓷占主导地位。其中青白釉碗内出现涩圈。在1号房址地面还出有皇宋通宝、开禧通宝。年代上限为南宋晚期，下限可达宋元之际。

九亩丘遗址的地层早晚关系显示。在沙堤东段，早期盐灶与晚期房址之间相隔较厚的沉积沙层。说明遗址早晚之间海平面曾有明显变化，由于海水上涨，导致早期制盐遗迹被海潮淹没。有学者研究指出，两宋时期，东海海平面曾有明显上涨，涨幅达1.5—2米，约在13世纪初达到最高点[1]。这一研究结论为确定九亩丘遗址的年代早晚关系提供了佐证。

九亩丘遗址早期盐灶口径1.5—2米，灶膛为圆坑形，火门较低，灶内堆积蜃灰、陶支柱、陶垫具和石块等。结合古代文献，推测此时的煮盐器具为竹编篾

---

[1]　满志敏：《两宋时期海平面上升及其环境影响》，《灾害学》1988年2期。

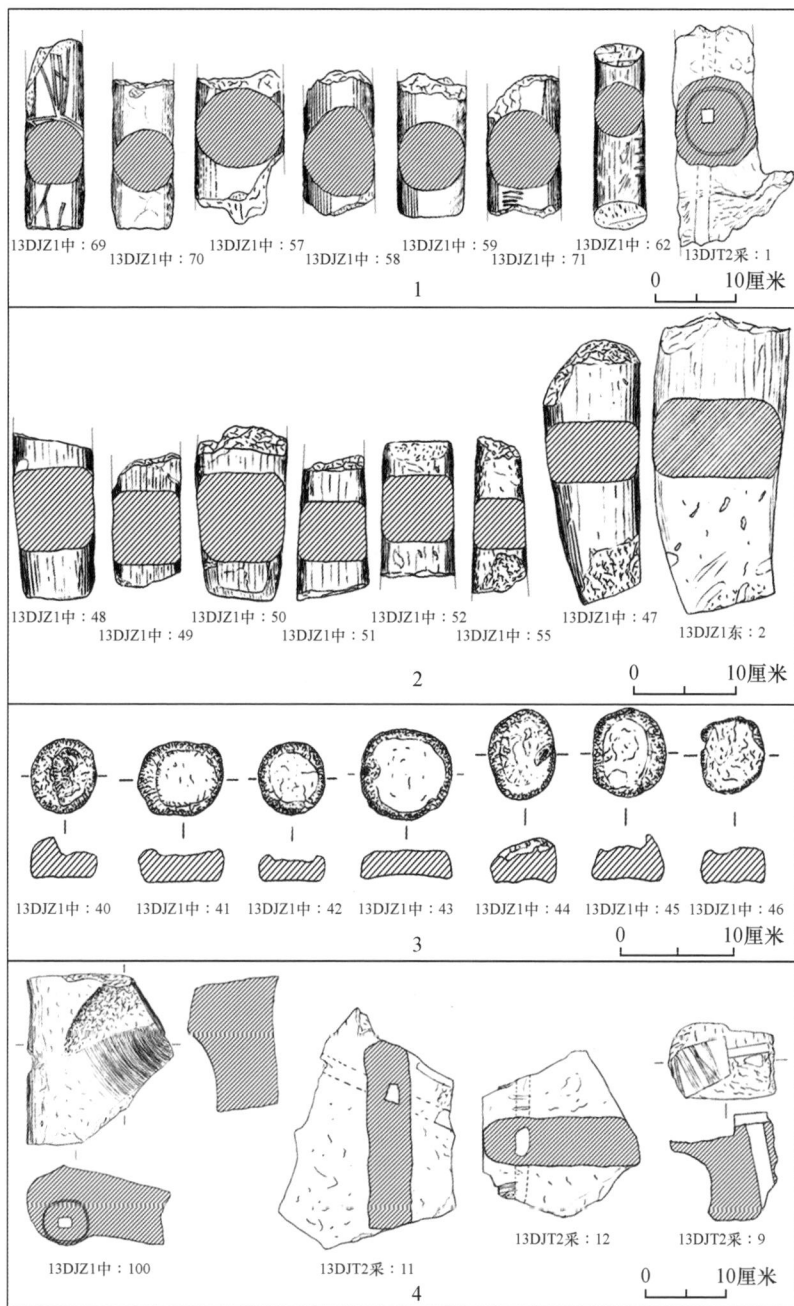

13DJZ1中：69　　13DJZ1中：57　　13DJZ1中：59　　13DJZ1中：62　　13DJT2采：1
　　13DJZ1中：70　　13DJZ1中：58　　13DJZ1中：71

0　　　　10厘米

1

13DJZ1中：48　　13DJZ1中：50　　13DJZ1中：52　　13DJZ1中：47
　　13DJZ1中：49　　13DJZ1中：51　　13DJZ1中：55　　13DJZ1东：2

0　　　　10厘米

2

13DJZ1中：40　13DJZ1中：41　13DJZ1中：42　13DJZ1中：43　13DJZ1中：44　13DJZ1中：45　13DJZ1中：46

0　　　　10厘米

3

13DJZ1中：100　　　　13DJT2采：11　　　　　13DJT2采：12　　13DJT2采：9

0　　　　10厘米

4

图一二　九亩丘遗址晚期陶支具、垫具、块状器、曲面器

（据温州市文物保护研究所等，2015）

盘，表里涂抹蜃灰。操作时将篾盘架在灶上，底部用陶支具支撑，再用陶垫具塞牢，使篾盘稳固。火门较低，便于出灰，也利于火焰上升，保持火道畅通。晚期煮盐工艺改进较大。盐灶建在沙堤上，面积成倍扩大。灶底倾斜，灶内环形矮墙将灶室分隔为内外两部分。内室灶底架有炉栅，以利柴草充分燃烧，灰烬落入下面的灰坑。内外灶室之间空档为火道，可使灶内火势均匀、通畅。与早期盐灶内残留蜃灰的情况不同，盐灶残存大量陶质支具、垫具及烧土残块，不少残块有贯穿的篾孔。陶支具竖立在灶内用于支撑篾盘，因盐灶为圜底，故支具长短不一。多数陶垫具端面有凹窝，应为垫塞和加固用支具。

我国东南沿海采用蔑盘煮盐的技术古已有之。东晋裴渊在《广州记》记："东官郡煮盐，织竹为釜，以牡蛎屑泥之烧用，七夕一易。"[1]宋元时期，浙江沿海普遍采用蔑盘煎盐。元陈椿在《熬波图》中提到，煎盐所用"盘有大小阔狭，薄则易裂，厚则耐久。浙东以竹编，浙西以铁铸。或篾或铁，各随其宜"[2]。九亩丘晚期盐灶内残留大量贯穿篾孔的块状器和曲面器，篾孔交错。块状器的篾孔呈侧立状，目的是使篾条弯曲不妨碍块状器在平面上扩展。可见篾盘此时外表涂料已改用涂抹富含石英砂的山土。因用量大，故在盐灶两侧设有和泥的坑池，将山土在池中加水搅拌成泥，随时修补使用。此外还有少量大型支具也有贯穿的篾孔，推测应为与篾盘连体的支脚。

人工摊场为本次发掘的重要收获。此前有盐史专家认为，温州沿海在宋代仍使用煎煮海水制盐的技术[3]。《温州市盐业志》也认为，温州至宋代才开始刮泥淋卤，煎煮制盐[4]。摊灰相对于刮泥有如下优势，可不受潮汐限制，天晴即可开晒；草木灰吸卤性能好，成卤快，还可清除卤水中的钙、镁等有害杂质。卤水提浓，劳动负荷减轻，产量也得到增加。温州至迟从唐代就采用刮泥淋卤煎盐技术。

据此次发现可知，九亩丘制盐遗址发现有引潮、蓄水设施，蓄水池畔设有

① 《太平御览·卷九六六》引裴渊：《广州记》，中华书局，2000年。
② 上海通社：《上海掌故丛书（第一集）·熬波图》，上海通社排印本，民国二十四年（1935年），31、33、87页。
③ 白广美：《中国古代海盐生产考》，《盐业史研究》1988年1期。
④ 温州市盐业志编纂领导小组：《温州市盐业志》，中华书局，2007年，2页。

摊场、制盐作坊，东面山麓为居住区，功能布局相对完整，为研究宋元时期东南沿海的盐场、环境及布局提供了难得的样本。

九亩丘盆地的西南角沿小呇山麓开有弧形沟渠，连通盆地与外海湾，据村民反映，早年大潮汛时潮水可涨至盆地附近。该遗迹与元陈椿《熬波图》中的"开河通海""坝堰蓄水"二图相合。由此可见，九亩丘的沙堤、北面盆地及西侧通海河渠并非巧合，而是古代盐场的蓄水、引水设施。盆地所在应为盐场的蓄水池，西侧河道应是"月河"。九亩丘盐场蓄水池既广且浅，又处在向南敞开的喇叭口状山谷中，常年吹拂东南风，峡口风速大，有利于池中积蓄海水的蒸发和提浓。

九亩丘遗址系配合基建工程勘探的偶然发现，由于破坏严重，揭露面积有限，许多问题还无法廓清。如晚期大型盐灶的整体结构、烧土块的功用等，特别是带有篦孔的土块及曲面土器破碎严重、难以拼合、不辨原形，也难以确认其功能属性。对煮盐篦盘形制和变化也仅限于推测。即便如此，九亩丘发现的特殊价值在于，它填补了我国东南沿海制盐遗址的长期空白，为探索我国宋元时期东南沿海的制盐工艺提供了宝贵的实物资料，有重要的学术价值[1]。

---

① 温州市文物保护考古所、洞头县文物保护所：《浙江省洞头县九亩丘盐业遗址发掘简报》，《南方文物》2015年1期。

华南沿海的盐业考古

一、先秦时期的制盐遗址

有学者报道，20世纪50年代在福建曾出土相当于中原仰韶文化时期（公元前5000—前3000年）的制盐陶器，并推测至少在距今4700年以前，从山东到福建沿海都已知煮制海盐[1]。这一说法提到的福建制盐陶器是什么样子？出自哪个遗址？有什么证据说是制盐器具？至今都不清楚。前些年还有学者推测，华南沿海及周围诸岛的制盐历史可上溯至新石器时代晚期，并据此提出："不仅要考虑广东汉代盐业考古的研究，而且，追溯先秦时期盐业活动的考古学研究是十分必要和可能的。"[2]

曾有学者以深圳咸头岭遗址出土的红烧土块作为华南地区制盐业出现的凭证。这些烧土块均残破严重，厚1.5—2厘米，一面平整光滑，且向内呈弧曲状，另一面还留有竹箅的印痕。另在香港屯门涌浪遗址也曾出土大量烧土块、炉箅、炉灶和灰烬等遗迹和遗物。其中，有一块红烧土块经过拼接，残长33、宽20厘米，仍未接近原物的边缘，其特征与咸头岭遗址所出烧土块颇为相似。有研究者指出，此类烧土块与宋代文献记载用竹箅编制的"盐盆"形状接近。在后来发表的考古简报中，咸头岭遗址出土的烧土块被解释为倒塌的木（竹）骨泥墙遗迹。有人认为这一解释太过牵强，因为岭南地区从没有流行过木（竹）骨泥墙一类建筑。加之这些烧土块中掺有较多砂粒，更像是为满足熬盐所需的低温及防止皲裂

---

① 朱去非：《中国海盐科技史考略》，《盐业史研究》1994年3期。
② 李岩：《广东地区盐业考古研究刍议》，《华南考古》（一），文物出版社，2004年，69—73页。

需求而刻意加入的羼合料①。联想到华南地区长期流行的传统制盐器具是用竹篾编制、内外涂以蜃灰（蚌壳烧制的石灰）的"篾盘"，有关发现与深圳、香港等地出土的带有编织纹印痕的烧土块近似，推测在新石器时代晚期，尚未掌握烧制蜃灰的技术，只能采用内外涂抹夹砂泥土的竹制篾盘作为煎盐器具。上述分析是否合理，还有待进一步的考古发现。不过，在温州九亩丘宋代制盐遗址的考古发现中已发现了类似制盐遗物的线索②。

以往曾在广东发现有疑似制盐的遗址和遗物，因无法解释而不了了之。其中，1985年在珠海淇澳岛东澳湾遗址发掘的一组遗迹和遗物比较特殊，值得关注。淇澳岛位于珠海市东北约10千米，全岛面积17平方千米，东澳湾位于岛的东侧，海湾呈新月状，滩涂长约1千米，东临伶仃洋，其他三面有矮山环抱，南部有一条淡水小溪，海滩高出海面1.5米左右。遗址位于海湾的东南部，距离海岸仅有数百米，面积近1万平方米（图一）。

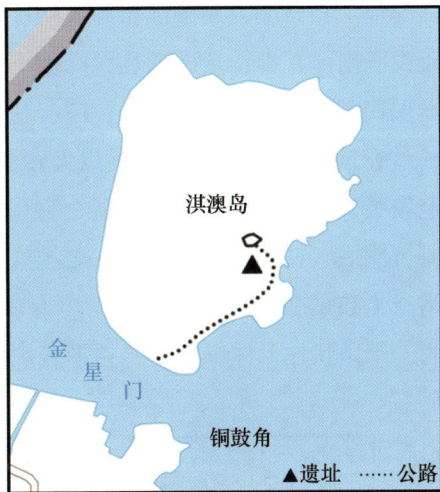

图一　珠海淇澳岛东澳湾遗址地理位置

东澳湾遗址发掘面积仅140平方米，文化堆积分为四层。其中，第三、四层为原生古海滩和文化层，挖掘时清理出三组遗迹现象，分别编号为A、B、C，这些遗迹全都压在第三文化层之下。遗迹A由烧土和石块组成，分为两块。北部一块为半圆形的红烧土，烧土厚12—30、最大半径60厘米，土色泛青，质地坚硬。中央有一沟槽，开口在西，东部封闭。东部清理出三个圆台状的陶支脚，周围散见一些陶釜残片。另一块在南部，红烧土范围长130、宽95厘米，南面有若干大小不等的石块。B是用石块垒砌的矩形遗迹，东西两侧用石板竖砌，长220

①　容达贤：《深圳历史上的盐业生产》，《深圳文博论丛》，中华书局，2003年，148—159页。
②　温州市文物保护研究所、洞头县文物保护所：《浙江省洞头县九亩丘盐业遗址发掘述要》，《南方文物》2015年1期。

厘米。南北两侧为竖起的石板和石块，宽60厘米左右，底部平铺有若干扁平石块。石块平均高约25厘米，周围有少许陶片分布。遗迹C由三部分组成，西部为烧土，偏北一片面积较大，平面近圆形，直径96厘米，四周烧土壁残高5—7、厚3—5厘米；西部还有一通道，长近30、宽14—27厘米。通道的尽头放置一石块。石块后面有一宽12—20厘米的突脊，残高8厘米。脊与壁之间有两条弧形通道，宽27厘米，南端呈封闭状。偏南面一处面积较小，烧土面呈不规则状，南面为烧土和石块，周围散布绳纹陶片和陶支脚。南部遗迹由石块和烧土组成，分布没有规律，未作全面清理，结构不详。东北部烧土和石块遗迹分布散乱，周围发现较多的陶釜残片（图二，左、右上）。

东澳湾遗址出土的陶器以夹砂陶为大宗，普遍为轮制，羼合料较粗大，胎色较杂，烧制火候不高，易碎，灰陶和灰胎陶占绝大多数，器表主要饰粗绳纹，流行圜底、凹圜底及圈足器。器类主要有釜、罐、豆、支脚、箅形器等。其中，陶釜为数最多。支脚也较多，均为素面（图二，右下）。箅形器为夹砂陶，形状为若干条状柱形体纵横交错，形若炉箅，未发现完整器。上述遗物的年代晚于珠

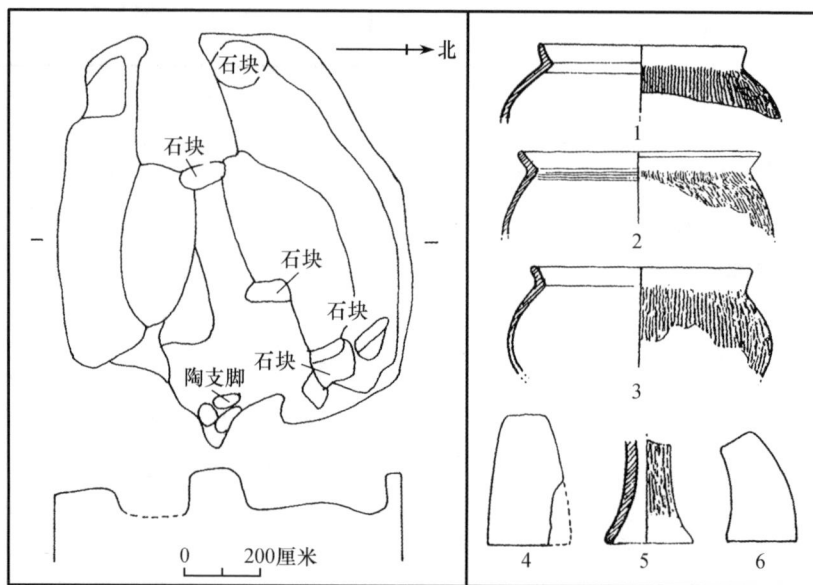

图二　东澳湾遗址遗迹现象及出土的陶釜和支脚

（据广东省博物馆等，1990改制）

江三角洲地区新石器时代晚期遗址，约相当于中原地区的夏商之际。经热释光检测，年代为距今3750年±5%[①]。

当初这个遗址的上述遗迹现象被解释为以渔猎－采集经济为主的季节性遗址中的炊煮遗迹。后来发掘者经重新思考，认为该址的A、B、C三组遗迹除了炉灶的解释以外，其他任何解释都行不通。这处遗迹的结构与成都平原所出东汉井盐画像砖中的龙尾灶相似。遗址中发现的支脚、炉箅一类遗物应是与煮盐容器配套使用的器具。东澳湾遗址所出陶器以夹粗砂圜底釜为大宗，制作粗糙，火候偏低，比较符合制盐陶器的特征[②]。发掘者感到遗憾的是，由于缺乏经验，当时对遗迹中的很多细节情况都难以深究，发掘资料的报道也过于简略。这类由于经验不足导致的失误已经引起考古工作者的反思，可谓亡羊补牢，未为晚也。这些新的认识将有助于对华南地区盐业考古的进一步重视。

1989年，广东省珠海市博物馆对全市管辖的海岛开展文物普查。在高栏岛发现了宝镜湾岩画。后来在岩画附近采集到一批史前文物，随即发现了宝镜湾遗址。从1997—2000年，先后对这座遗址进行了4次考古发掘。宝镜湾遗址的年代从新石器时代晚期（公元前4500—前4300年）延续至青铜时代（大致相当于中原地区的商代）[③]。

在宝镜湾遗址出土一批"条形器"和"支脚"。据后来发表的正式发掘报告，前者出土了93件。这是一种中间较宽、两头略窄的长条状陶器，均系夹砂陶，红色、橙红色、灰黄色或灰色，横断面均为圆角长方形，绝大部分残断不整。发掘者根据器身是否有凹槽或凹槽形态的差异将"条形器"分为三型。其中，A型均系残器，器表不带凹槽，多布满黑色烟炱，一面平整，棱角较分明，也较粗糙，另一面相对较光滑，边缘也较圆润（图三，左1、2）。B型器表有纵向凹槽，但大多不很明显（图三，左3、4）。其中有一件完整器，一面较平，

---

① 广东省博物馆、珠海市博物馆：《广东珠海市淇澳岛东澳湾遗址发掘简报》，《考古》1990年9期。

② 李岩：《广东地区盐业考古研究刍议》，《华南考古》（一），文物出版社，1994年，69—73页。

③ 广东省考古研究所、珠海市博物馆：《珠海宝镜湾——海岛型史前文化遗址发掘报告》，科学出版社，2004年。

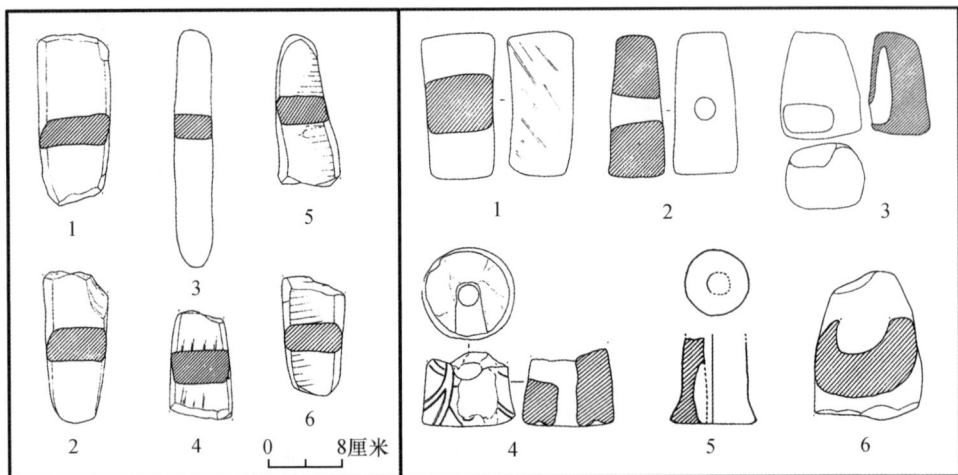

图三　珠海宝镜湾遗址出土的"条形陶器"及支脚
（据广东省博物馆等，2004改制）

表面遗留大量黑色烟炱，可见不明显纵向凹槽，另一面微圆弧，也较平滑，长39.5、两端宽4、中间宽6.5厘米（图三，左3）。C型数量最多，但均系残件，一面较平滑圆润，另一面器表有明显的横向排列凹槽（图三，左5、6）。

支脚共出土20件。均系夹砂陶，发掘者依器底横截面形状差异也将其分为三型。A型底部截面圆形或椭圆形，分为实心或中空两种。B型底部截面方形或方锥形。C型底部横截面圆角方形（图三，右）。此外还出土少量所谓的"炉箅"。

由于以往对盐业考古各制盐器具的了解有限，对于珠海宝镜湾遗址出土的这批"条形器"和"支脚"用途一直不明，尽管后来发掘者意识到当地可能存在制盐产业，但在发掘报告中却对此类遗物未作任何解释和定性。其实，早年在华南沿海的史前遗址中也曾发现过此类遗物，但常常被解释为烧烤用具或炉箅一类。随着我们与国外盐业考古学家的交流不断加强，特别是通过中国学者前往国外制盐遗址实地参加考察发掘，了解到此类性质特殊的器物应为专门的制盐用具，即"Briquetage"。在法国东部赛耶河谷铁器时代的制盐遗址就发掘出难以计数的类似"陶棍"，而且形制复杂多样[1]。另在法国西北部沿海的布列塔尼、英国

---

[1] 〔法〕奥利维（Laurent Olivier）、〔英〕科瓦西克（Joseph Kovacik）等：《法国洛林de la Seille的制盐陶器Briquetage：欧洲铁器时代盐的原始工业生产》，《南方文物》2008年1期。

东南沿海的埃塞克斯红丘、中美洲的伯利兹、越南南部的丘于厨等地都有同类制盐遗物出土。宝镜湾遗址出土的"条形器"和"支脚"与这类制盐器具非常相似。据法国学者研究,此类器具使用时可将其搭在炉灶上,将制盐陶器放在"陶棍"之间的缝隙上熬煮制盐。最近几年来,在我国东南沿海的宁波大榭岛下厂村、温州洞头岛九亩丘以及香港等地的制盐遗址中也发现了同类遗物,进一步证实了它的用途。至于宝镜湾遗址的这类器具是如何使用的,还需要在以后的考古发掘中与遗址中的遗迹现象结合起来考察,寻找答案。

此外,在华南地区还发现一些比较特殊的遗迹现象,值得关注。一是在有些遗址中发现成片的烧土,如深圳咸头岭、香港涌浪等遗址;二是在遗址中发现形制特殊的炉灶或类似珠海东澳湾、宝镜湾等地出土的"条形器";三是在华南的制盐遗址不仅出土与制盐有关的遗迹和特殊器具,也有不少的生活用具,这一点与长江三峡和鲁北莱州湾地区有所不同,尤其是先秦时期的遗址表现得更为明显。这或许表明,华南沿海的制盐产业规模较小,制盐地点大多选择在生活居址附近,不像三峡和鲁北地区已形成大规模的专业化生产场所。

二、香港地区的制盐遗址

自20世纪30年代以来,在香港的一些海岸沙堤上发现一批所谓的窑址,有些被认为是南朝到唐代的"壳灰窑"(即"石灰窑"),也就是以海水贝类的外壳(以牡蛎壳为主)作为原料烧制石灰的窑炉。后来有学者根据这些窑周围出土的遗物指出,这些窑应为唐代前后的制盐炉灶。

后来有学者调查统计,20世纪30年代以来在香港及周边大小岛屿的沙丘上,总计在59处地点发现此类炉灶108座,大多数保存不是很好,仅遗留炉灶下半部或炉底部分。其中比较重要的地点有:赤鱲角岛深湾村、大屿山龙鼓滩、二浪、鹿颈村、深湾村、屯门石角嘴、芦须城、横岭头等[①]。

这些炉灶一般建在海边沙滩上,平面呈带柄的圆勺状,灶口为圆形,直筒

---

① Meacham W A. A "Missing Link" in Hong Kong archaeology. Journal of the Hong Kong Archaeological Society, 1978, 7: 110-118 (《香港教研学会会刊》英文版).

状，或底部略大于开口。其中，大屿山深湾村发现的第11、第12号炉灶保存较完好，尤以11号炉的结构和形状最有代表性。这座炉灶底径1.8、灶膛深1.25、炉膛内径1.6米。投放燃料的灶口为石砌，宽32、高约15厘米。炉门后部为一长条状的石槽，长约200、宽35、深20厘米，与炉膛相通。灶口南侧所用石料为40厘米×30厘米、厚约10厘米的花岗岩（图四）[①]。

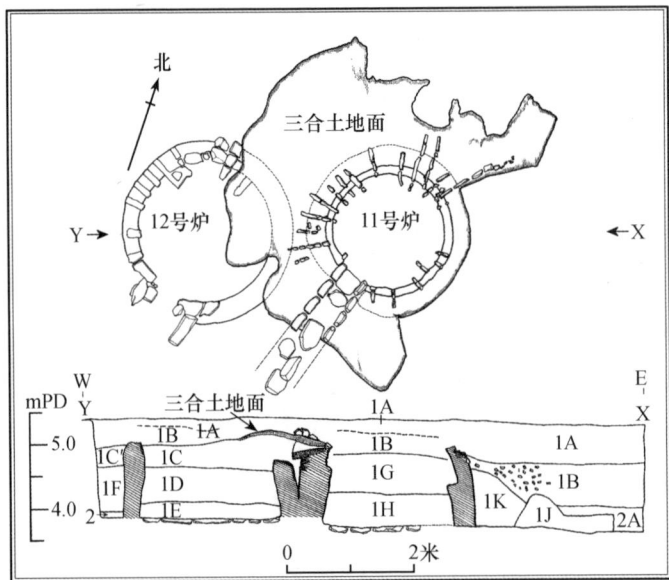

图四　香港大屿山深湾村11号、12号炉灶平面图

（据Meacham W，1993）

这些炉灶的建造程序为，先向下挖出一个圆柱形大坑，坑底铺设石板，坑壁（灶膛）用砖石垒砌，火门位于炉灶一侧，长条形，用石条砌筑。围绕坑口一周用黏土构建有放射状的长条沟槽，从坑壁（灶膛）上部向上延伸，直至坑口以外的地面部分。沟槽宽约9、深约12、残长80厘米。在沟槽内还要铺设条状陶板砖，砖的顶部高出沟槽所在地面。这一设置可起到支撑平底或微圜底容器的作用，在铺设的条状板砖与地面之间形成一定空间，炉灶内的烟火通过缝隙向上向

---

① Meacham W. Archaeological Investigation on Chek Lap Kok Island. Journal of the Hong Kong Archaeological Society, 1994.

外升腾，起到空气流通和排烟的作用，也有利于炉灶内的燃料充分燃烧。在灶口周边铺设一层2米宽的三合土地面，形成围绕灶口的灶台，由于长期高温烧烤，炉灶及附近地面的海沙均被烧成红色或橘红色（图五）。

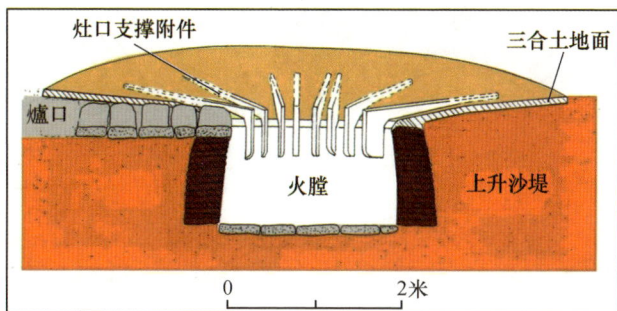

图五　香港大屿山深湾村11号炉灶剖面结构
（据Meacham W，1993；李浪林，2008）

　　在赤鱲角岛深湾村共清理炉灶13座，其排列从东向西共有三排，炉灶朝向非常有规律，北面一排炉灶火门朝南，南面一排炉灶火门朝北，所有火门都对着中间的通道①。这样的设计和结构应是出于便利工作的考量（图六，上）。其他一些遗址的炉灶会有一些细节差异，如大屿山鹿颈村的2号炉灶灶口以外周围涂抹黏土，沿灶口一圈修筑有20个长方形小坑，坑内放置支撑容器的支具②。其结构与大屿山深湾村炉灶灶口外长条状沟槽的性质相同。但二浪遗址的炉灶口部外侧则没有修建这种沟槽或小坑一类设施，不知是被破坏了，还是原本就没修建。总体上看，这些修建在沙堤上的炉灶结构、形状大体还比较一致（图六，下）。

　　上述炉灶周围出土遗物的年代集中在唐代前后。香港考古学会在大浪、二浪、芦须城、石壁、大贯湾和石角咀等遗址采集过一批木炭、贝壳和红烧土标本。其中，^{14}C标本的检测结果偏差相对较小，5个样本年代均落在公元310—730年之间③。香港古迹古物办事处对发掘钢线湾1号炉砖采集的4个样本做了热释光

①　Cameron H, Williams B V. Sham Wan Tsuen, Chek Lap Kok (A Tang Dynasty Industrial Site). Journal of the Hong Kong Archaeological Society, 1984, 10: 10-54.

②　罗敬文：《鹿颈村遗址出土文物》，（香港）《文汇报》2007年12月16日。

③　Yim W S. Radiocarbon dates from Hong Kong and their geological implication. Journal of the Hong Kong Society, 1985, 11: 50-63.

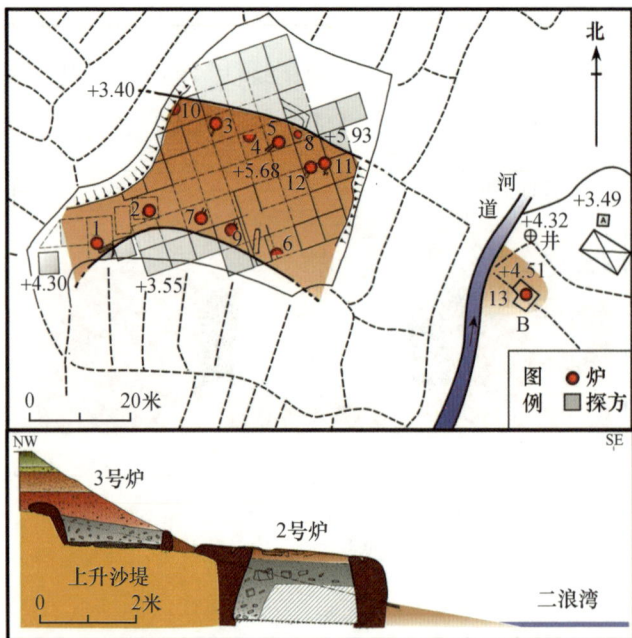

图六　赤鱲角岛深湾村炉灶群分布及二浪遗址炉灶剖面

（引自Meacham W，1993；Cameron H，1978；李浪林，2008）

检测，年代落在距今1200—800年之间，也在唐代前后。总之，这些炉灶的年代最早为南朝，晚至唐代，延续时间长达数百年。

目前，对上述炉灶的功能和性质还有一些不同认识，但分布在海边沙堤的这批炉灶显然与古代的制盐产业有关，特别是在这些炉灶内部和周围堆积中普遍发现火候不高的"陶支撑"物，出土量非常大，每每以千计，包括圆柱状、圆角方柱状、砖状、钉状等不同的样式。一般柱状"陶支撑"物直径6—8、残长10—20厘米，未见完整器。乳钉状"陶支撑"物的钉头直径6、长8—10、钉锥粗3厘米。此类遗物大部分都出土在炉灶外的废弃堆积中。经化验分析，其烧成温度较低，仅有600℃左右（图七）[①]。香港考古学家习惯根据这类器物的形状称之为"蘑菇"（钉头状）或"面包"（似法式长条面包）。实际上，此类遗物都是用来支撑煮盐容器的附属物件，即Briquetage。制作都很随意，较粗糙，很多根

① 王飞：《香港钢线湾遗址2003年发掘简报》，香港古物古迹办事处，2008年。

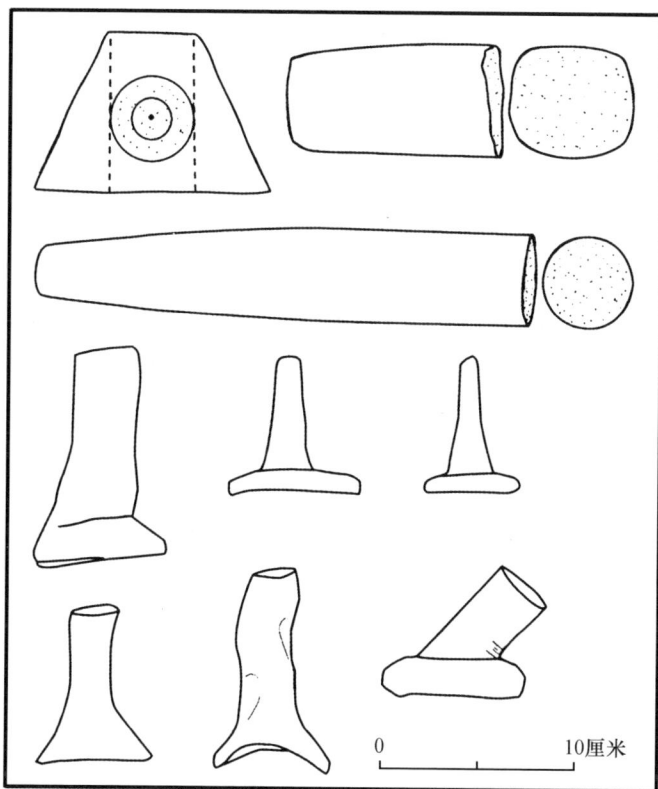

图七　香港出土的几种制盐陶器（陶棒、支脚等）

（据Cameron H，1978）

据需要随手捏制而成，形制不是很规范，损耗量也很大。此类遗物的发现进一步证实上述的窑应为煮盐的炉灶。

　　有学者通过对这些盐灶的研究提出如下一些认识。首先，香港所在区域从汉代开始出现制盐业，其经济地位也日渐重要。《汉书·地理志》记"南海郡番禺、苍梧郡高要设有盐官"[1]。此后，历经南朝、隋、唐，到宋太祖建隆年间（960—962年），广东地区盐场已增至18场。[2]其中，东莞（含今日深圳、东莞和香港）占据6个[3]。南朝陈（557—589年）时，"岭南诸州多以盐米布交易，俱

①　广东省地方史志编纂委员会编：《广东省志·财政志》，广东人民出版社，1999年，67页。

②　王存等：《元丰九域志·卷九》，（台北）商务印书馆，1968年，415页。

③　司徒尚纪：《广东文化地理》，广东人民出版社，1993年，348页。

不用钱"①。这个时期，私家煮盐亦盛行。宋代，"故环海之湄，有亭户，有锅户。有正盐，有浮盐。正盐出于亭户，归之公充者也。浮盐出于锅户，鬻之商贩者也"②。《元和郡县图志》记载，西汉时，香港属博罗管辖，后将其划归宝安，目的就是为了加强盐政管理。《读史方舆纪要》记，"县南二百五十里，本东莞盐场。三国吴甘露二年（257年）置司盐都尉于此"。而宝安产盐地点大都位于香港地界海边。东莞"南四百里曰大奚山，在海中，有三十六屿。峒民杂居之，专事鱼盐"③。其次，根据香港煮盐炉灶的特点，当时的制盐器具并不适合腹部较深较重的大型铁制牢盆，而较适合腹部较浅较轻的容器。据《天工开物》记，明代牢盆采用竹编并敷以蜃灰再"附以釜背"，即在平底牢盆下面加个釜底④。香港可能就采用的是这种平底或浅腹釜背牢盆煮盐。除釜背受火部分外，牢盆位于烟道部分也可接收部分余热，节省能源，提高功效。而且附加的釜背只会遮蔽灶口部分，不阻挡烟道，与后代所记牢盆一致。香港所在的华南沿海地区普遍采用竹编篾盘来煮盐，尽管有釜背，但所能承受的炉温有限。考古发现的炉灶应与此类制盐器具的尺寸相若。炉门设在地面，烟道也在地面位置，燃料投放在地下的炉膛内。由于空气流通较差，炉温受到很大限制，可使炉火不会太猛，这也正好符合了篾盘不便承受高温的特点。香港发现的这些盐灶附近沙层均呈赭红色。在钢线湾、龙鼓滩等地还发现有黑色似草木结构的堆积，表明煮盐时的炉温不是很高，红烧土及支脚的烧成温度也只有600℃左右⑤。

上述推测是有一定道理的。华南沿海从很早起就采用表层内外涂抹蜃灰的竹编篾盘煮盐，这在当地已成为传统。东晋裴渊在《广州记》中提到："东官郡煮盐，织竹为釜，以牡蛎屑泥之烧用，七夕一易。"⑥唐代《岭表录异》记："广人煮海……但将人力收聚咸池沙，据地为坑，坑口稀布竹木，铺蓬簟于其上，堆

---

① 《隋书·卷二十四·食货志》，中华书局，1982年。
② 《宋史·卷一百八十二·食货志》，中华书局，1977年。
③ 顾炎武：《肇域志·广东二》，《续修四库全书·第586册·史部》，上海古籍出版社，1996年。
④ 所谓釜背解释为附加一釜底，至于釜底形状如何，怎样附加，作者未做解释。
⑤ 李浪林：《香港沿海沙堤与煮盐炉遗存的发现和研究》，《燕京学报》2008年新24期。
⑥ 《太平御览·卷九六六》引裴渊：《广州记》，中华书局，2000年。

沙。潮来投沙，咸卤淋在坑内。伺候潮退，以火炬照之，气冲火灭，则取卤汁，用竹盘煎之，顷刻而就。竹盘者，以篾细织。竹镬表里以牡蛎灰泥之。自收海水煎盐之，谓之野盐，易得如此也。"[1]

在我国东南沿海和华南地区，采用竹编篾盘制盐的传统一直延续到近现代。1904 年在海南海口市盐灶路八灶街还保留有这种古老的制盐技术。当地人将毛竹破成片，编织出长方形的大型竹篾器具，用拌合了橡胶水的石灰敷在内外器表，再将这个硕大的"篾锅"架在炉灶上，用木桶挑来卤水，燃烧木柴熬煮，即可得到又白又细的盐。熬煮这样一大锅的盐需挑海水 100 多担，熬煮一天一夜，可出盐 200 来斤[2]。

有学者根据记载，推测香港的制盐方法是在海滩泥沙上浇灌海水，经日晒蒸凝，待卤汁充分吸收，将泥沙收入池内以海水淋滤，获取浓卤，再转入篾盘煎煮。煎炼过程有两种，一种是将卤水一次熬干成盐。另一种是随煮随捞，将结晶的湿盐随时捞出，不断注入卤水，连续出盐。此即"如此则昼夜出盐不息，比同逐一盘烧出干盐，倍功省力"。

在广东，还有学者从方言及文字学角度研究岭南地区的制盐业。如认为黎语中的"番"即"村"之意，"禺"即"咸"或"盐"。"番禺"二字合文即黎语之"盐村"[3]。汉代以后，今天的珠海、澳门、深圳、东莞、香港等地均隶属番禺，可见这个地区很早就以制盐产业而闻名了。

---

① （唐）刘恂：《岭表录异校补》，广西民族出版社，1988 年。

② （元）陈椿：《熬波图咏》，《上海掌故丛书·第 1 册》，学海书局，1968 年。

③ 曾昭璇：《"番禺"意即"盐村"——广州古名一解》，《开放时代》1985 年 5 期。

海南岛儋州地区的火山岩制盐

海南岛西北部的儋州地区地处热带北缘，属于热带岛屿季风气候区，常年主导风向为东风和东北风，年降雨1100毫米；日照较强，蒸发量高达1800毫米，年均温24.7℃。琼西北地区地势较为平坦，地表以下堆积大量火山岩，地表土壤为红褐色黏土，植被多为苦楝、小叶桉、椰子、甘蔗、芭蕉及散布的仙人掌。这种自然环境形成农业和盐业生产的对立，土地不宜农耕，却为制盐业的发展提供了优良场所。至今在洋浦半岛的盐田村和峨蔓的盐丁村还保留着传统的火山岩日晒蒸发制盐的方法。这两个自然村虽靠近大海，但并未大力发展渔业，男人以晒盐为主业，女人则以少量农业作为贴补。

2012年以来，在国家文物局指南针项目支持下，北京大学联合陕西省考古研究院、中山大学人类学系、海南省文物局和儋州市博物馆、台湾大学人类学系等科研单位对琼西北地区的儋州洋浦、峨蔓的古盐田多次进行实地考察，通过田野考古、科技检测、民族学与民俗学调查等方法，对儋州地区利用火山岩晒盐的传统制盐工艺进行了系统的研究，取得一批重要成果。

相传唐代天宝年间，一批福建莆田人为躲避"安史之乱"迁徙到海南岛西北部的儋州，由于这里土壤贫瘠，表土下广泛覆盖火山玄武岩，不宜农业。反之，沿海海湾的气候和水文环境却非常适合制盐，加之当地丰富的火山岩也为海盐制作提供了适宜的材料，这批外来移民便因势利导地创造出一种独具特色、科学有效的海盐制作技术。据《新唐书·地理志》记载："儋州昌化郡，本儋耳郡……县五：义伦，下，有盐。"经考证，义伦县位于今天的儋州三都镇旧州坡附近。这一文献记录表明，海南儋州一带产盐已为唐代中央政府所知，宋代已设立官府经营的盐场。另据文献记载，直到元代，我国绝大部分沿海地区仍延续"煮海"的制盐工艺。海南儋州一带改"煮"为"晒"，创造出了"沙漏淋卤"的制盐工艺，是海盐制造的巨大进步，也开创了利用风能和日晒制作海盐的最早历史。随后，儋州广泛存在的制盐产业已形成相当规模，其产品不仅供应本地，也输往儋州以外地区，甚至通过海运营销到大陆。

儋州地区利用火山岩制作的槽盆，晾晒海水，蒸发制盐。其步骤为：第一是利用潮汐将海水引入盐田。"盐田"是在海岸附近滩涂平整出一块块的田垄，每块盐田由晒泥池和过滤坑池两部分组成，盐田内土壤含沙量较低，泥土有利于储存和吸附海水。盐工在海岸至盐田滩涂上开挖出引水沟渠，待晚上涨潮时，海水沿沟渠流入盐田，浸泡盐田内的泥土，让泥土充分吸附海水。还有的利用废弃盐槽或加工盐槽的火山岩边角料垒砌出盐田的边界，部分界标也被利用修建为输送海水的沟渠（图一，1）。第二是晒沙。白天退潮后，盐工们用木耙将盐田内的泥土翻起耙松，将充分吸附盐分的泥土在阳光下暴晒，水分蒸发，盐分留在泥土中。据当地盐户介绍，这道工序将持续2—3天，直至盐田内的泥土含盐量达到充分饱和（图一，2）。第三是收沙。即将经过2—3天暴晒、盐分达到饱和的泥土运到过滤池内。第四是冲洗盐泥、过滤卤水。过滤池的一半为木构的架子，另一半为火山岩砌就的方形或长方形蓄卤池，池子下的侧壁开有暗道，与过滤池相通，其他两面与过滤池相互间隔。蓄卤池的通道上方铺有茅草（稻草）过滤，茅草上方放置盐泥。接下来不断向盐泥上浇注海水，将盐泥内所含盐分充分析出，下面的茅草可过滤阻挡泥沙下泄，卤水经暗道流到下面的蓄卤池内储存（图二）。至此，制卤过程初步完成（图一，3、4）。第五是晒盐。经过滤的卤水浓度提高。盐工会揪下一段海边生长的灌木植物"黄鱼茨"枝叶投入卤水，检测是否达到适合制盐的浓度。若"黄鱼茨"沉没水底或悬浮在水中央，表明卤水浓度不足。若"黄鱼茨"漂浮在卤水表面，说明卤水已达到饱和，可以晒盐了。这个方法与中国北方用莲子判断卤水浓度的方法相同。随后，盐工们将浓卤水用木桶挑运并浇到火山岩槽盆内，利用烈日暴晒蒸发（图一，5）。据介绍，晒盐从上午10—11时开始，至下午5—6时即可收盐。结晶的盐颗粒均匀、质地洁白，收盐时用铁皮工具刮取。这种制盐方法产量不高，以较大的火山岩槽盆为计，每次产盐500—1000克（图一，6）。刚收获的湿盐还需要在竹编容器内渗水晾干，渗出的盐水当地人称"盐尿"（即"老卤"），是制作豆腐的好原料，可拿来出售。

图一　海南儋州地区火山岩晒盐的工艺流程

陕西省考古研究院对洋浦盐田的地形地貌进行了测绘和航拍，获取到一组翔实的数据，包括大比例的勘测图和高清晰的航空照片，确认洋浦盐田面积750亩[①]，分为南、北、西三个小区，有卤水池122个，盐槽6171个[②]。调查中对洋浦

----

① 1亩约等于666.67平方米。
② 陕西省考古研究院、北京大学考古文博学院、中山大学人类学系：《海南洋浦盐田调查简报》，《南方文物》2019年1期。

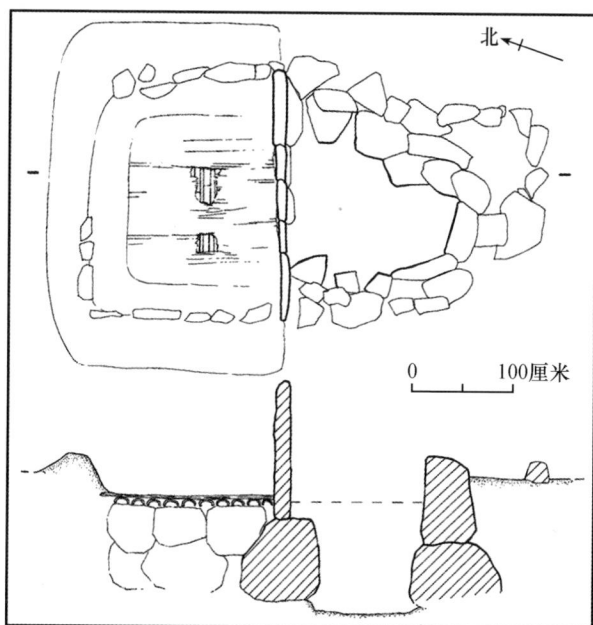

图二　儋州海水制盐过滤储存卤水设施平、剖面图

（据陕西省考古研究院等，2019）

盐田村、峨蔓盐丁村的现代村落、传统民居、古码头、古盐道、古灯塔等做了详细考察。北京大学考古文博学院还在洋浦盐田做了小规模的考古试掘，并对调查采集样本进行了检测，试图找到可证明遗址建造年代的依据。

　　海南儋州湾地区为火山玄武岩和第四纪海相沉积平原。北京大学城市与环境科学系对琼西北地区的自然环境、景观地貌、地质构造、气候和海洋水文等进行了调查，确认盐田所在的洋浦湾北岸地貌结构为玄武岩熔岩台地、海蚀崖、海蚀平台和潮滩，海底地貌为洋浦深槽和洋浦人浅滩。其中，海蚀平台和淤泥质海滩非常适宜发展制盐业，特别是海蚀平台产生的海蚀柱是制作砚台式晒盐槽盆的绝佳材料，这些广泛分布的火山玄武岩（亦称浮石）特点是质地轻软、孔隙多、有强烈的亲水性，玄武岩表面有大量微小的孔洞，可增加体表面积，充分吸附卤水制盐。随着时代演进，琼西北地区早期全部采用的是用整块玄武岩凿挖打磨成的砚台式独立晒盐槽盆（图三，下），晚期开始出现用火山岩条石铺砌的方形或长方形浅池晒盐，面积扩大，产量也进一步增加（图三，上）。

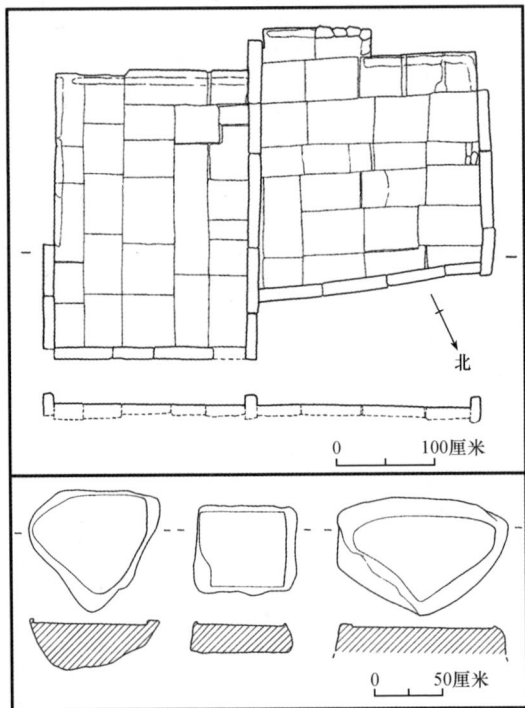

图三　火山岩晒盐槽盆和小型盐池
（据陕西省考古研究院等，2019）

广州中山大学人类学系对盐田及所在村社开展了人类学、民族学和民俗学调查，内容涉及族群迁徙、盐工组织、生产和管理模式、盐业生产与当地经济的发展和贸易往来，以及由盐业带来的地方税收、法律、民俗和宗教等一系列问题。台湾大学人类学系将台湾岛内的早期盐田、制作工艺、遗产保护和博物馆建设等与洋浦盐田进行了对比研究，为下一步海南盐田的保护和利用提供了参照。

通过深入调查，在美国夏威夷比绍普博物馆发现一件用火山岩制作的制盐槽盆遗物，其形制与海南儋州洋浦、峨曼盐田的制盐器具非常相似，可见这种制盐技艺在南太平洋岛屿也有分布，这为此类制盐技术的分布和传播提供了重要线索（图四）[①]。

———————

① 崔剑锋、李水城：《海南省儋州洋浦古盐田玄武岩晒盐工艺的初步调查》，《南方文物》2013年1期。

　　新近搜集资料表明，在中美洲墨西哥玛雅高地的拉孔考迪亚（La Concordia）城及周边地区分布有一些制盐工艺独特的盐场。其中，在圣-佛朗西斯科盐场，人们将盐泉中的卤水通过槽渠分流至盐场内的浅石盘内，通过日晒蒸发制盐。这种制盐方法与海南岛儋州地区的制盐工艺完全一致（图五）[①]。

图四　夏威夷比绍普博物馆陈列
的火山岩制盐槽盆
（李水城摄）

图五　墨西哥的圣-佛朗西斯科盐场
（据 Sal Y Salinas，No.51，2008）

---

① Parsons J R. Los últimos salineros de Nexquipayac, Estado de México: el encuentro de un arqueólogo con los vínculos vivos de un pasado prehispánico. Diaria de Campo, Suplemento 2008, 51: 69-79, Noviembre / Diciembre 2008, Saly salinas: Un gusto ancestral, Coordinador: Blas Román Castellón Huerta.

青藏高原传统制盐业的考察

一、西藏芒康纳西盐井盐田

在西藏南部昌都地区的芒康县，沿澜沧江两岸"V"形河谷中有一处著名的纳西族盐井盐田。唐代，芒康地属吐蕃。据文献记载，至少在唐代，此地名盐川城或盐井城。为了争夺这里的盐业资源，南诏与吐蕃之间曾引发战争。"（乾元二年）（759年）冬十月丙寅，仆固怀恩引吐蕃兵二万……甲申……剑南严武奏收吐蕃盐井城"[①]。至元八年（1271年），元朝廷设置总制院（后改宣政院）统一管理全国佛教事务和藏区政教事务，在今西藏昌都芒康等地设置亦思马儿甘万户，达鲁花赤1员，万户2员，管辖范围涵盖昌都地区的芒康一带。明万历五年（1577年），云南丽江土司知府木氏一度将势力范围扩展至芒康、盐井等地。

清初，昌都地区的盐井（今属芒康）等地归属巴塘土司管辖。《清史稿》志四十四《地理十六》载："盐井，要。巴塘土司地。光绪三十一年改流，三十四年设县。澜沧江自察木多（昌都）入，绕由云南入缅甸。"宣统元年（1909年），剑川人段鹏瑞纂辑《盐井乡土志》[②]记："巴里两塘为川藏间之殴脱[③]。而盐井又

---

① 《旧唐书·卷十一·本纪第十一》，中华书局，1975年。

② （清）段鹏瑞纂，吴丰培记：《巴塘盐井乡土志》，清宣统二年（1910年），另见：《方志四川·四川历代旧志提要》，1911年刻本；传抄本；另见：中央民族学院图书馆《中国民族史地资料丛刊之十五》，年代不详。

③ 区脱，匈奴语，指汉时与匈奴连界，边塞所建土堡哨所。因亦称边界之地为欧脱。《汉书·苏武传》："欧脱捕得云中生口。"注："服虔曰'欧脱，土室，胡儿所作，以候汉者也。'"九四匈奴传作"瓯脱"（以上引自《辞源》）。"欧脱"在《史记》《汉书》中凡六见。其中，1—4的文意皆为弃地，或互不管辖之地；5—6的文意指匈奴。此处所指之殴脱，当指弃地，或非有效管辖之地。

为西藏川滇三省极边之殴脱。……盐井于宣统元年（1909年）七月勘划四至交界。设委员管理钱粮词讼。颁发木质关防。是为盐井专管地方之始。"《盐井乡土志·疆界》又记："盐井当巴塘西南一隅。为巴塘属地。"光绪三十四年（1908年），赵尔丰任驻藏大臣兼川滇边务大臣，将丹达山以东的昌都、察雅、芒康等地划归川边管理。是时，盐井改为盐井县，隶巴安府，民国《盐井县志》记："光绪三十二年巴塘变乱平定，改土归流一同设治，翌年……西划闷空、扎宜，改为盐井县，隶属巴安府。"1953年，分别成立宁静宗和盐井宗解放委员会。1959年，分别成立宁静县和盐井县人民政府。1960年，两县合并，称宁静县。1965年改称芒康县，县府驻地嘎托，隶属昌都地区管辖至今。盐井所在的纳西民族乡是西藏自治区唯一的纳西族集聚区（图一）。

图一　西藏芒康县纳西乡盐井盐田景观俯瞰

　　2006年，西藏自治区文物保护研究所组织多家单位的专业人员对芒康县境内部分地区开展考古调查，基本掌握了盐井、盐田一带的文物状况[①]。2009年，西藏自治区文物保护研究所与陕西省考古研究院承担"指南针计划的古代盐业项

[①]　西藏自治区文物保护研究所：《澜沧江古水水电站淹没区西藏自治区境内文物调查与评价》，2006年。

目"，对芒康县纳西乡纳西村的溪同卡盐田，曲孜卡乡加达村的加达盐田和纳西乡纳西村的色曲龙-雅卡盐田和盐井进行实地考察、测量和绘图，基本摸清了盐田的分布、营建方式、建筑结构及制盐工艺流程。这些盐田沿澜沧江河谷陡峭的山势走向兴建，高低错落，制盐设施分盐井、公共卤水池及晒盐作业区。

在芒康纳西乡澜沧江边出露有盐泉，人们围绕盐泉用石块垒出高高的圆筒状盐井，井口直径约3米。盐泉以上矗立的井壁呈下大上小的烟囱状，高出江面一大截，目的是防止夏季江水暴涨将盐泉吞没。冬季江水回落，盐井出露。盐井在靠江岸一侧有供人出入的门洞，内外建有供上下的踏步或梯子。这些盐井分公用、私用两类。有些私用盐井直接开凿在江边岩石上，圆口，直径1米左右，井壁不做特殊加工，井口简单地用石块垒砌成环状。

选择和开挖盐井的时间安排在冬季，先由有经验的人在江边河床上观察寻找，选择有卤水渗出的地方凿井。凿井时，遇沙砾层可直接挖掘，若遇岩层则需打眼放炮。井口直径一般在2—4、深4—6米，最深8米。井内安装木梯或踏步供背运卤水者上下。冬季至春季卤水较浓，3—4月卤水质量最佳，此时所产之盐称"桃花盐"。盐井中卤水渗出速度因地而异，有些盐泉卤水舀出后遂即渗出。沿江两岸的坡地为盐田作业区，人们用石块垒砌有存放卤水的池子，平面长方形或圆形，一侧有供人上下的踏步。卤水池也分为公用和私用两类，公用卤水池面积较私人的要大（图二）。

盐田结构分为两类，一类为土木结构，数量较多。建造方法为：依山势走向竖立3—4排直径0.1—0.16米的木柱，柱子间距0.5—1.15米，木柱长短视地表高低不同而不等，个别盐田为保证结构稳固会增加木柱数量，柱脚密集无序。前部两排木柱之上直接承托纵向圆木，后部一排或两排木柱之上往往有另外附加的横向圆木，或视结构的稳固程度，纵横可多加一重或两重。圆木上部铺设2—3层纵横交错的细小圆木，最上层圆木横铺，间距5—10厘米。其上再纵向铺3—6层密集的细小圆木或薄板，将表面加工形成一个完整的平面，再在上面铺设泥土，拍打紧实。盐田四周边缘堆筑高约10厘米含碎石块的泥沙土埂，阻止卤水外溢。有些会视盐田面积大小，在盐田中部堆砌沙土，再将其分隔为2—6块的小块盐田。第二类为土石结构，用不规则的石块垒砌盐田，平面多为长方形，少量不规则形，面积大小不一。小者隔出1—2块盐田，大者可分出10余块盐田（图三）。

图二　芒康盐井盐田的蓄卤池
（陕西考古研究院张建林摄）

图三　芒康盐田的土木结构
（陕西考古研究院张建林摄）

　　制盐程序为，将盐井中汲取的卤水运到卤水池内存放，时间最好是5—6天。这些卤水池每年要翻新，届时需保留并使用池中用过的旧的木柱及旧盐土，据说这样能使卤水质量更佳。

　　将卤水注入盐田的时间一般选择在下午，注入的卤水深度在一寸左右。当卤水开始结晶时需注意观察，如果结晶的盐不是很白，要适当添加卤水。在夏季，第二天即可收盐，冬季则要等到第三天。早上，将结晶的盐花刮成一条条的弧状，以便充分晾晒脱水，待用手触摸盐不再有水滴时即可收盐。收盐者右手持铁刮刀，左手持薄木板，将结晶的盐刮取到木板上，倒入竹篓。残余在盐中的水分通过竹篓的缝隙可渗出。将装满盐的竹篓背到盐田下面的贮盐槽内存放。最后装袋运至盐田上的驮台，交专门的运盐骡队运走外销。制盐过程汇中，盐田内的卤水会下渗至盐田底面，渗出的结晶盐呈倒挂的冰棱状，当地人称盐溜子。当地人认为盐溜子质量非常好，是调制奶茶的最好搭配。

　　收完盐的盐田要用扫帚扫净，再用青木制作的三角拍子拍打平整。若有凹窝还要用泥土填补，最后将整个盐田重新拍打一遍，以防渗漏。修整的盐田要充分晾干，再注入新的卤水，开始下一轮作业。若两三天不及时注入卤水，盐田表面泥土会皱裂[①]。在芒康盐田，从汲卤、运卤、晒盐、收盐到修整盐田等一系列繁重的体力劳动全部都是由纳西族妇女来承担（图四）。

图四　收盐

（陕西考古研究院张建林摄）

---

① 西藏自治区文物保护研究所、陕西省考古研究院、四川省考古研究院：《西藏自治区昌都地区芒康县盐井盐田调查报告》，《南方文物》2010年1期。

　　历史上，芒康盐井盐田所产之盐一直是茶马古道最重要的物资之一。《盐井乡土志·盐田》记："盐田之式。土人于大江两岸层层架木。界以町畦。俨若内地水田。又掘盐池于旁。平时注卤其中。以备夏秋井口淹没时之倾晒。计东岸产盐二区曰蒲丁曰牙喀。西岸一区曰加打。东岸盐质净白。西岸盐质微红。故滇边谓之桃花盐。较白盐尤易运销。以助茶色也。通计盐田二千七百六十有三。卤池六百八十有九。井五十有二。常年产盐约一万八千余驮。驮重百四十斤。如将来讲求穿井之法。岁出尚不止此。然只宜倾晒。不宜煎熬。盖一经煎熬。成本过重。即有碍行销矣。此厰岸之情形宜审也。"[①]可以说，芒康盐井盐田发展到今天，其结构、传统的制盐生产方式、包括周围的自然景观都没有发生大的改变。我国著名考古学家宿白先生曾言："鉴于芒康盐井盐田在历史、文化、文物、景观、自然、民族、宗教等多方面的重要性以及巨大的潜在遗产价值，特别是它作为一部现存的活的历史，在当今世界各地都极为罕见。因此，无论如何都应该负责任的把这处中华民族的宝贵财富保护下来。"[②]

　　有趣的是，在西班牙巴斯克自治区西南部的瓦尔萨拉多（Valle Salado）有一处名叫阿南纳的盐谷（Salt Valley of Añana），这座山谷内竟然有一处与芒康盐井盐田非常相似的盐场，被欧洲人形容为世界上最壮观、保存最为完好的内陆盐场。盐场内有着数以千计的不同寻常建筑，即用木材、石头和泥土构建成的人造盐田，它们就像坐落在山谷内一块块高低不等、错落有致的梯田，镶嵌在阿南纳山谷的独特背景下，完美、壮观而和谐（图五）。

　　据说，这处盐场的生产历史已有6500年了，直到今天，这里生产的仍然是巴斯克厨师日常使用最好的有机盐。2017年11月，联合国粮农组织、联合国粮食及农业组织授予阿南那盐谷为欧洲第一个重要的世界农业遗产体系。如今，这处重要的人类工业遗产地已成为巴斯克地区重要的文化旅游点，被认为是有生命的文化景观，是人类与环境互动的完美例证，也是"可持续发展"的一个优秀典范，至今仍保持着鲜活的生命力，并与该地区传统的生活方式一道在当代社会中

---

① （清）段鹏瑞纂，吴丰培记：《巴塘盐井乡土志》，清宣统二年（1910年），传抄本，中国民族史地资料丛刊之十五。另见：《方志四川·四川历代旧志提要》1911年刻本。
② 摘自北京大学教授宿白就西藏芒康盐井盐田的保户问题致国家文物局领导的信。

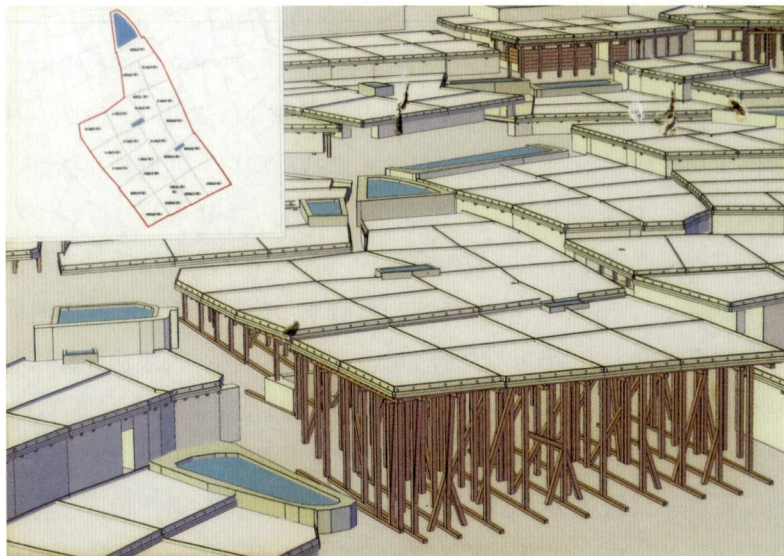

图五　西班牙巴斯克阿南纳盐谷的人造盐田结构

（郭大顺先生摄影并提供照片）

发挥积极的作用。相比较而言，西藏芒康的澜沧江河谷相比巴斯克的阿南纳盐谷在各方面都丝毫不显逊色，而且芒康盐井盐田的建造难度要更大，高原的生产和生活环境更加艰辛，与自然景观更为和谐，彰显出人类伟大的创造力和旺盛的生命力。

二、青海囊谦盐田

囊谦县为青海省玉树藏族自治州最南面的一个县，可谓青海的"南大门"。地理位置上，北接海西蒙古族藏族自治州，东临果洛藏族自治州，东南部与四川省甘孜藏族自治州接壤，南部紧邻西藏自治区昌都市。囊谦全县的国土面积呈一头大象的形状，东西长150、南北宽130千米，整体面积12700平方千米。囊谦县在地质上属唐古拉山褶皱区，地貌以山地、高山草甸土为主，亦属澜沧江水系。境内气候较温和湿润，年降水465—658毫米，动植物资源和矿产丰富。囊谦县的卤水资源（红盐）储量丰富，开采历史悠久。2009年开展第三次全国文物普查过程中，发现两处规模较大的盐场。

1. 多伦多盐场

位于囊谦县东南部娘拉乡多伦多村，察卡自然村。地理坐标为北纬32°04′38.9″，东经096°55′11.0″，海拔3743米，南接西藏自治区的昌都县。盐场坐落在地势较低的河谷，坐北朝南，东南依多兰山，西邻察卡村，北靠察卡山，南北长281、东西宽23米，面积66035平方米。盐场的盐泉位于北面山腰处，盐田地势北高南低，按地形走向分有1000多个错落有致的区块。远远望去，白色的盐田与山间红色藏式民居交相辉映，浑然一体，一派自然古朴的田园风光（图六）。

图六　青海囊谦多伦多盐场景观及地理位置
（据贾鸿键、索南旦周，2015改制）

2. 白扎盐场

位于囊谦县白扎乡白扎村，地理坐标为北纬31°56′035″，东经096°36′06.9″，海拔4070米，南接西藏自治区昌都县。盐场位于柏曲河（澜沧江支流）南岸，东靠察卡山，西北与白扎自然村落相邻。盐场分两部分，一部分位于河谷地带，另一部分位于河岸台地。东西长290、南北宽160米，面积46400平方米。盐田所在地势东南高、西北低，数百块盐田错落有致，盐田所在的山坡出露多处盐泉（图七）。

图七　青海囊谦白扎盐场景观及地理位置
（据贾鸿键、索南旦周，2015改制）

多伦多、白扎两座盐场从引卤水到盐田、浓缩、晒盐等一条龙式的大规模晒盐工艺，完整保留了传统的原始技艺。村民们被定期召集到盐田，采取集体合作的劳动方式，生产效率很高。有的人负责将卤水引入盐田，让其沉淀、自然蒸发、暴晒，有的人负责将结晶的盐收集起来，用马匹运往附近仓库储存，继而销往外地。

根据《玉树藏族自治州概况》记载，制盐是玉树地区的古老工业。1983年，当地还有盐场五处，即多伦多盐场、白扎盐场、娘日娃盐场、孕羊盐场、乃格盐场，年产盐3200多吨。近年来，当地群众对卤水丰富的盐泉加大了开采密度，对提高产量起到了重要作用，目前的年产量已达6000余吨。多伦多、白扎盐场是青、藏、川三省交汇处的唯一盐产地，所产之盐没有任何污染，产品颇受西藏、昌都、川西地区和云南西北部藏区民众的青睐。

　　以往对囊谦这些盐场出现的时间及制盐产业对当地历史、经济和文化的影响还缺乏系统研究，特别是这批制盐场所的景观环境与南美洲秘鲁首都库斯科圣谷的马拉斯盐田非常相似，均属高原盐田。加强对这个地区的盐业开发及工艺研究对早期民族迁徙、资源利用和文化发展具有重要意义①。

　　近年，有学者对囊谦县境内的盐场进行了调查和系统研究，除上文所论多伦多盐场和白扎盐场外，还包括拉藏、达改、娘日洼、然木、乃格、孕羊等6处盐场②。

3. 拉藏盐场

　　该盐场属囊谦县香达镇拉藏牧委会，分布于县城的西北部，盐场位于一个小山谷的底部。盐畦由两个部分组成，一部分在村庄的右侧（南部盐畦），呈长方形，盐畦数为133块，大小不一，总面积为1568平方米。盐畦北部建有盐仓，容积为907立方米，左侧是一排盐工的住房。山谷向北约100米处，为第二部分的盐畦（北部盐畦），呈条状，盐畦数为56块，大小不等，稍大的盐畦长约10、宽在3米左右，小一些的盐畦则长宽不过3米。盐畦的北部建有较大的储卤池，长13.5、宽10.7、深1.1米。这一部分的盐畦，含储卤池的面积在内，总计达3856平方米（图八）。

图八　拉藏盐场盐田的分布
（据李何春，2022）

4. 达改盐场

　　该盐场地处囊谦县城西侧，紧邻拉藏盐场，据县政府所在地仅3千米左右，属香达镇巴米牧委会，盐畦处在囊谦至东坝乡的公路右侧。盐场由两部分组成：

---

① 贾鸿键、索南旦周：《青海玉树州囊谦县两处盐场调查概况》，《南方文物》2015年1期。
② 李何春：《技艺传承：澜沧江的盐业与地方社会研究》，暨南大学出版社，2022年。下文所论拉藏、达改、娘日洼、然木、乃格、孕羊等6处盐场资料皆出于此，不再加注。

盐场主的住所和盐仓、盐畦及储卤池。

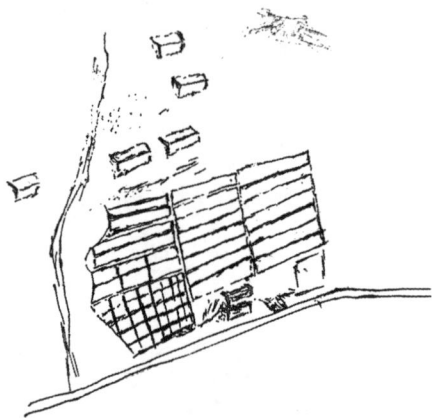

图九　达改盐场的盐田
（据李何春，2022）

盐仓位于进门后左侧，走过盐仓右转，两侧分布着两种类型的盐畦。左侧的盐畦主要由石子或砖头铺成，盐畦数为158块，多数为规则的长方形，面积不大，在4—6平方米。右侧为不同长度和宽度的盐畦，数量共24块，底部全部用混凝土浇筑而成，在盐畦底部铺上精选的塑料薄膜，即可晒盐。和左侧的盐畦不同，此种方法晒出来的盐巴，盐质好、色泽鲜艳、无杂质，主要供人食用。而左侧的盐畦，因底部有泥沙，晒制的盐巴盐质差、杂质多，主要用于喂养牲畜（图九）。

5. 娘日洼盐场

该盐场建在山下的一块窝形山坳中，整个盐场一共有大大小小244块盐畦，总面积为8385平方米。盐场主要由盐畦、盐仓、盐工住所和盐神组成，正北方为盐仓和盐工住所，南部为盐畦。近年来，盐业萧条，盐场逐渐荒废（图一〇）。

6. 然木盐场

该盐场位于囊谦县西北侧，距离县城44千米。盐场坐落在海拔4200米的一个斜坡上，呈梯田模样。目前，然木盐场共有84块盐畦，每块盐畦的面积不同，整个盐场的面积为1848平方米。盐畦上方有两个大的储卤池，一个已经修建好并投入使用，另外一个正在修建中，每个储卤池的容积为28立方米（图一一）。

图一〇　娘日洼盐场的盐田
（据李何春，2022）

图一一　然木盐场景观

（据李何春，2022）

7. 乃格盐场

该盐场和然木盐场同属一个方位，距囊谦县城53千米。盐场在一个山坳之中，呈弯月形状。盐畦的海拔在4000米左右，盐畦数为196块，总面积不大，一般会受洪水冲刷的影响，当洪水冲毁盐畦后，人们很快又会重修盐畦。在3、4月晒盐的旺季，这里的盐泉流量很大，往往在灌满所有的盐畦之后，还有部分卤水外流。反之，9、10月份的时候，盐泉流量小，难以满足整个盐场，最下方的盐畦自然被闲置起来。

乃格盐场以生产藏红盐为主，一般需要7—10天的沉淀和阳光的照射，卤水才能自然结晶为盐。盐畦的表面结晶出的那一小部分白盐，主要供人食用；盐畦底部则多数为红盐，主要用于喂养牲畜（图一二）。

8. 尕羊盐场

该盐场位于囊谦县尕羊乡西南侧，距囊谦县城120千米，是整个囊谦境内离县城最远的盐场，处于海拔4350米的河谷。据盐场主介绍，该盐场的盐畦数超

图一二　乃格盐场景观
（据李何春，2022）

图一三　尕羊盐场景观
（据李何春，2022）

过1080块。该盐场的面积为32645平方米，产量每一年略有不同，总体上保持在7.5万千克左右（图一三）。

　　在对囊谦县8处盐场进行深入调查的基础上，李何春对囊谦县盐业生产方式的变化、传统晒盐技艺等问题进行了研究。他指出，从古至今，囊谦的盐业生产方式经历了神权控制和国家介入的演变，至20世纪末期，囊谦县成立盐业公司，管理地方盐务，政府仅仅起引导作用。囊谦县的盐场均采用风吹日晒法制盐，利用风能和太阳能让卤水结晶，以此获得盐巴。传统晒盐工艺的流程则包含汲卤、运卤、晒盐、收盐四个环节[①]。

---

① 李何春：《技艺传承：澜沧江的盐业与地方社会研究》，暨南大学出版社，2022年，36—68页。

中国盐业考古的回顾与前瞻

中国考古学系舶来之学，至今也只有近百年的发展历史。20世纪50年代至今，在考古学中陆续创建了考古年代学、环境考古、科技考古、地质考古、动植物考古、冶金考古、水下考古、航空（遥感）考古、公众考古等分支学科，这些学科的建立不仅丰富了考古学的内涵，也在很大程度上促进了中国考古学的发展。自20世纪80年代改革开放以来，我国考古界与国外的学术交往不断加强，陆续有一些考古学理论方法被介绍进来，对中国考古学的完善起到了进一步的积极作用。

盐业考古于20世纪初滥觞于欧洲，20世纪50年代被引入日本，之后得到迅速发展。遗憾的是，在相当长的一段时间里，盐业考古在我国却是个空白，我们不仅对这个分支学科缺乏基本的了解，甚至连盐业考古都是一个陌生词汇，以至于在1997年出版的三卷本《中国盐业史》中竟然没有一条考古发掘资料[1]。这对于我们这个拥有丰富盐业资源和悠久制盐历史的文明古国来说，可谓莫大的缺憾。

1999年，在国家文物局的支持下，"成都平原及周边地区古代盐业的景观考古学研究"国际合作项目得以实施，这是首次在中国开展的一次重要的盐业考古实践，其历史作用不容低估。随着长江三峡中坝遗址考古发掘的连续进行，中国的盐业考古终于步入正轨。

2000年，中美两国学者在美国加州大学和东亚考古学第二届年会上介绍了长江上游盐业考古调查和发掘的初步成果[2]。在中坝遗址的田野工作结束以后，

---

① 郭正忠等：《中国盐业史》，人民出版社，1997年。

② 2000年2月，中美合作项目组的两位负责人在美国加州大学洛杉矶分校扣岑考古研究所介绍了1999年成都平原及周边地区的盐业考古调查及随后在忠县中坝遗址的发掘收获。同年7月，在英国杜伦（Durham）大学举行的东亚考古学第二届年会上，中美合作项目组成员再次向会议代表作了介绍。

先后又在加州大学洛杉矶分校和德国图宾根大学举办了两次有关中国盐业考古的国际学术研讨会①。其目的在于，希望研究世界其他区域的盐业考古专家能够关注中国的考古新发现，并尽快建立一个尽可能广泛的国际合作群体，推进与中国进行盐业考古的比较研究。这两次会议全面展示了中国盐业考古取得的重要发现，以及世界其他国家、地区丰富的盐业考古内涵和各具特色的研究成果，可以说，这也是继1974年在英国柯彻斯特（Colchester）举办的具有划时代意义的盐业考古会议②后，有关全球范围内盐业考古学术成果最为全面的一次检阅。特别是柯彻斯特会议的记录也成为中国盐业考古起步阶段和比较研究中最为重要的参考和学习资料。至今，我们在国内已出版三部《中国盐业考古》论文集（中英双语）③和《中国盐业考古与盐业文明》丛书一套五册④，这批研究成果得到了国内外学术界的高度关注和积极评价⑤。

有学者强调："人类文化总是从产盐的地方首先发展起来，并随着食盐的生产和运销，扩展其文化领域。而文化领域扩展的速度，殆与地理条件和社会条件

---

① 这两次会议分别为2004年5月在美国加州大学洛杉矶分校举行的"长江沿岸早期盐业生产的比较观察"学术研讨会和2006年6月在德国图宾根大学举行的"四川盆地古代盐业的比较观察"学术研讨会，与会学者分别来自中国、美国、加拿大、德国、法国、西班牙、奥地利和日本。

② De Brisay K W, Evans K A. The Study of an Ancient Industry – Report on the salt weekend held at the University of Essex 20, 21, 22 September 1974. Colchester: Colchester Archaeological Conference, 1975.

③ 李水城、罗泰（Lothar von Falkenhausen）：《中国盐业考古（一）——长江上游古代盐业与景观考古的初步研究》，科学出版社，2006年；李水城、罗泰（Lothar von Falkenhausen）：《中国盐业考古（二）——国际视野下的比较观察》，科学出版社，2010年；李水城、罗泰（Lothar von Falkenhausen）：《中国盐业考古（三）——长江上游古代盐业与中坝遗址的考古研究》，科学出版社，2013年。

④ 这套丛书由西南交通大学出版社于2019年出版。五册书的作者分别为：李水城：《中国盐业考古》（北京大学）、王子今：《秦汉盐史论稿》（中国人民大学）、李小波：《长江上游古代盐业开发与城镇景观研究》（四川师范大学）、赵逵、张晓莉：《中国古代盐道》（华中科技大学）、李何春：《滇藏地区的盐业与地方文明》（广西师范大学）。

⑤ 王子今：《盐业考古与盐史研究的新认识》，《光明日报》2015年7月22日14版。

是否有利于食盐运销的程度成正比。起码，在17世纪以前，整个世界历史，都不能摆脱这三条基本规律。"①此言看似夸张，却不无道理。在人类社会历史早期的社会复杂化及后来的文明化进程中，盐业生产和相关的交易活动确实在扮演着特殊且重要的角色。

　　早在1999年中国盐业考古调查发掘伊始，中美盐业考古国际合作团队就决定，我们工作的目光不能仅仅局限于盐业这一单纯的领域，同时还要关注人类历史早期阶段的"社会复杂化"和"文明化"问题，并将这一方面的探索与"产业系统"考古联系起来，其中的一些焦点问题是：世界各地是如何开发和利用"盐"这种特殊资源的？盐是怎样发展成为商品的？制盐工艺水平与手工业组织的提高对于盐业生产的发展起到了怎样的推动作用？为何掌控盐业资源能够快速累积财富并成为威权掌控的催化剂，进而加速了"社会复杂化"进程？②总之，我们要将研究的视野聚焦在生态背景下的"产业系统""经济行为"以及"社会-文化发展"的相关领域。用社会人类学家杜尔干（Durkheim）的话说，此即"整体性的社会事实"。尽管它所展示的只是人类行为的一个侧面，但却蕴含了社会系统的全部。盐业考古的目的是探寻一个地区以"盐"为核心的动态生产和长期的社会发展过程，而不仅仅是针对某个时期或某个历史阶段的社会-文化发展进程。为此，有关盐业考古的研究特别需要借鉴和分享其他一些学科的技术、方法和特殊的研究视角，包括自然科学、地球科学、经济学、历史学、人类学、民俗学、营养学、宗教及科技史等，只有将这些学科加以整合，才能有助于解读接下来将要面对的一系列盐业考古资料③。

　　可以说，"成都平原及周边地区古代盐业的景观考古学研究"奠定了中国盐业考古的第一块基石，仅就考古学界而言，其示范性效应是引发了对盐业考古的兴趣和重视，从而让更多学者开始在他们的研究领域中领会到盐的重要性和特殊性，由此产生的积极作用是对盐业考古和盐史研究的全面推动。

---

① 任乃强：《华阳国志校补图注》，上海古籍出版社，1987年，52页。
② Bloch M R. The Social Influence of Salt. Scientific American. 1963, 209.1: 88-96, 98.
③ 罗泰：《研究项目的背景和目的》，《中国盐业考古（一）——长江上游古代盐业与景观考古的初步研究》，科学出版社，2006年，10页。

　　参加长江三峡的田野考古发掘是中美合作项目的有机组成部分。该项目组的部分成员参加了四川省文物考古研究院连续五年对忠县瀑井河谷中坝遗址进行的发掘，揭示出一大批制盐遗迹和遗物，构建了三峡地区上迄新石器时代晚期、下至20世纪长达4500年的盐业发展编年史。其中，尤以先秦时期的制盐遗迹和遗物最为丰富[①]。2006年在德国图宾根大学举办的"四川盆地古代盐业的比较观察"国际学术会议上，著名的盐史专家傅汉斯（Hans Ulrich Vogel）教授强调：长江三峡瀑井河谷的新发现填补了四川盆地史前盐业生产的资料空白，对于全面理解四川盐业的长期发展、特别是对了解史前时期的盐业考古有着难以估量的价值[②]。

　　进入21世纪后，我们将中国盐业考古的重心转向东部的渤海湾南岸。2002年，北京大学与山东省文物考古研究所对莱州湾和胶东半岛进行了全面的盐业考古调查，确认莱州湾沿岸分布的大量遗址属于制盐产业性质，而盔形器则是该地区特有的一种制盐器具。后续展开的一系列调查和发掘相继发现一批先秦至宋元时期的制盐遗址群，每个遗址群又包含若干制盐作坊，从数十座到上百座，如此大规模的制盐遗址群在世界范围内也极为罕见。通过对寿光、广饶、昌邑等地制盐作坊遗址的考古发掘，首次揭露出了商代晚期、西周时期、东周时期和宋元时期的制盐作坊和大批制盐遗迹，对商代晚期以来莱州湾地区的制盐作坊布局、制盐原料、制盐器具、工艺流程等有了深入的了解，并因此荣获2009年的全国十大考古新发现，进而引起中外学者对这一区域盐业考古的关注。2010年，在山东寿光举办了"黄河三角洲盐业考古"国际学术研讨会，目的是将黄河三角洲—莱州湾沿岸的盐业考古置于全球视野之下，加强对这批历史文化遗产的保护，将中国的盐业考古进一步推向深入。

　　近年来，中国的盐业考古持续呈现出良好的发展势头，从东南沿海到华南

① 李水城、罗泰（Lothar von Falkenhausen）：《中国盐业考古（三）——长江上游古代盐业与中坝遗址的考古研究》，科学出版社，2013年；重庆市文物局，重庆市水利局：《忠县中坝》，科学出版社，2020年。
② 李水城、罗泰：《导言》，《中国盐业考古（二）——国际视野下的比较观察》，科学出版社，2010年，1页。

地区，从西北、西南到长城沿线和东北地区，各地不断有新的发现，在很多方面填补了盐业考古的空白。特别需要指出的是，继长江三峡地区发现史前时期的制盐遗址后，在东南沿海的浙江宁波大榭岛又发现了属于钱山漾文化（距今4300—4000年）制作海盐的遗址，其成熟的工艺显示，当地的制盐产业很可能是从良渚文化（距今5300—4300年）延续发展下来的。这一新的发现彰显出盐业考古正在成为中国考古学中非常富有潜力的研究领域。

有学者指出，根据现有的考古证据，自新石器时代晚期、至迟到青铜时代早期，在长江三峡、渤海湾和晋南解池等盐业资源丰饶之地就已存在制盐产业和相关的贸易活动。但是，只有当盐业生产发展到一定规模之后，才能被考古学家所观察到。这也就是说，中国早期的盐业开发和利用可前推至更早的史前时期[①]。事实也确实如此，由于早年缺乏盐业考古知识，无法辨识制盐遗迹和特殊的遗物形态。如今，通过已知的考古工作和反思，对以往的一些考古发现开始有了新的理解和认识，如广东珠海宝镜湾遗址出土一批新石器时代晚期的"陶棍"，还有淇澳岛东澳湾的商周时期炉灶遗迹等，经过重新思考和比较研究，认识到这些遗迹和遗物应属制盐产业的遗留。其中也包括对香港沙丘遗址早年发现的一批南朝至唐代窑炉的再研究得出的新认识。可以说，这些都是在长江三峡盐业考古示范效应下取得的新的研究成果。根据现有的考古资料，这方面的研究还有很大的探索空间，特别是四川成都平原、四川盐源、云南滇池周边、江西清江盆地等地显露的蛛丝马迹，亟待加强考古调查研究以证实。

可以说，在短短20余年间，中国盐业考古的发展势头极为迅猛，一系列重要发现和研究成果不仅迅速填补了中国盐业考古的空白，创建了一个新的考古分支学科，也迅速弥补并缩短了与国外在这一研究领域的巨大差距。如果今天重新撰写一部中国盐业史，各地出土的大量实物资料将使这部著述更加鲜活、充实、生动和富有生命力。

上述成就的取得一方面是中国考古学家不懈努力的结果，同时也与国家文物局指南针研究项目的支持以及国际合作交流的大环境密不可分。尽管中国盐业考古取得了长足的进步，但也要看到我们还存在不足。首先，重庆中坝遗址巨量的考古

---

① 陈伯桢：《中国早期盐的使用及其社会意义的转变》，《新史学》2006年17卷4期。

发掘资料尚待系统整理、研究和消化，如何完整全面地复原三峡地区悠久的盐业历史，将是考古学家下一步面临的长期而艰巨的任务。近些年来，三峡境内仍不断有新的制盐遗址和遗物被发现，暗示这个地区的盐业考古依旧大有潜力，后劲十足。希望三峡地区的盐业考古不要随着中坝遗址沉没水下而成为绝响。丰富的盐业资源和悠久的制盐历史对渝东和三峡地区的社会、政治、经济和文化发展有着极其深远的影响。早在先秦时期，巴、楚、秦在峡区你来我往的一个重要诱因就是对当地丰富盐业资源的觊觎。从20世纪末到21世纪初，三峡考古大会战积累了海量的出土资料，特别是这个地区商周时期的大量遗址都发现有制盐陶器，数量多寡不等，其中有些应与制盐有关，更多的遗址则为消费后的废弃物，这也暗示了当时的盐业交易和流通的路线。通过对这些出土资料的甄别和深入研究，将有助于揭示先秦时期三峡地区制盐产业背后的贸易、消费区域和文化交流等方面的重要信息。进入历史时期以后，三峡沿江一线陆续发展出一批以港口和码头为代表的城镇和盐运通道，它们在很大程度上依托的是盐业资源及相关产业、物资的交流扶持，这种由特殊资源带动区域经济发展和城市化进程的模式，值得深入挖掘，相关的研究不仅关乎考古学，也是历史学、社会学、人类学、地理学、经济学和其他社会科学关注的课题。目前，这方面的研究已经取得了可喜的成果[①]。

　　其次，山东北部莱州湾地区的盐业考古也取得了一系列重要发现和研究成果，但还有大量的谜团有待破解，特别是如何通过考古遗迹了解和复原古代的海盐制作工艺，其中有两个亟待解决的问题：一是溯源。目前在莱州湾发现最早的制盐遗迹为商代晚期，此时已形成了规模庞大的制盐产业和成熟的工艺，但这一切显得非常突兀，在此之前是否存在更早的制盐活动？如果有的话，是在岳石文化阶段还是龙山时期？抑或更早的大汶口文化？海岱地区的史前文化从新石器时代晚期就表现得非常强势，并一直延续至岳石文化，这是否与莱州湾沿岸的制盐有关？如果此地的制盐业不是起源于本地，又是从哪里引进的？二是后续发展。尽管目前已调查发现大批东周时期的制盐遗址群，也曾对个别制盐遗迹做了考古发掘，但对这一时期的整体制盐工艺还不是很了解，包括制盐作坊的结构和布

① 李小波：《川东古代盐业开发的历史地理考察》，北京大学硕士学位论文，2000年；李小波：《长江上游古代盐业开发与城镇景观研究》，四川大学博士学位论文，2009年。

局，已发掘的刀把状炉灶[①]在当时是普遍式样还是特例？西周时期的亚腰葫芦状炉灶是否被继承下来？为何这个时期的盐灶形态和体量开始变小、制盐陶器却变得很大？如何将这些大型陶器摆放在炉灶内熬煮制盐？这个地区的金属熬盐器具是何时出现的？等等，都还是待解之谜。下一步还要注意寻找汉唐时期的制盐遗址，以弥补这个历史阶段的空白。

再有，如何将这个地区的盐业生产触类旁通地与商周时期的社会、政治、经济和文化联系起来？这些问题的探讨势必触及莱州湾制盐产业与商周两代王朝的关系。作为国家掌控的特殊产业，政府如何对其实施行之有效的管理、控制、组织和资源的调配？专业化生产的组织结构、产业链如何？国家是否派驻官员对其加以管控，他们的驻地在哪儿？青州苏埠屯大墓主人是否与商王派驻当地管理盐业生产的最高官员有关？当时的制盐工匠有怎样的身份？等等。希望这些谜团能在下一阶段的田野工作中逐步得以破解，这对我们的田野考古也提出了更高要求，不仅要更细致、扎实，而且思路要更开阔，方法要更科学。

再次，就人类生理需求和饮食习惯（包括膳食营养和食物储存）而言，可以肯定的一点是，人类学会制盐是与动植物驯化具有"同等意义"的一场革命。自新石器时代出现伊始，盐就被人类利用，并很快成为人类生活和交往的重要物品。在全球范围内，随着农业的发展，建立在粮食剩余管理基础上的新经济形式就是通过专门技术知识增加对盐的制作和利用。考古研究证明，随着史前社会的发展，对以盐、"金"（包括铜、铁、金、银）、珠宝（装饰品）为代表的特殊资源的开发、利用和贸易的掌控，对一个区域的社会复杂化和文明化进程及早期国家的形成具有非常重要的推动作用。它不仅能为那些凌驾于氏族一般成员之上的贵族精英提供大量财富，也是威权建立的重要基础。相较之金玉等特殊资源，盐不仅服务于社会上层，也是社会下层芸芸众生的生活必需品，对于一个地区的经济增长、财富积累和民心笼络更为重要，并在社会复杂化和文明化进程中扮演了更为特殊的角色，这一点恰恰是我们以往所忽略的。

迄今为止，除了盐业考古所能观察和做到的以外，亟须倡导一种以人类和

---

① 山东省文物考古研究所、昌邑市博物馆：《山东昌邑市盐业遗址调查简报》，《南方文物》2012年1期。

环境科学为基础的多元研究方法，以便更好地观察和了解人类社会和盐这种"白金"之间的历史互动。如今，欧美等国盐业考古的研究已超越制盐陶器和制盐技术的讨论，也不再局限于对巨量制盐陶器碎片的复原，而是着眼于深入理解这类原始工业生产的整体功能，测算其与环境的相互作用，并将其整合到社会、经济、文化和象征等人类群体涉及的各个领域，充分融入考古学对自然资源、生产技术、贸易网络和社会组织的研究，关注更广泛的环境、社会、政治和经济等深层次问题。如通过对制盐遗迹、遗物形制的分析和模拟实验来估测早期盐业生产所具备的原始工业和"准工业"性质；盐在聚落形态的发展和贸易中所起的作用；建立盐业生产和分配的控制模型及相关的商业网络；将盐的制作和使用与聚落位置的选择、财富分配和人口密度等相联系；不是简单地从人体生理角度，而是将社会经济性质视为探讨新石器时代制盐产业出现的原因和基础。目前，中欧地区最早的制盐遗址已追溯到距今8000年前。距今7500年前后，欧洲的制盐业已普遍出现并逐步发展起来。已有学者开始探讨前陶阶段采用植物和木材等更加原始的制盐技术和方法[①]。

相较之上述发展趋势，中国的盐业考古可以说还处在材料积累的"初级阶段"，对此我们必须要有清醒的认识。迄今为止，中国发现的制盐遗址最早为距今4000年前，相较于欧洲晚了太多，这是说不过去的。因此，亟须在现有工作的基础上努力寻找年代更早的制盐遗址。随着中国盐业考古的发展，我们的研究视角和方法也要逐步地深化和多元化。话说回来，中国的盐业考古不是靠一两个人就能胜任的，需要造就一个群体，特别是在那些拥有盐业考古资源的省区，人才的培养亟待加强，这也是中国盐业考古能否持续良性发展的重要基础。

谨以此文追念敬爱的老师宿白先生！

（原载《宿白先生纪念文集》，文物出版社，2022年）

---

① Weller O, Dufraisse A, Pétrequin P. (eds.). Sel, eau et forêt, D'hier À aujourd'hui. Presses universitaires de Franche-Comte, 2008.